U0895889

安徽水利年鉴

ANHUI WATER RESOURCES YEARBOOK

安徽省水利厅 主办
《安徽水利年鉴》编辑委员会 编

2011

合肥工业大学出版社

图书在版编目（CIP）数据

安徽水利年鉴．2011/《安徽水利年鉴》编辑委员会编．—合肥：合肥工业大学出版社，2011.12
ISBN 978-7-5650-0650-0

Ⅰ．①安… Ⅱ．①安… Ⅲ．①水利建设—安徽省—2011—年鉴 Ⅳ．①F426.9-54

中国版本图书馆CIP数据核字（2011）第277372号

安徽水利年鉴（2011）

《安徽水利年鉴》编辑委员会 编　　责任编辑 朱移山

出　版	合肥工业大学出版社	版　次	2011年12月第1版
地　址	合肥市屯溪路193号	印　次	2011年12月第1次印刷
邮　编	230009	开　本	787毫米×1092毫米　1/16
电　话	总编室：0551-2903038	印　张	18印张　24页彩页
	发行部：0551-2903198	字　数	550千字
网　址	www.hfutpress.com.cn	印　刷	安徽省新世纪印务有限责任公司
E-mail	hfutpress@163.com	发　行	各地新华书店

ISBN 978-7-5650-0650-0　　定价：60.00元

《安徽水利年鉴》编辑委员会

《安徽水利年鉴》编辑人员

《安徽水利年鉴》特约编辑

李　玮	省水利厅办公室
马恩超	省水利厅政策法规处
宋　葳	省水利厅规划计划处
朱岳松	省水利厅水资源处
晏　芳	省水利厅基建处
范小伟	省水利厅水利管理处
邓诗华	省水利厅农村水利处
陶春姐	省水利厅水土保持处
赵万恒	省水利厅财务处
滕晓明	省水利厅科学技术处
李光升	省水利厅人事处
程　建	省防汛抗旱指挥部办公室
祝　峰	省水利厅离退休工作处
孙　萍	省水利厅机关党委
王华东	省水利厅监察室
赵　雯	省水利工程质量监督中心站
贾　燕	省水利引用外资办公室
杨泽跃	省水利规划办公室
唐　峰	省水利厅机关服务中心
陆　柳	省农村饮水管理总站
乐茹凤	省水利水电基本建设管理局
冯绘灵	省水文局
高祥吉	省水利水电勘测设计院
朱　健	省机电排灌总站
王　凌	安徽水利水电职业技术学院
张　艳	省淠史杭灌区管理总局
詹少成	省龙河口水库管理处
丁　新	省驷马山引江工程管理处
汪雪峰	省长江河道管理局
李住修	省淮河河道管理局

陈　政　　省水利科学研究院
韩春利　　省怀洪新河河道管理局
欧阳林哲　省茨淮新河工程管理局
张　进　　省临淮岗洪水控制工程管理局
王恒超　　省佛子岭水库管理处
邵书成　　省梅山水库管理处
胡晓玲　　省响洪甸水库管理处
陈妍彦　　合肥市水务局
储　旭　　淮北市水务局
张慰问　　亳州市水务局
徐立洲　　宿州市水利局
丁敬专　　蚌埠市水利局
徐高升　　阜阳市水务局
杨秀凤　　淮南市水利局
杨　帆　　滁州市水利局
方　君　　六安市水利局
周拥军　　马鞍山市水利局
许　昱　　巢湖市水务局
余述晏　　芜湖市水务局
宋琴英　　宣城市水务局
汪春燕　　铜陵市水利局
刘传根　　池州市水务局
王宏志　　安庆市水利局
程小草　　黄山市水利局
杨继光　　安庆市花凉亭灌区管理局

编辑说明

一、《安徽水利年鉴》是安徽省水利厅主办的资料性工具书，真实、系统地汇集上一年度安徽省水利事业全方位的资料和信息，具有权威性、指导性、实用性。从1999年开始，逐年连续编辑出版，每年一册。2011年卷年鉴为总第13册。

二、《安徽水利年鉴》采用“栏目”、“分目”和“条目”三级结构的年鉴体例。本卷年鉴主要记述2010年的有关内容，设置有特载、综述、基础工作、基本建设、防汛·抗旱、水政管理、水资源管理、农村水利、水土保持、水利管理、科技·文化、水利信息化、财务·经济、党政·人事、安徽省水利厅省直属单位、市级水利、大事记、统计资料、附录19个栏目，并编制有英文目录和综合内容索引。

三、本年鉴采用记述、说明文体，按照事物发展顺序，以简洁、朴实的文字客观地记载一年内发生的事实，一般不加评论，寓观点于记述之中。

四、本年鉴为16开本，除特载分2栏编排外，其余内容分3栏编排，设置书眉；栏目、分目标题加底纹；条目标题加【】。撰稿人(单位)所写条目连续排列时，只在最后一个条目后署名。

五、本年鉴收录的文稿主要是由省水利厅机关处室、厅直单位和各市水利(水务)局等编写，实行文责自负，编辑部一般只作技术性加工，稿件内容、文字、数据、保密等问题均由供稿单位审定。编辑部根据有关单位资料改编的条目，署单位名称。

六、全书的数字、单位、标点符号按照国家有关规定进行规范。水利统计资料由省水利厅统计部门提供。省水利厅领导、厅机关处室及厅直属单位负责人名单由厅人事部门提供。

七、《安徽水利年鉴》(2011)的编辑出版得到了各有关单位领导的重视和特约编辑、撰稿人的大力支持，在此谨表谢忱。限于编辑水平和经验，疏漏、错误之处，恳请读者批评指正。

《安徽水利年鉴》编辑部

二〇一一年九月二十日

2010 年 4 月 9 日，中共中央政治局常委、国务院总理温家宝视察淮河防汛工作，安徽省委书记王金山、安徽省长王三运陪同。（熊志刚 摄）

2010年7月18日，中共中央政治局委员、国家防汛抗旱指挥部总指挥、国务院副总理回良玉视察淮河防汛工作，安徽省委书记张宝顺、安徽省长王三运等陪同。（熊志刚 摄）

2010 年 3 月 24 日，水利部部长陈雷（前排右二）到安徽蚌埠检查指导水利工作，安徽省委常委、副省长赵树丛陪同。（熊志刚 摄）

2010 年 5 月 14 日，国家发改委副主任杜鹰（前右二）视察安徽淮河临淮岗洪水控制工程，安徽省长王三运（前右一）陪同。

2010年5月10日，水利部副部长鄂竟平（前左二）率国家防总检查组，在长江安徽芜湖段检查防汛抗旱准备工作。

2010年10月22日，水利部副部长矫勇（右二）视察安徽省淮北市华家湖水库除险加固工程，省水利厅党组书记、厅长纪冰（左一）陪同。（吴长奎 摄）

2010 年 1 月 5 日，中纪委驻水利部监察组组长、部党组成员董力（前右二）在淠史杭灌区横排头枢纽工程调研，省水利厅党组书记、厅长纪冰（前右三）陪同。

2010 年 6 月 26 日，安徽省委书记张宝顺（前左三）视察亳州市城区段防洪工程。

（张慰问 提供）

2010 年 7 月 18 日，安徽省长王三运（前左三）、省委常委、副省长赵树丛（前左四）一行在王家坝水文站检查指导工作，省水利厅党组书记、厅长纪冰陪同。（邓　明 提供）

2010 年 5 月 26 日，安徽省副省长花建慧（前左二）在亳州市慰问防汛抢险演练官兵，省水利厅党组书记、厅长纪冰陪同。（张慰问 提供）

2010 年 2 月 10 日，安徽省水利厅在全省水利系统开展“万名干部进镇村”活动，图为厅党组书记、厅长纪冰率队冒雨在肥东刘岗二级电灌站调研。

2010 年 12 月 9 日，瑞典瓦拉市市长参观考察黄山市湖边水利枢纽工程建设。

（凌　亮　摄）

2010 年 10 月 20 日，全国中小河流治理工作会议在安徽合肥召开，图为会场全景。（王玉泉 摄）

2010 年 10 月 28 日，五河县郜湖排涝泵站工程开工，标志安徽省新一轮治淮建设正式拉开帷幕，图为开工典礼现场。（王玉泉 摄）

2010 年 7 月 10 日，安庆市大沙河桐城段决口，图为武警部队在抢险。

2010 年 12 月 15 日，安徽省第一次全国水利普查办公室主任会议暨综合培训班在芜湖开班。

（李金冰 摄）

水利援建四川省松潘县岷江川主寺镇段生态护岸工程

受松潘县灾后恢复重建与发展建设指挥部委托，安徽省水利水电勘测设计院承担四川省松潘县岷江川主寺镇河段生态护岸工程 ，治理河段长约 4 公里。2009 年 3 月完成工程规划设计，2010 年底主体工程基本完成，2011 年 5 月工程竣工验收并交付使用。

川主寺河段治理规划设计理念为包括：保证防洪安全；保持整治后的河道、岸线、生态、景观和谐自然；结合休闲旅游传承区域文化三个层次。针对川主寺镇滨水地形和高原河流的特点，工程采取在保护岷江源区域生态和满足防洪安全的前提下，结合桥梁改建、污染控制、旅游休闲、采取恢复生态、人水和谐的治理方略，将治理河段自上而下设计成五个景观功能段，即：源头生态保护段、滨水休闲廊道段、右岸民俗文化园和左岸特色餐饮水街、右岸滨河公园和左岸都市酒吧水街、巴郎藏包风情园。

治理后的岷江川主寺河段，满足 50 年一遇的防洪标准，河道随湾就势、宽窄不一、形态自然，岸线蜿蜒曲折，生态景观宜人。民俗公园、茶马古道集散地浮雕、石嘴桥彩绘和廊桥藏传佛教壁画等景观节点，将川主寺镇的历史和文化融入其中，精彩纷呈，展现出“水宁、河动、岸绿、景美”的新面貌，基本实现了规划设计目标。

文 / 图　晋知华

凤台水利：一张蓝图绘到底，创新发展惠民生

地处淮河北岸的凤台县，经过60多年的综合治理，目前已修建防洪大堤367公里，其中生产圩堤175公里；开挖疏浚河道和骨干排灌沟（渠）33条150公里，中小沟2800多公里，渠道总长2700公里，其中防渗渠道220公里；建设机电排灌站991座，装机5.14万千瓦，桥、涵、闸6000余座，有效灌溉面积达57.7万亩，占耕地的83.4%。形成了“南水北调、北水南济、高低分排、纵横交错、排灌自如”的排灌网络。

近年来，凤台县坚持以科学发展观为指导，一张蓝图绘到底，大力推进水利发展与改革创新。坚持科学规划，加强综合治理，多业并举，全力打造数字水利，用现代化的管理手段推动水利事业稳步发展。仅“十一五”期间，全县共投入水利建设资金5.89亿元，其中县财政专项资金9650万元。累计完成各类水利工程1560处，其中修建防渗渠道420公里，发展喷灌2500亩，疏浚大中沟41条148公里，维修生产路130条280公里，整修渠道765条940公里，小型泵站技改132座，桥、涵、闸等配套建筑物380座。解决了刘集乡、毛集区和颍上县部分地区75平方公里的洼地积水；自2000年起共投入2000多万元，用于茨淮新河凤台段32公里堤防植树造林和水利景观建设，2009年8月该项目被水利部批准为全国第九批水利风景区。自2007年起，年均投入1000多万元用于农村安全饮水工程，已解决全县13.87万人饮水不安全问题，取得了显著的经济和社会效益。2011年，县财政投入1.08亿元，利用3年时间对全县669座装机2.34万千瓦村级泵站进行更新改造。

该县连续多年被评为全省农田水利基本建设先进县，荣获“全国水利科技推广示范县”、“全国取水许可先进县”、“国家‘四五’普法先进单位”、两次“全国水利先进县”。永幸河灌区被评为全国先进灌区。

文/图　许　季

水利信息化

防渗渠

淮河大堤加固

东风湖治理

茨淮新河八一林牧场

水利服务队

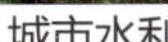

城市水利

水利管理改革

标准农田建设

村级泵站

青阳县牛桥水库　（晋知华 摄）

淮北水网工程一期新建成的陈路口节制闸　（吴长奎 摄）

除险加固后的龙河口水库枢纽工程 -- 大坝　（吕务农 摄）

目　录

特　载

综　述

基础工作

基本建设

防汛　抗旱

水政管理

水资源管理

农村水利

水土保持

水利管理

科技　文化

水利信息化

财务　经济

党政　人事

安徽省水利厅直属单位

市级水利

大事记

统计资料

附　录

索　引

MAIN CONTENTS

特　载

TE　ZAI

政策法规

安徽省水文条例

第一章　总则

第一条　为了加强水文管理,规范水文工作,为开发、利用、节约、保护水资源和防灾减灾服务,促进经济社会的可持续发展,根据《中华人民共和国水法》、《中华人民共和国水文条例》和有关法律、行政法规,结合本省实际,制定本条例。

第二条　本条例适用于本省行政区域内水文站网规划与建设,水文监测与预报,水资源调查评价,水文监测资料汇交、保管与使用,水文设施与水文监测环境的保护等活动。

第三条　水文事业是国民经济和社会发展的基础性公益事业。县级以上人民政府应当将水文事业纳入本级国民经济和社会发展规划,所需经费纳入本级财政预算,保障水文工作的正常开展,充分发挥水文工作在政府决策、经济社会发展和社会公众服务中的作用。

第四条　省人民政府水行政主管部门主管本省行政区域内的水文工作,其直属的水文机构(以下称省水文机构)具体负责组织实施管理工作。

省水文机构派驻设区的市水文机构在省人民政府水行政主管部门和当地人民政府的领导下,具体负责划定的行政区域内的水文管理工作,同时接受当地水行政主管部门的指导。

专用水文测站和其他单位从事水文活动的,应当接受省水文机构的行业管理。

第五条　县级以上人民政府发展改革、国土资源、建设、环境保护、交通运输等行政主管部门和气象主管机构,在各自职责范围内做好有关水文工作。

第六条　县级以上人民政府应当加大水文基础设施建设的投入,建立健全稳定的投入机制;加强水文现代化建设,鼓励和支持水文科学技术的研究、推广和应用,保护水文科技成果,培养水文科技人才。

第七条　县级以上人民政府应当加强水文队伍建设,改善水文测站的工作条件,保持水文队伍的稳定。

第二章　规划与建设

第八条　省人民政府水行政主管部门应当根据国家、流域水文事业发展规划和本省经济社会发展需要,编制全省水文事业发展规划,经征求省人民政府有关部门意见后,报省人民政府批准实施,并报国务院水行政主管部门备案。

设区的市人民政府水行政主管部门应当根据全省水文事业发展规划和本地经济社会发展需要,会同有管辖权的水文机构编制本行政区域的水文事业发展规划,征求有关部门意见后,报本级人民政府批准实施,并报省人民政府水行政主管部门备案。

第九条　省水文机构应当根据全省水文事业发展规划,按照合理布局、有效利用、防止重复,兼顾当前和长远需要的原则,编制全省水文站网建设规划,经省人民政府水行政主管部门批准后实施。

因经济社会发展需要以及水文情势变化,确需调整全省水文站网建设规划的,应当报原批准机关批准。

第十条　水文站网建设应当纳入基本建设计划,按照国家固定资产投资项目建设程序组织实施。

新建、改建、扩建涉水工程需要配套建设或者更新改造水文测站的,应当将水文测站的建设或者更新改造经费纳入工程建设概算。为涉水工程提供专项服务的水文测站,其运行管理经费应当在涉水工程运行管理经费中安排。

第十一条　水文测站分为国家基本水文测站和专用水文测站。国家基本水文测站分为国家重要水文测站和一般水文测站。

国家重要水文测站的设立和调整,由省人民政府水行政主管部门报国务院水行政主管部门直属水文机构批准。一般水文测站的设立和调整,由省人民政府水行政主管部门批准,报国务院水行政主管部门直属水文机构备案。

第十二条　设立专用水文测站,不得与国家基本水文测站重复;在国家基本水文测站覆盖的区域,确需设立专用水文测站的,应当报省水文机构批准;属于流域管理机构批准的,由省水文机构报流域管理机构批准。其中,因交通、航运、环境保护等需要设立专用水文测站的,有关主管部门批准前,应当征求省水文机构的意见。

申请设立专用水文测站应当符合下列条件:

(一)具有开展水文监测工作必要的场地和基础设施;

(二)具有必需的水文监测专用技术装备和计量器具;

(三)具有相应专业的技术人员;

(四)国家规定的其他条件。

专用水文测站由设立单位建设和管理,或者由设立单位委托水文机构管理,管理费用由设立单位承担。

第三章 监测与预报

第十三条 从事水文监测的单位应当按照国家水文技术标准、规范和规程开展水文监测活动,保证监测质量。未经批准,不得中止水文监测。

有关单位和个人不得漏报、迟报、瞒报水文监测数据,不得伪造水文监测资料。

第十四条 水文监测所使用的专用技术装备应当符合国家规定的技术要求;水文监测所使用的计量器具应当依法经检定合格。

第十五条 水文机构应当建立健全水文监测应急机制,加快水文自动监测和快速反应能力建设,提高监测水平。

第十六条 水文机构应当对水资源进行动态监测,为防汛抗旱、水资源管理与保护、水生态修复、水环境治理等提供监测资料。

水文机构应当加强对水功能区、饮用水水源地水量、水质的动态监测,发现被监测水体的水量、水质等情况发生变化可能危及用水安全的,应当加强跟踪监测和调查,及时将监测、调查情况和处理建议报所在地人民政府及其水行政主管部门;发现水质变化,可能发生突发性水体污染事件的,应当及时将监测、调查情况报所在地人民政府水行政主管部门和环境保护行政主管部门。

对水文机构开展的水资源水量、水质动态监测工作,有关单位和个人应当予以配合。

第十七条 县级以上人民政府应当加强水情信息监测系统和洪水预警预报系统建设。承担水文监测和水文情报预报任务的水文测站,应当及时、准确地向县级以上人民政府防汛抗旱指挥机构和水行政主管部门提供实时水情信息和水文情报预报。

水文机构编制水文情报预报需要使用其他部门和单位采集的水文信息的,有关部门和单位应当及时、无偿提供。

第十八条 大中型水库(水电站)、大中型闸坝、城市防洪工程、重要取水口和退水口以及对防洪安全有重大影响的小型水库等水工程管理单位,应当设置水文监测设施,并在水文机构的指导下,承担相应的水文监测任务,并逐步提高自动化监测水平。

第十九条 水文情报预报实行统一发布制度。

水文情报预报由县级以上人民政府防汛抗旱指挥机构、水行政主管部门或者水文机构按照规定权限发布。其他任何单位和个人不得向社会发布水文情报预报。

广播、电视、报纸、网络等新闻媒体,应当按照国家有关规定和防汛抗旱要求,及时播发、刊登水文情报预报,并标明发布机构名称和发布时间。

第二十条 无线电、通信管理部门应当按照国家规定,为水文监测工作提供通信保障。

任何单位和个人不得挤占、干扰或者破坏水文机构使用的无线电频率和有线通信线路。

第二十一条 县级以上人民政府水行政主管部门应当根据经济社会发展需要,会同有关部门组织相关单位开展水资源调查评价工作。从事水文、水资源调查评价的单位,应当按照国家有关规定取得水文、水资源调查评价资质;未取得资质的,不得从事水文、水资源调查评价工作。

第四章 资料汇交保管与使用

第二十二条 水文监测资料实行统一汇交制度。从事水文监测的单位应当按照下列规定汇交水文监测资料:

(一)国家基本水文测站的当年水文监测资料由有管辖权的水文机构按照国家技术规范整编后,于次年3月底前向省水文机构汇交;

(二)重要地下水源地、超采区的地下水资源监测资料和重要引(退)水口、在江河和湖泊设置的排污口、重要断面的监测资料,由从事水文监测的单位按照国家技术规范整编后,于次年3月底前向省水文机构汇交;

(三)其他从事水文监测单位的当年水文监测资料由监测单位按照国家技术规范整编后,于次年3月底前向有管辖权的水文机构汇交。

第二十三条 水文监测资料包括:

(一)地表水的水位、流量、水质、水温及泥沙、冰情、水下地形的监测资料;

(二)地下水的水位、水量、水压、水温、水质的监测资料;

(三)降水量、蒸发量、墒情的监测资料;

(四)其他水文活动的监测资料。

第二十四条 省水文机构应当妥善存储和保管汇交的水文监测资料,并建立水文数据库和水文信息共享平台,为公众查询和获得水文监测资料提供服务。

基本水文监测资料应当依法公开,但属于国家秘密的除外。水文机构应当按照规定与有关部门和单位相互及时通报与水文有关的预报、预警信息。

第二十五条 国家机关决策和防灾减灾、国防建设、公共安全、环境保护等公益事业需要使用水文监测资料和成果的,应当无偿提供。

除前款规定的情形外,需要使用水文监测资料和成果的,按照国家有关规定收取费用,并纳入财政预算管理。

因经营性活动需要提供水文专项咨询服务的，当事人双方应当签订有偿服务合同，明确双方的权利和义务。

第二十六条 水文机构为特定项目提供的水文监测资料，仅供使用单位用于该项目；未经水文机构同意，使用单位不得将用于特定项目的水文监测资料转让、转借、出版或者用于其他经营性活动。

第二十七条 编制重要规划、进行重点项目建设和水资源管理等使用的水文监测资料，应当经省水文机构审查，确保其完整、可靠、一致。

水文监测资料具体审查办法由省人民政府水行政主管部门制定。

第五章 设施与监测环境保护

第二十八条 县级以上人民政府应当加强水文监测设施及监测环境的保护工作。

国家基本水文测站因不可抗力遭受破坏的，所在地人民政府和有关水行政主管部门应当及时组织修复，确保其正常运行。

第二十九条 禁止侵占、毁坏、擅自移动或者擅自使用下列水文监测设施：

(一)水文缆道、水位观测平台及其附属设施；

(二)水文监测仪器、设备；

(三)水文监测场地、地下水监测井、水文测站站房、水文测船及测船码头；

(四)水文监测标志、专用道路、水文通信设施以及附属设施；

(五)用于水文监测的供电、供水设施；

(六)为水文测站提供专项服务的其他设施。

第三十条 水文监测环境保护范围按照下列标准划定：

(一)水文测验河段的保护范围：长江、淮河干流及其一级支流、新安江干流基本水尺断面或者流量测验断面上、下游各500米内，其他河流基本水尺断面或者流量测验断面上、下游各300米内，河道两岸历史最高洪水位以下的河槽区域；

(二)湖泊、水库水文监测点的保护范围：基本水尺周围100米内区域；

(三)水文监测场地的保护范围：监测操作室、自动记录水位台、过河缆道的支架(柱)及锚锭、雨量观测场等周围20米内。雨量观测场周边20米外有障碍物的，障碍物到观测场的距离与障碍物的高度比不得小于2倍。

有管辖权的水文机构应当会同水文测站所在地的县级人民政府水行政主管部门，提出水文监测环境保护范围的具体方案，报县级人民政府确定，并在保护范围边界设立地面标志。

第三十一条 禁止在水文监测环境保护范围内从事下列活动：

(一)种植高秆作物、堆放物料、修建建筑物、停靠船只；

(二)取土、挖砂、采石、淘金、爆破和倾倒废弃物；

(三)在监测断面取水、排污或者在过河设备、气象观测场、监测断面的上空架设线路；

(四)设置坝埂、网箱、鱼罾、鱼簖等阻水障碍物；

(五)对水文监测有影响的其他活动。

第三十二条 新建、改建、扩建工程，应当避免影响水文监测环境和迁移国家基本水文测站。

在国家基本水文测站上下游建设影响水文监测的工程，建设单位应当采取相应措施，在征得对该站有管理权限的水行政主管部门同意后方可建设。因工程建设致使水文测站改建的，改建所需费用由建设单位承担。

因重大工程建设确需迁移国家基本水文测站的，建设单位应当在建设项目立项前征求省水文机构意见，省水文机构应当对迁移测站的地点、位置、监测环境、应急监测措施等情况进行论证，建设单位根据论证结果提出迁移方案，报对该站有管理权限的水行政主管部门批准。迁移所需费用由建设单位承担。

第三十三条 水文监测人员在通航河道中或者桥上进行水文监测作业时，应当依法设置警示标志，过往船只、车辆应当减速慢行或者避让。

第六章 法律责任

第三十四条 违反本条例第十二条第一款、第三十二条第二款规定，有下列行为之一的，由省水文机构责令停止违法行为，限期采取补救措施，补办有关手续；无法采取补救措施、逾期不补办或者补办未被批准的，责令限期拆除违法建筑物；逾期不拆除的，强行拆除，所需费用由违法单位或者个人承担：

(一)未经省水文机构批准，擅自设立专用水文测站的；

(二)未经同意擅自在国家基本水文测站上下游建设影响水文监测的工程的。

第三十五条 违反本条例第十四条规定，使用不符合规定的水文专用技术装备和水文计量器具的，由省水文机构责令限期改正。

第三十六条 违反本条例第十九条第二款规定，非法向社会发布水文情报预报，造成严重经济损失和不良影响的，由县级以上人民政府水行政主管部门责令停止违法行为，处一万元以上五万元以下罚款。

第三十七条 违反本条例第二十一条第二款规定，未取得水文、水资源调查评价资质证书从事水文活动的,由省水行政主管部门按照权限责令停止违法行为,没收违法所得,并处五万元以上十万元以下罚款。

第三十八条　违反本条例第二十二条、第二十七条第一款规定,有下列行为之一的,由省水文机构责令停止违法行为,处一万元以上五万元以下罚款:

(一)拒不汇交水文监测资料的;

(二)使用未经审定的水文监测资料的。

第三十九条　违反本条例第二十六条规定,未经水文机构同意,使用单位将用于特定项目的水文监测资料用于经营性活动的,由县级以上人民政府水行政主管部门责令改正。

第四十条　违反本条例第二十九条规定,侵占、毁坏水文监测设施或者未经批准擅自移动、擅自使用水文监测设施,尚未构成犯罪的,由省水文机构责令停止违法行为,限期恢复原状或者采取其他补救措施,可以处五万元以下罚款;违反治安管理规定的,依法给予治安管理处罚。

第四十一条　违反本条例第三十一条第一项、第二项、第三项、第四项规定,在水文监测环境保护范围内从事禁止性活动,尚未构成犯罪的,由省水文机构责令停止违法行为,限期恢复原状或者采取其他补救措施,可以处一万元以下罚款;违反治安管理规定的,依法给予治安管理处罚。

第四十二条　违反本条例规定,有下列行为之一,尚未构成犯罪的,由有关部门对直接负责的主管人员和其他直接责任人员依法给予处分:

(一)错报水文监测信息造成严重经济损失的;

(二)汛期漏报、迟报水文监测信息的;

(三)擅自发布水文情报预报的;

(四)丢失、毁坏、伪造水文监测资料的;

(五)擅自转让、转借水文监测资料的;

(六)不依法履行职责的其他行为。

第七章　附则

第四十三条　本条例自2011年1月1日起施行。

(2010年8月21日安徽省第十一届人民代表大会常务委员会第二十次会议通过)

重要文件

中共安徽省委　安徽省人民政府关于贯彻《中共中央国务院关于加快水利改革发展的决定》的实施意见

皖发〔2011〕1号

为贯彻落实《中共中央国务院关于加快水利改革发展的决定》(中发〔2011〕1号)精神,现结合我省实际,提出如下实施意见。

一、充分认识加快水利改革发展的重要性和紧迫性

水利是现代农业建设的首要条件,是经济社会发展的基础支撑,是生态环境改善的重要保障。我省处于南北过渡带和海陆过渡带叠加地区,长江、淮河横跨省境,河流、湖泊众多,降雨时空分布不均,是典型的孕灾地区和水资源紧缺的省份。新中国成立以来特别是改革开放以来,全省持续开展大规模水利建设,初步构建了防洪除涝和灌溉工程体系,水利建设与管理取得显著成就。但是,水资源时空分布不均仍然是我省的基本水情,旱涝灾害仍然是全省人民的心腹大患,农田水利建设滞后仍然是影响农业稳定和粮食安全的突出瓶颈,水利设施薄弱仍然是基础设施的明显短板,深化水利改革、加快水利发展刻不容缓。各级党委和政府要充分认识加快水利改革发展的重要性和紧迫性,把水利工作摆上更加突出的位置,着力加快农田水利建设,奋力开创我省水利改革发展的新局面,为推进科学发展、全面转型、加速崛起、兴皖富民提供有力支撑。

二、加快水利改革发展的指导思想和主要目标

(一)指导思想。全面贯彻党的十七大和十七届三中、四中、五中全会精神,以邓小平理论和“三个代表”重要思想为指导,深入贯彻落实科学发展观,切实加强水利薄弱环节建设,完善水利基础设施体系,创新水利科学发展体制机制,增强水旱灾害应对与综合防御、水资源合理调配与高效利用、水生态环境保护与修复、科学治水与依法管水能力,全面推进水利现代化,确保防洪安全、供水安全、粮食安全和生态安全。

(二)主要目标。通过5年到10年努力,力争从根本上扭转水利建设明显滞后的局面。“十二五”期间,基本完成重点中小河流重要河段治理;完成重点小型水库除险加固和山洪灾害易发地区预警预报系统建设;基本解决新增农村饮水不安全人口的饮水问题;全面提升防洪除涝能力,沿淮重点平原洼地排涝标准达到5—10年一遇,沿江万亩以上圩区排涝标准达到10年一遇。全面完成安徽省第一次全国水利普查工作。到2020年,全面完成现有病险水库水闸除险加固任务,大幅度降低病险率;全面解决农村饮水安全问题,实现农村自来水“村村通”;基本完成大型灌区续建配套与节水改造;完成大中型泵站建设与更新改造;进一步增加有效灌溉面积和旱涝保收面积,建成高标准农田水利受益区1000万亩;最严格的水资源管理制度基本建立;建立完善全省防汛抗旱决策指挥系统;治理水土流失3300平方公里;各项水利改革取得新进展。基本建成标准较高、协调配套的防洪减灾体系,优化配置、高效利用的水资源保障体系,依法行政、管理规范的水利管理和水生态保护体系,综合配套、保障有力的政策法规体系,初步实现水利现代化。

三、全面加强综合水利工程建设

(一)围绕改善民生,大力推进农田水利建设。结合全省新增220亿斤粮食生产能力规划的实施,大兴农田水利建设。淮北平原要坚持旱涝兼防、综合治理的原则,以大中小沟清淤疏浚、涵闸农桥配套、机电井建设及设备配套为重点,以大沟为单元,着力抓好排灌配套和恢复发展灌溉,提高农田排涝抗旱标准;丘陵山区特别是江淮分水岭地区要以中小水库、当家塘、小微型水源工程建设和灌溉泵站新建与改扩建为重点,切实抓好水源工程建设,对现有沟渠进行清淤、整修,蓄引提相结合,提高蓄水供水能力;沿江、沿淮和沿湖圩区重点实施圩堤和涵闸除险加固、沟河塘清淤及泵站更新改造,提高防洪除涝能力。要抓紧完善县级农田水利建设规划,制定“集中连片、整村推进”的分年实施计划和方案。确立县级农田水利建设规划的指导地位,建立规划实施保障机制。对农业综合开发、现代农业、土地整治、扶贫、以工代赈等项目用于农业基础设施建设中的资金,按照用途不变、渠道不乱、统筹安排、各负其责的原则,加强农田水利建设。健全农田水利建设新机制,加快小型农田水利重点县建设,优先安排产粮大县,加强灌区末级渠系建设和田间工程配套,促进旱涝保收农田建设。大力发展节水灌溉,推广渠道防渗、管道输水、喷滴灌等技术,扩大节水、抗旱设备补贴范围。加强饮用水水源保护,防止水体污染,建立健全水质检验监测制度,保证饮用水水质达标。简化农村饮水安全工程用地手续,确保土地供应,对建设、运行给予税收优惠,供水用电执行农业生产用电价格。推进水利血防工程建设。加强水能资源开发利用管理,积极开展水电新农村电气化县和小水电代燃料生态保护工程建设,加快水电供区农网改造。

(二)围绕防洪保安,加快防洪除涝工程建设。完成新一轮治淮建设,实施行蓄洪区调整与建设、重点平原洼地治理、堤防加固达标建设和重要支流河道治理;沿淮市、县(市、区)政府要认真组织开展行蓄洪区与滩区渐进式居民迁建工作。加快长江干流崩岸应急治理,整治安庆、铜陵、芜湖、马鞍山等长江干流重点河段;实施滁河、水阳江、青弋江等重要支流治理;对长江洲滩圩垸进行分类治理;开展华阳河蓄滞洪区安全建设。继续实施新安江干流整治。推进巢湖治理。建设下浒山、月潭水库。加强城市水利建设,加强市县城区和江南、江北产业集中区以及示范园区、国家和省级经济开发区防洪排涝工程建设;大力开展城市水系改造、整治和沟通工程。突出加强防洪薄弱环节建设,加快推进中小河流治理、山洪灾害防治和病险水闸除险加固。

(三)围绕供水安全,强化水资源配置工程建设。下决心解决淮北地区工程性缺水问题,完成引江济淮前期工作,争取开工建设。“十二五”期间,实施引江济巢和淮水北调工程,积极推进其它区域性调水工程,力争开工建设扬溪源等中型水库工程。省辖市、县城基本建立应急(备用)水源工程,提高供水保证率。高度重视雨洪资源和中水利用。建设一批规模合理、标准适度的抗旱应急水源工程。推进淮北地区机电井建设,有效提高抗旱能力。

(四)围绕生态建设,加强水土保持和水生态保护。采取小流域综合治理、坡耕地整治、崩岗治理、生态修复等措施,重点加强大别山区、皖南山区、江淮丘陵地区等重点区域及山洪地质灾害易发区的水土流失防治,每年综合治理水土流失面积330平方公里以上。大力开展生态清洁型小流域建设。加强水土保持监督管理能力建设。建立健全水土保持、建设项目占用水利设施和水域等补偿制度。加强水土保持监测网络建设。推进水生态系统保护与修复,各级政府应当编制水生态系统保护与修复规划,积极推进市、县(市、区)试点建设。加快长江、淮河和巢湖主要支流等重要江河湖泊水环境治理。加强河流、湖泊、水库生态调控能力建设。加强重要水源涵养区、湿地和大别山区水库群的保护。强化水环境监测能力建设,完善水资源监测系统和水环境应急监测系统。

(五)围绕防灾减灾,加强防汛抗旱指挥能力建设。完善防汛抗旱责任体系,形成统一指挥、分级负责、部门协作、运转高效的管理机制;设立省、市、县三级防汛抗旱督察专员;大力开展堤顶防汛道路改造;提升应急管理能力,提高防汛抗旱物资储备能力,加强防汛抗旱应急队伍建设,全面推进县乡村三级防汛抗旱服务组织建设。加强水文气象基础设施建设,优化调整水文监测站、墒情旱情监测点,拓展站网功能;加强水文巡测基地和水文应急监测能力建设,提升水文机动应急测报能力,建设安徽省洪涝旱灾害预报预警系统,全面建设农田旱情测报系统和水库库区雨水情自动测报系统。加强水利信息化建设,全面实施“金水工程”,完善水利通信设施和省水利数据中心建设,构建防汛抗旱指挥调度、水资源管理、水土保持和大型灌区信息为一体的水利信息化系统,以水利信息化带动水利现代化。

四、加强水利投入和政策扶持

(一)大幅度增加公共财政对水利的投入。发挥政府在水利建设中的主导作用,将水利作为公共财政投入的重点领域。各级财政要进一步加大对水利的投入,力争今后10年各级财政年平均水利投入比2010年高出一倍。自2011年起,从土地出让收益中提取10%用于农田水利建设。各级财政都要建立农田水利建设专项资金,并逐步增加资金规模。省级农田水利建设专项资金在2010年的基础上,两年内从耕地占用税税率提高新增收入中,再增加6亿元规模。加大水利前期工作力度,省级每年安排不少于3000万元用于重大水利项目的前期工作,市县财政也要相应加大前期经费投入。在积极争取中央支持的同时,各级财政要足额落实国家安排的水利项目地方配套资金,适当加大省级配套比例。延续地方水利建设基金征收政策,专项用于水利工程建设和运行维护。有重点防洪任务和水资源严重短缺的城市要从城市建设维护税中划出不少于10%的资金,用于城市防洪排涝和水源工程建设。各级财政要保障公益性和准公益性水利工程管理单位的人员管理经费足额到位。省级财政按照全省财政收入增幅逐年提高省管水利工程更新改造、运行维护经费;市县公益性和准公益性水利工程更新改造、运行维护经费要纳入同级财政预算,且年度投入总量与增幅要有大幅度提高。多渠道建立乡镇水利工程运行维护经费投入机制。市县财政要对农村饮水安全工程管理维护经费给予补助,确保工程正常运行。依法足额征收水资源费、水土保持补偿费和水土流失防治费等水规费。河道工程修建维护管理费,按照省政府有关规定足额征收。完善水资源有偿使用制度,合理调整水资源费征收标准,扩大征收范围,严格征收、使用和管理。加大皖北地区水利基础设施建设支持力度。

(二)加强对水利建设的金融支持。综合运用财政和货币政策,引导金融机构增加水利信贷投放资金。根据不同水利工程建设特点和项目性质,确定财政贴息的规模、期限和贴息率,其中各级财政对公益性中央和省水利建设贷款项目,加大贴息力度,促进地方配套资金的落实。在风险可控的前提下,支持国家开发银行和农业发展银行积极开展水利建设中长期政策性贷款业务。鼓励农业银行、农村银行、农村信用社、邮政储蓄银行等银行业金融机构大幅度增加农田水利建设的信贷资金。积极开展水利项目收益权质押贷款等多种形式融资。鼓励支持发行地方大型水利基础设施建设债券和发展洪水保险。

(三)广泛吸引社会资金投资水利。鼓励有条件的地方,规范设立水利投资公司,搭建水利融资平台,吸引社会资金参与水利建设。建立完善收费补偿机制,实行政府补贴,通过业主招标、承包租赁等方式,吸引民间资本投资建设水利项目。在统一规划的基础上,加大一事一议财政奖补工作力度,重点用于农田水利建设。引导和鼓励农民对直接受益的农田水利设施建设投工投劳。鼓励企业投入资金用于城镇段的中小河流治理,并给予政策优惠。完善水利工程耕地占用税政策。提高水利利用外资的规模和质量。

五、改革创新水利发展体制机制

(一)创新水利建设和管理体制。健全公益性水利工程项目法人组建模式,进一步落实建设主体责任;完善全省水利招投标监管体系,统筹招标投标、建设市场、质量安全等监管措施,建立水利项目建设绩效考核和奖惩机制;强化各级政府和相关部门的水利建设征地和移民安置工作责任,优化水利建设环境。区分水利工程性质,分类推进改革,健全良性运行机制。深化国有水利工程管理体制改革,落实好公益性、准公益性水管单位基本支出和维修养护经费。妥善解决水管单位分流人员社会保障问题。明晰“分级管理、分级负责”的管理原则,对跨行政区划的水利工程原则上由上一级水行政主管部门负责管理,或委托主要受益区水行政主管部门负责管理;同一行政区划内的水利工程,由当地水行政主管部门负责管理。坚持建管并重,建立完善水利工程管理机构,建立良性运行机制,依法加强水利工程管理。建立健全农村饮水安全工程管理组织,落实管护主体,加强工程运行管理,保证工程充分发挥效益。深化小型水利工程产权制度改革,明确所有权和使用权,落实管护主体和责任,对公益性小型水利工程管护经费给予补助,探索社会化和专业化的多种水利工程管理模式。积极开展巢湖流域统一管理体制调研,适时组建巢湖管理机构。

(二)深化水资源管理体制改革。完善水资源管理体制,加强水资源管理能力建设,理顺节约用水管理体制,依法加强对节约用水的统一管理和监督。强化城乡水资源统一管理,对城乡供水、水资源综合利用、水环境治理等实行统筹规划、协调实施,促进水资源优化配置。加强相关规划和项目建设布局水资源论证工作,国民经济和社会发展规划以及城市总体规划的编制、重大建设项目的布局,要与当地水资源条件和防洪要求相适应。各有关部门要加强协调配合,按照职能分工,切实履行职责,严格控制水资源管理“三条红线”。建立用水总量控制制度,严格执行水资源论证制度,严格规范取水许可审批管理,严格地下水管理和保护;建立用水效率控制制度,出台《安徽省节约用水条例》,加强用水定额和计划用水管理,大力推进节水型社会建设,落实建设项目节水设施与项目主体工程“三同时”制度,建设项目节水设施和企业节水技术改造方案,按照取用水监管权限报水行政主管部门审查备案,城市用水全面推广节水器具;建立水功能区限制纳污制度,县级以上政府和相关部门要把水功能区限制排污总量作为水污染防治和节能减排的重要依据,全面强化水功能区管理,对排污量已超出水功能区限制排污总量的地区,限制审批新增取水和入河排污口。加强水源保护,落实城市供水水源地安全保障措施。加强水量、水质监测能力建设,到2015年基本建成市界和重点县界考核断面及重点用水企业的水资源监控管理体系。省水行政主管部门发布年度用水总量、用水效率和入河湖排污总量通报。

(三)强化依法治水和科技兴水。建立健全水法规体系,全面推进水利综合执法,提高执法效能。严格执行水资源论证、入河排污口设置论证、取水许可、水工程建设规划同意书、洪水影响评价、水土保持方案等制度。建立健全专职水政监察队伍,完善水政监察保障机制。加强河湖及其岸线管理,严禁在河道内非法采砂,严禁建设项目非法侵占河湖水域,依法严肃查处各类危害水工程安全的违法犯罪行为。加强防汛抗旱督察工作制度化建设。健全预防为主、预防与调处相结合的水事纠纷调处机制,完善应急预案。深化水行政许可审批制度改革。做好水库移民安置工作,落实后期扶持政策。建立健全水利科技创新体系,强化基础条件平台建设,建设省水利科技重点实验室和省重点水利科技示范基地,加强基础研究和技术研发,推广一批实用先进技术,加强科技合作与交流,大力开展科普培训。

(四)健全基层水利管理与服务体系。建立健全职能明确、布局合理、队伍精干、服务到位的基层水利服务体系,全面提高基层水利服务能力。以乡镇或小流域为单元,健全基层水利服务机构,强化水资源管理、防汛抗旱、农田水利建设、水利科技推广等公益性职能,理顺“条块结合、以条为主”的管理体制,按规定核定人员编制,经费纳入县级财政预算。探索建立村级水管员制度。大力发展农民用水户合作组织。

(五)积极推进水价改革。出台《安徽省水利工程供水价格管理实施办法》,水利工程供水逐步推行基本水价和计量水价相结合的两部制水价。工业和服务业用水要逐步实行超额累进加价制度,拉开高耗水行业与其他行业的水价差价。按照促进节约用水、保障灌排工程良性运行的原则,推进农业水价综合改革,农业灌溉工程运行管理费用由财政适当补助,降低农民水费支出,探索实行农民定额内用水享受优惠水价、超定额用水累进加价的办法。按照“补偿成本、合理收益、优质优价、公平负担”的原则,合理制定从水闸控制的河道(湖泊)取水和水利工程非农业供水价格,稳步推行城市居民生活用水阶梯式水价制度。“十二五”期间,逐步取消面向农民收取的排涝费,排涝站的人员工资及维修养护经费由同级财政承担。从今年起,符合条件的排涝泵站排涝电费由各级财政负担,具体分担办法由省财政厅、省水利厅等部门研究制定。

六、切实加强组织领导

(一)落实各级党委和政府责任,建立行政领导任期水利工作目标责任制。各级党委和政府要切实加强对水利工作的领导,及时研究解决水利改革发展中的突出问题。实行防汛抗旱、农田水利建管、饮水安全保障、水资源管理、水库安全管理、河道采砂管理行政首长负责制,实行农田水利建设和小农水工程管护县长负责制。将水利建设和改革纳入国民经济和社会发展规划,建立行政领导任期水利工作目标责任制,进一步加强督查和考核。把加强农田水利建设与管理作为农村基层开展创先争优活动的重要内容,充分发挥农村基层党组织的战斗堡垒作用和广大党员的先锋模范作用,带领广大农民群众加快改善农村生产生活条件。

(二)强化部门职责。各级水行政主管部门要切实增强责任意识,充分发挥职能作用,切实加强水利行业管理,加大前期工作力度,抓好水利工程建设的组织实施,加强水利工程管理;发展改革部门要根据轻重缓急安排好年度投资计划,并及时做好计划下达工作;财政部门要根据当年预算资金的安排和水利工程建设进度,及时调度资金,保证工程用款;国土资源部门要优先保证国家和省重点水利工程的新增建设用地计划指标,指导项目单位及时办理工程建设用地报批手续。宣传、公安、环保、交通、林业、审计、电力等有关部门和单位要结合各自职责,积极支持水利建设,主动做好相关工作。

(三)加强水利行业能力建设。适应水利改革发展新要求,全面提升全省水利干部职工队伍素质,切实增强水利勘测设计、建设管理和依法行政能力。大力引进、培养和选拔各类管理人才、专业技术人才和高技能人才;深化水利单位内部改革,完善人才评价、流动和激励机制,鼓励广大科技人员服务水利改革发展第一线。支持安徽水利人才教育基地及高校水利专业建设,加强水利技术实用人才培训,加大基层水利职工在职教育和继续培训力度。解决基层水利职工生产生活中的实际困难。

(四)动员全社会力量关心支持水利工作。加大力度宣传省情水情,提高全民水患意识、节水意识、水资源保护意识,广泛动员全社会力量参与水利建设。把水情教育纳入全民学习计划,作为各级领导干部和公务员教育培训的重要内容。把水利纳入公益性宣传范围,为水利又好又快发展营造良好舆论氛围。对在加快水利改革发展中取得显著成绩的单位和个人,各级人民政府要按照国家和省有关规定给予表彰奖励。

各市、县(市、区)党委、政府要依据本意见,结合本地实际,制定具体的实施办法,认真落实相关政策措施。相关部门对涉及的有关政策要及时制定具体细则,合力推进水利改革发展。

关于“万名干部进镇村活动”的批示

3月4日,省委副书记王明方在《安徽信息·省水利厅学习沈浩精神开展“万名干部进镇村”活动》上批示:水利厅组织开展水利干部深入基层学沈浩活动颇有意义。要通过活动深入领会沈浩精神,切实以沈浩为榜样,帮助农村解决更多事关群众生产生活的水利问题。

6月29日,水利部党组书记、部长陈雷在《安徽省水利系统“万名干部进镇村”调研活动调研报告》上批示:请各位部领导阅,请各有关司局认真研究分析,拿出有针对性、可操作性强的对策措施。各省级水利厅局都要学习安徽的经验,有的放矢地进行调研,为地方党委、政府当好参谋助手。

7月14日,省人大常委会代理主任任海深在《全省水利系统“万名干部进镇村”调研活动调研报告》上批示:省水利厅组织全省水利系统“万名干部进村镇”调研活动,充分体现了厅领导班子求真务实的思想素质,深入扎实的工作作风和有的放矢的科学态度,值得我们机关全体同志学习。

领导讲话

中共安徽省委常委安徽省人民政府副省长赵树丛在新中国治淮60周年纪念大会上的讲话

(2010年10月23日)

尊敬的陈雷部长,各位领导,同志们:

今天,我们欢聚一堂,回顾新中国治淮光辉历程,共庆60年治淮辉煌成就。这是淮河治理史上的盛事,也是沿淮人民的喜事,更是贯彻十七届五中全会精神的一件大事!根据会议安排,下面,我作一汇报发言。

一、六十年治淮成就卓著,安徽是主战场,也是受益者

淮河是中华民族灿烂文明的主要发祥地之一。历史上的淮河流域以富庶丰饶而闻名,有着“走千走万,不如淮河两岸”的美誉。安徽地处淮河中游,淮河安澜与安徽发展密切相关。江淮儿女既得益于淮河哺育而繁衍生息,又受害于淮河水患而治水不止。回顾60年来党领导下的治淮历程,安徽始终是治淮建设的主战场,安徽人民始终是治理淮河的主力军。自上世纪50年代以来,千百万江淮儿女用辛勤和智慧,谱写了一曲治淮建设的壮歌,筑起了一座治水安民的丰碑,造就了“顾全大局、自强不息、同舟共济、科学治水”的王家坝精神,也印证了安徽治淮事业继往开来、开拓进取的坚实足迹。

一是基本构建了淮河中游骨干防洪保安体系。安徽省建成以临淮岗洪水控制工程为代表的14项治淮骨干工程,基本构建了淮河中游防洪保安体系,全面提升了淮河整体防洪能力。淮北大堤与临淮岗等工程联合运用,可使保护区内防洪标准达到100年一遇。开展涡河、沙颍河、奎濉河等主要支流治理,提升了支流的防洪和排涝能力。完善行蓄洪区安全建设、防汛信息化建设等非工程措施,提高了防汛指挥调度水平。

二是充分显现了骨干工程的防洪减灾效益。治淮骨干工程在抗御历次大洪水中发挥了重要作用,产生了巨大经济效益和社会效益。2007年,淮河发生了1954年以来的流域性大洪水,洪水量级与1991年、2003年相当,但安徽受灾面积、受灾人口、倒塌房屋、转移人口、直接经济损失等指标分别比2003年减少30%以上,比1991年减少50%以上。据统计,

1991年以来全省治淮工程累计防洪减灾效益超过1500亿元。

三是有力促进了农业增产和生态环境改善。60年来,安徽省治淮工程累计投入478亿元,完成土石方125亿m^3。工程经济净效益达4200亿元,累计增产粮食1500亿kg、棉花20亿kg、油料作物45亿kg。同时,城乡饮水安全得到保证,水土保持、水资源保护和水污染防治得到加强,淮河流域安徽段水生态环境得到了很大改善。

四是奠定了区域协调发展的基础。通过对淮河的有效治理,提升了我省淮河流域的防洪除涝能力,沿淮地区经济快速发展,地区固定资产投资及财政收入增幅均高于全省平均水平。自2003年以来,我省淮河行蓄洪区和滩地共有10.8万户37.7万人迁入新居,远离洪水威胁,实现了安居乐业。

淮河的深入治理为流域经济社会发展创造了良好的环境和条件。特别是随着中部崛起战略的深入实施,安徽迈入了全面转型、跨越发展、加速崛起的新阶段。2009年,全省GDP首次突破万亿元大关,连续6年保持两位数增长;皖江城市带承接产业转移示范区和首批国家技术创新工程试点省相继获批,安徽正朝着中部崛起前列的目标加速前进。今天的安徽,处处是政通人和、生机勃勃的繁荣景象,这与淮河持续治理密不可分,安徽人民将永远铭记在心!

二、淮河治理任重道远,安徽一定再接再厉、扎实推进

淮河是世界上最复杂、最难治理的河流之一。2008年,胡锦涛总书记在我省视察时强调,防范水患任何时候都不能松懈,兴修水利任何时候都不能松劲。今年6月,国务院召开了治淮工作会议,强调要在全面完成治淮19项骨干工程的基础上,坚持不懈地把治淮这项宏伟事业不断向前推进,进一步完善流域防洪排涝减灾体系。根据党中央、国务院的统一部署,我们将贯彻蓄泄兼筹的方针,坚持全面规划、统筹兼顾、标本兼治、综合治理的原则,在"十二五"和今后的发展中,以畅通淮河和洼地治理为重点,加快推进新一轮治淮建设,确保淮河流域防洪安全和沿淮人民安居乐业。

一是实施淮河行蓄洪区调整及建设工程,提升淮干中游排洪能力。要结合淮河干流综合整治工程措施,对现有行蓄洪区废弃一批、改造一批、提高一批,对保留的行洪区建闸控制,提高进洪标准。近期将对蚌埠以下的香浮段、临北段、方邱湖、花园湖4个行洪区和正阳关至淮南段的董峰湖、寿西湖2个行洪区实行调整与改造,扩大中等洪水排洪通道,确保在设计洪水条件下防洪安全。

二是实施淮干行蓄洪区及滩区居民迁建工程,保障沿淮群众居住安全。按照"政府主导、群众自愿、统一规划、渐进实施"的原则,对目前居住在行蓄洪区及滩地的70万群众,有步骤实行居民迁建,逐步解决好居民安全居住与行蓄洪水的矛盾,努力提高群众生活质量。

三是实施重点平原洼地治理和灌溉工程,为国家粮食安全打牢基础。加大淮河流域低洼地治理力度,实施重点平原洼地治理外资项目、西淝河等治理应急工程、怀洪新河水系及濠河池河洼地和其它重点洼地治理工程,全面提高除涝减灾能力。实施一般堤防整治和达标,加快中小河流治理,进一步提高支流的防洪能力。加快淠史杭、茨淮新河、女山湖、新汴河等大型灌区续建配套与节水改造,结合全省增粮规划,打造旱涝保收高产稳产农田,改善农业生产基础条件。

四是加强水资源配置工程建设与管理,为皖北地区跨越式发展提供保障。积极创造条件,实施淮水北调工程。加快推进引江济淮前期论证工作,提高流域内水资源配置能力。推进节水型社会试点城市建设,进一步提高水资源利用效益,为推动皖北地区跨越发展提供水资源保障。

五是实施工程精细化管理,巩固提高治淮工程效益。坚持建管并重,提高流域内水利工程管理水平,发挥工程效益。加快推进流域内水利信息化进程,推进防汛抗旱指挥系统、水情预测预报系统等建设和应用,不断提高治淮工程的科学调度能力和综合运用效率。

三、治淮工作责任重大,安徽一定坚持团结治水,再创辉煌

刚刚闭幕的十七届五中全会强调,要坚持兴利除害结合、防灾减灾并重、治标治本兼顾、政府社会协同,尽快启动水利重点薄弱环节工程建设,提高对自然灾害的综合防范和抵御能力,为加快转变经济发展方式,全面建成小康社会打下具有决定性意义的基础。今后的工作中,我们将按照党中央、国务院的部署,坚持以科学发展观为指导,把治淮事业放在加快安徽奋力崛起的大局中来谋划,放在促进区域经济社会发展的长远战略中来推动,进一步发扬来自治淮实践的"王家坝精神",在巩固已有治淮成果的基础上,持续深入推进淮河治理伟业。

实现淮河安澜,是流域人民群众的热切期盼,也是沿淮各级政府义不容辞的责任。我们要在水利部和淮委的指导下,加强与兄弟省的团结协作,加大工作力度,全力推进新一轮治淮工程建设。同时,我们要对淮河进行深入系统研究,妥善处理好淮河与洪泽湖、入江水道与入海水道的关系,进一步提高淮河通江达海的能力,逐步实现根治淮河的目标,为流域经济社会又好又快发展提供更加有力的支撑和保障。

谢谢大家!

安徽省水利厅厅长纪冰在全省水利工作会议上的讲话

(2011年1月15日)

同志们:

在全省经济社会加速崛起的重要阶段,在水利改革发展迎来重大机遇的关键时刻,经省政府同意,召开此次全省水利工作会议。主要任务是:全面贯彻党的十七届五中全会、中央1号文件和省委八届十三次全会、省经济工作会议、省农村工作会议及全国水利工作会议精神,系统总结"十一五"水利工作,深入分析水利面临形势,科学谋划"十二五"水利改革发展,安排部署2011年水利任务。

下面,我讲四点内容。

一、开拓进取,"十一五"水利发展取得突出成绩

"十一五"时期,是我省水利建设管理齐头并进、硕果累累的五年,也是水利改革发展创新不断、全面提速的五年。在省委、省政府的坚强领导下,全省水利系统以科学发展观为统领,积极践行可持续发展治水思路,全力推进"四个水利"建设,累计完成水利投资443亿元,是"十五"的2.24倍,圆满完成"十一五"规划的目标任务。

(一)水利基础设施条件显著改善

治淮14项骨干工程全面建成,累计完成投资225亿元,如期实现国务院确定的近期治淮工作目标。新一轮治淮正式启动,淮河重点平原洼地治理外资项目、洪泽湖抬高蓄水位影响处理工程率先开工。全面完成滁河治理应急工程,开工建设长江安庆、铜陵段崩岸治理项目,积极开展巢湖沿岸综合治理,长江流域骨干防洪体系进一步完善。31个中小河流治理工程试点项目开工建设,31个山洪灾害防治县级非工程措施项目全面启动。淠史杭等7个大型灌区和10个中型灌区续建配套与节水改造项目进展顺利。33处大型排涝泵站更新改造全面完成,改造装机18万kW。续建沿江排涝泵站累计达91座,总装机11.96万kW。

(二)防汛抗旱减灾能力稳步提升

坚持防汛抗旱并举,坚持工程措施和非工程措施并重,坚持以人为本、科学防控,各级党委政府周密部署,各级水利部门精心调度,广大军民团结奋战,成功战胜了2007年淮河全流域性大洪水、2008年滁河流域特大洪水和2010年长江、淮河并发的严重洪涝灾害,成功抗御了2008年冬至2009年春的淮北地区大旱、2010年淮北地区的严重伏旱和秋冬旱,最大限度地减轻了水旱灾害损失,最大程度地保障了人民群众生命财产安全,防汛抗旱减灾效益达1060亿元。以行政首长负责制为核心的各项防汛抗旱责任制深入落实,以全省防汛抗旱应急预案、抗旱预案、防台风工作预案为重点的预案体系更加完善,省、市、县、乡四级防汛抗旱队伍体系基本建立,防汛抗旱减灾能力显著提升。

(三)农村水利建设全面提速

国家规划内295座大中型及重点小型病险水库除险加固实施完成,圆满完成国务院和省委、省政府确定的任务,新一轮国家规划内304座重点小型水库除险加固开工建设。省计划1614座小型病险水库完成主体工程1129座,完成竣工验收1099座。建成农村饮水安全工程6220处,解决了1246万农村人口的饮水安全问题。持续开展农田水利基本建设,修复水毁工程8.4万处,新增灌溉面积25.2万hm^2,改善灌溉面积149.7万hm^2,新增节水灌溉面积12.5万hm^2,农业灌溉水利用系数提高到0.49,为粮食生产连续7年丰收、5年创历史新高作出了重要贡献。实施小型农田水利重点县建设项目39个,安排小型农田水利建设补助项目158个。累计治理水土流失面积1802km^2。新增水电装机28.5万kW。

(四)水资源节约保护不断加强

取水许可制度深入落实,水资源论证工作不断强化,水功能区监督管理深入推进,入河排污口监管成效显著。淮北、合肥、铜陵三市节水型社会建设试点工作稳步推进。水资源利用效率显著提高,新增供水能力46亿m^3,万元GDP用水量由2005年的387m^3下降至290m^3,万元工业增加值用水量由2005年的369m^3下降至228m^3,工业用水重复利用率提高至70%。水环境保护成效明显,供水水源地水质达标率90%。安徽省中西部地区重点流域水量分配方案基本编制完成。引江济巢、淮水北调工程前期工作加快推进。

(五)依法治水管水能力显著提升

水利政策法规体系不断健全,《安徽省水文条例》、《安徽省取水许可和水资源费征收管理实施办法》、《安徽省河道采砂管理办法》、《安徽省小型水库运行管理办法》、《加强湖泊保护的若干规定》等颁布实施。圆满完成"五五"普法任务,依法行政水平稳步提高。水行政执法力度不断加大,严厉打击河道非法采砂,严肃查处侵占河道和水工程的违法违规行为。推进工程规范化、精细化管理,同马大堤望江长江河道管理局和临淮岗洪水控制工程管理局水闸管理处通过国家级管理标准验收,全省达到省级管理标准的水管单位达83家。水利旅游加快发展,全省国家级水利风景区达21个。水利多种经营取得长足进步,2010年全系统经营收入达22亿元,比“十五”末增加10亿元。组建省水利招投标服务中心,水利建设信用体系更加完善,水利建设市场秩序逐步规范,水利行业安全生产态势平稳,工程建设领域突出问题专项治理取得实效。建立健全质量管理体系,实行工程质量一票否决制和终身负责制,32项工程获省“黄山杯”或省水利优质工程奖,1项工程获水利部优质工程大禹奖。

(六)水利改革实现新的突破

水利工程管理体制改革基本完成,工程管理体制和运行机制逐步理顺,“两项经费”得到进一步落实。大力推进水务体制改革,全省共有9个市、44个县(市、区)成立水务局,铜陵市和固镇县实现了供水、排水、节水、污水处理回用的统一管理。水价改革积极推进,省管及跨市排涝站不再收取排涝费,跨市排涝站电费由省财政定额补贴,进一步减轻了农民负担;农业灌溉水费免征营业税,适时调整了非农业供水价格。水利投融资体制改革不断深化,公共财政水利投入大幅度增长,多渠道并重的投融资机制初步形成。事业单位内部人事制度和分配制度改革持续深化。水行政审批改革积极推进,便民高效的水行政许可审批机制逐步建立。在全系统开展“水利改革创新奖”评选表彰活动,第一年申报改革创新成果达40余项。

(七)行业基础工作扎实推进

水利规划及前期工作取得重大进展,淮河、长江、太湖流域防洪规划和淮河干流行蓄洪区调整规划、重点平原洼地除涝规划等通过国务院或水利部批复,基本完成全省“十二五”水利发展规划编制任务,全省水资源综合规划、皖江城市带承接产业转移示范区水利专项规划、长江干流洲滩圩垸治理规划、节水型社会建设“十二五”规划等20多项规划编制完成。水利科技创新成果丰硕,完成省部级重大水利科技项目60余项,其中19项获安徽省科学技术奖、2项获大禹水利科学技术奖。组建水利部安徽省水利科技推广工作站,科技合作、交流与推广进一步加强。成立省水利厅技术委员会,科学决策机制不断健全。水利信息化水平逐步提高,完成国家防汛抗旱指挥系统一期工程,建成一批水情、旱情分中心和远程视频监控系统。全省防汛抗旱通信骨干网已覆盖17个市、13个厅直单位。安庆等9市视频会商系统延伸至县区防汛抗旱机构。水利电子政务建设深入推进,门户网站体系初步形成,办公自动化应用水平稳步提升。

(八)人才队伍建设不断加强

全系统各级领导班子建设不断加强,干部人事制度改革持续深化。加大专门管理人才和专业技术人才引进、培养力度,全省水利系统人才队伍结构进一步优化。5年来累计培训干部职工1.3万多人次,3人获“全国技术能手”、5人获“全国水利技术能手”荣誉称号。大力推进水利教育培训基地建设,省水利水电职业技术学院跻身国家示范性高等职业院校行列。制定《关于建立健全基层水利服务体系的指导意见》,基层水利建设稳步推进,一批乡镇水利服务机构陆续成立或恢复,至2010年底全省共有乡镇水利机构900个,占乡镇总数的70.1%,在加强基层水利建设与管理中发挥了重要作用。启动县级水利部门能力建设,完成第一批28个县(市、区)验收。2010年2月至5月,在全省水利系统开展了“万名干部进镇村”活动,1万多名水利干部深入全省104个农业县(市、区),广泛开展基层水利调研,受到农民群众的广泛欢迎与支持,得到省委、省政府和水利部领导的充分肯定。

(九)党的建设和精神文明建设健康发展

圆满完成学习实践科学发展观活动,深入开展“创先争优”活动,全系统党的建设不断加强。大力推进政务公开,突出加强效能建设,水利系统政风行风建设成效明显。全系统党风廉政建设长效机制逐步建立,工程、资金、干部“三个安全”得到加强。坚持走访人大代表、政协委员,听取对水利工作的意见和建议,人民群众对水利工作满意度进一步提高。精神文明建设取得新成果,省水利厅荣获“安徽省文明单位”、“全国水利文明单位”等称号,连续多年荣获省政府目标管理考核优秀等次,全系统精神文明创建活动蓬勃开展。成功举办两届全厅系统职工运动会,水利干部职工业余文化生活日益丰富。水利宣传工作成效突出,水利行业形象显著提升。水利扶贫、援建松潘工作取得突出成绩,水利援疆工作启动。水利志、年鉴编辑出版工作取得新成绩。离退休干部工作再上新台阶。工会、共青团、学会、协会等群团作用充分发挥。

经过五年的发展,我省水利保障能力大幅提升,取得了显著的经济社会效益。特别是在刚刚过去的2010年,全省水利系统紧紧围绕省委、省政府“调结构、保增长、惠民生”的重要部署,凝心聚力,攻坚克难,全力加快重点水利工程建设,全面加强各项水利管理,深入推进重点领域水利改革,努力加强水利行业能力建设,水利可持续发展步伐全面加快。全年累计完成水利建设投资65亿元,连续两年突破60亿元,创历史最好水平。防汛抗旱工作取得全面胜利,减灾效益达260亿元。科学谋划“十二五”水利发展,“水利规划年”活动取得重要成果。成功举办新中国治淮60周年系列庆典活动,新一轮治淮正式拉开序幕。大力建设民生水利工程,如期完成第一轮国家规划内病险水库除险加固,解决296.72万农村人口饮水安全问题。中小河流治理试点项目顺利实施。深入广泛的下乡进村调研活动,加强了与农民群众的密切联系,展示了水利行业求真务实的形象。2010年全省水利工作取得的突出成绩,为"十一五"划上了圆满句号,实现了圆满收官。回顾"十一五"的发展,全省水利工作实现了一系列重大跨越,站上了新的历史起点,成就令人振奋,经验弥足珍贵。一是必须坚持与时俱进、科学发展的治水思路。在水利工程规划、建设和管理中,高度尊重自然规律和洪水规律,既要防止水对人类的侵害,又要防止人对水、对自然的危害,努力实现人与水、人与自然的和谐相处。二是必须坚持以人为本、服务民生的发展方向。始终将确保人民群众的生命财产安全,解决关系人民群众切身利益的水利问题,让人民群众共享水利发展成果,作为水利工作的出发点和立足点,不断完善防洪减灾综合体系,提高水资源保障能力,改善农村水利基础设施条件。三是必须坚持实践探索、改革创新的工作思路。积极适应形势变化,切实转变思想观念,大力深化各项改革,破除制约水利发展的各种障碍,努力促进水利建设和管理工作健康快速发展。四是必须坚持依法治水、规范管理的保障机制。着力建立健全与国家水法规相配套、符合安徽实际的水法规体系,把各项水事活动纳入法制管理的轨道。五是必须坚持强化队伍、提升能力的自身建设。持续不懈地健全完善水利建设与管理机构,大力推进人才队伍建设,努力培养造就一支政治过硬、业务精通、求实创新、勤政廉洁的高素质水利队伍。同时,改善水利职工生产生活条件,逐步提高职工收入。

五年的开拓进取,五年的创新发展,五年的辉煌成就,奠定了水利可持续发展的坚实基础,开启了"四个水利"建设的崭新征程,铸就了"顾全大局、自强不息、同舟共济、科学治水"的王家坝精神,展示了水利人拼搏进取、奋发向上的优良形象。这是科学发展观在全省水利系统生动实践的结果,是省委、省政府坚强领导、科学决策的结果,是全省水利系统干部职工同心协力、锐意进取的结果,是各地、各部门同心同德、鼎力支持的结果!在此,我代表省水利厅党组,向关心支持水利事业的省直有关部门、各级党委政府表示衷心的感谢!向辛勤工作在全省水利战线的广大干部职工致以亲切的问候!

二、全面贯彻中央1号文件精神,抢抓机遇,应对挑战

党中央、国务院高度重视水利工作。今年中央1号文件出台《关于加快水利改革发展的决定》,这是党中央、国务院着眼全国水旱灾害频繁的严峻形势,作出的重大战略决策,水利必将迎来大规模发展的新高潮。省委、省政府高度重视中央1号文件的贯彻落实,迅速部署,明确由省水利厅牵头、省直相关部门配合,起草了贯彻实施意见,经省委、省政府领导审核,在刚刚闭幕的全省农村工作会议上进行了讨论,近期即将印发。全省水利系统一定要深入学习贯彻中央1号文件和我省实施意见的精神,把思想认识统一到党中央、国务院和省委、省政府的决策部署上来,把握机遇,应对挑战,全力加快水利改革发展步伐。

(一)准确把握加快水利改革发展的战略机遇

省委八届十三次全会指出,"十二五"时期,安徽发展面临的机遇前所未有,真正是大有可为的黄金发展期,能不能珍惜机遇、抢抓机遇、用好机遇,是安徽赢得主动、赢得未来的核心所在。在全省经济社会发展的黄金期,全省水利工作也迎来一系列的重大发展机遇。

党中央国务院的重大战略决策,为加快水利改革发展提供了政策保障。今年中央1号文件专门聚焦水利,把水利作为国家基础设施建设的优先领域,把农田水利设施建设作为农村基础设施建设的重点任务,把严格水资源管理作为加快转变经济发展方式的战略举措,明确多渠道、大幅度增加水利投入,加快水利改革发展。省委、省政府贯彻1号文件的实施意见,提出全面加强综合水利工程建设,加强水利投入和政策扶持,改革创新水利发展体制机制,力争通过5—10年的努力,从根本上扭转水利建设明显滞后的局面。党中央、国务院的战略决策,省委、省政府的重大部署,必将为我省水利发展提供全新的机遇和强有力的政策保障。

新一轮治淮建设全面启动,为构建防洪保安骨干体系提供了有利条件。2009年,党中央、国务院作出了进一步治理淮河的重大战略决策;2010年国务院再次召开治淮工作会议,明确了新一轮治淮建设的目标任务。省委、省政府把新一轮治淮作为支撑皖北发展的关键举措,对治淮工作进行了全面部署。新一轮治淮的全面启动,为进一步推进重点水利工程建设,完善全省防洪保安骨干工程体系提供了有利条件。

加强"三农"和改善民生,为完善农村水利基础设施提供了强大动力。随着"三农"工作的进一步加强,保障和改善民生的力度进一步加大,统筹城乡发展、粮食安全战略的深入推进,加强以水利为重点的基础设施建设,将成为"十二五"发展的主调,为加快水利改革发展提供了强大动力。

加快兴皖富民的战略部署,为推进水利事业全面发展提供了重要平台。"十二五"时期,是我省全面转型、加速崛起、兴皖富民的重要阶段。实现全省"五个翻番"的发展目标,完成"加快发展、加快转型"两大战略任务,推进工业化、城镇化及农业现代化

“三化”同步,以及实施皖江城市带、合肥经济圈、皖北城市群等发展战略,迫切需要全面提升水利支撑和保障能力,同时经济的快速增长对水利发展的带动和提速效应将明显增强,为水利发展提供了重要平台。

(二)积极应对水利改革发展面临的严峻挑战

“十二五”期间,我省进入全面建设小康社会的关键时期。随着经济社会的快速发展,对防洪减灾、水资源配置、水环境保护和水利服务能力提出了新的更高要求,江河治理与保护工作趋于复杂和艰巨,水利改革与发展形势依然严峻。

水利基础设施薄弱,水旱灾害频发,仍然是全省人民的心腹大患。淮河出路不畅,沿淮行蓄洪区建设滞后;长江干流崩岸严重,洲滩圩垸洪灾风险大;城市(县城)防洪排涝标准不高,重要支流防洪能力偏低,中小河流大多未进行系统治理,水土流失防治薄弱,山洪灾害防御手段不足;沿淮洼地、沿江圩区涝灾频繁;沿淮淮北及江淮丘陵区灌溉水源不足,城市和工业用水日趋紧张,应对持续干旱和特大干旱的能力依然脆弱。

水资源分布不均,工程性缺水问题突出,仍然是我省的基本水情。水资源调控能力不足,水资源配置骨干工程体系尚未建立,制约了区域经济社会发展。全省人均水资源占有量1100m^3,约为全国的1/2,属水资源紧缺的省份。全省易旱面积大,多数河湖水域遭受不同程度的污染。加之经济发展模式粗放、用水效率低,工程性缺水与水质性缺水问题突出。

农田水利建设滞后,仍然是影响农业稳定和粮食安全的突出瓶颈。全省大部分农村存在农田排涝能力低、灌溉条件差等突出问题,农村水利与“三农”发展水平不相适应,与新农村建设的要求差距更大。此外,基层水利管理能力普遍薄弱,县级以下基层水利服务体系不健全,全省仍有近30%的乡镇没有专门的水利管理机构,大量农村小型水利工程管理力量不足甚至无人管理,严重影响基层水利工作的正常开展。

三、围绕中心,科学谋划“十二五”水利改革发展

未来五年,是我省全面加速崛起进程的关键时期,也是全面加快水利改革发展的重大战略机遇期。我们一定要准确把握水利发展的阶段性特征,立足经济社会发展的新要求,更加注重科学发展,更加注重以人为本,更加注重统筹兼顾,更加注重服务民生,努力开创水利可持续发展的新局面。

(一)“十二五”水利发展总体思路

根据党的十七届五中全会精神和省委、省政府《关于制定国民经济和社会发展第十二个五年规划的建议》部署,按照省政府关于“十二五”全省经济社会发展的总体布局,“十二五”全省水利发展总体思路是:深入贯彻落实科学发展观,牢固树立“以水兴皖、以水富民”理念,把水利作为基础设施建设的优先领域,把农田水利作为农村基础设施建设的重点任务,切实加强水利薄弱环节建设,强化水利基础设施体系。在加快工业化、城镇化、农业现代化“三化同步”进程中,全面推进水利现代化。以深化重点领域和关键环节改革为重要保障,创新水利科学发展体制机制。着力增强水旱灾害应对与综合防御、水资源合理调配与高效利用、水生态环境保护与修复、科学治水与依法管水能力,确保防洪安全、供水安全、粮食安全和生态安全。

(二)“十二五”水利发展主要目标

按照全省“十二五”水利发展规划,今后五年全省水利发展主要实现六大目标。

防洪减灾保障体系进一步完善。继续完善长江、淮河、新安江防洪保安体系,全面提升除涝能力;基本完成重点中小河流重要河段治理,完成现有病险水库及大中型水闸除险加固任务;加强山洪沟治理,山洪灾害防治区预测预报系统基本建立;应急备用水源建设全面加强,应急抗旱能力显著提高,完善洪水管理、抗旱调度和应急管理制度。

农村水利基础设施进一步改善。基本解决全省农村人口饮水安全问题;全面完成规划内的大型灌排泵站更新改造,力争完成60%以上的大型灌区续建配套与节水改造,新增农村水电装机10万kW。全面完成规划内的水利血防工程。大力推进农田水利建设,促进农村水利基础设施进一步完善,农田灌溉、除涝能力进一步增强。

水资源开发利用水平进一步提升。最严格的水资源管理制度初步建立,城乡水资源统一调度与管理取得重要进展,加快建设跨区域调水工程,推进雨洪资源利用,水资源调配能力显著提高,重点地区、重要城市的水资源供需矛盾得到初步缓解。万元工业增加值用水量大幅度降低,农业净增节水灌溉面积13.3万hm^2,大型灌区灌溉水有效利用系数提高到0.52。

水生态环境保护成效进一步扩大。初步建立水资源保护体系,饮用水水源地得到有效保护,供水水质达到国家地表饮用水卫生标准,主要江河湖泊水功能区水质达标率达到70%以上。初步建立有效的水土流失综合防治体系,新增水土流失治理面积4250km^2,实施生态修复面积1560km^2,城乡水环境进一步改善。

依法治水管水能力进一步增强。基本形成比较完善的水法规体系。建立完善水事纠纷预防和调处机制,全社会水法规意识进一步增强,加强水政执法队伍建设,水行政执法能力显著提高,水利依法行政取得重大进展。深化水利工程管理体制改革,推进小型水利工程管理改革,建立完善基层水利管理服务体系。水利投融资、水价等重点领域和关键环节的改革取得重大突破,初步建立水利良性发展的体制和机制。

行业自身发展步伐进一步加快。全面加强水利行业基础设施建设,完善水文水资源和水土保持监测站网,水利信息化水平明显提高,基本形成水利应急管理体系、安全监督体系、科技创新体系和质量技术监督体系。加强水利前期工作,加大专题研究力度,完善规划体系。加强水利科技创新体系建设,促进科技成果转化,科技成果转化率提高到50%。加强人才队伍建设,大力培养培训基层水利实用人才。

(三)"十二五"水利发展重点任务

为顺利实现"十二五"水利发展的六大奋斗目标,突出抓好以下五项重点任务:

第一,围绕工程水利,持续推进防洪保安体系建设。构建"畅通淮河":重点开展新一轮治淮建设,实施"三加一"工程,即行洪区调整与建设、重点平原洼地治理、淮干一般堤防除险加固和重要支流治理工程以及居民迁建11万户39万人,"十二五"争取完成治淮投资160亿元。建设"安澜皖江",实施"一干三支"工程,即长江干流整治及滁河、巢湖、青弋江与水阳江重要支流治理工程,分类指导洲滩圩垸治理,稳定长江河势与岸线。加强"城镇防洪",实施江南、江北产业集中区等"两区三片"防洪保安建设。第二,围绕资源水利,着力提升水资源综合保障能力。依托淮河、长江、新安江和主要支流河道,沟通江河湖泊,科学调蓄地表水,合理控采地下水,优化配置水资源,形成大中型水库和重要湖泊为源、河流为线、库塘多点的资源水利格局。积极推进节水型社会建设,强化用水定额管理,不断提高水资源的利用效率。加快推进引江济淮前期工作,力争启动引江济巢与淮水北调等跨区域调水工程,逐步解决沿淮淮北地区及江淮丘陵部分地区水资源短缺问题。

第三,围绕民生水利,大力发展农村水利基础设施。实施"双百、千、万"和"双千万"工程。"双百",即除险加固大中型病险水闸173座,完成100条中小河流治理;"双千",即实施1000多座中小型水库加固,实施1000多座中小型排灌泵站改造;"双万",即实施"万条农村沟河"清淤,扩挖20万口"当家塘";"双千万",即再解决2000万农村人口饮水安全问题,实施大中型灌区续建配套与节水改造,新增和改善1000万亩农田排灌能力。

第四,围绕生态水利,加快构建水生态环境保护体系。以水土保持预防监督、综合治理工作为重点,坚持科学规划、集中连片治理的工作思路,建一片、成一片、发挥效益一片,积极推进监测评价、生态修复工作。在主要水土流失区合理布设工程、林草措施,实行山、水、林、田、沟、渠、路综合治理。实施水电新农村电气化县和小水电代燃料工程建设,新建、改扩建电源项目100处。加大城乡河湖水系整治与生态修复力度,大力实施沟、河、湖连通工程,基本建成全省水环境保护和河湖生态健康保障体系。

第五,围绕科学发展,全面加强水利行业能力建设。一是加强全省水利信息化建设,建立完善基3S的水文测报及预警预报系统,进一步整合完善水利通信网、防汛抗旱决策指挥系统和水资源、水土保持监测站网体系,构建联通省市县乡四级、覆盖所有工程的水利信息及防汛抗旱网络,一年完成规划,三年明显见效,五年全部完成。二是建立水利科技基地,加强水利职业技术学院建设,完善实用人才培训基地,加大科技攻关力度,加快水利科技项目推广,为水利发展提供坚实的科学基础和有效的关键技术。三是健全基层水利服务体系,以乡镇或小流域为单元,建立健全乡镇水利站或小流域水利中心站,探索建立村级水管员制度,鼓励组建农村用水协会等合作组织,实现全方位水利服务与管理。

四、抓好开局,确保完成2011年水利目标任务

2011年是实施"十二五"规划的第一年,是中国共产党建党90周年,做好今年的各项工作,具有十分重要的意义。我们必须紧紧围绕省委、省政府"全面转型、加速崛起、兴皖富民"的发展战略,认真贯彻省领导在全省农村工作会议上的讲话精神,紧密结合全省水利发展目标,牢固树立机遇意识、发展意识和改革创新意识,全力做好今年的各项工作,为"十二五"开好局、起好步。

(一)深入学习贯彻中央1号文件精神

今年的中央1号文件,确立了新形势下水利的公益性、基础性和战略性定位,对统一全民共识、凝聚社会力量、形成治水兴水合力、加快水利改革发展,具有巨大的推动作用和深远的历史影响。全省水利系统要将贯彻落实文件精神作为当前的头等大事,深刻领会文件精神实质,准确把握水利改革发展面临的新形势,认真落实水利改革发展的总体要求,确保在思想上、组织上、行动上落实1号文件的重大部署,全力迎接水利大投入、大建设、大发展。一要抓好学习贯彻。要组织广大水利干部职工认真学习中央1号文件精神,把思想和行动统一到中央加快水利改革发展的决策部署上来。要充分利用广播、电视、报纸等主流媒体,策划重点宣传活动,深入解读中央加快水利改革发展的战略决策和政策措施。二要结合本地、本单位实际,迅速研究制订贯彻落实措施。各市、县(市、区)都要制订具体的实施意见或细则。三要抓好前期工作。按照中央1号文件的部署,从今年开始水利投资规模将会大幅度增加直至翻番,相应的前期工作量将会翻番甚至翻两番。全省水利系统必须牢固树立重如泰山的紧迫感和时不我待的危机感,全力以赴推进前期工作。各地各单位务必按照我厅的统一部署和安排,认真分解前期工作目标任务,统筹调配设计力量,进一步开放设计市场,建立完善任务落实督查制度和责任追究制度,保证质量,缩短周期,以优质高效的前期工作赢得加快建设的主动权。四要抓好建设管理。全省水利系统要超前谋划,及早部署,制定预案,落实措施,进一步做好在全国范围内的施工与监理招投标工作,扩大施工与监理队伍并提高其素质,确保在大规模水利建设到来时,从容应对高强度的建设管理任务。

(二)抢抓机遇大兴农田水利

开展"农田水利建设推进年"活动,进一步完善农田水利规划,抓紧报本级政府审批。全面完成第一批19个重点县的建设任务,推进第二批20个重点县的小型农田水利工程建设。积极争取新的重点县和项目县,力争覆盖我省所有粮食主产县区。未列入重点县和项目县的县(区),都要选择试点区域开展高标准农田水利建设试点,集中连片、整村推进,积累经验。积极开展农田水利管理体制与机制的改革创新,抓典型,树样板,逐步推广。加强水土保持工作,治理水土流失面积330km^2。持续推进水电农村电气化县建设,开工一批小水电代燃料工程,积极争取水电农网改造项目投入实施。加快实施水利血防专项工程。抓好2010年度农田水利基本建设土方工程扫尾和配套建筑物建设,确保圆满完成年度水利兴修任务。

(三)全力实施重点水利工程建设

全力推进2010年水利投资项目建设,确保今年3月底前完成建设任务的90%以上,其他项目在计划下达后及时开工建设。积极实施新一轮治淮建设,进一步加快推进洼地治理外资项目、洪泽湖抬高蓄水位影响处理工程建设,汛前基本完成2010年计划项目并发挥效益;开工实施高邮湖大堤加固工程,争取今年开工建设蚌浮段和正峡段两项行蓄洪区调整与建设;力争开工西淝河洼地治理工程,全面实施淮河移民迁建。加快推进长江干流河道整治等前期工作,力争实施水阳江、滁河近期防洪治理、青弋江分洪道建设以及长江崩岸应急治理工程。抓紧完成大中型灌区在建项目的扫尾和已完工项目的竣工验收工作。抓住国家加大大中型灌区投入的有利契机,启动大型灌区续建配套与节水改造工程整体可研报告的编制工作,加紧大型灌区单项工程初步设计的编制和审批工作。加快推进泵站更新改造工程建设,同时做好已建工程扫尾和验收工作。

(四)突出抓好防洪重点薄弱环节治理

抓住中央加大中小河流治理力度的机遇,进一步加快中小河流治理步伐,汛前全面完成已下达计划的31个中小河流治理项目,力争今年再开工实施50项,年底前完成主体工程。全面开展山洪灾害防治县级非工程措施建设,第一批12个县汛前要全部完成,第二批县年底前基本完成,第三批县年底前开工建设。同时,进一步修订山洪灾害防御方案,加大宣传与演练力度,继续完善群策群防的山洪灾害防御体系,最大限度减少人民群众生命财产损失。抓紧启动大中型病险水闸除险加固前期工作,争取汛后能够开工实施一批项目,确保取得实质性进展。

(五)强力推进水利民生工程建设

狠抓病险水库除险加固工作,汛前全面完成2010年安排的新一轮国家规划内129座、省计划内300座小型病险水库除险加固任务,开工实施国家计划内175座、省计划内192座病险小型水库除险加固工作。在实施水库除险加固过程中,要高度重视工程内在质量与外部规范整洁相统一。狠抓农村饮水安全工程建设,今年再解决300万农村人口饮水安全问题。深入开展农村饮水安全工程督查活动,指导县级成立工程运行管理机构,建立工程维修养护基金,加强工程维修养护,着力提高进村入户率,确保工程建得成、管得好、用得起,发挥长期效益。

(六)全力做好防汛抗旱减灾工作

抓好防汛抗旱责任制落实,切实将责任制贯穿到防汛抗旱和抢险救灾的各个环节。强化各级防汛抗旱指挥部的职能,完善统一指挥、分工负责的工作机制。加强行政责任人的培训,提高防汛抗旱决策指挥水平和突发事件应对处置能力。继续完善防汛抗旱物资储备制度,增加储备量,优化布点,健全调拨机制。加强防汛抢险队伍和抗旱服务组织建设,强化演练培训,提高应急能力。积极开展防旱抗旱工作,持续开展淮北地区打井补点工作,在抓好当前农业抗旱工作的同时,加强城市供水、生态供水工作,确保城乡居民、重要工业企业用水,保障重要河流、湖泊、湿地等生态用水。健全防汛抗旱信息报送和新闻发布制度,及时发布重大信息,加强舆论引导,营造良好氛围。及早开展今年防汛抗旱准备工作,编制、完善重点工程度汛预案、方案,加快在建工程建设,加强主要险工隐患处置,加强雨情、水情、墒情监测预报,积极迎战可能发生的洪涝干旱灾害。

(七)全方位强化水利管理工作

大力推进水利工程管理现代化建设,以健全管理体制和运行机制为保证,实现水利工程的规范化、法治化、科学化和社会化管理。按照"分级管理、分级负责"的原则,分期界定每一处水利工程的所有权、管理权、经营权,今年首先界定省、市、县三级水利部门直管的工程,下一步再界定乡镇水利站及以下集体组织管理的工程。加快水利工程精细化管理推进步伐,深入开展工程管理标准化活动,进一规范涉河项目审查审批行为。健全各级水利工程管理机构,加强管理基础设施建设。进一步加强长江、淮河干流及其支流采砂管理,严厉打击非法采砂活动,维护河势稳定与防洪安全。切实加强湖泊等水域管理,着手建立蓝线管理制度,禁止围垦、填垫湖泊水域。立足实行最严格的水资源管理制度,启动以市为单位的水量分配方案制订工作。加强水资源监测能力建设,加大水资源保护力度,深入推进节水型社会建设。加强农村水电管理,促进水能资源合理有序开发。积极适应中小型民生水利工程大规模实施的新形势,进一步完善水利建设项目管理模式,开展水利招投标"专项整治行动",大力规范招投标工作,下决心解决围标等违法违纪行为。建立项目法人激励约束和项目建设绩效考核机制,完善招投标市场公共服务和监管体系,深入开展工程建设合同评价考核,推进水利建设市场诚信体系建设,强化质量和安全监管,努力实现工程建设质量、安全、进度和效益相统一。进一步健全财务制度,加强水利资金监督管理,加快预算执行进度,加强审计稽查,提高投资效益,确保资金安全。

(八)持续深化重点领域水利改革

推进水利工程管理体制改革向基层延伸。一方面,要巩固改革成果,真正将"两项经费"全部足额纳入本级财政预算,稳定经费渠道,落实社保政策,深入推进内部人事、分配制度改革,积极推行管养分离,建立良性运行机制。另一方面,要认真研究政策,继续深化改革,扩大改革的对象和范围,将小型水利工程和县级以下基层单位纳入改革范畴,明确管理主体和管理责任,落实管护人员和经费。采取政策措施,改进管理结构,管点的水管单位扩大管线、管面,管线的单位可扩大管面、管小流域等,管重点工程的单位可扩大到一点带多点的管理模式。引导和鼓励县(区)直管的水管单位富余人员到乡镇、流域水利站工作。加快推进水价和水规费征收改革。按照国家资源产品价格改革的要求,逐步推进水价改革,对不同类型用水实行差别水价,建立有利于促进节水和水资源循环利用的水价形成机制。积极改革水规费征收方式,进一步规范水费、河费、水资源费、水土保持补偿费、长江砂石资源费、河道滩地临时占用补偿费、罚没收入等的收缴和使用管理。深入改革水利投融资机制,继续强化政府财政投入的主渠道作用,加大以工代赈、商品粮基地建设、农业综合开发、小农水资金等整合力度,积极采取银行贷款、吸纳社会投资等方式,多渠道筹集水利建设资金,努力保证地方配套资金足额到位。鼓励各地积极出台扶持政策,搭建水利投融资平台,扩大水利投融资渠道。深化农村水利改革,不断创新"一事一议"办法,重点探索完善民办公助、以奖代补的激励引导机制,充分调动群众建设农田水利的积极性。推进小型水利工程产权制度改革,按照谁受益、谁管理的原则,落实管护责任。持续推进基层水利服务体系建设,加快恢复和新建乡镇或小流域水利站,力争今年全省乡镇水利站覆盖率达到80%。积极探索建立村级水管员制度,每个县区都要启动试点,积累经验,逐步推广。

(九)着力增强水利可持续发展能力

加强水利法制建设,力争出台《安徽省节约用水条例》,修改报送《安徽省湖泊管理办法》,努力完善水法规体系。加强水政监察工作,促进水利执法队伍建设,深入推进水利综合执法,开展水行政执法检查,不断提高依法行政水平。加强水利规划和前期工作,特别是要围绕水利投入翻番的要求,全力加大前期工作力度,准备足够的可研报告与初步设计文本,以扎实的前期工作来争取更多的中央投资。加快引江济淮、淮水北调规划、项目建议书、可研报告编制工作。切实抓好水利普查工作,确保年内取得阶段性成果。大力推进水利科技创新,增强全省水利创新能力,大力推广先进技术。深入推进水利信息化建设,完善水利信息化总体结构方案,强化基础数据收集,整合全省水利信息数据资源,实现水利基础数据统一管理。进一步加强县级水利部门能力建设,今年县级水利部门能力建设达标率要达60%以上。

(十)扎实推进党的建设、精神文明建设和行业队伍建设

紧紧围绕庆祝建党90周年,深入推进"创先争优"活动,在水利行业创建"党员先锋岗"和"党员示范窗口"。进一步加强各级领导班子建设,加大优秀人才引进培养力度,强化水利干部职工培训教育,着力提升水利干部职工综合素质。严格落实党风廉政建设责任制和领导干部《廉政准则》,进一步健全水利系统惩治和预防腐败体系,强化党性党风党纪教育,加大对重点工程、重点领域和关键环节的监督检查力度,狠抓源头治理,确保水利建设"三个安全"。积极创造条件,开展形式多样、生动活泼、寓教于乐的群众性文化体育活动,丰富职工精神文化生活。紧密结合水利工作实际,切实做好离退休干部工作,充分发挥各级工会、共青团、学会、协会等群团组织的作用,加强信访维稳和后勤保障工作。深入开展精神文明创建活动,着力营造文明和谐、积极向上的发展氛围。

圆满完成2011年各项水利目标任务,为"十二五"开好局、起好步,是对各级水利部门工作能力、工

作作风的重大考验。全省水利系统必须进一步增强责任感和紧迫感,全力以赴加快水利改革发展步伐。

一要加强组织领导,提升效能,狠抓落实。各级水利部门要把思想和行动统一到省委、省政府的战略部署上来,按照赵树丛副省长在全省农村工作会议上提出的"五落实"要求,结合本地区、本部门、本单位实际,认真研究制定工作方案,明确目标任务,瞄准主攻方向,找准薄弱环节,突出工作重点,实化工作措施。要大力加强效能建设,各级水利部门、厅直各单位、厅机关各处室都要以更大的力度提高行政效率,进一步理顺职能分工,优化工作流程,改进工作方式,使全系统工作运转更为规范协调、更加便民高效。同时,要将效能建设向有行政管理职能的基层单位延伸,向纵深推进,努力建立健全效能建设的长效机制。

二要切实转变作风,求真务实,开拓创新。切实转变工作作风,增强群众观念和服务意识,讲实话、办实事、求实效,形成踏实向上、真抓实干的工作作风。要始终坚持与时俱进,不断改革创新,切实抓住水利发展的机遇,突破体制和机制上的障碍,不断开创工作新局面。省水利厅设立的"改革创新奖",目的就是鼓励系统内各部门、各单位要用创新的思路谋划发展,用发展的方法解决前进中的问题,形成一种敢为人先、敢想敢创的干事创业氛围。要创新工作方式、工作方法和工作机制,创造性地开展各项工作,敢于在实践中拓宽新领域,探索新途径,争取新突破,赢得新发展。要深入基层和一线,及时发现并解决工作中存在的问题。对上级已经明确的政策要抓紧实施,对实践中行之有效的做法要总结推广,对迫切需要解决的问题要敢于先试先行。

三要坚持勤政廉政,甘于奉献,廉洁自律。即将到来的大规模、高强度水利改革发展任务,要求我们必须具备扎实的工作作风。全省水利系统各级领导干部,特别是各部门、各单位主要负责同志,要带着"四情"做工作,即对待事业要有感情,开展工作要有热情,开拓创新要有激情,加快发展要有痴情。面对大幅度增加的项目与资金,我们必须始终保持一颗廉洁之心,切实拉紧自律准绳,努力做到权为民所用、情为民所系、利为民所谋。

四要加大宣传力度,进一步提升形象,提振士气。要进一步加大水利宣传工作力度,努力营造加快水利改革发展的良好氛围。全面宣传水利改革发展的新举措和新进展,及时报道全省各地治水实践的新经验和新成效,充分展示水利行业务实进取、拼搏奉献的良好形象,激发广大水利干部职工加快水利发展的信心和决心,以及奋起直追、敢为人先的勇气与士气。

同志们,做好"十二五"和2011年水利工作,任务艰巨,责任重大,使命光荣。让我们在省委、省政府的坚强领导下,全面贯彻落实科学发展观,大力弘扬王家坝精神,以更加饱满的热情开拓创新,以更加高昂的斗志推进改革,以更加务实的作风埋头苦干,以更加有为的姿态加快发展,努力开创全省水利工作新局面,为实现加速崛起、兴皖富民作出新的更大的贡献!

专文

坚持科学治水　实现淮河安澜

(安徽省人民政府省长　王三运)

淮河流经豫皖鲁苏四省,安徽独居其中。431km的皖境干流,浇灌了全省46%的国土,养育了全省60%的人口。无论是历史、当代还是未来,淮河都是安徽经济社会发展的重要命脉。60年来,在党中央、国务院的高度重视下,经过流域群众的不懈努力,淮河治理取得了举世瞩目的巨大成就,防洪排涝减灾综合效益显著提升,走出了一条人水和谐的科学治淮之路,铸就了除害兴利、造福人民的巍巍丰碑。

一、60年治淮大业,成果辉煌,效益巨大

新中国成立不久,中央人民政府政务院就作出了《关于治理淮河的决定》,确定了"蓄泄兼筹"的治淮方针,毛泽东主席发出了"一定要把淮河修好"的伟大号召。在国家百废待兴、十分困难的情况下,中国共产党人带领人民向淮河洪涝灾害宣战,淮河成为新中国第一条全面、系统治理的大河。

淮河中段历来是治淮的重点和难点。从上世纪50年代起,安徽人民展开了大规模的治淮工程建设。先后建成了佛子岭、梅山、响洪甸和磨子潭等4座大型水库;利用淮河两岸湖泊洼地,兴建了城西湖、城东湖、濛洼和瓦埠湖等4个蓄洪工程,开辟了18个行洪区;在淮北平原开挖了新汴河、茨淮新河等大型分洪河道,建设了一大批闸站,初步形成了淮河中游的防洪工程体系。1991年淮河大水之后,国务院及时作出了兴建19项治淮骨干工程的重大决定,其中涉及我省的有14项。目前,以临淮岗洪水控制工程为代表的一大批防洪工程相继建成,淮干正阳关以上河道排洪通畅,低标准行蓄洪区群众得以安居,淮北大堤可以安全防御1954年型洪水,淮河整体防洪减灾能力显著提升。

60年来,安徽省治淮工程累计投入478亿元,共完成土石方125亿m^3,初步建成了防洪、除涝、灌溉三大工程体系。这些工程产生了防洪减灾的巨大效益。2007年淮河大水与1991年、2003年的量级相当,但受灾面积、受灾人口、倒塌房屋、转移人口、直接经济损失呈现“五个减少”,比1991年、2003年分别减少50%和30%以上。这些工程产生了农业增产的巨大效益。尽管近年来各种灾害不断,我省粮食仍实现连续6年丰收,去年总产614亿斤,再创历史新高。今年夏粮再获丰收,其中小麦总产240亿斤,连续7年增产、连续5年创历史新高,昔日的“水口袋”正在变成今天的“米粮仓”。这些工程产生了生态环保的巨大效益。水土保持、水资源保护和水污染防治得到加强,城乡饮水安全得到保证,淮河流域的水生态环境得到了很大改善。这些工程产生了协调发展的巨大效益。今日的淮河流域,已经是全国重要的粮、棉、油生产基地和能源基地;今日的沿淮人民,不仅远离洪水威胁,更实现了安居乐业,和全国人民一样,将如期实现全面小康的目标。

二、艰辛治淮历程,创新不断,经验宝贵

60年的治淮历程,充满艰辛探索,积累很多宝贵经验。回顾历史,我们深切体会到,党中央、国务院的坚强领导,综合国力省力的不断提升,流域各省的通力协作,沿淮人民的积极参与,是淮河治理取得辉煌成就的根本,也是最值得我们珍视和坚持的经验。

在艰难曲折的治淮实践中,安徽人民与流域各省一道,不断深化对治水规律的认识,不断强化水利的基础地位和公益性质,不断深入探索淮河治理的有效举措,努力走出一条符合安徽实际的治淮路子。我们始终坚持蓄泄兼筹的治淮方针,以科学发展观为统领,坚持以人为本,转变观念,大胆实践,着力从工程水利向资源水利、可持续发展水利转变,不断创新治淮工作理念,努力推进从单纯控制洪水向有效管理洪水转变。我们始终坚持尊重自然、尊重科学的治淮思路,按照人与自然和谐相处的要求,加强科学研究和基础工作,充分认识淮河流域气候地理、河流水系和经济社会发展的规律,使治淮的各项举措更加贴近实际、贴近需求,发挥出最大的工程效益。我们始终坚持水利的公益性基础地位,作为水利大省,历届省委、省政府都高度重视水利工作,把淮河治理摆在重中之重的位置,放在经济社会发展的大局中统筹考虑和谋划,充分发挥财政对治淮建设投入的主渠道作用,有力地保证了治淮事业的扎实推进。我们始终坚持统筹兼顾、团结治水的工作理念,把安徽的治淮工作置于流域全局之中,自觉服从流域总体规划,主动作为,甘于奉献,努力做到上下游、左右岸和不同行政区域兼顾,防洪、除涝与抗旱、治污并举,兴利与除害并重,工程措施与非工程措施结合,推动形成治淮的强大合力。这些是安徽60年不断探索和积累的经验做法,为我们进一步推进治淮事业奠定了坚实基础。

三、展望治淮蓝图,使命光荣,任重道远

淮河特殊的地理、气候和社会条件,决定了治淮必然是一项艰巨复杂、长期持久的系统工程。虽然我们已经取得阶段性重大成就,但是淮河流域防洪除涝体系还不完善,抵御洪涝灾害的能力仍然偏低,流域水资源短缺、水污染严重的问题未能很好地解决,洪涝灾害频繁的局面未能根本改变。进一步加快治理步伐,是沿淮人民的殷切期望,是保障国家粮食安全的现实需要,对于流域各省保持经济平稳较快发展、加快经济发展方式转变,具有十分重要的意义。

当前,淮河治理迈入新的历史阶段,面临新的重大机遇。2008年,胡锦涛总书记在安徽视察时作出“防治水患任何时候都不能松懈,兴修水利任何时候都不能松劲”的重要指示。今年的国务院治淮工作会议,明确了新一轮治淮的目标任务。新形势新要求,赋予了我们新的使命。对于安徽来说,我们将全面贯彻落实中央精神,坚持蓄泄兼筹的方针,坚持全面规划、统筹兼顾、标本兼治、综合治理的原则,更加注重防洪减灾体系的健全,更加注重治淮综合效益的发挥,为实现淮河安澜、流域长治久安作出不懈努力。

一是实施淮河行蓄洪区调整及建设工程,提升淮干中游的排洪能力。按照以人为本、人与自然和谐共处、全面规划、综合治理的原则,结合淮河干流综合整治工程措施,对现有行洪区废弃一批、改造一批、提高一批,对保留的行洪区建闸控制,提高进洪标准。通过行蓄洪区调整与改造,优化调度运用方案,在确保设计洪水安全的前提下,扩大中等洪水排洪通道。在此基础上,进一步研究探索有效降低洪泽湖水位,扩大淮河入海、入江通道,以更强的气魄、更大的手笔,向根治淮河的目标奋进。

二是实施淮干行蓄洪区及滩区居民迁建工程,保障沿淮人民群众居住安全。加强行蓄洪区安全建设,有步骤实行淮干行蓄洪区及滩区居民迁建,逐步解决好区内居民安全居住与行蓄洪水的矛盾,既要使行蓄洪区按计划正常运用,又要努力提高沿淮人民群众生活质量。

三是实施重点平原洼地治理和灌溉工程,为国家粮食安全打牢基础。加大淮河重点平原洼地治理力度,使涝灾严重的平原湖洼地排涝标准基本达到5~10年一遇,改善区域排涝条件,全面提高除涝减灾能力。着眼水资源开发利用,加快对灌区进行续建配套和节水改造,进一步改善沿淮淮北农业生产基础条件,提高农业综合生产能力,为保障国家粮食安全作出更大贡献。

四是加强流域内水资源配置工程建设与管理,为沿淮淮北跨越式发展提供水资源保障。积极创造条件,实施淮水北调工程,加快推进引江济淮前期论证工作,提高流域内的水资源配置能力。推进节水型社会试点城市建设,进一步提高水资源利用效率和效益,为沿淮地区发展提供强有力的水资源保障。

五是大力弘扬“王家坝精神”,凝聚起治水富民的强大合力。今年汛期,温家宝总理到安徽视察专门提出了“王家坝精神”,就是舍小家、顾大家的顾全大局精神;不畏艰险、不怕困难的自强不息精神;军民团结、干群同心的同舟共济精神;尊重规律、综合防治的科学治水精神。这是对沿淮广大人民群众的最高褒奖,也是对我们进一步做好治淮工作的殷切希望。在新的治淮征程中,我们要大力弘扬“王家坝精神”,保持昂扬斗志和进取精神,积极投身于治水兴利、强省富民的宏伟事业。

淮河安澜,百姓安宁,功在当代,利在千秋。让我们以科学发展观为统领,在巩固已有治淮成果的基础上,进一步加快治水兴皖进程,在淮河治理新的伟大战斗中再创辉煌、再立新功,为促进科学发展、加快安徽崛起作出新的更大贡献。

(原载 2010 年 10 月 13 日《安徽日报》)

加快水利科学发展 服务安徽加速崛起

(安徽省水利厅党组书记、厅长　纪冰)

2010 年,安徽省水利系统深入落实全国水利厅局长会议精神,积极践行可持续发展治水思路,坚定不移地打造工程水利、资源水利、民生水利和生态水利,圆满完成省水利发展“十一五”规划目标任务,为安徽加速崛起提供了坚强的保障和支撑。

一是坚持把骨干工程建设作为重点工作,强化措施,提速增效。在建成 14 项治淮骨干工程后,全力推进新一轮治淮建设。淮河重点平原洼地治理外资项目前期工作全部完成,项目已经陆续开工建设。洪泽湖抬高蓄水位影响处理工程投资计划已下达,五河泵站工程率先开工建设。强化协调调度,有力有序实施扩大内需项目,累计完成投资 33.7 亿元,占投资计划的 100%。全省 44 个中小河流治理试点项目中,2009 年安排的首批 7 个项目主体工程基本完成,2010 年安排的 24 个项目已全面实施。

二是坚持把保障民生作为关键目标,加快推进,合力攻坚。第一轮国家规划内的 295 座大中型和重点小型水库除险加固工程全面完成,累计完成投资 44 亿元。启动新一轮国家规划内 304 座小型水库除险加固,其中 156 座开工建设。新开工省计划内 300 座小型水库除险加固工程。农村饮水安全工程完成年度投资 14.26 亿元,296.72 万人喝上安全水、干净水。已累计解决 1200 万农村人口安全饮水问题。

三是坚持把农村水利作为发展基础,深入调研,全面加强。采取省市县三级联动方式,开展“万名干部进镇村”活动,共派出干部和技术人员 10151 人(次),实地走访行政村 932 个,察看农村水利工程 1400 多处,形成专题调研报告,明晰加强和改进农村水利工作的思路、建议并付诸实施。加快灌排工程更新改造建设进度,大型灌区节水改造完成年度投资 2.5 亿元,大型排涝泵站更新改造累计完成投资 10.7 亿元,第一批 4 处大型灌排泵站更新改造完成投资 1.29 亿元。大力开展农田水利建设,去冬今春共投入各类兴修资金 55.6 亿元,较上年同期增长 22%,完成土石方 3 亿立方米。今年入秋以来,全省农田水利建设全面开展。基本完成 2009 年度 19 个小型农田水利建设重点县和 18 个专项工程建设,累计完成投资 4 亿元。全年共实施 58 条小流域治理,治理水土流失面积 308.2km^2。

四是坚持把防汛抗旱作为重要任务,科学防控,有效应对。面对长江、淮河并发的洪涝灾害以及台风暴雨等灾害,适时启动防汛、抗旱和防台风Ⅱ、Ⅲ级应急响应,强化各项防御措施,科学调度各类水利工程,实现防洪抗旱效益最大化。先后派出 20 多个工作组,赴一线巡回检查指导。开动各类泵站 46 万 kW,排出受涝面积 1416 万亩,累计排除涝水 47 亿 m^3。通过全省上下的共同努力,防汛抗洪及防台风工作取得全面胜利,主汛期未发生一起群死群伤事件,长江、淮河干堤无一处重大险情,各类水库安全度汛无一垮坝,5000 亩以上大圩无一溃破。据测算,水利工程防洪减灾效益达 260 多亿元。

五是坚持把行业发展作为根本保障,科学规划,改革创新。深入开展“水利规划年”活动,完成“十二五”水利发展规划,明确未来五年水利发展的思路、目标任务和重点项目,完成全省水资源综合规划、水利援疆规划、全省抗旱规划等一批重点规划。制定《关于建立健全基层水利服务体系的指导意见》,明确奖补措施,全省共新成立(或恢复)基层水利服务机构 145 个。制定“县级水利部门能力建设”验收考核实施办法,重点对领导班子能力建设、系统人才队伍、内部管理与保障能力、基层水利服务体系进行考核,第一批 28 个县(市、区)已完成验收。着力加强水利立法工作,《安徽省水文条例》将于 2011 年 1 月起施行,《安徽省节约用水条例》已报省法制办进行立法审查,湖泊保护立法的前期工作已启动。

2011 年是全面实施“十二五”规划开局之年,做好全年各项水利工作,意义重大,影响深远。我们将深入贯彻落实科学发展观,以推进水利科学发展为主题,以服务安徽全面转型、加速崛起为主线,坚持兴利除害结合,防灾减灾并重,治标治本兼顾,加快水利发展与改革步伐,力争为实施"十二五"水利发展蓝图开好局、起好步,为兴皖富民提供更加有力的水利保障和支撑。

一是加快重点工程建设,进一步完善防洪保安体系。加快推进新一轮治淮工程,实施淮河重点平原洼地治理外资项目、洪泽湖抬高蓄水位影响处理工程。继续实施沿江排涝泵站、行蓄洪区安全建设等面上续建工程。

二是建好民生水利工程,进一步惠及广大人民群众。加快实施新一轮国家水库除险加固规划,基本完成246座小型水库除险加固建设。新开工建设省计划159座小型水库除险加固工程。再解决300万人农村饮水安全问题。

三是加快中小河流治理,进一步提高防洪除涝标准。重点实施44条中小河流治理,验收首批7个试点项目,完成2010年安排的24个项目,启动后续13个治理项目。推进山洪灾害防治非工程措施建设,完成第一批12个项目县建设。

四是推进灌排工程建设,进一步保障粮食生产安全。加快推进大中型灌区续建配套和节水改造、大型灌溉排水泵站更新改造进度。持续推进农田水利基本建设,完成第一批19个小型农田水利重点县建设任务,推进第二批20个重点县建设,提高小型农田水利基础设施水平。

五是强化防汛抗旱工作,进一步发挥防灾减灾效益。深入推进由控制洪水向洪水管理转变、由单一抗旱向全面抗旱转变,不断提高防御洪涝干旱灾害的能力,力争防在灾害前面、抢在第一时间、抗在关键节点,最大限度地减少灾害损失。

六是优化配置水资源,进一步增强可持续发展能力。加快《安徽省节约用水条例》等水法规立法进程,不断健全完善全省水法规体系。完成节水型社会建设"十二五"规划,积极推进节水型社会建设。加快推进引江济淮(济巢)工程前期工作,力争早日立项实施。

(原载2010年第24期《中国水利》)

关于上报《全省水利系统"万名干部进镇村"调研活动调研报告》的报告

省人民政府:

为深入贯彻落实党中央、国务院和省委、省政府关于农业农村工作的一系列重大部署,大力弘扬沈浩精神,加快推进全省农村水利发展,省水利厅于2010年2-5月在全省水利系统组织开展了"万名干部进镇村"调研活动。通过对调研活动成果的全面梳理和总结,形成《全省水利系统"万名干部进镇村"调研活动调研报告》,现随文上报。

此次调研活动共组织全省水利系统干部和管理、技术人员10151人(次)参与,实地走访行政村932个,召开座谈会432场,举办各类讲座、培训、咨询等500余场,察看农村水利工程1400多处。活动中,共发放《农村水利宣传手册》16340份,农村水利调查问卷12290份,全省农村饮水安全工程情况调查表3080份。通过深入基层开展调研,密切了与农民群众的感情,水利干部职工深受教育,促进了全系统作风的深入转变,树立了水利行业的良好形象。

从调研情况来看,新中国成立以来,全省农村水利工作总体上保持着健康稳步发展的势头,初步形成了防洪、除涝及灌溉工程体系,农业防御自然灾害的能力明显增强。在推进农村水利发展过程中,全省水利系统不断理清思路,积极采取有效措施,大力强化农村水利建设与管理工作,总结出行之有效的做法,也积累了成功的经验。

在调研中发现,随着经济社会的快速发展,特别是随着农村水利工作形势的变化,近年来全省不少地方农村水利工作存在着认识淡化、投入弱化、设施老化、功能退化、管理僵化、执法软化的现象,从而导致农村水利工程体系不完善、水利设施功能衰退、农村水利投入渠道不畅、农田水利工程管理严重缺位、农业水费征收困难等突出问题。

通过此次调研,我们认为,按照科学发展观要求,从保障国家粮食安全、加快社会主义新农村建设、统筹城乡发展、服务安徽崛起的要求出发,加强全省农村水利建设与管理工作,必须高度重视以下几个方面:一是强化县级农田水利建设规划的指导地位。要以规划为依据,整合涉水项目资金,统筹安排、集中使用,切实提高各类资金的使用效率。二是建立完善农村水利建设投入新机制和新政策。要加大各级财政对农村水利发展的投入,加大"一事一议"财政奖补力度,广泛吸纳民间资本和社会资金投入农田水利建设。三是建立健全基层水利服务体系。要着力提升县(区)水利系统自身能力,加强基层水利队伍建设,不断完善农村水利服务体系。四是改革创新管理体制和运行机制。要深入推进水管体制改革,加快水价改革,加强水费征收工作,大力推进小型水利工程产权制度改革。五是从政策层面重视和支持农村水利工作。我们将建议省政府出台《农田水利设施建设与管理办法》,明确排涝费由各级财政予以补贴,加大对三农的支持力度。

特此报告。

二〇一〇年六月

全省水利系统“万名干部进镇村”调研活动的调研报告

为深入贯彻科学发展观,积极践行可持续发展治水思路,贯彻落实《中共中央、国务院关于加大统筹城乡发展力度,进一步夯实农业农村发展基础的若干意见》(中发〔2010〕1号)、《中共安徽省委、安徽省人民政府关于进一步加快全省水利建设和改革的意见》(皖发〔2008〕10号),大力弘扬沈浩精神,加快推进全省农村水利发展,更好地服务“三农”,结合我省水利工作实际,省水利厅于2010年2-5月份在全省水利系统组织开展了“万名干部进镇村”活动。在全省水利系统广大干部职工的共同努力下,至4月下旬调研活动全面结束。通过对整个调研活动成果的全面梳理和总结,现形成如下调研报告。

一、调研活动开展情况

(一)精心组织,周密部署。2月21日,省水利厅印发了《开展全省水利系统“万名干部进镇村”活动实施方案》,确定从全省水利系统选派干部和管理、技术人员10000人(次),组建17个工作组,分别由厅领导带队,深入全省17个市、104个农业县(市、区)的乡镇村组和有关水利工程管理单位,广泛开展调研活动。根据各市所辖农业县(市、区)的数量分布,17个工作组共下设48个工作小组,每个工作小组进驻镇村工作时间不少于10天,到每个县(市、区)进驻乡镇不少于2个,到每个乡镇进驻行政村不少于2个。3月1日,省水利厅召开全省水利系统“万名干部进镇村”活动视频动员大会,调研活动正式启动。为保证活动有序开展,省水利厅专门成立了全省水利系统“万名干部进镇村”活动办公室,具体负责活动的组织协调工作。全省各市、县(市、区)水利部门也认真落实省水利厅的统一部署,积极开展调研活动。

(二)明确目的,突出重点。根据“万名干部进镇村”活动实施方案,此次调研活动的主要目的是:针对新形势下农村水利工作实际,以及农村水利工程建设与管理现状,开展调查研究,问需于群众、问计于群众、问政于群众,总结典型经验,提出农村水利工作建议与意见;开展水利技术指导与培训,帮助解决农村水利建设、管理工作中的有关问题;开展水利政策法规和农村水利知识宣传、咨询与培训等。重点是调查了解7个方面的情况:一是农村水利规划编制和农田水利建设、管理情况;二是县级水利部门能力建设、农村基层水利服务体系建设以及村镇基层水利人员队伍情况;三是农村饮水安全工程建设及运行管理情况;四是中小型水库除险加固及运行管理情况;五是机电灌排工程建设、更新改造及运行管理情况;六是小型水利工程产权制度改革、农村水利建设“一事一议”以及财政奖补政策实施等成功经验;七是基层干部群众对农村水利工作的需求和意见、建议。

(三)深入基层,注重实效。调研组通过走访村组,召开包括乡镇、村有关领导、乡镇水利人员、行政村负责人、自然村有关村民代表等参加的座谈会,实地察看农村水利工程建设管理情况等形式,全方位深入基层,察民情,听民意。据不完全统计,本次活动共有水利系统干部和管理、技术人员10151人(次)参与,实地走访行政村932个,召开座谈会432场,察看农村水利工程1400多处。活动中,共发放《农村水利宣传手册》16340份,农村水利调查问卷12290份,全省农村饮水安全工程情况调查表3080份,举办各类讲座、培训、咨询等500余场。通过深入基层、深入一线、深入村组,调查研究,掌握第一手资料、第一手情况,了解广大农民群众所思所盼,听取基层干部群众的意见和建议,取得了明显成效。

全省水利系统“万名干部进镇村”活动得到了省领导的关注,省委副书记王明方和省委常委、副省长赵树丛先后作出批示,充分肯定了活动的重要意义,并就认真开展好活动提出期望和要求。根据省领导的批示精神,整个活动遵守群众路线,强化群众观念,坚持求真务实的工作作风,深受基层干部群众的欢迎。通过深入基层水利工作第一线,面对面与普通群众沟通交流,增强了各级水利部门与广大农民群众的联系,密切了与广大农民群众的感情。通过广泛听取基层干部群众的意见和建议,帮助群众解决实际困难问题,使广大水利干部职工深受教育,促进了全系统工作作风的深入转变,进一步树立了水利行业的良好形象。

二、全省农村水利建设与管理现状

新中国成立以来,全省人民在党和政府的领导下,在全省各级水利部门的组织和引导下,广泛持久地开展了大规模的农田水利基本建设,全省农村水利工作总体上保持着健康稳步发展的势头。

(一)全省农村水利建设取得的主要成就。经过长期坚持不懈的艰苦努力,本省农村水利建设成效显著。特别改革开放以来,全省农村水利发展逐步形成了政府组织引导、群众投工投劳、引入市场机制调节的农田水利基本建设模式,全省农村水利快速发展,兴建了一大批水利工程设施,初步形成了较完整的防洪、灌排工程体系。全省共兴建水库4837座,总库容196亿 m^3;整治河道400多条,修筑堤防近2万km;打机电井19万眼;整修塘坝近百万处;发展固定机电排灌设备装机160多万kW,开发利用小水电装机75万kW。全省农田有效灌溉面积已近345.3万 hm^2(5180万亩);已除涝面积224.7万 hm^2(3370万亩),占易涝耕地面积的92.6%;堤防保护耕地面积已达235.7万 hm^2(3536万亩);建成节水灌溉面积73.3万多 hm^2(1100多万亩);治理水土流失面积2万 km^2;解决了980万农村人口饮水问题。

随着农村水利基础设施的不断改善,农业防御自然灾害的能力不断增强,农民生产、生活条件也逐步改善,特别是为国家粮食安全提供了有力保障。新中国成立之初,安徽省的粮食总产量仅64亿kg(128亿斤)。经过60余年的建设,到目前,全省粮食总产量稳定在300亿kg(600亿斤)左右,比1949年翻了两番多。在耕地面积减少、人口大幅度增加的情况下,安徽省不仅解决了6700多万人吃饭问题,而且每年还向国家提供25多亿kg(50多亿斤)商品粮,为保障国家粮食安全做出了重要贡献。实践表明,大力加强农村水利工程建设,稳定和扩大农田有效灌溉面积进而达到旱涝保收,是提高单位面积粮食产量、提高现有耕地的产出率、保证粮食安全的关键。同时,由于农村水利的全面综合治理,防洪、除涝、灌溉、供水等保障不断增强,对促进全省农业乃至整个国民经济的发展,发挥了不可替代的巨大作用。

(二)近年来发展农村水利的主要做法和经验。近年来,按照党中央、国务院和省委、省政府的总体部署,特别是按照省委、省政府《关于进一步加快全省水利建设和改革的意见》要求,全省水利系统不断理清思路,积极采取有效措施,努力推动农村水利建设健康发展,总结出许多行之有效的做法,也积累了不少成功的经验。

一是加强对农村水利工作的组织领导。各级政府均成立了农田水利基本建设领导机构,并坚持每年组织召开动员会、现场会、开展督查活动等,努力推动全省农村水利建设。省农田水利基本建设指挥部每年都制定农田水利基本建设工作意见,开展农田水利基本建设“江淮杯”评比,推动全省农田水利基本建设扎实、深入地开展。省水利厅通过制定《关于加快农村水利发展,推动社会主义新农村建设的指导意见》等规范性文件,指导各地开展农村水利建设。注重规划先行,组织各市、县(市、区)编制了农村饮水安全、大型灌区续建配套与节水改造、中型灌区节水配套改造、小型农田水利工程建设等一批农村水利专项规划。大力推进《农田水利建设规划》编制工作,截至目前,全省已有99个县(市、区)完成规划编制任务,72个县(市、区)的规划已通过政府或人大的审批。通过规划引导,有效地整合各类项目资金用于小型农田水利工程建设。

二是大力开展重点农村水利工程建设。按照省委、省政府的部署,以水利民生工程为抓手,积极推进重点农村水利工程建设。2005—2009年,全省累计投资40.2亿元,解决了980万农村人口饮水不安全问题。2007—2009年,累计安排1328座小型水库除险加固。稳步推进淠史杭、驷马山等7个大型灌区续建配套与节水改造,1998—2009年已累计投入12.7亿元。2001—2009年,累计安排了14个重点中型灌区节水配套改造项目建设。全面完成33处大型排涝泵站更新改造工程建设,总投资12.57亿元。

三是积极推进面上农田水利基本建设。2005年以来,小型农田水利建设中央补助专项资金规模逐年加大,中央和省级资金累计投入5.38亿元。各地积极探索建立以政府投资为引导、群众筹资投劳为主体、社会资金积极参与的多元化投入机制,推进农村水利建设。据统计,2007－2009年,市县乡合计投入分别约4.3亿元、6.7亿元、8.3亿元。“一事一议”财政奖补政策实施后,全省有90%的县区、70%的乡镇、50%的村组开展了“一事一议”试点工作。郎溪县2009年“一事一议”财政奖补资金488万元,其中安排到农田水利建设项目达316万元,占全部奖补资金的65%。通过重点倾斜,有效地调动了农村干群对农田水利建设筹资酬劳的积极性。

四是积极探索农村水利工程管理体制。2004年省政府办公厅转发了省发改委、省水利厅《关于水利工程管理体制改革实施意见》,目前大部分地区已完成改革任务,初步建立了体制顺、机制活、人员精干、服务优质、运行高效的水利工程管理体制和运行机制。同时,大力推广农民用水户协会建设,积极推动农民参与水利工程建设和管理,据不完全统计,全省已建立各类用水户协会215个。如:定远县成立独立事业法人单位农村供水工程管理总站,安排6个全额拨款事业编制人员专门从事全县农村饮水安全工程的建设、管理工作;广德县成立水库管理中心,将全县16座小(一)型水库全部收回县水务局管理。

三、当前安徽省农村水利建设和管理中存在的主要问题

尽管安徽省农村水利建设取得了巨大成就,但随着经济社会发展的形势变化,近年来很多地方农村水利存在着认识淡化、投入弱化、设施老化、功能退化、管理僵化、执法软化的现象,农村水利工程建设管理工作面临着严峻的挑战。

一是工程体系不完善,设施功能衰退。安徽省的灌排工程大多修建于上世纪五六十年代,受当时的经济和技术条件的限制,一些灌排工程标准低、配套不全,经过几十年的运行,很多工程存在工程老化严重、效益衰减等问题,用水效率低。大型灌区工程配套率不足40%,且工程老化、年久失修、渠系不配套等问题十分突出;农田的旱涝保收水平总体不高,不少地区仍然是"靠天吃饭";长江、淮河两大流域还有50多条一级支流、120多条二级支流没有得到有效治理;全省还有1500座病险水库急需除险加固;尚有1.88万km^2水土流失面积没有得到有效控制;中等干旱年份全省缺水达60多亿m^3。

调研中,各地普遍反映,随着国家对大江大河治理的日益完善,大型骨干工程的面貌发生了巨大的变化,但面上的农村水利工程状况却每况愈下,处于"大马拉小车"、有劲使不出的境地,成了"国家照顾不到、群众解决不了"的瓶颈工程。如沿江圩区的中小圩堤堤防单薄,有的中小泵站机毁房塌,田间沟渠淤塞;淮北地区的大中小沟排水不畅,灌溉机电井淤积损毁过半,有旱不能灌;江淮丘陵区的支、斗、农渠及塘坝等田间小型工程年久失修,存在上游骨干工程有水不能放、田间需水水不来的现象。农村水利工程的现状已成为当地干部着急、农民要求迫切、水利部门又很无奈的棘手问题。

二是农村水利投入渠道不畅。全省农村水利目前形成的相对完善的排灌系统,主要是过去依靠农民的投工投劳建设起来的。农村税费改革前,全省每年投入的劳动积累工约为5亿个工日,按每个工日10元折算,年投入相当于50亿元。另外,还有相当一部分为群众集资兴建,加上当时乡村的"三提五统"中也有相当一部分资金用于农田水利建设,这样基本能维持全省农田水利的简单运行和适量发展。2003年,农村税费改革全面取消"两工"后,组织开展农田水利建设老的政策不管用、新的"一事一议"政策又难执行,农田水利建设的投入机制很不健全。

一是各级政府财政投入不足。尽管国家和省自2005年开始设立了小型农田水利建设补助专项资金,但数量太少,与实际需求相差甚远。加之全省地方财政大都十分紧张,也难以拿出更多的建设资金。

二是投入分散,难以形成合力。目前本省各部门用于农村水利建设的资金项目主要有农业综合开发、世行加灌、以工代赈、大型商品粮基地、土地开发整理、标准粮田、新农村建设等,投入资金总量不少,但由于缺乏统一规划,未能统一组织实施,难以形成推动农村水利发展的合力。

三是"一事一议"操作难度大。农村税费改革后组织群众投入农田水利建设的主要途径是"一事一议",但很难有效开展,主要原因:一是农产品的比较效益低,农民参与农田水利建设的积极性不高;二是农田水利工程涉及范围较大,很多都超过一个村,而"一事一议"的范围限定在一个村内,跨村工程难以实施;三是一项工程因各农户受益程度不同,意见很难达成一致;四是大部分农村劳力外出务工,村民会议很难召开;五是"一事一议"制度缺乏约束力,少数人不同意便难以开展。另外,"一事一议"关系到农民负担问题,敏感度高,不少镇村干部因担心容易出问题,缺乏组织议事活动的主动性和积极性。

四是民间金融资本参与度不高。近年来,一些地方积极挖掘农田水利工程的水土资源,通过拍卖、租赁、承包、股份合作等方式,大力吸引民营资本和社会各界资金投入农田水利工程建设管理,取得了一定成效。但是,由于大多数农田水利工程的社会公益性特点,难以大量吸引社会资金投入。

三是农田水利工程管理严重缺位。长期以来,我省在农村水利工程管理方面,逐步建立了专管与群管相结合的管理体制,大中型水利工程普遍设立了专管机构,分散在面上的众多小型工程由地方政府或集体管理,灌区多实行分级管理、分级负责的灌区管理体制。随着乡镇、村行政体制与经济体制改革,这种老的管理体制机制被打破,新的体制机制没有及时建立起来。另外,税费改革前,安徽省每个乡镇都设有水利站,通过几轮农村改革,乡镇水利站大都撤消或合并,被严重弱化。农村水利工程普遍存在着产权不清、责任不明等严重问题,大多处于无人管理的状态,即使部分有专人管理的工程,管理人员报酬低,维修养护经费基本无来源,加上管理人员整体素质不高,管理水平较低,难以支撑工程的正常运转。

1998年,省政府出台了小型水利工程产权制度改革意见,开始推行小型水利工程产权制度改革,2006年元月,省政府再次出台关于进一步推进全省小型水利工程产权制度改革的指导意见。截至目前,全省有30%左右的小型水利工程产权得到了不同形式的改革,落实了建设管理责任,应该说取得了一定成效。但已改的工程大多是经济效益比较明显的工程,剩下的大多是公益性工程,具有广泛社会效益,不宜套用经营性工程和准经营性工程改革模式。

在调研过程中,所到之处,各地干部群众都强烈呼吁:近年来,建设的农村饮水安全工程、小水库除除险加固等"民生水利"工程,要切实解决好建成后的运行管理问题,再也不能出现"有人建设、有人使用、无人管理,不能使用"的老问题。

四是农业水费征收困难。水费收缴一直是困扰水利工程管理单位发展的一个重大难题,也是严重影响水利工程发挥应有效益的重要因素。我省农业灌溉水费收缴体制改"两部制"为计量征收后,水费收缴更加困难。据统计估算,全省年应收农业供水费6亿元,实收农业水费不到2亿元,只占应收数的30%。究其原因:一是水利工程不配套,无法计量。二是水费收缴缺少相应的保证措施。目前安徽省大多数地方水费收缴主要是两种方法:一种是乡镇代收(存在着乡镇截留的问题),另一种是水管单位自收,两种方法难度都很大。少数地方也在推广农民用水户协会的方法,但还在探索完善阶段。三是风调雨顺年份不用水则无收费,灾年排涝农民受灾后又交不起。四是部分农民认为国家农业税都取消了还收水费,不愿意交水费,长期拖欠,而对拒不缴费的又无有效的约束措施。长此以往,使得水管单位正常运行难以为继,工程维修养护无资金保障,许多灌溉工程维持简单的运行都很困难。

目前,省直管和跨市的排涝泵站,排涝电费由省统一支付,不再向群众收取排涝费。而对于大量的面上排涝泵站,少数财政收入较好地方,已不再向群众收取排涝水费,如铜陵市、庐江县采取政府补贴的办法,受到了广大农民群众的拥护;但大多数地方财政负担不起,向群众收取难度很大,排涝泵站难以维继。同时,保护范围内的铁路、公路、机关和企事业单位等排涝费用也由农民承担,地处沿江沿淮的排涝重点区域不少都是区域外来水,却由低洼区农民承担排外水费用,明显不合理,也加重了农民负担。排涝费问题不解决好,会直接导致水利工程无钱维修养护、无法正常运行,最终受损失的还是农民群众。

在此次调研活动中,通过实地察看全省农村水利的现实情况,倾听基层干群的呼声,对基层反映的问题进行认真梳理、深入分析,认为造成上述问题的原因,突出体现在以下几个方面:

一是对农村水利的重要性认识不足,对加强农村水利建设与管理工作重视不够。农田水利是国民经济的基础产业,承担着提供社会公共产品和服务的功能,对国家的粮食安全和农村经济社会的发展提供了重要的基础保障,具有广泛的社会公益性特征。安徽省作为一个农业大省,农业在国民经济发展中仍然处于十分重要的地位。但是,由于一此地方对农田水利建设这类基础性工作认识不足、重视不够;对农村水利工作口头上重视、行动上忽视,片面认为农村水利建设主要是农民受益,其建设与管理工作应以农民为主,忽视了政府及职能部门的组织、扶持和引导职责。基于这样的认识,一些地方农村水利投入渠道越来越窄,可用于建设管理的资金越来越少,农村水利工程管理机构被一砍再砍,从而导致农村水利建设与管理工作主体不明、责任不清、投入不畅、管理缺失。

二是农村水利政策的连续性不够,组织发动群众参与农田水利建设的难度加大。取消"两工"前,各级政府依靠行政动员和宣传发动,组织农民群众参与水利建设与管理,在很多时候是行之有效的。"两工"取消以来,由于组织农民群众无偿参与农田水利建设缺少法规与政策依据,基层的组织动员能力逐步削弱,而有效的应对措施仍在探索之中。农村税费改革取消"两工"至今,尚没有有效措施来解决税费改革对农田水利建设的影响,投入缺口长期得不到有效弥补。这样,在无政策依据、财政投入不足、水费计收困难的情况下,开展农田水利工作难度明显加大。

三是农业收入已不再是农民收入的主体,农民群众筹资投劳的积极性降低。随着农村劳动力就业环境改善,收入渠道扩展,从事农业生产的农村人口比例下降,农业收入在农民总收入中所占的比重降低,导致作为农田水利使用主体的农民群众缺乏积极性。改革开放前,农村劳动力就业选择空间小,绝大多数农民只能从事农业生产,依靠农业劳动获得收入,农业产出水平直接关系农民收入水平的高低,农民群众有自发大干农田水利、提高农业产量的原动力。改革开放后,实施家庭联产承包责任制给予农民自主经营权,工业和城镇经济的快速发展也扩大了农民的就业渠道,大量农民离开农村,进工厂、进城市从事二、三产业,农业人口中从事农业生产的比例大幅度下降,主要以妇女、儿童、老人为主。与此同时,农民的收入结构也发生了很大变化,农业收入占农村家庭收入的比重,由改革开放初期的50%以上,下降到目前的20%左右。据农业部门调查,种植业收入仅占农业收入的30%左右,农民自发进行农田水利建设的积极性受到直接影响。

四是农村土地分散经营和农田水利的系统性、统一性矛盾突出,化解矛盾的对策缺失。农村土地以户经营,田亩分散,这种土地经营模式与农田水利工程集体受益的系统性、统一性形成矛盾,村组集体无力履行水利建设与管理的职责,主体长期缺位。在农田水利设施并不完善的情况下,农田水利不具有排他性,"一家出钱修,十家跟着用"的搭便车现象很普遍也很难避免。同时,由于农村劳动力大量外出务工,且农业收入已不是农村家庭收入的主要来源,从而导致组织农户投劳、出资兴修农田水利的阻力和困难不断加大。近年来,各地虽然探索性地建立了农民用水合作组织,把分散的农户组织起来,有效减缓水利工程建设与管理的退化。但是,农民用水合作组织的生存与发展面临较大问题,亟需有关政策扶持。

五是乡镇基层水利服务组织日渐消弱,农村水利建设管理服务难以适应发展要求。多年来,乡镇水利站作为基层水利服务组织,主要承担着农田水利建设、防汛抗旱、水资源和水环境等公共服务和社会管理的重要职能,发挥了巨大作用。2000 年,安徽省乡镇机构改革前,全省设有乡镇水利(水保)站 1594 个,人数达 6309 人,基层农村水利建设管理服务工作得以较好开展。2000 年以来,安徽省乡镇机构改革中大量撤消水利(水保)站等基层站所,合并成立农业综合服务中心(站),同时大幅度削减水利员,一般仅保留 1 名。全省约有 200 个乡镇连 1 个水利员都没有,对乡镇基层水利工作影响很大。当前,随着国家对农村水利投入的逐步加大,农村水利工作的任务也越来越繁重,而承担建设管理任务的基层乡镇水利站却在每次的农村改革中受到较大冲击,队伍越来越弱,与新时期农村水利发展的要求极不适应。临泉县 2000 年前 33 个乡镇均有水利站,共有农水员 171 人,较好地承担了农田水利建设的规划、放样和工程质量控制、建后管护等工作,2001 年乡镇机构改革时,将水利站合并到农业综合服务站,只上岗水利员 50 人,还有 3 个乡镇没有水利员,因失去了基层水利专管机构,没有人从事小型农田水利工程的管理和维护工作。

四、加强农村水利建设与管理工作的主要对策和建议

此次调研中,调研组发现,对于同样的问题,在一些地方显得束手无策,但在有的地方却能很好地解决。另外,在调研活动中,针对当前本省农村水利建设与管理中存在的突出问题,各地、各单位以及广大农民群众也提出了很多极具建设性、可操作性的宝贵建议,对解决现实问题、加快农村水利发展具有重要的参考价值。按照科学发展观要求,从保障国家粮食安全、加快社会主义新农村建设、统筹城乡发展、服务安徽崛起的要求出发,通过对调研中收集的各类建议进行归纳整理,建议从以下几个方面加强全省农村水利建设与管理工作。

(一)强化县级农田水利建设规划的指导地位。根据 2008 年中央一号文件以及省委、省政府贯彻文件精神,省水利厅组织启动了县级农田水利建设规划的编制工作,要求各地在深入调查、全面掌握基本情况的基础上,理清治水思路,高起点规划,高标准设计,高质量建设,使农田水利设施的功能适应可持续发展要求。目前各县(市、区)农田水利建设规划基本编制完成,部分已经政府或人大审批。今后,县(市、区)政府要以县级农田水利规划为依据,整合有关部门的涉水项目资金,使县级农田水利建设规划真正成为各部门用于农田水利建设资金的整合平台,实现统一规划、统筹安排、集中使用,切实提高各类资金的使用效率。

(二)建立完善农村水利建设投入新机制、新政策。一是要提高认识,转变观念,明确政府是农田水利建设与管理的主体。各级政府应切实承担起制定规划、协调各有关部门关系、筹措资金、检查监督、指导服务、制定配套政策法规等职责。二是是要真正落实"工业反哺农业,城市支持农村",走城乡统筹的道路,各级财政要加大对农村水利发展的投入,建立小型农田水利设施建设基金,并逐步扩大资金规模。三是要依靠群众,实行民办公助,加大"一事一议"财政奖补力度,充分调动和保护广大农民群众大干水利的积极性,多干多补、不干不补。要严格区分加重农民负担与农民自愿投工投劳改善自己生产生活条件的政策界限,规范和引导农民对直接受益的农村水利设施建设筹资投劳。此外,要建立合理的水价形成机制和投资回报机制,调动金融资本、民间资本参与农田水利建设的积极性;继续鼓励和支持民营水利发展,通过拍卖、租赁、承包和收益权抵押等方式,广泛吸纳民间资本和社会资金投入农田水利建设。

(三)建立健全基层水利服务体系。当前基层干部群众对农村水利技术服务的需求很迫切,特别是目前正在进行的以农村饮水安全工程、小水库除险加固、小型农田水利工程等为重点的大规模农村水利建设,正面临着一边建设、一边缺人管理的现状,急需乡镇村专业技术服务队伍。各地应加强基层水利服务体系建设,大力开展县(区)水利局自身能力建设,包括领导班子建设、专业结构与学历要求、信息化建设等,要优化队伍结构,全面提高人员综合素质和综合服务能力,使之真正能够承担起水利建设、管理和防汛抗旱任务。要认真落实基层水管人员的待遇,切实解决他们学习、工作条件和生活待遇等具体问题,充分调动基层水利人员的积极性。此外,要做好村级水利专管员岗位设置、选聘及培训工作,财政给予必要的补贴。要围绕基层农村水利建设和管理的客观需求,积极探索组建服务实体,不断完善农村水利社会化服务体系。

(四)改革创新管理体制和运行机制。当前要按照《水利工程管理体制改革实施意见》的精神,通过明确性质,定岗定编,落实经费,竞争上岗,妥善安置分流人员,深入推进水管体制改革;要按照《关于推进水价改革促进节约用水保护水资源的通知》要求,在充分考虑农民承受能力的前提下,加快水价改革,实行基本水费加计量水费的"两部制"水价,充分发挥价格杠杆对用水供求关系的调节作用,加强水费征收,保证工程的正常运转;要建立排涝水费财政补贴机制,建立水利工程良性运行机制;要大力推进小型水利工程产权制度改革,大胆引进市场经济机制,通过拍卖、租赁、承包和股份合作等多种形式,明确小型水利工程的使用权、管理权、经营权,实现责、权、利的清晰划分和紧密结合,使农民群众成为工程的直接受益主体、经营主体和管理主体。

(五)从政策层面重视和支持农村水利工作。从此次调研的实际情况看,对当前农村水利工作存在的诸多共性问题,建议从政策层面上予以重视和解决。

一是建议省政府出台《农田水利设施建设与管理办法》,对农田水利的地位、作用、性质、投资机制、建设和管理体制、各级政府和部门职责等作出明确规定,促进农田水利建设规范化、制度化,使之逐步走上健康有序的发展道路。明确加强乡镇水利服务体系建设的有关政策,以乡镇或小流域为单元建立完善水利服务站,核定人员编制,明确工作任务,落实经费,履行好公益性服务职能。

二是建议省政府明确排涝费由各级财政予以补贴,不再向农民征收。同时,本着以人为本、科学发展的原则,从促进粮食增产计划顺利实施、保障全省粮食安全的需求出发,建立健全农业排涝工程良性运行机制。

(厅人事处供稿)

综 述

ZONG SHU

2010年全省水利工作概况

2010年,省水利厅以科学发展观为指导,围绕省委、省政府全面转型、跨越发展、加速崛起的战略部署,围绕水利部确定的治水总体思路和工作要求,突出工作重点,强化工作措施,水利工作延续良好发展态势。全省完成水利基建投资达65亿元,连续两年突破60亿元。

一、重点水利建设

正式启动新一轮治淮建设。省委、省政府召开全省治淮工作会议,研究部署新一轮治淮工作。安徽省新一轮治淮估算投资260亿元,约占总份额的40%。洪泽湖抬高蓄水位影响处理工程计划已下达,五河泵站工程率先开工;淮河重点平原洼地治理外资项目前期工作全部完成,北淝河下游隔子沟整治工程开工建设。

实施31个中小河流治理项目。抓住国家加快中小河流治理的政策机遇,本省44个项目列入全国首批试点项目,争取总投资11亿元。第一批7个项目基本完成主体工程,剩余24个项目全面开工,全年共完成投资4.5亿元,占年度目标的136%,初步实现安排一批、建成一批、发挥效益一批的目标。

完成33.7亿元中央新增投资。利用国家推动新增投资落实的时机,加大协调和推进力度,完成2009年扩大内需水利项目建设,累计完成投资33.7亿元,占投资计划的100%。水利项目投资拉动地方和相关行业投资90多亿元,创造就业岗位3万多个。

二、民生工程建设

完成第一轮国家规划内295座水库加固工程。如期实现党中央、国务院确定的病险水库除险加固三年目标任务,列入国家规划内的295座大中型和重点小型水库除险加固全面完成并验收,全年完成投资11亿元,累计完成投资46亿元。与此同时,启动新一轮国家规划内水库除险加固,其中129座已经开工建设,占总计划数的42%,完成投资2.8亿元。

新开工省规划内300座水库除险加固建设。列入2010年省规划的300座小型水库全面开工建设,已完成投资2.18亿元。2007年以来,列入省规划内的1614座病险小型水库,累计完成投资16.08亿元,基本完成主体工程1119座,完成竣工验收1099座,保障水库下游人民群众生命财产安全。

新解决296.72万农村人口饮水安全问题。严格方案审查,强化运行管理,着力解决农村饮水安全问题。全省完成年度投资14.3亿元,建成饮水工程1106处,解决296.72万人饮水安全问题。累计完成投资54.4亿元,累计解决1246.26万人饮水安全问题,被群众誉为德政工程和民心工程。

三、农村水利建设

完成年度农田水利基本建设任务。2009年冬至2010年春,共投入各类资金55.6亿元,较上年同期增长22%,完成土石方3亿m^3。2010年入秋后,全省农田水利建设全面开展,投入各类资金53亿元,完成土石方2.58亿m^3。两批小型农田水利建设重点县和专项工程建设累计完成投资5亿元。持续的农田水利建设,改善农业生产条件,抗灾能力得到提高。

实施大型灌区续建改造45个单项工程。加强工程建设管理,加快工程建设进度,不断提高灌溉供水效率。淠史杭等6个大型灌区续建配套与节水改造,全年安排单项工程45个,共完成投资3亿元,2011年春灌前可基本完成主体工程建设,及时发挥灌溉效益。庐江县庐北大圩和黟县东方红两个中型灌区列入农业综合开发项目投资计划并开工建设。

完成33处大型排涝泵站更新改造。安徽省列入中部四省的33处大型排涝泵站更新改造工程,累计完成投资10.7亿元,共改造泵站93座17万kW,2011年汛期将全面发挥排涝效益。第一批4处大型灌排泵站更新改造完成投资1.28亿元。

治理水土流失面积403km^2。投入各类治理资金1.1亿元,综合治理小流域51条,治理水土流失面积403km^2,实施生态修复面积400km^2,超额完成省政府规定的治理任务。

完成大规模农村水利调研。采取省市县三级联动方式,组织全省水利系统开展"万名干部进镇村"活动,派出干部和技术人员10151人次,实地走访行政村932个,召开座谈会432场,举办各类讲座、培训等500余场,察看农村水利工程1400多处,共发放宣传手册1.63万份、调查问卷1.23万份。通过面对面接触群众,访民情、听民声、解民忧,提出加强农村水利工作的思路并付诸实施,受到省委、省人大、省政府和水利部领导的充分肯定。

四、规划和前期工作

全省"水利规划年"活动成果丰硕。印发《安徽省水利规划年工作方案》,基本完成全省水利发展"十二五"规划,明确未来五年水利发展的思路、目标任务和重点项目。完成全省水资源综合规划、全省抗旱规划、引江济淮工程规划、承接产业转移示范区水利专项规划、合肥经济圈水利保障规划、巢湖流域防洪规划、淮河行蓄洪区及淮干滩区居民迁建规划、新一轮重点小型水库除险加固规划、长江沿江圩垸整治等20个规划。

水利项目前期工作取得重大进展。加大前期工作经费投入，加大催报催批力度，积极推进水利前期工作。新一轮治淮项目中，国家发改委已批复2项可研；水利部已经审查2项可研。长江支流治理方面，水阳江和滁河近期防洪治理工程可研及专题全部完成，具备批准条件；青弋洪分洪道可研通过国家发改委评估；长江崩岸治理应急工程可研通过水规总院审查；铜陵河段综合治理工程可研已经完成。全面启动水利普查工作，成立领导机构，编制普查工作方案，扎实开展普查培训。

基层水利服务体系建设初见成效。制定《关于建立健全基层水利服务体系的指导意见》，明确奖补措施，鼓励各地以乡镇或以流域区域为单元设立水利站所，省级分别补助5万元和10万元，同时要求县级政府按照省级补助标准进行1:1配套。全省共新成立（或恢复）基层水利服务机构145个，在加强基层水利建设与管理中发挥重要作用。

首批县级水利部门能力建设通过验收。制定“县级水利部门能力建设”验收考核实施办法，重点对领导班子能力建设、人才队伍、内部管理与保障能力等进行考核，第一批28个县（市、区）已完成验收。

五、防汛抗旱工作

2010年7月，受区域性强降雨及长江、淮河上游来水影响，安徽省长江流域发生1999年以来最严峻汛情，淮河发生超警戒水位洪水，部分地区发生严重洪涝灾害，一度有20多条支流先后发生超警戒或保证水位洪水。9月下旬之后，淮北北部部分地区持续少雨，沿淮淮北地区发生秋冬旱。全省水利系统深入贯彻落实温家宝总理、回良玉副总理和陈雷部长视察安徽的重要讲话精神，坚持防汛抗旱并举，夺取防汛抗旱工作的胜利，水利工程防洪减灾效益达260多亿元。

成功战胜新中国成立以来第七次长江、淮河并发的洪涝灾害。省委、省政府坚持生命至上、安全至上，全面发动，紧急部署。省防指、省水利厅坚持依法防洪、科学调度，适时启动防汛防台风Ⅱ、Ⅲ级应急响应，强化各项防御措施，实现防洪效益最大化。共开动各类泵站73万kW，排出受涝面积90.1hm^2（1352万亩），累计排除涝水40亿m^3。主汛期未发生一起群死群伤事件，长江、淮河干堤无一处重大险情，各类水库安全度汛无一垮坝，0.33千hm^2（5000亩）以上大圩无一溃破。

有效应对淮北地区秋冬旱。及时启动省抗旱应急预案Ⅱ级响应，加强水源调度，开展抗旱浇灌、技术指导和墒情监测等服务。截至2010年12月30日，全省累计有138万人投入抗旱保苗，动用机电井13万眼，最高峰时开启泵站1222处、抗旱机械69万台套，投入抗旱资金8.4亿元，累计抗旱浇灌177.5hm^2（2662万亩）。由于充足的水源保证，加上应对旱、行动快，抗旱力度大，虽然旱情严重，但苗情长势仍接近常年。

六、各项水利改革

水管体制改革持续深化。抓好水管体制改革扫尾工作，督促六安市尽快完成两县两区水管改革扫尾，其中裕安区基本完成改革任务。以市县机构改革为契机，抓好“两费”、人员分流安置和社会保障落实，巩固扩大水管体制改革成果。

水价改革取得重要进展。完成省管及跨市水利工程非农业用水价格调整，上调幅度为66%，预计水管单位每年增加水费收入近2600万元。建立水利工程供水（非农业部分）成本测算结果定期报告制度，开展从水闸控制河道、湖泊取水水价调整准备工作，为水价调整提供基础资料。全年厅本级征收水规费6518万元，为水利发展提供部分资金保障。

行业内部改革全面加快。开展事业单位岗位设置管理工作。积极推进厅直单位省驷马山工程管理处、省龙河口水库管理处机构改革工作，体现防洪保安的公益性职能。经省编办同意，省水利综合经营总站更名为省农村饮水管理总站。同时，在全系统开展“水利改革创新奖”评选表彰活动，鼓励敢闯敢试、敢为人先并做出突出成绩的单位，充分调动各地推进水利改革的积极性和创造性。

七、水利管理

水资源管理工作日益加强。完成全省中西部重点区域及淠史杭灌区水量分配方案并上报省政府，为下一步全省实行总量控制和水量分配提供经验。探索实践最严格水资源管理制度，加大水资源费征收力度，省管重点取水户已有50%实现在线监控。强化水功能区管理，编制水域纳污能力和限制排污总量意见，发布水资源公报、水功能区水资源质量通报。推进淮北、合肥、铜陵三市节水型社会试点建设，加强水生态保护与修复。

工程精细化管理成效明显。以强化工程管理为中心，以达标升级为抓手，以规范化、精细化为标准，不断提高工程管理水平。省临淮岗管理局水闸管理处、望江长江河道管理局通过水利部考核，实现安徽省达国家级标准水管单位零的突破。省级水利工程管理单位数量不断增加，等级不断提高，省级以上工程管理单位已达77个。新增4处国家级水利风景区，全省国家级水利风景区总数达到21个。

水能资源开发管理效益显著。完成水电农村电气化、小水电代燃料生态保护、水电供区农网改造等农村水电三大工程,石台、太湖、潜山等10县区水电农村电气化建设,五明、石羊河、牛山河等5个小水电代燃料扩大试点项目,休宁、祁门、霍山等6县水电供区二期农网改造通过竣工验收,取得了显著的社会、经济和生态效益。完成全省"四无"水电站整改任务,76座水电站整改销号,受到水利部水电局充分肯定。

水利基本建设管理逐步规范。强化招投标监管,以省水利招投标服务中心为监管平台,依法惩处违规行为,对50家投标单位进行公示和暂停投标,对20多家行为不规范的企业进行约谈告诫,完成115家施工企业信用档案审核备案、132家施工企业的信用评价,营造竞争有序、诚实守信的市场氛围,相关措施得到中纪委调研组的充分肯定。深入开展水利工程建设领域突出问题专项治理,开通水利建设项目信息公开网站。扎实开展安全生产"三项行动",全省水利安全生产态势平稳。

水利资金监管有力保证安全。做好工程竣工决算审计,全年完成决算审计50多项总计21.8亿元。开展"小金库"治理"回头看",建立防治长效机制。配合有关部门对厅主要负责人经济责任、预算执行的审计工作,督促各级各单位落实整改方案,提高财政资金使用效率。研究出台厅财务管理办法、政府非税收入票据管理实施办法,保证水利资金安全运行。立足水土资源优势,拓展水利多种经营,全系统创收22亿元,其中厅直单位创收7亿元,行业经济实力不断壮大。

八、水利法制与科技信息化工作

水利立法工作取得突破。省人大审议通过《安徽省水文条例》,于2011年1月起施行。省政府印发《安徽省小型水库安全运行管理办法》,小型水库运行管理逐步规范。《安徽省节约用水条例》已报省法制办进行立法审查,安徽省湖泊保护立法的前期工作全面启动。梳理全厅行政许可和审批项目,共下放2项、精简合并2项、取消1项,增加1项行政许可审批项目。

依法行政能力不断提升。成立厅政策研究室,制订重大政策研究课题。加强执法队伍建设,严格查处违法水事案件,提升执法能力和水平。加强水政监察基础设施建设,实施20个县级、4个市级及4个省直属支队基础建设。加大非法采砂打击力度,省级共出动船艇400余次、车辆800余次,人员2000人次,查获大中型采砂船3艘次、小型采砂船108条次,与公安、海事等部门开展联合执法30余次,有力地惩治河道非法采砂,保障防洪安全,维护河势稳定。

水利科技和信息化成果喜人。推进水利科技创新,新增9个国家和省级科技项目,总投资3285万元,2项成果获省科学技术奖,1项成果获大禹水利科学技术奖。加快水利信息化建设进程,完成《安徽省防汛抗旱信息化系统建设大纲》和实施方案,全面建成全省防汛抗旱通信骨干工程,建成霍山、岳西和歙县三个山洪灾害预警系统,完成第一批12个县山洪灾害防治非工程措施实施方案并报水利部。

九、水利行业自身建设

人才队伍建设成效显著。组织开展公务员通用能力培训及干部网络教育培训,举办皖北三市七县水利(水务)局长、扩权强镇水利负责人和水利员等各类培训班26个,参训人员达2200人次。新增267名获得各类高、中级专业技术资格。加强人才规划和干部人事制度建设,出台《关于进一步深化干部人事制度改革的若干意见》和《省水利厅2011~2015年人才规划》。省水电学院高职示范院校建设通过国家级和省级验收。

党风廉政建设常抓不懈。围绕"全力建设四个水利,服务安徽奋力崛起"主题,深入开展"创先争优"活动。以"基层党组织建设年"为契机,大力推进党的组织和党员队伍建设,重点抓好组织、队伍、阵地、制度等五大建设和党员、党支部书记、党务干部等三大培训。落实党风廉政建设责任制,组织开展"学习《廉政准则》、规范从政行为、促进科学发展"主题教育活动。

机关政风建设深入推进。加强政风行风建设,厅领导带队3次参加省电台政风行风热线节目。全年省政务中心水利窗口按时或提前办结受理件3960件,服务满意率达100%。加大信息公开力度,全年公开各类政府信息1300余条。按时办结51件建议和27件提案,实地走访人大代表和政协委员。坚持领导干部开门接访、厅长接待日等制度,妥善处理群众来信来访。完成水利支援松潘工作,启动水利援疆工作。

精神文明建设成果丰硕。加强行业职业道德建设,开展职工喜闻乐见的文化体育活动。组团参加省直机关第六届运动会,荣获优秀组织奖。举办全厅第四届运动会,展示干部职工顽强拼搏、团结进取的精神风貌。

(李玮)

基础工作

JICHU GONGZUO

水文

【水文情报预报】 2010 年，安徽省先后发生 7 次强降雨过程，特别是 7、8 月份长江流域发生自 1999 年以来时间最长、强度最大的一次集中性强降雨过程。全省先后有 20 多条河流先后发生超警戒或保证水位洪水，沿江沿淮湖泊超正常或安全水位，部分地区遭受严重洪涝灾害。在汛中和汛后，发生淮北地区伏旱和年末冬旱。

水文监测 省水文局加强对水文测报质量工作的管理，通过安徽水旱情信息网，实时跟踪各站的测验情况，并在主汛期下发《关于认真落实安全度汛措施，加强汛期水文测报工作的通知》。根据雨水情变化和防汛要求，为桥测和分析浮标系数、糙率积累原始资料。

汛期跟踪热点提供报汛服务。7 月份，长江干支流相继发生超过警戒水位的洪水，省水文局根据《安徽省水文应急测报预案》，7 月 9 日启动水文应急测报预案Ⅲ级响应，7 月 14 日提升至Ⅱ级响应。9 月上旬淮北部分地区降暴雨到大暴雨，省水文局于 9 月 8 日和 10 日先后对淮北和淮河以南各市局分别启动水文应急测报预案Ⅲ级响应，把原本 9 月 2 日结束的 6 时报汛任务延长到 9 月 16 日。9 月下旬以来，合肥以北地区持续少雨，省水文局先后下发《关于加强旱情测报的通知》、《关于启动应急墒情站测报的通知》和《关于启动淮北、亳州、宿州墒情站Ⅱ级应急测报的通知》，于 12 月 1 日对合肥、宿州、蚌埠、阜阳、滁州、六安等市局启动旱情水文应急测报预案Ⅱ级响应，人工墒情测报站点由原来的正常测报站 87 个增至 166 个，监测频次由原来每旬测报 1 次加密到 3 天测报 1 次。

水文情报服务 2010 年，合并原有的水情信息网和旱情信息网，整合为安徽水旱情信息网，形成统一的对外服务平台，6 月下旬正式投入运行。继续以《重要雨水情专报》和《安徽雨水情》作为对外服务的主要产品，并根据雨水情发展趋势，随时调整信息发布种类。汛期针对不同场次暴雨洪水、梅雨期暴雨洪水等及时进行总结，编写阶段性暴雨洪水分析，抗旱期间每 3 天编写一期《安徽省墒情简报》和每 5 天编写一期《安徽省当前旱情初步分析》。将水情报表和综合分析材料安排专人及时送省委、省人大、省政府、省防指、省水利厅和省农委等有关领导，为防汛抗旱决策调度提供依据。7 月 19 日，省长王三运在省水文局报送的《安徽雨水情》第 90 期上作出重要批示："超警戒水位的干流和中小河流、超汛限水位的水库都必须按预案要求上足应有的巡堤查险力量，并持续主汛期全过程。"

省水文局全年共接收各类雨水情报文 63 万份，遥测信息共 690.2 万条，其中，降水量信息 267 万条，水位信息 423.2 万条。编制雨水情综合分析等 12 种分析材料，共计 1128 期。发送各类手机短信 3858 人次。

水文预测预报 省水文局 2010 年汛期共发布水情预报专报 70 期，预报的河流有 39 条、预报断面 70 个(其中有 15 条河流、17 个断面为首次正式发布预报)，共发布预报 588 站次，洪水预报结果达到优良等次。

2010 年 7 月，淮河干流王家坝发生一次超警戒水位洪水过程，王家坝以下不超警。根据 7 月 15 日 8 时至 17 日 8 时降雨情况(王家坝以上累计面平均雨量 74mm)，于 7 月 17 日 9 时提前 44 小时发布王家坝站水位将于 7 月 19 日达警戒水位，实测 7 月 19 日 5 时王家坝站水位达到警戒水位 27.5m。7 月 20 日 8 时，王家坝以上流域主降雨基本结束，累计面平均雨量 148mm。7 月 20 日 9 时提前 31 小时发布 7 月 21 日 14 时王家坝站水位将达 28.4m，流量 $4200m^3/s$(实测洪峰水位 28.45m，最大流量 $4370m^3/s$，出现时间为 7 月 21 日 16 时)，水位预报误差 0.05m，流量误差 $170m^3/s$，峰现时间误差为 2 小时，预报结果优良。

随着淮干洪水向下游推进，对润河集站共发布实时预报 5 站次，模拟预报 1 站次。7 月 21 日 9 时提前 108 个小时发布预报：润河集站洪峰水位 25.2m，低于警戒水位 0.1m，流量 $4200m^3/s$。实测洪峰水位 25.21m，最大流量 $4050m^3/s$，水位预报误差 0.01m，流量误差 $150m^3/s$。

汛期，滁河共发生两次超警戒水位的洪水。第一次洪水：7 月 12 日 1 时至 7 月 13 日 3 时，滁河流域降暴雨到大暴雨，滁河干流发生一次全线超警戒水位洪水。根据 7 月 12 日 1—22 时降雨情况(累计面平均雨量：襄河口以上 140mm，汊河集以上 122mm)，于 7 月 12 日 23 时在襄河口闸上峰前 47h，预报滁河干流将全线超警戒水位；7 月 13 日 11 时，根据最新水情和工情信息，发布襄河口闸上 7 月 13 日 18 时将出现洪峰水位 13.1m(实测洪峰水位 13.07m，出现时间 7 月 14 日 0 时)，水位预报误差 0.03m，峰现时间误差 6h，预报结果优良。

第二次洪水：9 月 2 日 8 时至 9 月 4 日 8 时，滁河流域降暴雨，滁河干流发生又一次超警戒水位的洪水。9 月 2 日 22 时，在襄河口站出峰前 30h，发布滁河将发生超警戒水位的洪水，9 月 3 日 20 时发布襄河口闸上洪峰水位将达

12.6~12.7m(实测最高水位12.63m)。

【水文自动测报系统建设】 6月19日,安徽省中型水库水文自动测报系统建设(第二期)项目通过验收,项目包括18个雨量、水位自动测报站点。11月26日完成大别山区山洪易发区中小河流项目验收,共建设90个站点的雨量自动测报站点。完成2009年特大防汛费安排的24个雨量、水位自动测报建设任务,并投入使用。

【水文资料整汇编】 4月份完成全省水文资料整汇编工作,汇编内容包括承担《中国水文年鉴》4个卷册(5卷2册、5卷3册、6卷6册、6卷7册)的水文资料汇刊任务,4个卷册(5卷1册、5卷4册、6卷18册、7卷1册)的参刊任务,加上地下水土壤墒情卷册、小河站径流站卷册,共10卷册计1437站年,计算处理水文观测数据量达230多万字组数。省水文局对局直单位资料整汇编质量进行评比,并在全省水文系统进行通报。安徽省的水文资料汇刊工作在2010年全国和流域水文资料汇编中获得好评。

【水质监测评价】 2010年,省水环境监测中心顺利通过国家认监委水利评审组的监督评审。完成336个断面的常规水质监测任务,涵盖230个一、二级水功能区监测和10个河道污染控制断面,全年监测水质数据约10万组。开展17个地级市和10个县级城市的重要供水水源地水质监测,监测农村饮水工程水质1000多处。做好省界断面水质监测、淮河污染联防监测。监测全省入河排污口560个,取得入河排污口水质监测数据2.8余万组。完成汛期淮河污水下泄跟踪监测任务,共获取水质动态监测数据2000余组,监测河长900余km,监测断面30余个。积极应对新汴河污水下泄等突发性水污染事件。组织开展21世纪前10年水资源质量评价工作;完成2010年度全省水功能区水质普查监测工作;完成2010年度淮北地下水水质监测工作;完成《淠史杭大型水库群水资源保护规划工作大纲》编制。

(邓明)

规划

【淮河干流峡山口至涡河口段河道整治工程规划报告(摘要)】 2010年6月,安徽省水利水电勘测设计院编制完成《淮河干流峡山口至涡河口段河道整治工程规划》。

一、设计洪水

本次规划采用1996年淮干设计洪水成果。选取1954年洪水作为典型过程线,并根据不同的设计洪水地区组成,采用时段洪量同频率控制放大,求得淮河各分块设计洪水过程线。当淮河发生1954年型100年一遇洪水时,经正阳关以上已建山谷水库、湖泊洼地蓄滞洪及临淮岗控制工程拦蓄后,正阳关控制下泄最大流量为10000m^3/s。根据正阳关出流过程,加上正阳关至涡河口的区间来水,茨淮新河、涡河来水以及沿淮排涝泵站抽排入淮流量,经调洪演算,涡河口总来量的峰值近15000m^3/s,经怀洪新河工程分洪约2000m^3/s入洪泽湖,涡河口以下淮河干流设计下泄流量为13000m^3/s。

根据淮河流域防洪规划,在充分使用沿淮行蓄洪区条件下,正阳关~涡河口河段的设计流量为10000m^3/s。

二、河道整治布局

淮河干流峡山口至涡河口段河道总体布局为:废弃上六坊堤、下六坊堤,石姚段、洛河洼行洪区退堤后调整为防洪保护区,荆山湖部分堤防退建后调整为有闸控制的行洪区,汤渔湖堤防退建调整为有闸控制的行洪区。改变行洪区启用困难、行洪效果差的现状,保证该段河道泄流能力达到设计标准10000m^3/s,中等洪水滩槽泄量达到8000m^3/s;改变行洪堤标准低、防守难度大的局面,减轻防汛负担;改善区内生活环境及生产条件。

三、工程投资

工程主要内容:兴建汤渔湖进、退洪闸各1座,退建加固汤渔湖行洪堤、汤荆隔堤,疏浚汤渔湖上口至荆山湖进洪闸段河道,建高皇保庄圩。主要工程量:铲堤土方393万m^3,筑堤土方598万m^3,疏浚土方2035万m^3,估算投资30.38亿元。

【怀洪新河灌区规划报告(摘要)】 2010年9月,受蚌埠市人民政府委托,安徽省水利水电勘测设计院与蚌埠市水利部门共同编制完成《怀洪新河灌区规划报告》。

一、概况

怀洪新河于2004年竣工。怀洪新河灌区涉及蚌埠市境内怀远县、固镇县、五河县及淮上区和宿州市泗县。灌区内耕地总面积约为21.29万hm^2(319.4万亩),已初步实现灌溉的总面积约为10.6万hm^2(159万亩)。

怀洪新河流域属于北温带半湿润季风气候区,由于区内工业经济发展较快,工业需水量近年增加较快,水资源供给处于偏紧状态,根据《灌溉与排水工程设计规范》(GB50288-99),本灌区设计灌溉保证率宜在70%~80%之间选取,考虑区内作物以旱作为主,且年内年际间径流分配颇不均匀(即属于水资源不稳定地区),本灌区设计灌溉保证率取75%。

结合灌区相关行业发展规划,本次规划现状水平年采用2008年,规划水平年采用2020年。

二、工程布置

本次规划的怀洪新河灌区,按水资源可分为沱湖片灌区、香涧湖片灌区。沱湖灌区片包括五河县沱湖周边及以上的沱河;香涧湖灌区片包括怀远县四方湖周边及以上的北淝河,香涧湖周边、澥河周边、浍河周边及北淝河下游地区。五河县天井湖西部灌区片也属于怀洪新河流域,以跨省湖泊天井湖为水源,天井湖不与上游怀洪新河进行水量调配,所以该片灌区独立成片。由此怀洪新河灌区被分为3片,即香涧湖灌区片、沱湖灌区片、天井湖灌区片。

根据水资源供需平衡与配置分析,在完善灌排工程、改进灌溉制度、提高灌溉水利用系数到0.6后,2020年可实现灌溉面积为15.73万hm^2(236万亩),其中,河灌区12万hm^2(180万亩),井灌区3.73万hm^2(56万亩)。河灌区主要位于五河县、淮上区、固镇县南部、怀远县东南部、泗县南部;井灌区主要位于固镇县、怀远县北部。新发展的灌溉面积主要体现在灌区向北部和南部扩展,尤其是天井湖、沱湖片,水资源相对丰富,可以优先发展。

工程内容包括蓄水水源工程、提水泵站工程、机井工程、输配水工程。

怀河新河灌区水源主要是:四方湖、湖洼闸、固镇闸、香涧湖、沱湖、天井湖和有闸控制的河道。位于灌区边缘的淮河,在干旱期间可作为灌区的补给水源。抽水泵站主要分布在四方湖、怀洪新河、香涧湖、沱湖、天井湖周边等沿河地区。淮河蚌埠闸下提水泵站已有新集站,流量20m^3/s;规划建设五河站,流量50m^3/s。

规划灌区内拟新建或改造机井约4000眼。采用管井型式,内径40cm左右,井深40m,单井出水量为40m^3/h~60m^3/h。初步测算,单井控制灌溉面积为60亩。井距约为200m,井位密度约15眼/km^2。每口机井配出水量约为60m^3/h的潜水水泵一台,配功率为7kW~10kW电机一台。井口建有井房。

三、工程占地

灌区新开挖渠道主要位于远离河湖周边的引水渠末端:新建提水站。布置开挖输配水渠道。输水渠道土方工程273.7万m^3,加固维修渠道347.8km,工程占地347.6hm^2(5214亩)。

四、工程投资

规划灌区工程总投资15.4亿元,其中环境保护及水土保持投资0.15亿元,工程占地补偿费2.42亿元,基本预备费1.14亿元。

【安徽省水资源综合规划报告(摘要)】 安徽省水利厅成立安徽省水资源综合规划领导小组,全面负责组织水资源综合规划的编制工作。受领导小组委托,由安徽省水利水电勘测设计院牵头,省水文局、省水科院参加,共同承担全省水资源及开发利用现状调查评价、全省水资源综合规划等工作,编制完成《安徽省水资源综合规划报告》。

一、水资源数量调查

按照1956—2000年系列,全省多年平均水资源总量为716亿m^3,其中地表水资源量652亿m^3,地下水资源量64亿m^3。水资源总量在全国排名13位,人均水资源占有量1086m^3、排名20位。与第一次评价成果(1956—1979年系列)相比,受系列延长、气候变化等影响,全省水资源总量增加了6%,其中长江和新安江流域增加10%左右,淮河流域减少5%,淮河以北减少近16%。

二、水资源质量评价

2000年以来,主要江河达标排放率逐年增加,全省地表水水质总体状况略有好转。淮河、巢湖恶化趋势得到扭转,干支流水质有所改善;长江干流、新安江流域及大中型水库水质总体保持良好。总体分析,新安江流域水质最好,基本保持在Ⅰ~Ⅱ级,长江流域水质次之,一般在Ⅱ级左右,淮河流域和巢湖流域水质多为Ⅳ~Ⅴ级及以上,但污染物浓度逐年有所降低。

三、需水量预测

根据水利部要求,本次将现状水平年调整为2006年,并根据2000年以来经济社会发展趋势及用水需求态势,重新进行2020年和2030年的社会经济发展指标预测及需水预测。经比较,本次规划预测成果与安徽省原上报的和流域机构采用成果,分别增加15%、35%左右,至2020年和2030年全省年均需水量分别达到374m^3、390亿m^3左右。其中农业灌溉用水维持现状基本不增长,新增需水量主要为城市生活、工业生产和河湖生态用水。

四、水资源配置格局

(1)流域水量配置

2020年全省年均需水约374亿m^3,可供水量为362亿m^3,面上缺水约12亿m^3,淮河流域、长江流域、新安江流域可供水量分别为182.2亿m^3、174.7亿m^3和4.8亿m^3,水量分配比例分别为50.4%、48.3%、1.3%,其中引江济淮、南水北调跨流域调入淮河的水量为13.7亿m^3。2030年全省年均需水约390亿m^3,可供水量为383亿m^3,面上缺水约7亿m^3,淮河流域、长江流域、新安江流域可供水量分别为190.3亿m^3、187.0亿m^3和5.6亿m^3,水量分配比例分别为49.7%、48.8%、1.5%,其中引江济淮、南水北调跨流域调入淮河的水量为20.8亿m^3。

(2)城乡水量配置

按可供水量计,2020年安徽省配置城镇生活及生产用水量143.4亿m^3,农村用水量218.4亿m^3,城乡用水结构由现状水平年的32.4%、67.6%调整为39.6%、60.4%。2030年城镇用水量较2020年进一步增加为172.1亿m^3,随着农田灌溉节水的加强及农村人口的转移,农村用水减少至210.8亿m^3,城乡用水结构调整为44.9%、55.1%。

(3)行业水量配置

按可供水量计,2020年安徽省城乡生活、城镇生产(含工业、建筑业及三产)、农业、河道外生态用水的配置水量分别为28.6亿m^3、121.9亿m^3、204.4亿m^3、6.9亿m^3,配置比例将由现状水平年的6.5%、28.8%、63.5%、1.2%调整为7.9%、33.7%、56.5%、1.9%。2030年配置水量分别为33.6亿m^3、143.4亿m^3、197.8亿m^3、8.1亿m^3,配置比例为8.8%、37.5%、51.7%、2.1%。

(4)供水水源配置

按可供水量计,2020年安徽省配置供水量361.7亿m^3,比2006基准年增加59.0亿m^3,其中,地表水供水量323.7亿m^3,增加52.1亿m^3;浅层地下水供水量27.2亿m^3,增加2.1亿m^3;再生水、中深层地下水等其他水源供水量10.8亿m^3,增加4.9亿m^3。2030年安徽省可供水量为382.9亿m^3,其中,地表水供水量343.9亿m^3,较2020年增加20.2亿m^3;浅层地下水供水量28.0亿m^3,较2020年增加0.8亿m^3;其他水源供水量11.0亿m^3,较2020年增加0.2亿m^3。安徽省供水以地表水为主,地表水占总供水量的比例基本维持在90%左右。

五、水资源保护方略

按照"防治长江、治理淮河、修复巢湖、保护新安"的水资源保护总体方略,围绕淮河、巢湖重点流域和重点水域,统筹治洪、治涝、治旱和治污等综合利用要求,以水功能区保护和达标为目标,在积极开展调整产业结构布局、加大点面污染源控制、加强饮用水水源地保护、协调河湖生态用水、加快重点水域综合治理和严格地下水管理、严禁地下水超采、建立水资源保护监测网络等措施基础上,实施引江济巢河湖连通、河流生态补水、河道闸坝调控、采煤沉陷区修复和重要水源地涵养等建设,挖掘和拓展水利工程保护与改善水环境作用,积极构建水资源保护、水环境改善、水生态修复工程体系。

【安徽省长江干流洲滩圩垸治理规划(摘要)】 长江洲滩圩垸规划总范围为长江干流骨干堤圈以内,涉及安庆、巢湖、池州、铜陵、芜湖、马鞍山6市,河道总长416km。规划洲滩圩垸总数172个,土地总面积749km^2,耕地3.63万hm^2(54.5万亩),涉及人口59.1万,居住人口35.58万人。规划期限为2010—2030年,近期为2020年,远期为2030年。

一、防洪现状

(1)防洪标准低,防洪压力大

江心洲、外滩圩水利基础设施建设由于无固定投资渠道,加之地方财力有限,历来均为群众投资投劳兴建,圩堤标准相对较低。主要表现在堤身单薄,堤基、堤身多为砂基砂堤,汛期散浸严重;穿堤建筑物多为圬工结构,年久失修、设备老化,险情隐患普遍存在。

(2)崩岸冲刷重,河势不稳定

许多洲滩圩受长江河势变化影响,洪水期深泓靠岸,冲刷岸坡,使边坡变陡;退水时,岸坡地下水位降速低于江水,导致岸滩失稳而崩坍。据统计,江心洲、外滩圩现有崩岸长140km,目前急需治理的崩岸长88km。一些防洪标准低的洲滩圩,一遇大水年份,靠临时转移保证群众生命安全,结果是汛期紧急转移,汛后大量回迁,造成大量人力、财力和物力浪费。

(3)抢险难度大,防汛风险多

长江干流高水位持续时间长,外滩圩直接临江,江心洲四面环水,防汛负担极重。另外,一般洪水年份外滩圩直接挡水,其相应地段的长江干堤长期不挡水,缺乏洪水检验,若外滩圩突然溃破,长江干堤将受到严重威胁,甚至有被洪水直接冲溃的危险。另外,江心洲、外滩圩内居民住房与生活设施多数建于堤身,或傍堤而建,由于缺乏统一规划,建设和管理较为混乱,严重影响洲滩圩堤防管理和防汛抢险。

二、治理规划

(一)重要圩垸治理

为保证非特大洪水年份洲滩居民生命财产安全,规划近期提高防洪能力,使其达到适当的防洪标准。规划堤防级别为Ⅴ级,防洪标准采用20年一遇。长江干流1998年实测洪水位基本接近20年一遇,因此,按防御1998年实测洪水位加固堤防,堤顶超高1.0m~1.5m。按干流河段整治及崩岸治理要求,稳定岸线,实施护岸工程。

近期不安排移民迁建,但需研究制定政策,鼓励居民在有条件得到安置的基础上,自觉迁出,脱离防洪风险较大洲滩圩垸;严格控制外地居民向洲滩迁移,控制宅基地,为远期实施彻底退田还河创造条件。

(二)一般圩垸治理

近期实行退人不退田,小水收,大水丢,分期实施移民迁建,控制堤防建设标准。继续兴建进退洪设施，实施移民迁建巩固措施。

堤防防洪标准采用10年一遇。长江干流1949年实测洪水位基本接近10年一遇，因此，堤防加固标准采用1949年实测洪水位，堤顶超高1.0m。

近期完成居民迁建，将洪水风险较大的洲滩居民迁至防洪安全区，较彻底解决防洪安全，至2020年，迁建移民4.42万，保留居民部分住宅房屋，作为生产用房。

(三)平退圩垸

现状无堤的，严禁修筑堤防，现有堤防的，不得加高加固，逐步实施铲堤行洪，实现彻底的退田还河；已铲堤的圩垸不得复堤，未铲堤的逐步铲堤行洪。

近期优先实施移民迁建，迁移居民0.9万人。实施铲堤，铲堤长度不低于200m~300m，铲堤高程平洲滩地面，全面实现退田还河。

三、治理工程

(一)堤防加固工程

重要圩垸堤防加固工程：长江干流重要圩垸堤防堤按防御1998年实测洪水位加固，堤防等级为Ⅴ级，堤防加固工程内容主要是堤身加培、护岸护坡、堤基防渗和建筑物除险加固。长江干流24个重要圩垸加固堤防总长度402.7km。

一般圩垸堤防加固：一般圩垸按防御1949年实测洪水位加固，堤防加固内容主要是：堤身加培、护坡护岸、堤基防身和建筑物除险加固等。101个一般圩垸堤防加固总长度361.6km。

(二)移民迁建

一般圩垸和平退圩垸近期移民5.32万人。其中一般圩垸移民迁建4.4万人，平退圩垸移民迁建0.9万人。

(三)进退洪工程

一般圩垸通过兴建进退洪口门，遇到超标准洪水时采用控制性进洪。安徽省长江干流洲滩一般圩垸101个，规划续建进退洪口门56个。

四、工程投资

安徽省长江干流洲滩圩垸治理工程总投资41.6亿元，其中重要圩垸堤防加固工程投资19.6亿元，一般圩垸堤防加固工程投资12.7亿元，进退洪设施建设投资1.2亿元，一般圩垸、平退圩垸移民迁建投资8.0亿元。

【皖江城市带承接产业转移示范区水利专项规划报告(摘要)】 皖江城市带承接产业转移示范区东至苏皖省界，南至长江与新安江流域分水岭及皖赣省界，西邻大别山，北至淮河，覆盖芜湖市、马鞍山市、巢湖市、安庆市、池州市、铜陵市和合肥市、六安市(金安区和舒城县)、滁州市、宣城市共10市59个县区。规划期限为2010—2015年，重大问题展望到2020年。

一、防洪排涝

建设完善合肥市、芜湖市、安庆市、铜陵市、马鞍山市、池州市、滁州市、池州市、宣城市9市城市防洪工程，实施马芜巢、铜池枞两个省级集中区及六个市级集中区防洪工程，建设完善县级城市及集中区防洪工程建设。

继续实施沿江圩区排涝泵站工程建设，加快大中型泵站技改，结合中小河流治理、水系调整与保护，全面提高示范区排涝能力。

二、河流治理

实施长江干流安庆、铜陵、芜裕三河段整治和马鞍山河段二期整治工程。完成长江干流崩岸应急治理工程，实施沿江州滩圩垸治理工程，合理保护和开发利用长江岸线。开展华阳河分蓄洪区安全建设。

实施长江重要支流治理工程。开展水阳江、青弋江、漳河及滁河防洪治理工程，开工建设皖河、巢湖流域治理工程，对西河、得胜河、秋浦河、青通河等中小河流进行治理，重点解决示范区各集中区的防洪排涝问题，并保护河流湖泊水系。

三、水源工程建设

兴建下浒山等大型水库，结合城市和工业供水适时兴建中型、小型水库，完成病险水库除险加固，实施病险水闸加固工程。

四、水生态环境保护

开展巢湖治理、引江济巢、巢湖湿地与水生态修复工程，实施池州市区秋浦河口、白沙湖、芜湖市区镜湖、青弋江出口、马鞍市区采石河口、慈湖河口、雨山湖、巢湖市区裕溪河上段、安庆市区天河、合肥市区南淝河、滁州市区清流河、宣城市区水阳江干流等水资源保护及水生态修复工程。加强水土保持生态工程建设，实施小流域综合治理、坡耕地水土综合整治工程和崩岗治理工程。

五、城市防洪工程

根据国家《防洪标准》，示范区的5个国家重点防洪城市中，合肥市防洪标准近期达到100年一遇；安庆、池州、马鞍山、铜陵、芜湖市及巢湖市和县及无为二坝结合长江干堤加固，使防洪标准达到防御1954年型洪水标准；巢湖市结合巢湖大堤加固工程，使防洪标准达到50~100年一遇，滁州市、宣城市近期防洪标准采用50年一遇，县级城镇防洪标准一般为20~50年一遇。对问题突出，防洪任务重的城镇，要通过河道整治、堤防加固等措施，率先达到国家规定的防洪标准。

对沿江两岸和平原洼地城市，需要防御持续时间较长的外江(河)洪水或湖泊高水位，工程体系主要由堤防、泵站、排水沟渠和分蓄洪区等组成。对于山丘区城市，洪水持续时间一般不长，但水位上涨迅速,冲刷严重。在城区高差悬殊或受河流分割的城市,还需分区设防,可根据保护对象的重要程度,采取不同防洪标准。山丘区城市防洪工程体系主要由堤防、泵站、撇洪沟、护岸、上游水土保持和水库等组成。

六、排涝泵站工程

1. 示范区排涝泵站工程。经计算,抽排模由现在$0.5m^3/km^2$~$0.7m^3/km^2$提高至$1.5m^3/km^2$~$3.0m^3/km^2$。本次规划按照20年一遇标准改扩建泵站,需新增总装机容量100万kW,同时治理相应排水河沟;在圩区的一些岗地沿岗脚修建截(撇)洪沟、圩内沟渠及配套建筑物等。

2. 沿江排涝泵站工程。通过新建、扩建沿江圩区重点圩口排涝泵站,完善沟渠配套工程,将万亩以上的重点圩口排涝标准由5年一遇提高到10年一遇。沿江排涝泵站共需建设147座,总装机容量20.7万kW。

3. 大型排灌泵站技改。皖江城市带共有大型灌溉排水泵站74处526座,总装机4149台套58.12万kW,有效灌溉面积41.73万hm^2(626万亩),有效排涝面积62.73万hm^2(941万亩)。灌溉排水泵站更新改造原则上按照原泵站设计灌溉排涝标准,灌溉保证率不超过80%。

【合肥市水生态系统保护与修复规划(摘要)】 2010年3月,安徽省水利水电勘测设计院编制完成《合肥市水生态系统保护与修复规划报告》。

规划范围包括滨湖新区内的巢湖岸线、塘西河与十五里河及西南部水系和老城区的环城河及城市重要饮用水源地大房郢水库。现状水平年为2008年,第一阶段目标年为2012年,第二阶段为2015年。

一、总体布局

合肥市水生态系统保护与修复规划以提高防洪标准、增强排涝能力、抑制岸线崩塌、改善河湖水质、修复河流功能和保护生态环境为工作重点,统筹处理好防洪安全与亲水要求、岸线利用与崩岸防护、污染控制与引水补源、河道整治与生态修复、土地开发与湿地恢复的关系,按照"湖宁、河动、水清、岸绿、景美"的规划目标,努力体现出宜人适居的黄金水岸、湖光翠影的生态湿地、返朴归真的小溪流水、水岸交融的动态水景的规划意向,同时尽可能减少人工整修痕迹,充分展示河湖自然风貌和发挥河湖生态功能。

二、工程措施

(一)水资源配置

扩大董铺水库溢洪道,适当提高水库正常蓄水位,挖掘水库供水潜力。经分析,将董铺水库正常蓄水位由现状27.5m提高到28.5m,有效库容增加800万m^3,供水能力增加1500万m^3。依托淠史杭灌区节水改造和大别山水库群优化调度,增加对合肥市城区的水量分配。根据安徽中西部重点流域淠史杭灌区水量分配方案,至2015年,通过利用淠河干渠和新建龙河口水库供水管道,每年可向合肥市城区供水2.5亿m^3,基本解决合肥市区缺水问题。

(二)西南部水系沟通

合肥西南部原多属于淠河灌区大蜀山分干渠灌区范围,其水系主要是原输水渠道和当地塘坝,以及少量天然河渠,包括大蜀山分干渠、王嘴水库、柏堰湾水库、青年坝水库、天鹅湖、匡河、翡翠湖、南艳湖和塘西河及十五里河下游湿地等,地面高差大,水体较分散,自身产水少。

近期内合肥西南部生态补给水源为大蜀山分干渠。该分干渠自滁河干渠黄冲闸引水,灌溉合肥市西南部南淝河与派河之间的部分丘陵岗地,设计灌溉引水流量为$10.5m^3/s$。

骨干输水渠Ⅰ段:自黄冲引水闸沿大蜀山分干渠向下游至南岗支渠进水闸,长约10.27km,全部利用大蜀山分干渠进行适当整治。

骨干输水渠Ⅱ段:自南岗支渠进水闸沿大蜀山分干渠向下游至杨小郢泄洪闸,长约7.34km,全部利用大蜀山分干渠进行适当整治。

王嘴水库补水渠(Ⅱ-1段)自南岗支渠进水闸至王嘴水库,长约4.22km,全部利用原有沟渠进行适当整治。

柏堰湾水库补水渠(Ⅱ-2段)自杨小郢泄洪闸至柏堰湾水库,长约2.00km,全部利用原有沟渠进行适当整治。

骨干输水渠Ⅲ段:自杨小郢泄洪闸至金桂路,长约2.89km,其中利用大蜀山分干渠长约1.69km进行适当整治、新建箱涵长约1.2km。

翡翠湖补水渠(Ⅲ-1段)自金桂路至翡翠湖,长约6.29km,部分利用已建箱涵,部分新建箱涵。

骨干输水渠Ⅳ段:自金桂路至匡河(天鹅湖),长约1.94km,新建箱涵。

骨干输水渠Ⅴ段:为匡河段,自匡河西至匡河东,长约4.42km,利用匡河,输水能力满足输水要求。

骨干输水渠Ⅵ段:自匡河东至青年坝进水闸,长约3.20km,新建箱涵。

骨干输水渠Ⅶ段:自青年坝进水闸至南艳湖,长约2.20km,新建箱涵。塘西河补水渠(Ⅶ-1段)自南艳湖至凤凰湖,长约10.22km,利用塘西河河道。

骨干输水渠Ⅷ段:自青年坝进水闸至青年坝水库,长约0.22km,新建箱涵。十五里河补水A线(Ⅷ-A段),自青年坝水库至龙溪湖,长约15.5km,其中利用十五里河河道长约12.8km、新建箱涵长约2.7km。

十五里河补水B线(Ⅷ－B段),自天鹅湖至龙溪湖,长约19.07km,利用十五里河河道。

以上输水线路总长约90.41km。其中骨干补水线路32.48km,分支补水线路长57.93km。补水线路中利用原河道、渠道长度68.97km,占76.29%;需新建或扩建渠涵长度21.44km,占23.71%。

(三)环城河水系沟通

合肥市环城水系特指环绕老城区河道、水景公园等相关水体。据考证,除南淝河干流外,现有环城水系中的杏花公园、逍遥津历史上为天然洼地,而黑池坝、琥珀潭、雨花塘、银河、包河则均由古时筑城取土或近代筑坝而成,河道水面不连续,故环城河各水体实际上是彼此孤立的,虽环城但并未沟通或流动,被道路分割成5处相对独立的水体。

环城河水系沟通方案:

(1)大环线沟通的北线。雨花一塘与琥珀潭间尚未连通,需新建连通工程;黑池坝与杏花公园间重建沟通设施;琥珀潭与黑池坝间、黑池坝与南淝河间、杏花公园与南淝河间直接利用现有沟通工程。

(2)大环线沟通东线。雨花一塘与银河间的连通工程需重建;银河与包河间的连通工程对进、出口进行改建;包河与南淝河间利用现有沟通工程。

(3)雨花塘小环线。保留雨花三塘与二塘间现有连通工程,改建雨花二塘与一塘间的连通设施。

(4)逍遥津公园。计划在逍遥津公园与南淝河之间新建连通管道,为防止洪水期南淝河水倒灌,在管道出口侧设置防洪闸门。

(四)巢湖湿地重建与生态护岸

根据巢湖崩岸演变情况和成因,利用巢湖丰富的底泥吹填构筑环湖湿地,布置消浪、防浪林带及水域水生植物。最低吹填高程采用9m,平均一年中有三分之二的时间湿地可出露,最高吹填高程可采用11m,平均10年左右淹没一次。吹填宽度为50m～220m,平均吹填宽度为150m,平均吹填高度为1.6m,吹填总面积约为2.47km^2。由远而近向湖岸布置浮叶、沉水、挺水植物和防浪林台、防浪林带以及生态工程护坡。

(五)引泉入城

合肥市位于皖西大别山余脉脚下,西部山区已建的6座大型水库水质十分优良,是合肥市理想的饮用水源。上述水库地处大别山深山区,库区交通不便、居住人口稀少,水源受到天然屏障保护,水质基本呈优质天然水状态,因其矿化指标与山泉类似。从长远看,直接利用管道将泉水引入城内,可使合肥市民享受清洁饮水,有助于部分释放董铺、大房郢水库承担的城市供水任务,增加水库对河流水系的生态补水规模和频次,城区河道生态补水条件有望得到较大程度地改善。

【安徽省2010年灾后重建工程实施方案(摘要)】 2010年7月,安徽省淮河以南沿江、江南局部地区持续遭受强降雨袭击,河流水位上涨,长江主要支流共有90段发生较大险情,中小河流共有212段发生较大险情。

一、堵口复堤工程

主要安排发生溃破、漫破、扒口分洪等堤段的复堤建设,涉及大沙河、泥塘沟河和秋浦河,复堤总长度4.1km。

1. 大沙河

7月11日10时30分至11时30分,大沙河在青草镇(右堤)拦水堰段、新渡镇柏年大桥上下(左堤)凤凰段和伊洛段堤防相继崩塌溃破,双港镇(左堤)严老屋和罗冲段、大横山段、竹园小圩段,(右堤)新河和大埂段、乌鱼宕段等多处堤防漫顶溃破。

青草拦水堰段堤防(右堤)堵口复堤长250m,标准断面参数为堤顶高程19.3m,顶宽6.0m,内外坡比均为1:3.0。

大沙河新渡镇段堵口复堤长度360m,拟定复堤标准断面参数为凤凰段堤顶高程26.75m,堤顶宽为5.0m,堤顶3.0m以下设平台,平台宽3.0m,内外平台上、下坡比均为1:2.5,地面高程19.0m左右。伊洛段堤顶高程26.4m,堤顶宽为5.0m,内坡1:2.5,外坡1:2.5,地面高程19.0m左右。

大沙河双港镇段按溃口段标准断面进行堵口复堤,长1890m,标准断面参数为堤顶高程超设计水位1.0m,堤顶宽5.0m,内外坡比1:2.5。

2. 泥塘沟河

7月13日22时30分,泥塘沟河怀宁县段部分堤段水位超堤顶,为保西堤,雷埠乡月亮圩、彭湖圩、长圩、马圩4个圩口决堤分洪,决口共长200m。泥塘沟河防洪标准为20年一遇,溃口段堤防按泥塘沟河顺河段堤防标准断面恢复,长250m,堤顶高程为设计洪水位加1.0m,堤顶宽4m,迎水坡1:2.5,背水坡1:3。

望江县境内大小10个外护圩口6个漫破、4个溃破,由于是外护圩口,复堤标准不能高于泥塘沟河堤防,故按其原标准恢复,长550m。

3. 秋浦河干流长城圩河段

秋浦河干流长城圩河段出现8处溃破,累计长度530m,2处崩岸,累计长度410m。

秋浦河干流长城圩总堤长6.00km,本次堵口复堤范围为其中进口段,约800m。圩堤进行退建,按河道行洪宽度不低于150m控制。堤身设计断面为:堤顶高程为20年一遇洪水位加1.0m超高,顶宽4m,外坡1:3,内坡1:4。

二、堤防加固工程

1. 大沙河

根据已审查的《安徽省桐城市大沙河郑圩段河道治理工程(一期)初步设计》(安庆市水利水电规划设计院,2009年),堤防标准断面为:堤顶高程按10年一遇洪水位超高1.0m,堤顶宽度5.0m,内外坡比不陡于1:2.5,堤高大于6m则在背水坡3m以下设平台,平台宽度3.0m。以安合公路上的柏年河桥和人形河桥为分界,上游堤防以培坡为主,考虑保留已有堤顶公路并较少拆迁,堤防超高偏小段可采用防浪墙;下游堤防加高大于1m,采用土方加高。同时,在河道凹岸、迎流顶冲、堤脚空虚等险段加强固脚护坡。

恢复穿堤建筑物,涵闸涵身采用钢筋混凝土箱式结构,孔径基本参照原有尺寸,最小孔径控制在1.0m×1.0m。因堤防以内侧加培为主,穿堤建筑物接长主要采取内接方式,同时在迎水侧改建控制闸首,更换闸门和启闭机。堤后排涝站若与堤后加培抵触,需另行考虑站房和堤防加固。

青草拦水堰坝高3m,堰前铺盖未完善,渗径长度偏短,因堤防溃口导致右岸连接建筑物和下游海漫冲毁,需进行加固。加固措施为:将堰上部1.5m改建为活动翻板堰;在堰前加做垂直防渗墙;结合复堤重建右岸连接建筑物和下游海漫。

中楼防洪桥冲毁源于基础冲刷,需予以重建。本次重建采用桩基础,低桩墩台;桥梁底部高出设计水位1.0m,即平设计堤顶。中楼防洪桥桥型为钢筋混凝土梁板桥,总长145m,宽度3.0m。

2. 泥塘沟河

泥塘沟河上段顺河段堤防左堤加培段长18.84km,右堤加培段长19.5km。由于河右岸由相对较多的圩口组成,各圩之间设有撇洪沟,因此右岸堤防分为顺河堤段及沟口堤段。右岸除加固顺河段堤防外,还需加固险情较多、堤身单薄的沟口段堤段,沟口段堤防所在的圩口为五合圩、松山圩、同德圩、北障圩、红岭圩、正东圩、童大圩、同庆圩、三汊圩等12个圩口的险工险段计长15.5km。

泥塘沟河上段顺河段堤防标准断面:堤顶高程按20年一遇洪水位加1.0m超高确定,顶宽4m,迎水坡1:2.5,背水坡1:3。泥塘沟河上段右岸沟口段堤防:堤顶宽3m,迎水坡1:2.5,背水坡1:3。

对泥塘沟河局部狭窄河道堤防退建,即河道中游中山林圩下段至王圩上段长450m、四门桥至曹屋桥段长500m,这二处河道狭窄,底宽约10m,最窄处仅7m,阻水严重。

对泥塘沟河局部弯曲程度大的河段调直,即河道中游王圩段长860m、童大圩下段至龙河桥段长1400m,这两处河道属急转弯型,水流急、凹岸冲刷严重。

此外,对五合圩、金炼圩、童大圩等因堤身填筑质量差,汛期渗漏、散浸严重,高水位时易出险滑坡、管涌险情的堤段进行锥探灌浆处理和白蚁防治。

3. 秋浦河

秋浦河联丰圩堤圈全长15.10km,其中东埂长8.87km,西埂长6.23km。2006年利用国债资金完成东埂3.46km堤防加固工程,未加固堤段全长11.64km,现状堤顶高程18.2m~19.0m,顶宽3.0m~5.0m,迎水坡1:2~1:2.5,背水坡1:2.5~1:3。2010年联丰圩有2km漫堤现象,有9处较大管涌点和4处滑坡,堤身堤脚渗漏普遍。

对11.64km堤防进行除险加固。联丰圩堤防为4级,防洪标准为20年一遇。堤身设计加固标准为:堤顶高程按20年一遇洪水位加1.5m超高确定,顶宽5m,外坡1:3,内坡地1:4。加固措施为堤身达标、堤后填塘、堤基堤身渗漏处理、清基及削坡、草皮护坡等。

4. 永安河

永安河干流堤防加固堤段总长27.57km,其中,左堤15.17km,右堤12.40km。

由于永安河干流河道部分河段现状断面过于狭窄,按10年一遇泄洪标准确定的规划河道断面,尚需退建部分河道的单侧堤防。根据永安河整治工程总体布置,退建堤段计4段,总长1665m。

堤防加固标准断面为:万亩以上圩堤,堤顶宽度6m,内坡1:3,外坡1:2.5;万亩~千亩中圩堤,堤顶宽度4m,内坡1:3,外坡1:2.5;千亩以下小圩堤,堤顶宽度4m,内坡1:3,外坡1:2.0~1:2.5。退建堤段,堤顶宽同加固堤段,内坡1:3,外坡1:2.5。

永安河主河道现状弯道较多,迎流顶冲河段汛期冲刷较严重。对2010年汛期迎流顶冲较严重的5个堤段堤防作应急除险加固护砌处理,护砌堤段总长1170m。护砌采用干砌块石结构,干砌块石面层厚300mm,下设厚为100mm碎石垫层。

5. 兆河

兆河堤防设计洪水位3万亩大圩为12.0m、中小圩口为11.7m。堤身设计标准断面:4级堤防和5级堤防堤顶宽度均采用为6.0m,堤内外边坡1:3。

兆河0+000-6+660河段河道较窄,左右堤距较小,不满足设计过流要求,该段河道需拓宽,堤防需退建。退建后的堤防按设计标准断面进行填筑。其余兆河堤防大部分堤段堤身断面都小于标准断面,均需进行加高培厚。

【安徽中西部重点流域淠史杭灌区水量分配方案(摘要)】《安徽中西部重点流域淠史杭灌区水量分配方案报告》由安徽省

水利水电勘测设计院编制完成。

一、分配范围和控制指标

(一)分配范围

以淠史杭灌区涉及的行政区域为分配范围,包括合肥市(含合肥市区、肥西县、肥东县、长丰县)、六安市(含六安市区、叶集试验区、霍山县、金寨县、舒城县、寿县、霍邱县)、巢湖市的庐江县和淮南市的山南新区,共涉及4市14个县区。

(二)分配水源

淠史杭灌区是以利用当地库塘坝水源为基础,以灌区尾部提引河湖水源为补充,以佛子岭、磨子潭、白莲崖、响洪甸、梅山、龙河口六大水库组成的水库群为主要水源。6座大型水库群的总库容70.87亿m^3,兴利库容30.54亿m^3,渠首以上(大型水库控制和区间)多年平均来水量56.02亿m^3。本次水量分配方案是指对水库群水源的分配。

(三)控制指标

按照防洪、供水、发电为顺序的水库联合调度方式和分配原则,提出一般年份(50%保证率)和中等干旱年份(80%保证率)各省辖市级的水量分配控制指标;提出维护生态基本用水的水库坝下、渠首下泄自然河道等重要断面最小下泄流量控制指标和涉及生活供水安全的重要控制断面水质管理控制指标。

(四)水平年及供水保证率

现状基准年为2008年,水量分配水平年为2015年。

农业灌溉保证率为80%,特别重要工业用水保证率达到设计要求,单一水源地区的城市生活用水保证率为97%以上。特别干旱年份,优先保障城乡居民生活用水。

二、水量分配方案

(一)用水需求分析

随着区域经济社会的发展,淠史杭灌区供水区经济社会总需水仍将呈增长趋势。预测至2015年淠史杭灌区供水区域多年平均河道外总需水量为44.17亿m^3(渠首级)。50%、80%和95%保证率年份河道外总需水量分别为43.33亿m^3、54.71亿m^3和77.97亿m^3,其中,农业50%、80%和95%保证率总需水量分别为31.69亿m^3、43.07亿m^3和66.33亿m^3,城乡生活总需水为8.78亿m^3(城镇6.49亿m^3,农村2.29亿m^3),工业总需水为2.86亿m^3。按行政区划分,2015年供水区内六安市多年平均总需水量为27.01亿m^3,50%、80%和95%保证率总需水量分别为26.48亿m^3、34.91亿m^3和50.04亿m^3;合肥市多年平均总需水量为14.58亿m^3,50%、80%和95%保证率总需水量分别为12.28亿m^3、16.49亿m^3和23.18亿m^3;巢湖市庐江县多年平均总需水量为1.78亿m^3,50%、80%和95%保证率年份总需水量分别为1.76亿m^3、2.51m^3和3.95亿m^3;淮南市山南新区年总需水量为0.8亿m^3。

(二)不同来水条件的水量分配

在50%保证率的一般年份,由于淠史杭灌区内降雨量较充沛,农业需要的灌溉引水量相对较少,在保持水库正常蓄水量和河道内生态基本用水的基础上,三大渠首级需引水量为29.10亿m^3。按流域划分,淠河渠首级为19.13亿m^3,史河渠首级为5.26亿m^3,杭埠河渠首级为4.71亿m^3;按行政区划分,六安市分配水量17.98亿m^3,占61.8%;合肥市8.36亿m^3,占32.8%;巢湖市0.76亿m^3,占2.6%;淮南市0.8亿m^3,占2.7%。在50%保证率年份,灌区水资源能基本满足区域内各方面用水要求。

在80%保证率的中等干旱年,由于灌区内降雨量较少,灌区灌溉用水需求量加大,受水库蓄水量和工程条件限制,灌区水源不能满足用水要求,经水资源供需平衡调节计算,三大渠首级可供引水量为35.95亿m^3。其中,淠河渠首级22.90亿m^3,史河渠首级7.32亿m^3,杭埠河渠首级为5.73亿m^3。按市级行政区划分,六安市分配水量23.11亿m^3,占64.3%;合肥市为11.22亿m^3,占31.2%;巢湖市1.22亿m^3,占3.4%;淮南市0.40亿m^3,占1.1%。在80%保证率条件下,灌区尾部要抽引周边河湖水补充农业灌溉,河道内生态用水将受到一定影响。

在遇80%以上,类似95%保证率的特别干旱年,由于灌区内降雨严重偏少,已超出灌区供水能力,须另行制定特别干旱年份应急预案,实施抗旱应急调度,保障城乡生活和特别重要行业用水。

(三)重要控制断面最小下泄流量和水质控制目标

本方案所指最小下泄流量系对灌区内天然河道上控制断面要求的,水质控制断面包括天然河道和人工渠道。重要控制断面的最小下泄流量和水质控制目标是淠史杭灌区水资源分配必须达到的约束性指标。

三、保障措施

(一)明确事权与职责,强化水资源的统一管理

省级水行政主管部门负责淠史杭灌区水资源统一管理工作的宏观指导和协调,分级审批取水许可。淠史杭灌区管理总局负责水量调度和取水监控,编制年度水量分配和水量调度计划。灌区内各省辖市人民政府根据年度水量分配和水量调度计划,负责本行政区域的取水总量控制和出境重要控制断面最小下泄流量及水质目标管理。

(二)全面推进节水型社会建设,提高灌区用水效率

节约用水是保障水量分配方案有效实施的重要基础。加快淠

史杭地区节水型社会建设进程，继续加大灌区节水改造投入，合理调整作物种植结构，推广节水灌溉技术，加快节水农业建设步伐；严格控制高耗水工业，大力发展高新企业，提高城镇生活节水器具普及率，提高区域用水效率。

(三)统筹防洪与发电，完善水库联合优化调度

在水库除险加固工作完成后，逐步恢复佛子岭、磨子潭、响洪甸、梅山、龙河口、白莲崖6座大型水库蓄水位至设计状态，增加来水拦蓄和水量调节能力。在确保防洪安全和兼顾发电效益的同时，在省水利厅协调下，淠史杭灌区管理总局和各水库管理单位，逐步完善大别山水库群的优化调度和与当地水资源的补偿调度方式，增加水库有效供水能力，发挥水库综合兴利效益。

(四)加强监控与预报，制定抗旱调度应急预案

在市界控制断面、大型水库出库断面、重要取水口断面建立完善的水质水量监控系统，对水质水量进行有效监控。淠史杭灌区管理总局要根据水库蓄水、来水预测、用水计划和旱情发展情况，编制年度灌区水量调度方案，制定干旱年份水量调度应急预案。

(五)加强库区水源地修复与保护，保障城市供水水质

加强淠史杭灌区上游大型水库群水质保护，对库区、输水渠道实行严格管理和保护，保障水质安全，严禁污染类项目在库区建设和生产，开展水库周边村落垃圾污水污物收集与处置，加强水生态系统保护与修复，消除污染威胁和预防潜在隐患，维护城市供水优质水源。

(高祥吉)

【下浒山水库工程项目建议书(摘要)】 2004年10月，长江勘测规划设计研究有限责任公司编制完成《安徽省安庆市下浒山水库工程项目建议书》，2005年7月，水利部水利水电规划设计总院在北京对项目建议书进行审查，2008年9月，水利部通过审查并报送国家发展改革委，2010年10月28日，国家发改委批复同意立项。

(一)工程任务

下浒山水库是大沙河干流上的骨干控制性工程，是一座具有防洪、灌溉、供水和发电等多项综合利用工程。工程开发任务以防洪、灌溉为主，兼顾供水与发电。

(1)防洪

下浒山水库防洪保护对象包括大沙河下游地区和菜子湖湖区，即有双重防洪任务。一是将坝址下游堤防由10年一遇抗洪能力提高到20年一遇；二是可降低湖水位0.17m，配合堤防适当加高，可使尾闾地区抗洪能力提高到20年一遇。

(2)灌溉

下浒山水库设计灌溉面积2.83万hm^2(42.4万亩)，使其灌溉保证率由目前的22%－70%提高到80%以上。

(3)城镇供水

工程建成后，为受益区9个城镇提供供水，2010年提供年均供水量4098万m^3，日均供水量11.2万t;2015年提供年均供水量5389万m^3，日均供水量14.8万t。

(4)水力发电

下浒山水库建成后，水电站装机容量15MW，年平均发电量0.3272亿kWh。

根据下浒山水库工程规模，本工程属Ⅱ等大(2)型水库工程。主要永久性水工建筑物大坝、溢洪道、引水进水口为2级建筑物；次要建筑物引水隧洞及厂房为3级。大坝、溢洪道设计洪水标准为100年一遇，校核洪水标准为2000年一遇；引水隧洞、厂房设计洪水标准为50年一遇，校核洪水标准为200年一遇。工程所在地区地震基本烈度为6度。

(二)主要建筑物

1.混凝土面板堆石坝

混凝土面板堆石坝坝顶高程121.5m，防浪墙顶高程122.7m，坝顶宽8.0m，坝轴线长314m，河床趾板建基面高程44.0m，最大坝高77.5m。坝体上下游边坡均为1:1.4，坝体最大底宽223.8m，大坝总填筑方量约147万m^3。

2.溢洪道

溢洪道布置在右岸天然垭口上，向五井河渲泄洪水。溢洪道总长117.2m，其中进口引水渠长33.8m，控制段长22m，陡槽段长35.5m，挑流鼻坎段长25.9m。进口引水渠底高程102m，渠底宽60m；闸室控制段宽60m，设平板检修闸门和弧形控制闸门，分5孔，每孔净宽10m，中墩厚2.5m，边墩与下游导墙相接。溢流堰面采用WES曲线，堰顶高程106.0m，挑流鼻坎坎顶高程72.26m，挑射角15°。

溢洪道进水渠、控制段、陡槽段、挑流段为钢筋混凝土结构，开挖边坡采用喷锚支护。

3.发电引水隧洞

进水口型式采用岸塔式，塔高42.8m，矩形钢筋混凝土结构，壁厚1.6m。进水口包括喇叭口、闸室段、渐变段，全长21.3m。闸室段设事故闸门，闸室段接渐变段，断面由矩形渐变成圆形。

平面上，发电引水主洞呈两段折线布置，主洞内径为4.5m，第一段折线的轴线方向为NW10.802°，洞长113.16m，紧接转角60°、半径25m圆弧段，圆弧段长26.18m，与第二段折线相连，第二段折线的轴线方向为NE109.198°，洞长194.75m。从进水塔渐变段至电站厂房围墙外，洞轴线平面投影总长368.69m。

引水隧洞出口紧接压力钢管，采用明管布置。主管内径为

4.5m,管壁厚12mm。主管由岔管分为三个支管与厂房相连,支管内径为2.0m,三个支管采用对称布置,支管中心距为8.0m。发电支管长分别为20.09m、24.07m、24.07m。管壁厚10mm。

发电引水隧洞均采用钢筋混凝土衬砌。

4. 主厂房

主厂房内布置3台HLA551-LJ-130型水轮机,机组段长8m,安装场布置在主厂房西端,长10m,宽12m,主厂房面积26.40m(长)×12m(宽),最大高度23m。安装场前设回车场与进厂公路连接。机组安装高程为65.9m,水轮机、发电机层地面高程分别为67.6m、71.6m,尾水管底板高程62.45m,吊车梁顶高程78.8m,屋面梁底高程81.3m。

5. 副厂房

副厂房布置在主厂房上游侧,与主厂房同长,宽6.3m。付厂房分为两层,高程分别与主厂房发电机层、水轮机层高程持平。上层设有中控室、继电保护室、6kV开关室及其它辅助用房,底层设有站用变电室及电缆廊道等。

6. 变电站与开关站

主变压器选在厂房右侧坡地上,与进厂公路同侧,面积15.0m(长)×10.0m(宽),开关站置于副厂房顶层屋面。

7. 进厂公路

进厂公路采用厂区右岸施工道路改建而成,宽7m,与装配场、发电机层同高。

8. 尾水建筑物

尾水平台紧靠主厂房,尾水出口底宽21.93m,底高程62.45m,以挡土墙的型式与底高程为63.95m的灌溉渠底连接。

9. 机电和金属结构

(1)水力机械

下浒山电站水头变化范围为28.94m~47.83m,适用的水轮机型式有混流式、轴流式。通过初步比选,推荐水轮机为HLA551-LJ-130,发电机为SF5000-14/2600。

(2)电工

根据地方电力系统规划,下浒山电站以一回110kV线路接入潜山110kV变电所。

(3)金属结构

溢洪道闸室控制段宽60m,分5孔,每孔净宽10m,布置5扇弧形门和1扇平板检修门,弧形门尺寸为10m×9.5m(宽×高),平板门尺寸为10m×11.5m,每扇工作闸门设一台容量为2kN×250kN的扬式启机。检修门由设在工作桥上的门机操作,门机启闭容量为2kN×250kN。

引水隧洞进口至下游依次设有拦污栅、事故检修闸门,电站厂房前设一段压力钢管。

拦污栅孔口尺寸7.8m×6m,由启闭机房内容量为2kN×125kN卷扬机操作。

电站进水口拦污栅后布置1扇事故检修闸门,孔口尺寸为4.5m×4.5m,由启闭机房内容量为2kN×250kN卷扬机操作。

电站安装三台水轮发电机组,每台机组一个尾水出口,3个检修门孔设1扇检修闸门,闸门孔口尺寸为4.9m×2.4m,。尾水闸门由移动式启闭机操作,启闭机容量为2kN×60kN。

本电站引水压力钢管向水轮发电机组的供水方式是一管三机,主管直径D=4.5m,支管直径D=2.0m,钢管总长度73.7m,钢管总重量约44t。

(三)工程施工

下浒山水库工程主要建筑物包括混凝土面板堆石坝、溢洪道、引水发电系统。主要建筑物工程量为:土石方开挖59.46万m^3,土石方填筑147.34万m^3,金属结构443.5t。计划总工期33个月。

(四)投资估算

根据水利部有关定额规定,工程总投资59614万元,工程静态总投资为58382万元,其中工程部分静态投资35831万元,移民环境静态投资22551万元。

(曾青松)

勘测

【安徽省淮河行蓄洪区洼地治理工程可研阶段勘测】 淮河行蓄洪区洼地治理工程范围主要涉及濛洼、城西湖、城东湖、瓦埠湖蓄洪区和姜唐湖、寿西湖、石姚段、洛河洼、汤渔湖、方邱湖、临北段、花园湖、香浮段和潘村洼行洪区共15处行蓄洪区。主要工程内容包括堤防工程、泵站工程、沟口涵闸工程、排涝(撇洪)干沟及河道疏浚等。省水利水电勘测设计院承担该工程可行性研究阶段的勘测任务。

1. 勘察工作

2010年5月至10月,对本工程进行工程地质勘察外业工作。本项目共完成钻探总进尺15549.7m,1182孔;取原状土样1748组,取扰动土样104组,标准贯入试验1676次,室内常规土工试验1815组,渗透561组,颗分788组,水质简分析42组,现场注水试验49段。

2. 测量工作

共完成四等GPS点31点、五等GPS点203点、一级导线606.5km、图根点2350点、四等水准117.5km、五等水准262.4km、1:500建筑物地形图5.09km²、1:500堤防横断面124.5km、1:500河道横断面139.3km、1:5000堤防、河道纵断面578.4km。

(吕锦伟　张效峰　朱超)

【安徽省淮河流域怀洪新河水系及濠河池河洼地治理工程可

研勘察】 淮河流域怀洪新河水系及濠河池河洼地位于安徽省淮北、宿州、蚌埠及滁州地区,包括唐河、北沱河、石梁河、浍河、沱河、澥河、濠河及池河等8块洼地,主要建设内容为堤防加固,泵站、涵闸和桥梁新建或重建,河道和排涝干沟疏浚等。2010年1—12月,安徽省水利水电勘测设计院联合宿州市水利设计院及滁州市水利设计院共同完成本项目可研阶段勘察工作。共完成73km堤防、305km河道、140km排涝干沟、30座泵站、116座涵闸及50座桥梁的工程地质勘察工作。其中,省水利水电勘测设计院完成项目中浍河、沱河及澥河洼地的勘察工作,宿州市院完成项目中唐河、北沱河及石梁河的勘察工作,滁州市院完成项目中濠河及池河的勘察工作,共完成勘探孔2110孔,总进尺24898m,现场标准贯入试验5169次,注水试验64次;室内土工试验3553组,击实试验28组,水质分析26组。

(金习武　马舜)

【淮河干流汤渔湖行洪区调整和建设可研阶段勘测】 汤渔湖行洪区总面积72.7km^2,耕地0.5万hm^2(7.5万亩),分属淮南市潘集区和蚌埠市怀远县。区内有泥黑河入淮出口的尹家沟,将其分成东西汤渔湖两部分。主要工程内容包括退建加固汤渔湖行洪堤,疏浚汤渔湖上口至荆山湖进洪闸段河道,新建高皇保庄圩,新建汤渔湖进退洪闸、柳沟节制闸,重建尹家沟闸,重建王咀、南湖、汤渔湖和柳沟排涝站等。省水利水电勘测设计院开展相关勘测工作。

1. 勘察工作

2010年6—9月进行外业勘察工作。共完成钻探总进尺3080.6m,计244孔;取原状土样501组,取扰动土样63组,标准贯入试验294次,室内常规土工试验501组,渗透102组,颗分265组,击实9组,水质简分析5组,锥体入土深度39组。

2. 测量工作

共完成四等GPS点24点、五等GPS点2点、一级导线52km、四等水准42.1km、图根点214点,1:5000地形图76.53.6km^2、1:500水工建筑物地形图3.6km^2,各类1:1000堤防横断面64.3km、1:1000河道横断面80.1km,1:2000堤防纵断面56.3km、1:5000河道纵断面20.0km。

(陈新苗　张效峰　张启兵)

【洪泽湖抬高蓄水位影响处理工程五河泵站施工图勘察】 五河泵站既是洪泽湖抬高蓄水位影响处理工程安徽省境内最大的项目,又是安徽省淮水北调项目的水源工程,站址位于五河县城南约4km、淮北大堤内侧的东凌庄南,在原郜湖泵站原站址拆除重建。2010年9—10月,省水利水电勘测设计院根据省发改委专家的审查意见,在原有可研及初设地质勘察基础上,进行补充地质勘察,完成本工程施工图阶段的地质勘察工作。本次地质勘察共完成钻探总进尺930m,计46孔;现场标准贯入试验92次;室内土工试验95组。

(金习武　周军)

【凤台县城北湖泵站工程初设阶段勘察】 城北湖泵站工程位于凤台县城北湖出口处,是安徽省淮河流域重点平原洼地治理工程外资项目——架河洼地治理项目中一项骨干排水工程,设计抽排流量为100m^3/s,设计扬程6.3m,装机容量5×220kW,泵站规模为大(2)型,主要建筑物按2级水工建筑物设计。2010年10月4日至2011年1月5日,省水利水电勘测设计院进行初设阶段工程地质勘察外业工作。本项目共完成钻探总进尺609.30m,计32孔;取原状土样102组,取扰动土样6组,标准贯入试验50次,室内常规土工试验102组,渗透33组,颗分45组,击实1组,水质简分析2组,锥体入土深度4组。

(张启兵　缪广林)

【安徽省江南、江北产业集中区梅龙三站、黄山寺二站初设勘测】 水利基础设施是支撑皖江城市带承接产业转移的重要条件,江南、江北产业集中区起步区内将建设梅龙三站及黄山寺二站两座泵站。为查明两站站址区水文地质与工程地质条件,安徽省水利水电勘测设计院于2010年9~12月开展两站工程初设阶段的勘测工作。

1. 测量工作

本次测量工作共完成E级GPS控制点14点、图根点132点、四等水准23.9km,1:1000地形图0.75km^2、1:2000地形图2.07km^2,1:1000横断面19.6km,1:1000纵断面14.3km。

2. 地质勘察

本次勘察工作沿各拟建及比较站址轴线布置主勘探线,其中于进水口、出水口、站房、涵、闸建筑物处布置勘探横断面及勘探孔,完成总进尺1421m,计60孔;现场标准贯入试验127次,注水试验7次;室内土工试验132组,水质分析5组。

(金习武　文华军)

【安徽省2010年灾后重建河道治理工程初设勘测】 2010年灾后重建项目包括五河县漴河治理、蚌埠市天河治理及肥西县丰乐河治理工程,主要建设内容为:河道疏浚、河湖岸治理、道路改造及桥梁、泵站改造等。安徽省水利水电勘测设计院于2010年12月完成上述三条河道灾后重建项目初步设计阶段的勘测工作。

1. 测量工作

本次测量工作共完成D级GPS控制点6点、E级GPS控制点20点、图根点370点、四等水准10.9km,1:500地形图0.53km^2、1:1000地形图0.62km^2、1:2000地形图11.6km^2,1:1000横断面25.3km,1:1000纵断面55.2km。

2. 地质勘察

本项目共完成钻探总进尺1637m,计137孔;标准贯入试验122次;室内常规土工试验211组,渗透82组,颗分98组,击实5组,水质简分析3组。

(金习武　张启兵　文华军)

【安徽省青弋江分洪道工程初步设计阶段勘测】 青弋江分洪道工程位于安徽省芜湖市境内,是水阳江、青弋江、漳河流域防洪治理工程中的重要项目。该工程能有效降低芜湖市水网区洪水位,改善流域下游地区的防洪形势,同时可结合水阳镇河段开卡综合整理,解决水阳江中游地区的防洪状况,防洪减灾效益显著。

青弋江分洪道全长47.3km,由分洪道及两岸堤防(3级建筑物),青弋江干流节制闸枢纽(2级建筑物),交通工程(3级建筑物,即跨越分洪道的交叉建筑物,包括205国道公路桥、沿江高等级公路桥、宁铜铁路桥和3座生产交通桥),新建八尺口闸(站)、房周闸(站)和9座支叉河涵闸(3级建筑物),重建、加固约23座小型涵闸及19座小型泵站等工程组成,工程投资约30亿元。

安徽省水利水电勘测设计院首次开展青弋江分洪道工程地质勘测工作始于1999年9月。2004年8月完成《青弋江分洪道工程项目建议书阶段工程地质勘察报告(修订稿)》,同年12月通过国家发改委和中咨公司的评估审查。2009年12月提交《青弋江分洪道工程可行性研究阶段工程地质勘察报告》,并分别于2010年5月、2010年11月通过水利部水利水电规划总院复审和国家发改委评估审查。随后根据可研报告专家审查意见,开展初设阶段的工程地质勘测工作。

1. 测量工作

为满足工程初步设计需要,2010年11月至2011年1月,先后安排3个作业组,投入GPS-RTK4台套、全站仪6台套等仪器设备,完成分洪道及堤防纵横断面图测绘,干流节制闸枢纽、水工建筑物、桥梁、居民点等地形图及断面图测绘。2011年1月底提交测量成果。本阶段共计完成:河道及堤防横断面615.1km,河道及堤防纵断面201.6km,1:500地形图16.5km^2,补充1:2000地形图9.0km^2。

2. 地质勘察

本工程初步设计阶段地质勘察工作始于2010年8月,首先进行的是利用汛期较高水位,对支汊河中的建筑物、围堰以及部分中心线上的线路孔进行水上钻探。11月又安排钻机6部、静探设备6套、经纬仪和全站仪6台,进入现场工作,至2011年元月初结束外业,元月底提交初步资料。

本阶段地质勘察共计完成钻探总进尺9020m,计666钻孔,静探总进尺3207m,计219钻孔;取原状土样784件,现场标准贯入试验1454次,注水试验43次,螺旋板载荷试验5组;室内常规土工试验782组,渗透试验250组,颗粒分析280组,水质分析10组。

(潘光宜　李传中)

【安徽省中小型病险水库除险加固工程勘测】 2010年安徽省水利水电勘测设计院共完成9座中型水库(其中2座水库安全鉴定、3座水库除险加固初设、4座水库施工图设计阶段)、21座小(1)型和23座小(2)型水库(其中9座小(2)型水库地质调查、35座水库除险加固初设)的除险加固勘测工作。工作范围涉及4个市和6个县。

1. 测量工作

共完成D级、E级GPS控制点100点,四等水准96.63km,1:500地形图0.44km^2、1:1000地形图8.65km^2,1:500横断面159.2km,1:1000纵断面13.48km。

2. 地质勘察

共完成钻探总进尺5221m,静探孔总进尺1690m;现场注水试验165组,压水试验65组,标准贯入试验914组,室内常规土工试验917组,渗透276组,颗分258组,击实84组;水质简分析12组。及时提交工程地质勘察报告。

【安徽省中小河流治理工程勘测】 2010年1月至12月,省水利水电勘测设计院承接安徽省境内13条中小河流治理重点河段工程初设阶段勘测任务,完成亳州市赵王河、萧县洪碱河、灵璧县老虹灵沟、淮北市澥河、濉溪县浍河、淮南潘集区泥河、霍山县漫水河、全椒县襄河、南陵县老孤峰河、宣城市华阳河、双桥河、芜湖市峨溪河、芜湖县汤泊河等13条中小河流的勘测工作。工作范围涉及安徽省12个市、县。

1. 测量工作

测量内容为河道地形图和堤防、河道纵横断面图。共完成D、E级GPS点190个,1:500、1:1000、1:2000地形图38.15km^2,堤防、河道纵、横断面501.46km。

2. 地质勘察

完成13条河流的河道、护岸、建筑物的初设阶段工程地质勘察工作。共完成钻探总进尺7566m,静探总进尺3344m,探坑78m^3,注水试验36段,标准贯入试验1116次,室内土工试验1511

组,击实试验54组,水质分析25组。

(戴杰)

设计

【淮北市采煤沉陷区水资源利用与湿地修复二期工程初步设计(摘要)】 受淮北市水务局的委托,2010年5月,安徽省水利水电勘测设计院编制完成《淮北市采煤沉陷区水资源利用与湿地修复二期工程初步设计报告》,其中主要水工建筑物包括:侯王闸、渠沟涵和黄桥南涵。

一、建筑物设计

侯王节制闸位于王引河上,设计排涝流量360m³/s,校核排涝流量490m³/s,设计泄洪流量602m³/s。侯王节制闸工程等别为Ⅲ等,工程规模属中型水闸,其主要建筑物级别为3级,次要建筑物级别为4级。渠沟涵设计引水流量15.0m³/s,为3级建筑物。黄桥南涵设计排涝流量6.30m³/s,设计引水流量15.0m³/s,为3级建筑物。

1. 侯王节制闸

新建的侯王节制闸为开敞式闸室,共7孔,单孔净宽8.0m,闸室顺水流方向长17.00m,中墩厚1.3m,边墩厚1.0m,闸室总宽度63.8m。上游侧设公路桥,桥面总宽6.60m;下游侧设检修便桥、启闭机房。两岸设空箱岸墙,垂直水流向长11.25m,顺水流向长17.00m,桥头堡采用框架结构,4层,可兼作检修门库房。

上游翼墙顺水流向长21.00m。由直线段、椭圆弧段组成,均为重力式结构。下游翼墙在顺水流向长22.00m,水平扩散角为8.53°,最大挡土高度7.4m,为钢筋混凝土扶壁式结构。

2. 渠沟涵

重建的渠沟涵穿新濉河左堤,与新濉河轴线呈65.36°的交角。设计堤顶宽8.0m,外坡1:4,内坡1:4.5。涵洞为钢筋混凝土箱型结构,单孔,孔口尺寸3.5×3.5m,洞身长44.0m。新濉河侧涵洞设控制段,内设防洪闸门,并设检修门槽一道,检修平台上部设启闭机房。

涵洞进、出口均设八字型翼墙,平面扩散角10.48°,长均为10.0m,底部设钢筋混凝土铺盖。上、下游翼墙均为浆砌石重力式结构,挡土高度4.5m~5.8m。

3. 黄桥南涵

为重建涵洞,位于老涵洞下游侧约52.0m,穿新濉河右堤,涵洞纵轴线与堤防垂直。设计堤顶宽15.0m,内坡1:4,外坡1:5,外侧31.40m高程设20m宽的平台,平台以下坡比1:4。涵洞为钢筋混凝土箱型结构,两孔,孔口尺寸2.0×3.0m,洞身长59.0m。新濉河侧设控制段,内设防洪闸门,并设检修门槽一道,检修平台上部设启闭机房。

新濉河侧八字型翼墙段长12.0m,平面扩散角9.35°,底部设钢筋混凝土挖深式平底消力池,池深0.6m。翼墙为浆砌石重力式结构。

侯王沟侧翼墙顺水流向长12.0m,底部设钢筋混凝土挖深式平底消力池,池深0.6m。采用重力式浆砌石结构,平面布置采用直线与圆弧相结合的方式,圆弧外半径7.0m。

二、电气设计

侯王闸有7孔,每孔闸的卷扬启闭机配18.5kW电机。电源采用10kV架空线,"T"接自附近10kV线路。考虑水闸及管理所的用电情况,采用容量为80kVA的主变,同时为本枢纽配置一台80kW柴油发电机组,作为应急用电。水闸电气控制采用计算机监控与现场手动控制相结合的方式。计算机监控系统采用分层分布式方式,主要完成闸门集中监控、上下游水位测量与报警等功能,上位机与下位机通过以太网相连。计算机监控系统布置在桥头堡三层的中控室内,桥头堡二层布置有低压配电柜,一层布置有柴油发电机和变压器。

渠沟涵有1孔,黄桥南涵有2孔,配套启闭电机容量均为5.5kW,渠沟涵和黄桥南涵附近没有合适的供电电源,故两涵闸均采用柴油发电机组供电。两涵闸电气控制均采用现场手动控制方式。

三、设计概算

按2010年第二季度价格水平计算,本工程设计概算静态总投资4113.69万元,其中:工程部分投资3769.50万元,征地移民补偿投资283.66万元,水土保持工程投资30.99万元,环境保护工程投资29.54万元。根据国家计委投资〔1999〕1340号文规定,本概算未计列价差预备费。

【岳西县大龙潭水库除险加固工程初步设计(摘要)】 大龙潭水库位于岳西县五河乡境内,潜水干流上游寨家河上,距岳西县县城天堂镇32km。是以防洪、发电为主,结合灌溉、养殖等综合利用的中型水库。2010年5月,安徽省水利水电勘测设计院受安徽水电岳西有限责任公司委托,编制完成《岳西县大龙潭水库除险加固工程初步设计》报告。

一、洪水标准

(一)设计洪水

根据《防洪标准》及水库原防洪标准,确定大龙潭水库防洪标准为50年一遇洪水设计,500年一遇洪水校核。坝址设计断面处50年一遇洪峰流量3608m³/s,500年一遇洪峰流量5766m³/s。

(二)施工期洪水

大龙潭水库枢纽工程等别为

Ⅲ等,其主要建筑物级别为3级,导流洪水标准取3年一遇。大坝下游面及泄洪洞加固导流时段为第一年11月份至第二年4月份,该时段3年一遇上游来水量432.6万m^3,5年一遇上游来水量539.2万m^3。

二、工程设计

(一)工程总布置

拦河坝为浆砌石抛物线型双曲拱坝,坝体由细石混凝土砌块石筑成(上、下游面为条石),最大坝高64.5m,坝顶弧长185.49m。加固前坝顶宽3m,底厚13m;加固后坝顶宽4m,底厚18m。坝顶设有开敞式溢洪道,采用高坝挑流消能,最大泄量3523.42m^3/s。坝顶上游设有高1.2m钢筋混凝土防浪墙。

大坝右岸山体内设有无压泄洪洞,隧洞进口设开敞式溢流堰,堰轴线为圆弧形,长38m,堰后接1:1.2陡坡,陡坡后为反弧段,后接3%陡坡段出口设挑坎将水流挑入河槽。隧洞断面为城门型,进洞尺寸15.77m×15.62m,平洞尺寸10.0m×12.0m,洞长133.48m,本次加固将反弧段及后端30m的洞顶加高1.0m。大坝右坝头与泄洪洞之间设宽3.0m,高3.5m的交通洞。

引水隧洞位于左岸,距坝轴线约130m,隧洞穿过左岸山脊,在坝下游约2km河道出口处进入厂房,总长830m。引水隧洞由进水口、平洞、调压井、斜洞等组成。

电站厂房位于拱坝左岸山岭的背后,在坝址下游约2km的河流弯道出口处,地面式厂房,装两台立式水轮发电机组,总装机10MW。

(二)主要建筑物加固处理设计

1. 大坝加固。根据坝基应力计算成果,拱冠断面悬臂梁坝基拉应力区为距上游面约5.0m范围。将新设的防渗帷幕线布置在原帷幕线下游侧,在拱冠断面距基础上游面5.5m,两坝头与原帷幕重合,中间按坝轴线弧长线性内插确定;因坝体存在较多的点状渗漏,说明坝体内部存在一定的空隙,为此,拟对坝体进行充填灌浆。除帷幕灌浆孔在坝体内兼作坝体充填灌浆孔外,在两岸帷幕灌浆孔下游侧坝体内,增设一排坝体充填灌浆孔,孔距2.5m,孔深自坝顶至坝基;对大坝上游面条石砌筑砂浆因侵蚀严重、老化疏松的部位,先凿除,再采用水泥砂浆重新勾缝,以提高坝体防渗能力;对坝顶防浪墙破损处,先打毛,再采用1:1水泥砂浆粉刷。有裂缝处,先沿裂缝凿槽,再采用环氧砂浆磨平。

2. 泄洪洞加固。泄洪洞反弧段及附近的洞室净空高度不够,进行洞顶扩挖,边墙衬砌加高;将泄洪洞进口边坡松动的岩体进行清除,对坡度陡的洪水位以下边坡,进行喷锚支护;打通大坝右岸灌浆平洞,并在泄洪洞进口侧修建回车场,形成大坝至泄洪洞的交通道路,以满足防汛抢险交通要求。

3. 引水隧洞。对进水口竖井钢筋混凝土外侧墙表面剥蚀严重部分,先凿毛,再采用改良性环氧砂浆磨平;对排架柱,蜂窝麻面处先凿毛和裂缝处沿裂缝凿槽,再采用改良性环氧砂浆磨平,然后在柱外侧包钢筋混凝土,厚0.2m。

4. 完善水库管理设施和安全监测设施。在大坝下游侧,两坝肩基础高程为300m左右,各设一正倒垂观测系统,正垂自基础至坝顶,倒垂孔深为20m;为了观测左坝肩渗漏情况,在左坝肩下游侧山坡上设置一个渗流观测断面,埋设3根测压管,监测左坝肩坝基岩体的地下水位变化;增设水位自测井一座和雨量观测站一座;对3.0km长的简易上坝道路,铺设沥青混凝土路面;7.0km进场道路改建等。

(三)电气与金属结构设计

1. 电气

本次除险加固工程将放水底孔进行拆除重建,更换放水底孔所有的电气设备,底孔锥形阀采用现场手动控制;引水隧洞进口闸门启闭机缺少备用电源,本次拟配置一台30kW的柴油发电机;增设坝顶照明。

2. 金属结构

(1)引水隧洞进口事故检修门

孔口尺寸(宽×高)2m×3m,1孔,底槛高程298m,检修平台高程322.5m,启闭机平台高程330.5m。

闸门为潜孔式平面定轮钢闸门,门体尺寸(宽×高)2.76m×3.07m,门重7.37t/扇,共1扇。本次加固对门体的止水橡皮、止水压板及螺栓进行更换。

(2)放水底孔盘形门

放水底孔盘形门孔径d=1.0m,1孔,孔口中心高程282m,检修平台高程330.5m,本次加固拟对盘形门的门体、吊杆及启闭设备进行更换。门体(含吊杆)重约6.0t/扇,共1扇;启闭机选用HS-100kN手拉环链葫芦,共1台。

三、设计概算

本工程概算总投资4638.50万元,其中,工程部分静态总投资为4492.36万元(工程基本预备费254.28万元),新增水土保持工程静态总投资106.64万元,环境保护工程静态总投资39.50万元。

【淠史杭灌区红石嘴渠首枢纽除险加固工程初步设计(摘要)】 红石嘴渠首枢纽工程坐落于金寨县内,位于史河干流梅山水库下游9km的老河岔,渠首枢纽以上来水面积2004km^2。本次加固主要内容包括:溢流坝坝基防渗工程、左侧导水墙、坝下消力池及海漫加固工程及坝面混凝土局部裂缝处理;分流岛土坝段防渗处理、坝坡护砌处理及坝前平台整修;冲砂闸、进水闸拆除重建及洪河泄洪闸加固等。红石嘴枢纽工程以灌溉供水为主,本次除险加固设计采用的工程等别和防洪标准:工程等别为Ⅱ等,建筑物级别为2级,防洪标准为50年一遇洪水设计、200年一遇洪水校核。

一、建筑物设计

(一)溢流坝

坝基防渗工程:现状坝前已有30.0m长的混凝土铺盖,防渗效果不显著,为解决坝基的渗流稳定,拟采用垂直截渗墙(高压摆喷灌浆)加固处理措施,确保工程安全。

坝下消力池及海漫加固工程:维修现有长20.0m浆砌石海漫,对现有的消力池局部破损部位进行修补,疏通排水孔。

溢流坝左侧导水墙:修补加固左侧坍塌和破损的导水墙。

此外,针对溢流坝面老化的止水,在相应位置增设外止水,局部破损的混凝土进行修补,废除原已失效的渗流观测断面,新增3个渗流观测断面。

(二)非溢流土坝及分流岛

坝身加固工程:非溢流坝坝身锥探灌浆,孔距2.0m,排距1.5m。

土坝及分流岛防渗工程:经比较,拟采用垂直截渗墙(高压摆喷灌浆)处理措施,在坝基内形成一道厚20cm水泥防渗墙,从根本上解决渗流稳定问题。

此外,修补土坝及分流岛护坡,增设土坝及分流岛下游纵横向排水沟。增加一个渗流观测断面。

(三)进水闸、冲砂闸及洪河泄洪闸加固工程

本次加固拟对进水闸和冲沙闸拆除重建。重建后的冲砂闸仍布置在原址位置,即非溢流坝右坝头,胸墙式,3孔,孔口尺寸6.5m×5.0m(宽×高),底板高程64.00m,胸墙底高程69.00m,闸室段长10.0m。重建后的进水闸仍布置在原址位置,即冲砂闸右侧,胸墙式,2孔,孔口尺寸8.5m×3.0m(宽×高),底板高程66.00m,胸墙底高程69.00m,闸室段长10.0m。

由于洪河泄洪闸主体结构较为完好,故本次对其部分结构采取加固措施。加固内容为:原交通桥、检修便桥、胸墙、启闭机排架及启闭机房拆除重建,增建左岸桥头堡,更换闸门、启闭机及相应的机电设备;上游铺盖、下游消力池局部破损以及其表面凹陷部位,采用聚合物砂浆修补;上游混凝土挡墙局部破损部位,采用聚合物砂浆修补,下游浆砌石翼墙勾缝砂浆脱落,重新勾缝,对松软脆弱及风化严重缺陷部位,清理后用砂浆抹平,墙后开挖减载处理;上、下游护坡予以修补加固;混凝土表面碳化采用环氧厚浆涂料处理,原结构缝及新生缝采用SBS改性沥青灌注封闭。

(四)道路改建

本次枢纽加固工程需新建史河总干渠公路桥与溢流坝左坝头之间的连接道路,其中包括原溢流坝下游道路的改建。新建道路按照公路二级标准,拟建成沥青道路,路面宽度7.0m,道路总长约1300m。

二、金属结构设计

进水闸工作门:2孔,设2扇潜孔式平面定轮钢闸门及2台QP-2×100kN手电两用卷扬式启闭机。

进水闸检修门:2孔,设1扇浮箱式叠梁钢闸门及1台MD1-2×50kN移动式电动葫芦,2孔共用。

冲砂闸工作门:3孔,设3扇潜孔式平面定轮钢闸门及3台QP-2×100kN手电两用卷扬式启闭机。

冲砂闸检修门:3孔,设1扇浮箱式叠梁钢闸门及1台MD1-2×50kN移动式电动葫芦,3孔共用。

泄洪闸工作门:5孔,设5扇潜孔式平面定轮钢闸门及5台QP-250kN手电两用卷扬式启闭机。

各闸门埋件露出混凝土表面部分采用以材质Q235为基材的复合不锈钢板,轨道、门楣、底槛均为焊接构件,所有埋件均采用二期混凝土预埋,以保证轨道埋设精度。

三、电气设计

红石嘴渠首枢纽工程由管理处变电所供电,供电电压为10kV,供电线路长约6km,导线型号为LGJ-50;为保证汛期一级用电负荷的可靠性,另设1台柴油发电机组作紧急事故备用电源。

进水闸、冲砂闸、洪河泄洪闸主电源以一回10kV输电线路引入,在终端杆处经户外跌落式熔断器后,与变压器高压侧连接,经变压器降压后用电力电缆接至0.4kV低压配电屏母线;另一路柴油发电机组0.4kV馈电回路也接至低压母线,作为系统电源消失时的备用电源。两路电源互为备用、相互闭锁。低压配电屏采用GCS型,由低压屏以放射式向进水闸、冲砂闸、洪河泄洪闸启闭机房、管理处办公楼、生活区等用电负荷供电。考虑到水闸运行时间很短,在非汛期将容量为125kVA的变压器退出运行以减少电能损耗,为此本工程设置1台容量为50kVA的变压器作为非汛期办公、检修和生活用电电源。

管理处设变电所、柴油发电机房、配电室及控制室。低压配电屏布置在管理处变电所配电室;柴油发电机组布置在柴油发电机房;控制室内设有工作台、计算机监控系统及电视监视系统的有关设备和管理处LCU屏;闸门控制箱、闸门LCU屏布置在启闭机房中。

四、工程概算

工程静态总投资为5187.27万元。其中,主体工程部分投资5128.99万元,环境保护工程21.08万元,水土保持工程37.20万元。

【五河泵站工程初步设计报告(摘要)】 五河泵站位于安徽省五河县郜湖洼地内。2010年7月,安徽省水利水电勘测设计院编制完成《五河泵站工程初步设计报告》。7月27日,安徽省水利厅组织有关领导和专家对该报告进行初步审查,9月29日,安徽省发展和改革委员会以皖发改设计函〔2010〕791号文对五河泵站工程初步设计进行批复。

五河泵站土建工程按排涝、引水流量50m^3/s一次建设完成;机电部分近期按排涝、引水流量30m^3/s和3台机组、总装机容量3000kW选配机泵及电气设备等,远期为5台机组总装机容量5000kW。五河泵站为大(2)型泵站,由进水渠道、排涝进水闸(拦污闸)、排涝前池、泵房、压力水箱、排涝出水涵、变电所和输电线路等组成。

一、主要建筑物设计

(一)排涝进水闸

为避免泵站运行时大沟水面飘浮物阻塞水泵,在进水渠道上设置排涝进水闸,与泵房相距35.5m。排涝进水闸布置3孔,单孔净宽5.0m,闸室总宽16.8m,底板顺水流向长10.0m。闸室上游段设拦污栅一道,拦污栅与检修闸门间设置交通桥,桥面宽度5.0m。闸室上游两侧设钢筋混凝土扶壁式挡土墙。闸室上下游分别与排涝引水渠和泵站前池连接。

(二)排涝前池

排涝前池在平面上呈梯形布置,顺水流向长30m,宽16.8m。前池综合扩散中心角为32.7°。前池底板为钢筋混凝土结构,两侧设钢筋混凝土空箱与扶壁组合式挡土墙,顺水流向长30m,分2节,斜坡段长20m,平底板段长10.0m。

(三)泵房

泵房部位采用钢筋混凝土钻孔灌注桩加固地基,灌注桩桩径1.0m,顺水流向桩中心间距3.5m,垂直水流向桩中心间距3.5m,桩底高程-12.3m,单桩长16.0m,泵房总桩数108根。底板为筏式基础。主厂房基础平面尺寸为40m×10.1m(长×宽),净高10.0m;主厂房北侧设副厂房,长27.40m,宽10.1m。副厂房基础为钢筋混凝土灌注桩,一桩一柱,共计16根,桩径1.2m,桩长20.0m,桩底设计高程-5.0m。共设5台(4用1备)机组,均为排灌两用机组,单台水泵进水室净宽5.4m。从上到下分为电机层、水泵层和进、出水流道层等4层。机组中心距6.4m,每孔之间墩墙厚0.8m,泵房底板厚1.2m,兼做灌注桩承台。泵房内、外河两侧分别与排涝前池和压力水箱(汇水箱)相连。

(四)压力水箱

泵房出水侧设压力水箱,兼作灌溉引水前池,在平面上呈梯形布置,顺水流向长45.0m,始端箱内净宽31.0m,末端接排涝出水涵,箱内净宽14.7m。压力水箱内设置48根圆柱,柱间的顶板顶部和底板底部均浇筑钢筋混凝土框架梁连接成整体,以增加箱体顶、底板的刚度。

(五)排涝出水涵

排涝出水涵兼作灌溉引水涵,共计3孔,孔口尺寸为4.5m×4.5m(宽×高),总长54.0m,共分6段,每节均长9.0m。排涝时洞内流速为0.823m^3/s,灌溉引水时洞内流速为1.089m^3/s(按照设计灌溉引水位10.5m计,并扣除栅体阻水面积,略显偏大),涵洞接缝部位均设钢筋混凝土包箍,缝间贴闭孔板,缝内设止水。涵洞出口段设置防洪工作闸门,闸门顶部设启闭台和启闭机房。

二、水机设计

五河泵站选择5台1800ZLB-85型开敞式半调节轴流泵,配套TL1000-24/2150型同步电机,单机功率1000kW。近期仅安装3台机组,远期再安装2台机组。

机组采用"X"型双向进、出水流道,既可作排涝工况运行,又可作灌溉引水工况运行。

为保证机组正常安全运行及满足机组安装检修需要,泵站设置供、排水系统,油系统,水力量测系统,起重、机修等辅助设备。

泵站电机层位于地面以上,采用自然通风。在中控室采用空调器调节。

消防系统按规范要求在厂房电机层及变电站配置一定数量的化学灭火器。主厂房采用消火栓灭火。

三、电气设计

(一)供电方式

由于五河泵站主要在汛期作为排涝用,兼作灌溉引水,根据《供配电系统设计规范》(GB50052-1995),本站供电负荷等级为二级。

经五河县水利局与当地供电部门商定,五河泵站供电电源引自五河110kV变电所35kV母线,由五河变电所架设一回35kV专用线路至本站专用变电所,导线规格为LGJ-70,输电线路长约4km。

(二)电气主接线

五河泵站以排涝为主要任务同时结合灌溉引水。本站装设5台立式轴流泵,其中4台工作1台备用,与之配套的5台同步电动机为TL1000-24/2150;单机容量为1000kW,额定电压10kV,额定功率因数为0.9(超前),效率为93%。最大运行方式为4台机组同时运行。电气主接线为:设一台主变,容量为6300kVA,带5台机组运行,35kV侧和10kV机压侧均采用单母线接线,主变高、低压侧均设断路器。

(三)站用电接线

本站设站用变压器两台,其电源分别接于10kV机压侧母线和35kV母线,变压器型号分别为SC11-315/3510±5%/0.4kV和SC11-315/1010±5%/0.4kV,高压侧均采用断路器进行保护控制。本站站用电母线采用单母线分段接线,两台站变低压侧由装于GCS型低压配电屏中的空气开关进行保护控制,且在两台站变低压侧断路器间各装设机械联锁装置。

四、金属结构设计

五河排灌站为拆除重建工程,该泵站集自排、抽排、抽灌和防洪等功能于一体,该泵站金属结构包括:进水闸工作门、进水闸清污机、内河侧上层流道控制门、内河侧下层流道控制门、淮河侧上层流道控制门、淮河侧下层流道控制门、外河防洪门、外河侧拦污栅及相应的埋件、启闭设备。

五河排灌站共配置平面滑动拦污栅3扇、平面定轮钢闸门18扇、混凝土封堵门8扇,1台移动液压抓斗式清污机(含拦污栅及其余附件)、手电两用卷扬启闭机12台、螺杆启闭机3台、快速液压启闭机3台、液压控制系统1套以及各闸门的门槽埋件。闸门及埋件工程量合计278.5t,不包含清污机械及启闭机设备重量。

五、设计概算

工程概算总投资6604.71万元,其中工程部分投资6454.85万元,征地移民补偿投资78.08万元,水土保持工程投资40.46万元,环境保护工程投资31.32万元。

【淮水北调工程可行性研究报告(摘要)】 淮水北调工程是一项以工业和城市生活供水为主的跨区域调水工程,主要供水目标为淮北地区东部的宿州、淮北两市城市工业用水,同时兼顾生态环境改善和沿线农业补水。淮水北调工程属南水北调东线工程的省内配套工程,依托南水北调东线工程或洪泽湖传统灌区分配至安徽的水量,解决区域干旱缺水问题。今后也可作为引江济淮工程的延伸。

受淮北市、宿州市的委托,安徽省水利水电勘测设计院组织编制本可行性研究报告。

一、工程布置及建筑物

1. 工程等别

工程近期抽淮流量50 m^3/s,多年平均出湖水量15229万m^3。淮水北调工程规模确定为大(2)型,工程等别为Ⅱ等;调水工程各单体永久性水工建筑物级别根据其所属工程等别和建筑物重要性,分别予以确定。淮水北调工程因全线利用现有河道输水,河道堤防级别根据调水工程的等别、原河道堤防级别、输水位抬高可能造成的影响等因素综合考虑,确定与原河道堤防级别一致;穿堤输水建筑物级别不低于所在堤防级别。

2. 河道工程

淮水北调近期工程淮河-萧濉新河黄桥闸上,大部分利用现有河道、大沟和湖泊输水,仅需对局部输水河道进行疏浚即可满足输水线路的要求。河渠工程主要集中在郜湖大沟、刘园干沟-三八运河、娄宋沟-胜利沟、侯王沟共41.7km的大沟河段。输水河道按远期引水规模疏浚拓宽。根据各河道设计流量和水位,结合现状断面,经复核,本次对郜湖大沟、刘园干沟、五固河、胜利沟、侯王沟等输水大沟进行疏浚拓宽,总长17.9km;三八运河、娄宋沟现状断面已满足输水要求,仅对局部段进行疏浚。

3. 节制闸(涵)工程

本工程设计引水流量为50m^3/s,除部分现状河道断面完全能够满足输水要求外,还有部分沟渠因断面不足或淤积等原因,均需进行扩挖疏浚,为此,需影响沟渠上的原有闸(涵);此外,因引水需要及引水水位的抬高,输水线路上的原有闸(涵)的运行条件发生变化,故需对此类闸(涵)根据实际情况进行加固或拆除重建,或另外增设新的控制闸(涵)。为此,经规划分析确定,本阶段考虑输水线路上新建郜湖沟闸节制闸4座、北沱河地下涵1座、橡胶坝1座;拆除重建金岗闸、旧县涵等闸(涵)7座;加固黄桥闸等节制闸2座。

4. 桥梁工程

本阶段经规划分析确定,需考虑涉及输水线路上的跨河(沟)桥梁加固共计16座,其中拆除重建13座,原桥接长3座;分别分布在郜湖大沟上6座、刘园干沟上6座、胜利沟上1座以及侯王沟上3座。

考虑现状跨河(沟)桥梁公路的功能及适应的交通量,其公路等级应分属一级公路及三、四级公路,相应设计洪水频率应不低于25年一遇;鉴于输水河道堤防级别一般为3级,其洪水标准均采用20年一遇;为尽量不提高建筑物的防洪要求,与输水河道的洪水标准相一致,跨河(沟)桥梁建筑物的设计洪水频率,亦采用20年一遇。

二、机电及金属结构

1. 水力机械

淮水北调工程共涉及泵站6座,机组远期32台套,近期安装22台套,近期总装机容量14305kW,远期总装机容量19585kW。

2. 金属结构

刘园、娄宋、二铺、四铺、侯王等5座泵站均为抽排泵站,金属结构仅配置拦污栅、检修门、防洪门及相应的启闭设备。

沟口涵闸部分包括14座涵闸。涵闸根据水工布置配置钢闸门及相应的起吊设备。涵闸金属结构共有平面定轮钢闸门47扇，检修闸门7套，卷扬式启闭机47台，电动葫芦2套，手拉葫芦10台。

三、工程概算

本工程可研投资估算总投资50775.97万元，其中，工程部分投资45870.91万元，移民安置补偿投资4263.10万元，水土保持工程投资276.46万元，环境保护工程投资365.50万元。

【淮河流域行蓄洪区安全建设工程可行性研究(摘要)】 安徽省淮河流域行蓄洪区既是淮河防洪工程体系重要组成部分，又是沿淮部分群众赖以生存的生产、生活基地。为科学有效地运用蓄滞洪区，确保流域整体防洪安全，安徽省水利水电勘测设计院编制完成《淮河流域行蓄洪区安全建设工程可行性研究报告》。

一、工程设计

(一)撤退道路设计

本次规划设计撤退道路均有较完整的路基，设计时以尽量利用原有路基为原则。为减轻对行洪产生较大影响，节省路基填筑工程量，垂直于水流方向的道路路基不高出地面0.3m，平行于水流方向的道路路基不高出地面0.5m为宜，对于两侧无排灌沟的道路增设排水沟，使路基积水能迅速排除，排水沟深0.6m，底宽0.4m。新修路面最大纵坡≤6%，靠堤和岗地附近的最大纵坡≤9%，横向坡1.5～2.0%，新老路平面交叉应按直线和圆弧线相接方式连接。

为保证居民在行蓄洪前能迅速安全地转移、退水后及时返迁，本次设计时适当提高道路设计标准，撤退道路路面均采用水泥混凝土路面。

新建水泥混凝土路宽6.0m、4.5m。路面总厚度为0.5m，横向坡度为1.5%，路面板的板长(即横向缩缝间距)采用4m，横向缩缝间采用柏油灌缝处理。6m宽路面板纵向缩缝间距为3m，纵向缩缝采用假缝，并应设置拉杆，拉杆采用φ12螺纹钢筋，长1.0m，间距0.8m。4.5m宽路面板不设纵向缩缝。

现状为水泥混凝土路面的道路，将已损坏的混凝土路面板拆除，拟改建成4.5m、6.0m宽水泥混凝土路；砂石路面道路，拟改建成4.5m、6.0m宽水泥混凝土路。

(二)桥涵设计

桥涵设计可采用公路-Ⅱ级车道荷载效应0.8倍，车辆荷载效应的0.7倍。行车道宽为6.0m的撤退道路上，桥面净宽6.0m，两边各设0.5m宽C25混凝土路缘石(人行道)，桥面总宽7.0m。行车道宽为4.5m撤退道路上，桥面净宽4.5m，两边各设0.5m宽C25混凝土路缘石(人行道)，桥面总宽5.5m。

本着就地取材，经济实用，易于施工，使用方便的原则，沟渠跨度较小的拟建涵洞，采用钢筋混凝土圆管涵，孔径共有4种规格：内径为0.5m、0.6m、1.0m和1.5m，涵洞进出口均采用斜降式八字型重力式浆砌块石挡土墙，水平长度为2.5m。跨度2～40m的拟建桥梁，单跨跨度小于8m时均采用钢筋水泥混凝土平板桥，单跨跨度大于8m时均采用钢筋水泥混凝土T型梁桥。

(三)城西湖蓄洪区沣河大桥设计

新建桥梁位于城西湖大堤南侧800～1300m处，桥轴线与该处河道顺水流向垂直。经综合比较，桥型采用预应力混凝土连续小箱梁。荷载等级公路-Ⅱ级。

桥面总长3330.0m，共布置111跨，每跨30m。桥梁宽度为：净-8.5+2×0.5，桥梁总宽9.5m。全桥跨径布置为15联5m×30m和9联4m×30m装配式部分预应力混凝土连续小箱梁，先简支后连续的结构体系。

桥梁纵向坡度分别为：河槽段(东侧1.0%，西侧-1.0%)，滩地段(东侧0.03%，西侧-0.03%)，横向坡度为双向坡±1.5%。

全桥每跨3片主梁，梁高1.5m，梁间距3.2m。小箱梁底宽1.0m，底板中部厚0.18m，端部厚0.25m；顶宽2.2m，顶板中部厚0.18m，端部厚0.25m；翼缘高0.18m；腹板中部宽0.18m，端部宽0.25m；两片主梁之间的现浇桥面板宽1.0m，高0.18m。

桥面铺装采用C40防水混凝土；防撞护栏采用交通部标准图；在桥梁纵向两侧每隔4.0m设一个PVC排水管。中梁平置，两侧边梁顶面向外侧制成1.5%的横坡，以形成桥面横坡。

桥墩采用桩柱式轻型结构，每墩布置2根钻孔灌注桩，桩径1.5m，桩长36m。桩顶面设1.0m×1.2m(宽×高)横向联系梁。桩顶以上部分接钢筋混凝土墩柱，柱与桩体同轴，柱直径为1.3m，柱顶面设盖梁，盖梁(长×宽×高)为8.2m×1.4m×1.4m，梁两端设高0.3m，宽0.35m的混凝土挡块，以防桥面梁滑落。

桥台的型式为桩式结构。桥台处地面高程23.0m左右，桥台后接新筑引堤。桥台设1:1.5锥坡，因左侧地形高差较大，增设反压护道。锥坡面设浆砌石护砌。桥台由桩基、盖梁、背墙、耳墙等组成。每台布置2根钻孔灌注桩，桩径1.5m，有效桩长34m，桩顶高程高于地面2m～3m，桩间距6.4m。桩顶设盖梁，盖梁(长×宽×高)为9.5m×1.6×1.3m。

桥台前墙锥坡及引堤两侧采用M10浆砌石护砌，桥两岸上下游连接段堤坡范围采用干、浆砌石护砌。上述护砌厚度均为0.3m，下铺碎石垫层厚0.1m。

二、施工组织设计

主要工程土方开挖44.31万

m^3,土方填筑20.30万m^3,浆砌石1.29万m^3,混凝土及钢筋混凝土4.51万m^3,钢筋4870.2t,混凝土路面181.32万m^2。

主要建筑材料汽油121t,柴油3141.1t,水泥180436t,块石158968m^3,碎石720999m^3,钢筋4751.2t。

三、工程概算

工程总投资49918.12万元(沣河大桥15768.46万元),其中工程部分投资49166.89万元(预备费4469.74万元),水土保持投资386.12万元,环境保护投资365.11万元。

【龙河口水库供水工程可行性研究(摘要)】 本着"以供定需,丰增枯减"的原则,龙河口水库供水工程设计供水量为:一般枯水年份供合肥市0.80亿m^3、舒城县0.16亿m^3;丰水年份供合肥市1.2亿m^3、舒城县0.16亿m^3。工程规模确定为中型,工程等别为Ⅲ等。

一、输水方案

根据前期水资源调配规划成果及本阶段进一步规划测算,本供水工程设计丰水年份龙河口水库至舒城段取水量为44.7万m^3/d(5.18m^3/s),舒城至肥西新建水厂段(经大官塘水库)取水量为39.5万m^3/d(4.57m^3/s);一般枯水年份龙河口水库至舒城段取水量为31.6万m^3/d(3.65m^3/s),舒城至肥西新建水厂段(经大官塘水库)取水量为26.3万m^3/d(3.04m^3/s);此外,丰、枯水年份另向舒城县城供水量为5.26万m^3/d(0.61m^3/s)。

本工程选用埋地管道输水方式。输水干管条数考虑采用双管,即丰水年份双管输水(44.7万m^3/d~39.5万m^3/d),一般枯水年份则单管输水(31.6万m^3/d~26.3万m^3/d)。两条输水干管互为备用,因输水管道距离较长,两条管道间应设连通管。采用重力输水结合泵站加压的输水方式。

取水口在牛角冲进水口上游约200m处,沿山体地形开挖隧洞引水,在隧洞进口设置工作闸门加以控制。隧洞穿过山体后接输水管,向北基本沿龙潭河左岸至杭埠河,跨杭埠河后向东沿317省道至舒城县城东南侧,跨杭北干渠后基本沿206国道东侧布设,至肥西县桃溪镇跨丰乐河后沿206国道东侧进入肥西县水厂。输水线路总长69km,其中龙河口水库至肥西县水厂段67km,舒城县支管段2km。

二、工程布置

1. 龙河口水库至舒城段(龙舒段):长约26.0km,设计为重力有压流,管线通过引水隧洞从水库接出,沿线铺设2条DN2000PCCP,管中心间距3.5m。在舒城县分水处,连接一条DN800PCCP,长约2km。引水隧洞直径为2200mm、长1180m。

2. 舒城至丰乐河段(舒丰段):长约15.8km,沿线铺设2条DN1800PCCP,管中心间距3.0m。

3. 丰乐河至大官塘水库(丰大段):长约13.2km,该段设计为加压流,沿线亦铺设2条DN1800PCCP,管中心间距3.0m。加压泵站设于该段起点。

4. 大官塘水库至肥西新建水厂段(大肥段):长约11.34km;该段设计为加压流,沿线仍铺设2条DN1800PCCP,管中心间距3.0m。

三、机电设计

本工程采用重力流和压力流结合输水方式,加压泵站选用供水泵五台(四用一备),型号为RDL600-620A,配套电机型号为Y5005-6,单机功率710kW,总装机3550kW;加压泵站的充水方式采用变频充水并辅以阀门调节。为满足加压泵站水泵检修要求,在水泵出口管道上设置型号为Z945T-10的电动闸阀,该闸阀在充水工况下兼做调流,为满足离心泵关阀启动要求和减缓事故停泵时的水锤压力,在水泵出口处设置型号为DX7K41X-10的蓄能罐式液控缓闭止回蝶阀。

加压泵房供电负荷等级为二级。供电电源引自舒城县110kV变电所35kV母线,采用双回路电源供电,需架设二条35kV专用供电线路,线路长各8km。泵站设置1台站变,电源引自10kV机压母线;1台所用变,电源引自加压泵房附近10kV线路。泵站控制方式采用计算机控制,并设置1套电视监视系统。

四、施工组织设计

本工程主要工程量为:土石方开挖273.71万m^3,土方回填190.88万m^3,砂垫层回填36.6万m^3,PCCP管129820m,钢管6170m,堆砌石15.55万m^3,混凝土及钢筋混凝土8.36万m^3,钢筋2426t。输水管道的埋设及取水口、加压站的施工均为常规施工,穿越合九铁路施工时不允许破坏路面、影响交通,采用顶管法施工。

五、工程投资

本工程总投资为99433.83万元,其中工程静态总投资为91258.30万元,征地移民补偿投资3718.47万元,环境保护工程182.52万元,水土保持工程730.07万元,建设期融资利息3544.47万元。

(高祥吉)

基本建设

JIBEN JIANSHE

规划管理

【重点工程建设进展情况】 1.“861”行动计划项目。为加快发展,富民强省,省政府决定从2004年开始实施“861”行动计划。2010年省政府确定的“861”行动计划目标30.5亿元(治淮工程为5.5亿元,水库加固工程8.0亿元,农村饮水安全工程17亿元)。

2010年完成投资37.73亿元,占年度目标的123%。其中,治淮工程5.33亿元,占年度目标的96.9%;水库加固工程15.13亿元,占年度目标的189.1%;农村饮水安全工程14.27亿元,占计划14.27亿元的100%。

2. 大型灌区续建配套与大型泵站改造。2009年结转投资5.41亿元,其中中央投资1.18亿元,地方配套4.23亿元;2010年已下达投资计划5.71亿元,其中中央4.06亿元,地方配套1.65亿元。2010年完成投资7.15亿元,其中,大型灌区续建配套4.07亿元,大型泵站改造3.08亿元。

3. 中小河流治理2009年结转投资0.8亿元,均为中央投资。2010年已下达投资计划6.87亿元,其中中央4.4亿元,地方配套2.47亿元。2010年完成投资5.29亿元,其中中央投资4.07亿元。

4. 省治淮重点局实施项目。18个项目批复投资46.99亿元,已累计下达投资计划46.83亿元,累计完成投资46.89亿元,其中2010年完成投资1.51亿元。曹台孜退水闸加固、王家坝闸加固、蚌埠闸加固、上桥闸加固、东淝闸加固、荆山湖进及退洪闸工程、濛洼堤防加固、姜唐湖堤防加固、黑龙潭河道疏浚、淮北大堤加固、淮干汪－临段河道疏浚、邱家湖进(退)洪闸、南润段进(退)洪闸、梅山水库加固等15项工程已竣工验收;响洪甸水库加固已投入使用验收;磨子潭水库加固已技术预验收;淮干整治补充工程已基本完成。

【水库及泵站建设进度】 安徽省89座大中型病险水库累计下达投资32.5亿元,截至2010年,竣工验收42座,其余均已完成主体工程,累计完成投资32.0亿元,本年完成投资5.80亿元;此外,2010年底,3座中型水库又列入除险加固序列,目前已全部开工建设。

全省列入中部四省33处大型排涝泵站更新改造工程,累计完成投资10.7亿元,共改造泵站93座17万kW。第一批4处大型灌排泵站更新改造完成投资1.28亿元。

(曾青松)

计划管理

【概况】 2010年,国家下达安徽省投资计划58.23亿元,其中中央投资44.63亿元,世行贷款1.80亿元,地方配套11.80亿元;全省下达执行投资计划66.77亿元,其中中央投资44.63亿元,世行贷款1.80亿元,省级投资10.64亿元,市级配套2.57亿元,县级自筹7.13亿元。

2010年,全省水利基本建设完成投资58.37亿元(中央投资29.73亿元,省级投资11.78亿元,市县投资16.86亿元)。其中,治淮项目完成5.61亿元,占9.61%;长江治理完成2.19亿元,占3.75%;中小河流治理完成5.3亿元,占9.08%;水库加固完成17.93亿元,占30.72%,农水项目完成22.61亿元,占38.74%,其他完成4.73亿元,占8.1%(注:不含未列入全省水利基建统计的中型灌区8594万元,小型农田水利重点县工程58000万元)。

(曾青松)

【安徽省小型病险水库除险加固规划】 2010年5月,全省已建成小型水库5209座,其中,小(1)型水库564座,小(2)型水库4645座。《安徽省小(1)型病险水库除险加固规划报告》将1998年以来未进行全面加固、安全鉴定结论为三类坝的305座小(1)型病险水库列入本次除险加固范围,占小(1)型水库总数的54%,其中,实施除险加固尚未彻底除险的小(1)型水库49座,未曾进行系统加固的小(1)型水库256座。未列入本次除险加固规划的小(1)型水库共259座,其中,中央补助资金加固的206座、省内补助加固已除险的37座、属于其他安全类型的13座、1998年及以后建成的3座。小(1)型水库除险加固工程匡算总投资19.14亿元。安徽省小(1)型病险水库除险加固项目经水利部汇总审核为304座,于2010年开始实施。2007年至2009年,安徽省采取财政补助等方式实施小(2)型病险水库除险加固1036座,2010年继续采取财政补助等方式对300座小(2)型病险水库进行除险,地市自筹资金加固小(2)型水库5座,除险加固的小(2)型水库约占总数的28.8%。《安徽省小(2)型病险水库除险加固规划报告》将未全面除险、存在病险问题的2871座小(2)型病险水库列入本次除险加固规划,占小(2)型水库总数的61.8%,其中:安徽省已补助资金实施过除险加固、尚未彻底除险的小(2)型水库138座,未曾进行系统加固的小(2)型水库2733座,已加固除险、正在加固和规划加固的小(2)型水库为4068座,占总数的87.6%。未列入本次除险加固规划的小(2)型水库共1774座,其中,2010年正在实施除险的296座,已基本除险或近期建成、目前运行情况较好的1465座,现状效益差、功能萎缩、拟逐步废弃或已发生功能变更的13座。小(2)型水库除险加固匡算总投资33.37亿元。

(杨瑛)

2010年安徽省水利规划办公室审查项目一览表

序号	项目名称	工作阶段	文号	发文日期
1	宿松县二郎河孚玉镇防洪工程	初步设计	皖水规划〔2010〕1号	2010.01.07
2	淮南市卢沟泵站应急维修工程	实施方案	皖水规划〔2010〕2号	2010.01.07
3	绩溪县扬之河瀛洲段防洪工程	初步设计	皖水规划〔2010〕3号	2010.01.22
4	合肥市包河区南淝河十五里河河道护砌工程(一期)	初步设计	皖水规划〔2010〕4号	2010.01.27
5	绩溪县扬之河重点河段综合治理工程	可研	皖水规划〔2010〕5号	2010.02.11
6	龙岱河萧县城区段河道治理工程	可研	皖水规划〔2010〕6号	2010.02.11
7	池州市秋浦河双丰水电站工程	初步设计	皖水规划〔2010〕7号	2010.02.23
8	安庆市皖河流域珠流河牌楼河水利血防工程	可研	皖水规划〔2010〕8号	2010.03.0
9	绩溪县扬溪源水库工程	项目建议书	皖水规划〔2010〕9号 皖水规划〔2010〕41号	2010.3.24 2010.08.02
10	宣城市汤村水库工程	项目建议书	皖水规划〔2010〕10号 皖水规划〔2010〕43号	2010.3.24 2010.08.02
11	广德县粮长门水库工程	项目建议书	皖水规划〔2010〕11号 皖水规划〔2010〕42号	2010.3.24 2010.08.02
12	凤阳县小岗村引水工程	可研	皖水规划〔2010〕12号	2010.04.20
13	驷马山灌区居巢区陈泗湾片续建配套工程	初步设计	皖水规划〔2010〕13号	2010.05.07
14	驷马山灌区南谯区陆庄灌溉片续建配套工程	初步设计	皖水规划〔2010〕14号	2010.05.07
15	淠史杭灌区瓦西干渠金安区桩号0+100~12+000段渠道除险加固工程	初步设计	皖水规划〔2010〕15号	2010.05.11
16	安庆市二石河及石门湖水系宜秀区农场圩段河道治理工程	初步设计	皖水规划〔2010〕16号	2010.05.31
17	淠史杭灌区史河总干渠徐小圩支渠主要涵闸除险加固工程	初步设计	皖水规划〔2010〕17号	2010.05.31
18	淠史杭灌区潜南干渠江淮切岭段防冲及滑坡治理工程	初步设计	皖水规划〔2010〕18号	2010.05.31
19	新汴河灌区泗县大史站灌溉片续建配套与节水改造工程	初步设计	皖水规划〔2010〕19号	2010.05.31
20	驷马山灌区肥东县滁南片一、二、三级站更新改造工程	初步设计	皖水规划〔2010〕21号	2010.06.24
21	驷马山灌区肥东县杨塘灌溉片大史二级站改造等工程	初步设计	皖水规划〔2010〕22号	2010.06.24
22	青弋江灌区柏山灌区西分干渠0+000~3+600段除险加固工程	初步设计	皖水规划〔2010〕23号	2010.06.24
23	驷马山灌区滁河一级站河道清淤及护岸工程	初步设计	皖水规划〔2010〕24号	2010.06.24

24	淠史杭灌区史河总干渠霍邱县桩号23+391~27+600段除险加固工程	初步设计	皖水规划函〔2010〕6号 皖水规划〔2010〕25号	2010.04.12 2010.06.24
25	淠史杭灌区红石嘴渠首枢纽除险加固工程	初步设计	皖水规划〔2010〕26号	2010.06.24
26	新汴河灌区宿县闸翻水站重建工程	初步设计	皖水规划函〔2010〕11号 皖水规划〔2010〕27号	2010.05.18 2010.07.13
27	五河泵站工程	初步设计	皖水规划〔2010〕29号	2010.07.28
28	歙县杨之河桂林镇一桥~二桥护岸工程	初步设计	皖水规划〔2010〕30号	2010.07.30
29	淠史杭灌区淠源渠节水改造与续建配套工程	初步设计	皖水规划〔2010〕31号	2010.07.30
30	淠史杭灌区舒庐干渠庐江县段渠下涵等建筑物除险加固工程	初步设计	皖水规划函〔2010〕6号 皖水规划〔2010〕32号	2010.04.12 2010.07.30
31	淠史杭灌区裕安区汲东干渠南小店等滑坡治理工程	初步设计	皖水规划函〔2010〕6号 皖水规划〔2010〕33号	2010.04.12 2010.07.30
32	淠史杭灌区瓦西干渠寿县段(桩号44+200~49+500)渠道除险加固工程	初步设计	皖水规划〔2010〕34号	2010.07.30
33	淠史杭灌区史河总干渠桩号18+200~23+291段除险加固工程	初步设计	皖水规划〔2010〕35号	2010.07.30
34	青弋江灌区溪口枢纽除险加固工程	初步设计	皖水规划函〔2010〕4号 皖水规划〔2010〕36号	2010.03.30 2010.07.30
35	茨淮新河灌区怀远县陈安站拆除重建及灌区配套工程	初步设计	皖水规划〔2010〕37号	2010.08.02
36	茨淮新河灌区阜阳市小长沟站拆除重建工程	初步设计	皖水规划〔2010〕38号	2010.08.02
37	茨淮新河灌区蒙城县塘路沟站拆除重建工程	初步设计	皖水规划〔2010〕39号	2010.08.02
38	茨淮新河灌区蒙城县鸭嘴沟站拆除重建工程	初步设计	皖水规划〔2010〕40号	2010.08.02
39	青阳县华阳水库泄洪设施变更工程	变更设计	皖水规划函〔2010〕5号 皖水规划〔2010〕44号	2010.04.09 2010.08.04
40	含山县得胜河治理工程	初步设计	皖水规划〔2010〕45号	2010.08.10
41	和县得胜河治理工程	初步设计	皖水规划〔2010〕46号	2010.08.10
42	淮北市王引河翟桥至入沱河口段治理工程	初步设计	皖水规划函〔2010〕15号 皖水规划〔2010〕47号	2010.06.01 2010.08.10
43	旌德县徽水河三溪段河道治理工程	初步设计	皖水规划〔2010〕48号	2010.08.10
44	阜阳市临泉县涎河治理工程	初步设计	皖水规划〔2010〕49号	2010.08.10
45	阜阳市颍泉区柳河治理工程	初步设计	皖水规划〔2010〕50号	2010.08.10
46	徽水河旌德县城区段治理工程	可研	皖水规划〔2010〕51号	2010.08.11
47	亳州市谯城区赵王河治理工程	初步设计	皖水规划〔2010〕52号	2010.08.11
48	淠史杭灌区淠河总干渠大巷等填方段渠道除险加固工程	初步设计	皖水规划〔2010〕53号	2010.08.20
49	淠史杭灌区杭北干渠白洋畈和荷花堰渠道加固及姚墩和棠树滑坡治理工程	初步设计	皖水规划函〔2010〕19号 皖水规划〔2010〕54号	2010.08.09 2010.08.25
50	淠史杭灌区史河总干渠桩号0+100~4+454段除险加固工程	初步设计	皖水规划〔2010〕55号	2010.08.25

51	淠史杭灌区瓦东干渠长丰县大同坝等5段渠道护坡工程	初步设计	皖水规划〔2010〕56号	2010.08.25
52	淠史杭灌区舒庐干渠杜店渡槽除险加固工程	初步设计	皖水规划〔2010〕57号	2010.08.25
53	淠史杭灌区瓦东干渠义井支渠除险加固工程	初步设计	皖水规划〔2010〕58号	2010.08.26
54	宣城市宣州区南漪湖双桥河治理工程	初步设计	皖水规划函〔2010〕16号 皖水规划〔2010〕59号	2010.06.01 2010.08.26
55	全椒县襄河近期治理工程(一期)	初步设计	皖水规划函〔2010〕8号 皖水规划〔2010〕60号	2010.04.22 2010.08.26
56	利辛县利阚河治理工程	初步设计	皖水规划〔2010〕62号	2010.09.01
57	宿州市砀山县大沙河治理工程	初步设计	皖水规划〔2010〕63号	2010.09.01
58	茨淮新河灌区古路岗站西干渠续建配套与节水改造工程	补充设计	皖水规划〔2010〕64号	2010.09.14
59	茨淮新河灌区怀远县孙庄站干渠防渗衬砌工程	补充设计	皖水规划〔2010〕65号	2010.09.14
60	望江县青草湖排涝站工程	初步设计	皖水规划〔2010〕66号	2010.09.14
61	淮河流域重点平原洼地治理外资项目永幸河泵站工程	技术设计	皖水规划〔2010〕67号	2010.09.19
62	淮河流域重点平原洼地治理外资项目乔口泵站工程	技术设计	皖水规划〔2010〕67号	2010.09.19
63	东至县芭茅洼水库大坝防渗工程	变更设计	皖水规划〔2010〕68号	2010.09.21
64	东至县高峰水库大坝防渗工程	变更设计	皖水规划〔2010〕68号	2010.09.21
65	2010年灾后重建桐城市大沙河青草拦河堰除险加固及堵口复堤工程	初步设计	皖水规划〔2010〕69号	2010.10.11
66	花凉亭灌区太怀干渠桩号5+030~10+800段除险加固工程	初步设计	皖水规划〔2010〕70号	2010.08.20
67	花凉亭灌区太怀干渠桩号10+800~18+000段除险加固工程	初步设计	皖水规划〔2010〕71号	2010.08.20
68	花凉亭灌区太宿干渠桩号15+100~20+100段除险加固工程	初步设计	皖水规划〔2010〕72号	2010.08.20
69	池州市秋浦河支流白洋河下游堤防加固工程(一期)	初步设计	皖水规划函〔2010〕24号 皖水规划〔2010〕73号	2010.08.12 2010.10.11
70	青阳县青通河防洪工程(一期)	初步设计	皖水规划函〔2010〕30号 皖水规划〔2010〕76号	2010.09.21 2010.10.18
71	芜湖县汪溪坝河河道整治工程(一期)	初步设计	皖水规划函〔2010〕31号 皖水规划〔2010〕77号	2010.09.25 2010.10.18
72	望江县泥塘沟河上段(1)防洪工程	初步设计	皖水规划〔2010〕78号	2010.10.18
73	安徽省颍上县柳沟河综合治理工程	初步设计	皖水规划〔2010〕79号	2010.10.18
74	铜陵县长冲水库除险加固工程	初步设计	皖水规划〔2010〕80号	2010.10.26
75	霍山县高板岩水库除险加固工程	初步设计	皖水规划〔2010〕81号	2010.10.26
76	休宁县溪口水库除险加固工程	初步设计	皖水规划〔2010〕82号	2010.10.26
77	霍邱县爱国塘水库除险加固工程	初步设计	皖水规划〔2010〕83号	2010.10.26
78	太湖县程家河水库除险加固工程	初步设计	皖水规划〔2010〕84号	2010.10.26

79	潜山县清风岩水库除险加固工程	初步设计	皖水规划〔2010〕85号	2010.10.26
80	定远县天河水库除险加固工程	初步设计	皖水规划〔2010〕86号	2010.10.27
81	定远县蒋大庙水库除险加固工程	初步设计	皖水规划〔2010〕87号	2010.10.27
82	肥东县蒋集水库除险加固工程	初步设计	皖水规划〔2010〕88号	2010.10.27
83	长丰县三里河水库除险加固工程	初步设计	皖水规划〔2010〕89号	2010.10.27
84	祁门县湘溪岭水库除险加固工程	初步设计	皖水规划〔2010〕90号	2010.10.28
85	岳西县大龙潭水库除险加固工程	初步设计	皖水规划〔2010〕91号	2010.11.03
86	安徽省界首市界临河二桥一闸工程	初步设计	皖水规划〔2010〕92号	2010.11.12
87	金寨县青山水库除险加固工程	初步设计	皖水规划〔2010〕93号	2010.11.15
88	驷马山灌区和县皂角片续建配套工程	初步设计	皖水规划〔2010〕94号	2010.11.18
89	青弋江灌区总干渠湾滩桥拆除重建工程	初步设计	皖水规划〔2010〕95号	2010.11.18
90	淠史杭灌区潜南干渠6+863~12+621段渠道防冲工程	初步设计	皖水规划〔2010〕96号	2010.11.18
91	新汴河灌区灵璧县三里湾涵灌溉片续建配套工程	初步设计	皖水规划函〔2010〕12号 皖水规划〔2010〕97号	2010.05.24 2010.11.18
92	淠史杭灌区瓦东干渠长丰县桩号54+900~57+440段除险加固工程	初步设计	皖水规划〔2010〕98号	2010.11.18
93	花凉亭灌区北干渠桩号4+000~8+050段除险加固工程	初步设计	皖水规划〔2010〕99号	2010.11.18
94	淠史杭灌区瓦西干渠金安区桩号12+000~15+000段渠道除险加固工程	初步设计	皖水规划〔2010〕100号	2011.11.29
95	淠史杭灌区汲东干渠灌口集渠下涵除险加固工程	初步设计	皖水规划〔2010〕101号	2011.11.29
96	和县青春水库主(一)坝防渗工程	变更设计	皖水规划〔2010〕102号	2011.11.29
97	和县青春水库放水涵工程	变更设计	皖水规划〔2010〕103号	2011.11.29
98	茨淮新河灌区凤台县龙江闸拆除重建工程	初步设计	皖水规划〔2010〕104号	2011.11.29
99	茨淮新河灌区阜阳市伍明北站拆除重建工程	初步设计	皖水规划〔2010〕105号	2011.11.29
100	池州贵池区秋江圩堤拖船沟段滑坡治理工程	初步设计	皖水规划〔2010〕106号	2011.12.21
101	尧渡河东至县城段防洪治理工程	初步设计	皖水规划〔2010〕107号	2011.12.29
102	2010年水文设施灾后重建项目	初步设计	皖水规划〔2010〕108号	2011.12.31
103	青弋江灌区山口闸拆除重建工程	初步设计	皖水规划函〔2010〕9号	2010.05.11
104	青弋江灌区总干渠33+400~33+900段右岸堤防加固工程	初步设计	皖水规划函〔2010〕10号	2010.05.13
105	濉溪县包浍河整治工程	初步设计	皖水规划函〔2010〕15号	2010.06.01
106	池州市贵池区梅街水库灌区水利血防工程	可研	皖水规划函〔2010〕20号	2010.08.09
107	安徽省宿松县黄湖水利血防工程	可研	皖水规划函〔2010〕22号	2010.08.10
108	广德县流洞河水利血防工程	可研	皖水规划函〔2010〕23号	2010.08.10

109	花凉亭灌区信息化建设工程	初步设计	皖水规划函〔2010〕25号	2010.08.18
110	石台县黄溢河流域水库灌区水利血防工程	可研	皖水规划函〔2010〕26号	2010.09.14
111	青阳县九华山九华河上游柯村段防洪综合治理工程	初步设计	皖水规划函〔2010〕30号	2010.09.21
112	南陵县老孤峰河上游整治工程	初步设计	皖水规划函〔2010〕32号	2010.10.08
113	合肥市南淝河十五里河河道护砌工程退建堤基础处理	变更设计	皖水规划函〔2010〕36号	2010.12.01

(杨泽跃)

建设管理

【概况】 全年完成梅山等近180座大中型和重点小型病险水库竣工验收或主体工程投入使用验收。完成无为大堤加固工程竣工验收,抓紧灾后重建、安全建设、湖洼及支流治理等治淮扫尾工程验收,完成南润段、邱家湖闸、汪临段疏浚、瓦埠湖治理等项目验收,完成白莲崖水库机组启动和有关专项验收。

【项目审批工作】 服务工程建设,协调有关部委,完成治淮、灌区续建配套工程和江河治理工程批复。完成安全建设、病险水库加固等多项设计变更报批,督促各市完成重点小型水库审批和施工图会审。采取现场审查等方式,简化程序、缩短周期,完成扩大内需及中小河流项目审批。全年共审查报批的初设和技术设计文件98份,批复和审查转报涉及投资约45亿元,保证工程建设快速进展。

做好项目储备工作,加快推进治淮新三项工程初步设计编报工作。新一轮治淮建设中的行蓄洪区调整与建设、一般堤防加固和洼地治理等10多个单项初步设计与可研编制工作同步开展。中小河流治理前期工作全面加快,44个试点项目初设已全部审批,远期规划的剩余40项初设已上报11项,审查批复灌区续建项目44项。

(晏芳)

【行业管理】 2010年,加强省水利工程招标投标服务中心的管理,完善相关管理办法、制度和软硬件建设,按照新出台的水利工程评标专家管理意见,完成新专家库申报、培训和入库工作。出台招投标服务细则,制定11个专业新的招标示范文本,并试行。加大举报查处力度和评标过程不规范操作行为监管力度,对恶意抬高价格中标、围标、串标、挂靠、弄虚作假等行为进行严厉惩处,对50家投标单位进行公示和暂停投标资格的处罚,对20多家存在投标行为不规范的企业进行约谈告诫。全年进场交易项目超过340个,标的累计总投资近34.12亿元,有效地规范了全省水利工程招标投标工作。

编制《中小河流治理项目实施意见》,会同财政部门制定中小河流治理项目绩效考核评价办法;完成基建项目规范性文件清理工作;完善信用信息、信用等级及不良行为管理制度,会同劳动保障部门完善了农民工工资保障专户制度。

开展第二次施工企业信用评价工作,完成137家企业和97个水利项目的复核。承担全省水利招标代理机构备案工作,完成29家招标代理机构备案资料的审查。逐一步加强在皖水利施工企业信用档案备案管理,完成115家企业重新备案受理与审查工作。完成132家施工企业的信用评价工作。水利建筑市场信用体系建设全力推进。加强全省在建水利项目施工管理人员动态公示,推行社会监督,取消12家项目管理人员兼职多项工程的企业中标资格,对施工质量、进度存在问题的6家施工企业进行不良行为告知。

完成52家施工、监理企业的水利资质初审。做好水利建设管理人员资格培训、考核认证和继续教育等工作。完成2400多人次监理、造价及评标专家的培训和执行资格管理工作。

【水利安全生产】 围绕安全生产"三项行动"和"三项建设",做好"安全生产年"各项工作,完成《"十二五"水利工程安全监管(草案)》编制工作。制定《安徽省水利厅继续深入开展"安全生产年"活动实施方案》。落实《厅直单位安全生产目标管理考核办法》有关规定,与18家厅直单位签订2010年安全生产目标管理责任书。做好厅直单位年度安全生产目标管理考核工作。加强安全隐患排查治理监督检查。根据水利部、省政府安委会部署和要求,组织安全生产大检查,通过多种形式督促隐患排查治理工作的开展和汛前安全生产检查。对淮干补充工程、响洪甸水库加固工地开展建设安全监督巡查提出书面监督意见，限期反馈整改结果。严把水利施工企业安全生产市场准入关。组织编写了全省水利施工企业“三类管理人员”安全生产考核指导教材。做好2010年全省二级及以下资质水利施工企业“三类管理人员”安全生产考核合[illegible]作 2100 余

[illegible]

达到 92%。

开展突出问题专项治理工作，完成排查阶段工作。全年共派出6个组对全省25个项目进行重点抽查。开展全省水利建设项目建设管理信息公开及诚信体系建设试点工作，开通并完善水利建设项目信息公开网站，初拟《安徽省水利建设项目建设管理信息公开实施意见（试行）》等4项意见或办法。召开6次专题会议，部署专项治理突出问题的整改工作。

【建设领域突出问题专项治理】 完成对淮干补充工程、梅山水库等7个项目的自查工作。配合做好全省水利工程建设领域项目信息公开和诚信体系建设试点工作。起草《安徽省水利建设项目建设管理信息公开实施意见（试行）》，参与《安徽省水利建设领域市场主体信用信息管理实施意见》、《水利施工、监理单位不良记录管理暂行办法》（修订稿）的讨论修改，在安徽水利信息网开设“安徽省水利工程项目信息公开专栏”窗口，进行信息采集、制作、发布、公开和共享服务，目前已发布120余条水利建设项目信息和企业诚信信息。

（乐茹凤）

质量管理

【质量监督检测体系】 2010年，除铜陵市外，全省16个市水利（水务）局和省长江河道管理局、省淮河河道管理局已设立质量监督机构。2010年底，省、市二级共有19家质监机构，金寨、和县、无为、居巢区等设立县（区）级质量监督机构。2010年新开工重点水利工程均设立项目质量监督站或项目组。至2010年底，经安徽省质量技术监督局计量认证、省水利厅认可，先后设立省水利工程质量检测中心站、省水利工程机电检测站、省水利水电勘测设计院工程质量检测所、安徽水工程质量监督检测所和省泵站检测所，以及阜阳市、六安市、芜湖市、巢湖市、滁州市、池州市、安庆市水利工程质量检测站等12个检测机构，全省水利工程质量监督、检测管理体系已基本建立。

2010年，省水利厅继续对全省水利工程实行工程项目质量监督基本情况表和工程质量监督月报表制度，按季对各市的工程建设项目的质量监督情况进行统计，按月对工程项目质量情况进行统计。进一步健全质量管理机构和管理制度，层层落实质量管理责任制，尤其对重点水利工程按项目分别落实项目法人、设计、监理、施工等单位质量责任人制。

【质量管理与监督】 2010年省、市二级质监机构共承担467个项目的质量监督工作。2月份，举办全省水利工程施工质量检查员培训班。共有221人通过考核并获得水利工程施工质量检查员岗位证书。3月份，在合肥召开全省水利工程质量监督工作会议暨水利学会质量管理专业委员会年会。9月份，组织全省水利系统积极开展质量月活动。

【评优创优】 沙颍河近期治理工程白庙站工程、沙颍河近期治理工程班草湖排涝站工程两个项目获2010年度安徽省水利水电优质工程（禹王）奖。

安徽省水利水电勘测设计院《提高测压管灵敏度》、安徽省水利水电勘测设计院勘测分院《提高水利水电工程高程测量工效》2个QC小组获得安徽省优秀质量管理小组奖；安徽省水利水电勘测设计院勘测分院《提高预制管管井合格率》获全国水利系统优秀质量管理小组奖。

【检测管理】 省水利工程质量检测站负责对全省水利工程质

量检测机构的管理和指导,加强对各级检测站的监督和管理,规范检测行为,提高检测人员的质量意识和检测工作质量。

8月份,质监站组织召开全省水利工程质量检测工作会议,学习《水利工程质量检测管理规定》(水利部令第36号),布置水利工程质量检测单位乙级资质申报等工作。

2010年,组织专家对申报乙级水利工程质量检测单位资质等级的省水利工程机电检测站、省水利水电勘测设计院工程质量检测所、安徽水工程质量监督检测所和省泵站检测所,以及安庆市、阜阳市、六安市、芜湖市、池州市、滁州市水利工程质量检测站等10家检测机构进行现场审查,严把资质审查关。

省水利工程质量监督中心站委托有资质的检测单位对省站直接监督工程项目的主要原材料、中间产品、涉结构安全的试块及工程实体质量等进行监督抽检,独立于施工单位、监理单位及项目法人单位抽检,对参建单位、尤其是施工单位具有较强的威慑力,从源头把好工程原材料质量关,为工程实体质量提供可靠的保证。

【重点水利工程质量状况】 2010年,省水利工程质量监督中心站新增加的监督项目全部办理质量监督书,制定并落实质量监督计划,开展质量监督抽查、抽检工作,对工程项目划分进行确认等。在建设过程中重点监督检查工程各参建单位的质量体系和质量行为、原材料质量控制、重要隐蔽工程和工程关键部位的质量控制、主体工程实体质量和工程外观质量、工程各阶段的检查验收程序等。

省水利中心站在做好本级负责项目监督工作的同时,加大对面上工作的监督检查力度。多次对在建病险水库除险加固工程、大型灌区节水改造与续建配套工程等重点工程进行专项检查,主要针对各参建单位质量责任的落实情况、质量行为的规范情况及工程实体的质量状况等进行检查,对存在的问题,现场提出整改意见,并要求责任单位将整改落实情况报中心站备案,检查结果在全省进行通报。

2010年,除省重点水利工程由省水利工程质量监督中心站直接监督外,其余项目分别由各市水利工程质量监督站和长江、淮河水工程质量监督站负责监督,全省水利基建工程受监督率100%,单位工程合格率100%,省重点水利工程未出现工程质量事故。

2010年度安徽省水利水电优质工程(禹王)奖获奖工程主要参建单位

项目名称	参建单位	
沙颍河近期治理工程白庙站工程	建设单位	阜阳市治淮重点工程建设管理局
	设计单位	阜阳市水利规划设计院
	监理单位	阜阳市聚星水利工程建设监理中心
	施工单位	阜阳市颍泉水利建筑有限公司
沙颍河近期治理工程班草湖排涝站工程	建设单位	阜阳市治淮重点工程建设管理局
	设计单位	安徽省水利水电勘测设计院
	监理单位	中水淮河工程有限责任公司
	施工单位	阜阳市水利建筑安装工程公司

(赵雯)

重点工程

【安徽省南水北调东线一期洪泽湖抬高蓄水位影响处理工程】 根据国务院南水北调工程建设委员会办公室《关于南水北调东线一期长江至骆马湖段其他工程洪泽湖抬高蓄水位影响处理工程(安徽省境内)初步设计报告的批复》(国调办投计〔2010〕155号),依据南水北调东线第一期工程水资源配置和调度的要求,洪泽湖正常蓄水位从目前的12.81m提高到13.31m(1985国家基准高程)可增加淮河利用水量,提高供水保证率。洪泽湖抬高蓄水位影响处理工程作为南水北调东线第一期工程的重要组成部分,涉及江苏和安徽两省。根据工程规划,安徽省影响区总面积1525km^2,其中先期安排影响处理工程的面积为964km^2,包括沿淮及崇潼河流域的26片洼地,其中淮河干流片10片,怀洪新河16片,总排涝面积790.12km^2,涉及安徽蚌埠五河县、滁州市的凤阳县和明光市、宿州市的泗县共3市4县。主要建设内容为:处理泵站52座,总装机容量2996kW。其中新建4座,拆除重建、扩建及合并重新建设13座,加固改造35座;疏浚开挖排涝河沟16条,总长80.95km。工程设计标准采用非汛期10年一遇排涝标准。工程批复总工期为26个月。南水北调东线一期长江至骆马湖段其他工程洪泽湖抬高蓄水位影响处理工程安徽省境内工程投资37493万元。总工期26个月。

2010年9月下达18000万元投资计划,计划开工项目为:新建马拉沟站、董咀站2座泵站;拆除重建五河县五河站、龙潭湖西站等8座泵站;技术改造双河站等9座泵站;对五河岳庙、张姚、郭咀、黑鱼沟、彭圩、大路等六片洼地中排涝大沟、泗县石梁河下段河道、明光的护岗河等进行河道疏浚。

(晏芳　贾燕)

【南水北调东线一期工程洪泽湖抬高蓄水位影响处理工程——五河泵站工程开工建设】

根据国务院南水北调工程建设委员会办公室及相关规定要求,经省政府批准同意,安徽省成立安徽省南水北调东线一期洪泽湖抬高蓄水位影响处理工程建设管理办公室,作为该项目的建设管理机构,负责项目建设实施。目前,工程投资计划已下达,五河泵站等单项工程已于2010年11月8日开工建设。工程设计单位为安徽省水利水电勘测设计院,质量监督单位为省水利工程质量监督中心站。

工程概况　五河泵站工程是南水北调东线一期工程洪泽湖抬高蓄水位影响处理工程(安徽省境内)主要的拆除重建泵站工程之一,位于安徽省五河县郜湖洼地内。影响处理方案为拆除郜湖、安淮两座泵站,在现郜湖站附近重建五河泵站,设计排涝面积72.7km²,设计排涝流量为30m³/s,设计灌溉引水流量按原规模为7m³/s。

工程主要由进水渠道、排涝进水闸(拦污闸)、排涝前池、泵房、压力水箱、排涝出水涵、变电所和输电线路等组成。

工程批复于2010年8月7日,国务院南水北调办公室以国调办投计〔2010〕155号文对五河站等洪泽湖影响处理工程初步设计进行批复,批复投资4216.18万元,工期13个月。

2010年8月13日,省发改委在合肥市主持召开《五河泵站工程初步设计报告及初步设计补充材料》审查会,并于2010年9月29日以皖发改设计函〔2010〕791号文对该工程初步设计进行批复,批复投资6559.18万元,工期15个月。

工程建设管理　根据国务院南水北调办《关于南水北调东线一期洪泽湖抬高蓄水位安徽省境内工程建设管理有关事宜的函》(综投计函〔2009〕92号),工程项目法人单位为安徽省南水北调东线一期洪泽湖抬高蓄水位影响处理工程建设管理办公室,为结合淮水北调工程建设,省水利厅以《关于明确洪泽湖抬高蓄水位影响处理五河泵站工程项目法人的通知》(皖水基函〔2009〕1281号)明确省水利水电基本建设管理局(以下简称"省基建局")为五河泵站工程项目法人。

根据工程建设需要,省基建局组建五河泵站工程建设管理处,具体负责五河泵站工程现场建设管理工作。建管处下设工程技术科、质量安全科和综合科。

【响洪甸水库除险加固等六个在建工程全面完成】　梅山水库除险加固工程、汪临段河道疏浚工程、瓦埠湖治理东淝河下段整治工程顺利通过竣工验收;响洪甸水库除险加固工程通过投入使用验收;淮干补充工程(洛河洼、石姚段行洪堤退建加固工程)顺利通过财政评审,该工程批复总投资9.33亿元,目前已完成9.28亿元,占批复总投资的99.4%;淮干南润段和邱家湖进(退)洪闸工程已完成竣工审计、档案等专项验收,具备竣工验收条件。6个在建工程累计完成投资约14亿元。

(乐茹凤)

【无为大堤加固工程(非隐蔽工程)竣工验收鉴定书】

前言　根据《水利工程建设项目验收管理规定》(水利部令第30号)和《水利水电建设工程验收规程》(SL223－2008)的要求,按照水利部办公厅《关于召开无为大堤加固工程(非隐蔽工程)竣工验收会议的通知》(办建管函〔2010〕368号),水利部会同安徽省人民政府组织成立了竣工验收委员会和竣工技术预验收专家组,2010年5月18—23日,在芜湖市对无为大堤加固工程(非隐蔽工程)进行了竣工验收。竣工验收委员会由国家发展和改革委员会、水利部、长江水利委员会、安徽省人民政府及有关部门、巢湖市人民政府及有关部门、工程质量监督、运行管理等有关单位和部门代表及竣工技术预验收专家组代表共45人组成。项目法人、设计、监理、施工和竣工验收技术鉴定等单位的代表参加了会议。

2010年5月18—21日,竣工技术预验收专家组对工程进行了竣工技术预验收。5月22—23日,竣工验收委员会委员察看了工程现场,观看了工程建设声像资料,听取了工程建设管理工作报告、竣工验收技术鉴定报告和竣工技术预验收工作报告,查阅了有关工程资料,经充分讨论,形成了《无为大堤加固工程(非隐蔽工程)竣工验收鉴定书》。

一、工程设计和完成情况

(一)工程名称、位置

工程名称:无为大堤加固工程(非隐蔽工程)。

工程位置:工程位于长江左岸安徽省巢湖市境内,上起无为县果合心、下至和县方庄,全长124.2km,其中无为县境内长112.2km,和县境内长12km。

(二)验收范围

水利部《关于无为大堤加固工程补充初步设计报告的批复》(水总〔2002〕60号)批复的无为大堤加固工程中的非隐蔽工程。

(三)工程主要任务和作用

无为大堤是巢湖流域的防洪屏障,保护着合肥市区、肥东县、肥西县、舒城县、巢湖市区、无为县、庐江县、和县、含山县等区域内600万人口、28.5万hm^2(427万亩)耕地,以及国家重要交通、电力等基础设施的防洪安全,保护面积4520km^2。本工程对全线堤防进行加固整治,全面提高无为大堤的抗洪能力,满足防御长江1954年型洪水的要求。

(四)工程设计主要内容

1.工程立项、设计批复文件

1982年12月,原水利电力部以《关于无为大堤加固工程设计的批复》((82)水电水建字第101号)批复无为大堤加固工程设计。

1988年5月,水利部以《关于〈无为大堤(土工祠至二坝)堤身加固工程修正设计〉报告的批复》(水规字(1988)第4号)批复土工祠至二坝段堤身加固工程修正设计报告。

2002年2月,水利部以《关于无为大堤加固工程补充初步设计报告的批复》(水总〔2002〕60号)批复工程补充初步设计报告。

1999年至2003年,安徽省水利厅对单项工程设计进行了审查和批复。

2008年12月,水利部以《关于安徽省无为大堤加固工程设计变更报告的批复》(水总〔2008〕634号)批复工程设计变更。

2010年1月,安徽省水利部以《关于无为大堤加固工程管村段截水槽等三处施工方案设计变更的批复》(皖水基函〔2010〕57号)批复工程设计变更。

2.设计标准及主要技术指标

(1)设计标准

堤防等级:无为大堤为1级堤防,堤防及穿堤建筑物均按1级建筑物设计。

设计洪水位:以《长江流域综合利用规划简要报告(1990年修订)》确定的长江干流主要控制站的设计洪水位为依据,按照无为大堤上下游控制站的设计水位大通17.10m(吴淞高程,下同)、芜湖13.40m、马鞍山12.00m,采用内插法推求无为大堤各堤段设计洪水位。穿堤建筑物设计水位按相应堤防设计洪水位加0.5m确定。

地震基本烈度:工程区地震基本烈度为Ⅵ度。

(2)主要技术指标

堤顶高程:无为大堤堤顶高程按设计洪水位加超高2.0m确定。

堤顶宽度和堤身边坡:平原区堤段顶宽12m,堤外坡(迎水坡,下同)为1∶3,内坡(背水坡,下同)在堤顶以下3.5m处设宽6m的戗台,戗台上、下坡比分别为1∶3和1∶5。丘陵区堤段顶宽8m,堤身内外坡均为1∶3。

堤身土方填筑压实指标:压实度不小于0.94。

堤顶路面及上堤路:新建堤顶沥青路面宽4m,修复加固堤顶沥青路面宽6m,上堤道路沥青路面宽2.5m。

填塘固基:桩号76+500~80+000段堤内(背水面,下同)填塘宽度为200m,堤外(迎水面,下同)填塘宽度为100m;其余堤段堤内填塘宽度100m,堤外填塘宽度50m。

堤防防护:堤外坡28.70km为30cm厚干砌石护坡、15.03km为现浇12cm厚的混凝土护坡,其余堤段的外坡及全堤段内坡均为草皮护坡。

穿堤建筑物:无为大堤穿堤建筑物原有113座,封堵、拆除、加固103座。结构混凝土强度为C20~C25。

3.主要建设内容及工期

按照批复的文件,1998年以前主要对124.20km范围内的堤身进行加高加固,穿堤建筑物封堵、拆除、加固80座。

按照批复的补充初步设计,主要建设内容为:堤身加培及压浸平台填筑113.30km;防浪墙改建8.22km;堤身混凝土护坡15.03km,干砌石护坡28.70km;堤身灌浆75.39km;截水槽12.45km;填塘固基总土方量1839.07万m^3;穿堤建筑物封堵、拆除、加固34座;堤顶公路122.35km,其中加固整修114.5km,新建7.85km。

建设工期:1998年底前根据国家下达的年度安排计划逐年实施。1998年以后实施的无为大堤加固工程,在2003年汛前全部完工。

(五)工程建设有关单位

项目法人:无为大堤长江河道管理局,设计单位:长江水利委员会长江勘测规划设计研究院、安徽省水利水电勘测设计院、巢湖市水利规划设计院、中水北方勘测设计研究有限责任公司,监理单位:长江水利委员会工程建设监理中心(湖北)、安徽省水利水电工程建设监理中心、安徽省江河水利水电工程监理咨询有限公司、安徽省大禹工程建设监理咨询有限公司,主要施工单位:安徽省水利建筑安装总公司、安徽水利开发股份有限公司、巢湖市水利水电建筑安装总公司、中国航空港建设第三总队、水利部淮委基础建设公司、江苏省水利建筑工程总公司,运行管理单位:安徽省无为大堤长江河道管理局、和县长江河道管理局、巢湖市裕溪闸管理处,质量监督单位:巢湖市水利工程质量监督站。

(六)工程施工过程

无为大堤加固工程实施时间较长,项目建设管理可分为两个阶段。1983—2000年,无为大堤加固工程由地县两级地方政府负责组织实施,组建工程建设指挥部,承担建设管理任务。2000年以后,无为大堤加固工程实行项目法人责任制、建设监理制和招标投标制。无为大堤长江河道管理局作为项目法人,负责无为大堤加固工程建设管理,其中裕溪闸加固工程、无为大堤和县境内加固工程分别由巢湖市裕溪闸管理处、和县长江河道管理局负责现场建设管理。

1. 主要工程开工、完工时间

无为大堤加固工程自1983年3月开工至2005年12月完工。各单位工程的开完工日期见竣工技术预验收工作报告。

2. 设计变更

水利部《关于安徽省无为大堤加固工程设计变更的批复》(水总〔2008〕634号)对凤凰颈闸加固工程、水家楼站及东风闸前池处理工程和堤身加固及外坡整修工程等进行批复。

安徽省水利厅《关于无为大堤加固工程管村段截水槽等三处施工方案设计变更的批复》(皖水基函〔2010〕57号)对管村段粘性土截水槽方案、上堤坡道段堤防培厚方案和堤外填塘固基标准等进行批复。

(七)工程完成情况和完成的主要工程量

无为大堤加固工程除少量尾工外,已按照批准的设计内容建设和完成。完成主要工程量为:土方3622.91万m^3,石方113.24万m^3,混凝土及钢筋混凝土6.03万m^3,详见竣工技术预验收工作报告。

(八)征地补偿和移民安置

无为大堤加固工程征地拆迁和移民安置工作从1983年开始,由无为县、和县两县的有关乡(镇)政府包干实施,至2003年基本完成。

完成的主要内容为:完成挖压占地1430.78hm^2(21461.61亩),其中永久征地141.91hm^2(2128.63亩),临时占地1288.87hm^2(19332.98亩)。青苗补偿1407.88(21118.19亩);水面补偿381.40hm^2(5721.05亩)。拆迁房屋31.16万m^2。根据无为县、和县两县自验,实际搬迁安置农村移民9544人。工程涉及17个企事业单位拆迁,补偿兑现已完成。永久占地141.91hm^2(2128.63亩)中110.05hm^2(1650.71亩)作为护堤地已经办理征地手续,完成确权划界。

(九)水土保持

无为大堤加固工程建设过程中采取的水土流失防治措施有:(1)在主体工程堤身迎水面实施混凝土、砌石及草皮护坡,在堤身背水面实施草皮护坡,在护堤地和填塘区植树;(2)取土前先剥离表层熟土暂储在料场范围内,取土结束后整平;(3)吹填施工前设置填仓围堰及格埂,防止泥水漫流,施工结束后在填塘区植草或植树,防止沙化;(4)施工结束后,施工单位与管理部门联合完成拆除临时设施,将剩余材料和建筑垃圾清除,少量弃渣就近填埋;(5)施工中曾用于取土的田地,取土较浅能复耕的一般都进行复耕;取土较深难以复耕的,多数改成鱼塘,少数被改建成为储水池或其他用途。

(十)环境保护

无为大堤加固工程建设过程中,按照环评文件、设计文件和主管部门批复意见的要求,针对“三废”、人群健康开展了环境保护工作。对施工区内道路及时进行清扫,对施工区扬尘较严重的道路采取洒水措施尽力控制和减少扬尘;在运送水泥或其它粉状物质的车辆上加盖帆布避免粉尘洒落。对于受施工扬尘影响的农作物,施工单位进行了适当补偿。

二、工程验收及鉴定情况

(一)单位工程验收

无为大堤加固工程共划分为37个单位工程,已于2006年4月前全部通过单位工程验收。单位工程验收情况见竣工技术预验收工作报告。

(二)专项验收

1. 征地补偿和移民安置

2003年10—11月,受巢湖市人民政府委托,无为县、和县人民政府分别组织了无为大堤加固工程征地移民安置自验。

2003年12月4—6日,受安徽省水利厅委托,巢湖市水务局对无为大堤加固工程征地移民安置自验成果进行抽查。

2007年8月27日至29日,水利部水库移民开发局会同长江水利委员会建设与管理局、安徽省水利厅、巢湖市人民政府对无为大堤加固工程征地移民进行验收复核。验收结论为:征地拆迁和移民安置工作已按批准的设计文件完成,征地拆迁补偿已兑付到位,移民搬迁安置后居住条件和生活环境明显改善,生活稳定;存在的问题已经整改;自验和抽查符合规定,同意通过验收复核。

2. 环境保护

2004年6月,国家环境保护总局对安徽省长江干堤加固工程(非隐蔽工程)进行环境保护专项验收,验收结论为:工程环境保护验收合格,准予工程投入正式运行。

3. 工程档案

2003年12月17日至18日,水利部办公厅会同安徽省档案局等单位对无为大堤加固工程档案进行专项验收,验收结论为:工程档案资料绝大部分已按要求归档,归档文件材料整编较为规范,绝大部分竣工图图面整洁、字迹清晰,签字手续完备,该项目工程档案资料已基本达到完整、准确、系统的要求,且在工程建设过程中发挥了较好的作用,同意通过专项验收。

4. 消防设施

2009 年,和县公安消防大队对裕溪节制闸加固工程消防设施进行了消防验收,验收意见为:工程在消防方面具备使用条件,消防验收合格。

(三)竣工验收技术鉴定

2007 年 9 月至 2008 年 8 月,水利部水利水电规划设计总院组织专家组对无为大堤加固工程进行竣工验收技术鉴定,主要结论为:无为大堤加固工程(非隐蔽工程)已基本按照批准的规模和建设内容完成,基本具备竣工验收条件。

三、历次验收及相关鉴定提出主要问题的处理情况

单位工程验收和竣工验收技术鉴定中提出进一步实施未完工程、补办设计变更审批手续、增设消防设施及完善验收手续等问题。目前,未完工程已作安排,技术鉴定报告中提出的设计变更已审批,消防设施已增设并通过验收。

四、工程质量

(一)工程质量管理

1998 年以前,由承担建设任务单位负责质量现场管理,施工单位按照国家有关规范、标准及设计要求控制施工质量。

1998 年以后,工程建设逐步建立和完善项目法人负责、施工单位保证、监理单位控制和政府监督相结合的质量管理体系。项目法人对项目建设的质量、进度和投资负总责;施工单位建立了内部质量保证体系,按规范和标准进行施工质量自检;监理单位对重要部位和重要工序进行旁站监理,并进行见证取样或抽样检测;质量监督机构在施工过程中进行了监督检查,委托有计量认证资质的单位进行质量抽检,并对工程质量等级进行核备或核定。

(二)工程质量监督

无为大堤加固工程在 1990 年以前由项目主管部门和建设单位负责工程质量监督工作。1991 年巢湖地区水利工程质量监督站成立,按照国家和水利行业有关法规、技术标准和设计文件对工程实施质量监督,督促各参建单位建立健全质量管理体系,监督检查参建单位的质量行为和实体工程质量。

工程建设过程中,质量监督站采取抽查为主的监督方式,委托有计量认证资质的检测单位对工程有关部位以及所采取的建筑材料进行抽样检测。对工程质量等级进行核定。

(三)工程项目划分

经质量监督站确认,无为大堤加固工程共划分为 37 个单位工程、434 个分部工程、8473 个单元工程。

(四)工程质量检测

1. 施工及监理单位质量检测

施工过程中,施工单位对原材料、中间产品、土方填筑工程、护坡工程、堤顶路面工程等进行质量检测,监理单位进行随机抽检或见证检测,检测结果合格。

2. 质量监督单位质量抽检

施工过程中,质量监督单位对土方填筑工程、护坡工程、堤顶路面工程、穿堤建筑物工程质量进行抽检,检测结果合格。

3. 项目法人质量抽检

2003 年 1 月至 2003 年 6 月,项目法人委托安徽省水利工程质量检测中心站对无为大堤加固工程十八塔至土工祠堤身加固等 11 个单位工程进行现场抽检,检测结果满足设计要求。

2005 年 12 月至 2007 年 2 月,项目法人委托北京海天恒信土木工程检测评价有限公司对 5 个单位工程进行质量抽检,检测结果满足设计要求。

4. 竣工验收质量抽检

2005 年 12 月至 2007 年 2 月,北京海天恒信土木工程检测评价有限公司对无为大堤加固工程进行竣工验收质量抽检。针对检测中发现的质量缺陷问题,项目法人组织有关单位进行整改或经设计单位复核认定。通过加密检测和整改后复检,结果合格。

(五)工程质量评定

按照有关规定,经施工单位自检,监理单位复核,质量监督站核定,无为大堤加固工程单位质量全部合格,其中优良单位工程 19 个,单位工程优良率 51.35%;分部工程质量全部合格,其中优良分部工程 146 个,分部工程优良率 33.64%。工程施工质量符合有关规程、规范和设计文件的要求,工程施工质量等级合格。

五、概算执行情况

(一)概算批复

自 1983 年以来,国家对无为大堤进行较全面的维修加固。由于该工程项目建设历时长,工程投资概算分段进行计算,即已完成和已审定的工程投资按审批数额计列,未实施的工程按 2001 年下半年价格水平编制投资概算。2002 年 2 月,水利部以《关于无为大堤加固工程补充初步设计报告的批复》(水总〔2002〕60 号)批复无为大堤加固工程补充初步设计,核定工程总概算为 86,380 万元,其中:隐蔽工程 20324 万元,非隐蔽工程 66056 万元。本次验收范围为非隐蔽工程。

(二)投资来源及资金到位

无为大堤加固工程投资计划 66056 万元,自 1983 年至 2004 年已全部下达。其中:中央投资

53213.87万元,地方配套投资12842.13万元(省级投资6044.87万元,市县投资6797.26万元)。

截至2008年12月31日,无为大堤加固工程实际到位资金59355.58万元。其中:中央投资53213.87万元,地方配套投资6121.71万元(省级投资6044.87万元,市县投资76.84万元),尚有市县投资6720.42万元未到位。

到2010年5月20日,地方配套资金又到位1520.12万元(省级1000万元,市县520.12万元),实际到位资金60855.70万元,还有市县配套资金5200.30万元未到位。

(三)投资完成及交付使用资产

无为大堤加固工程实际完成总投资62015.44万元。其中:建筑安装工程投资40089.55万元,设备投资1081.36万元,待摊投资20844.53万元。工程共形成交付使用资产62015.44万元,均为固定资产。

(四)征地补偿和移民安置资金

无为大堤加固工程征地拆迁及移民补偿工作自1983年开始至2003年基本完成。根据安徽省水利厅历年批复的单项工程设计文件,征地移民总投资为12580.33万元(无为县11582.21万元,和县998.12万元)。

巢湖市人民政府安排无为县、和县审计局对无为大堤加固工程征地拆迁及移民补偿资金使用情况进行专项审计,出具审计报告(无审综〔2003〕169号、和审综〔2003〕17号);2004年3月5日又分别进行补充审计,出具了补充审计报告(和审综〔2004〕1号、无审〔2004〕79号)。无为县、和县根据审计建议进行了整改。

根据无为县、和县两县的审计报告,无为大堤加固工程征地移民实际完成投资12888.72万元(无为县11953.62万元,和县935.10万元)。

(五)结余资金

无为大堤加固工程概算投资66056万元,实际完成投资62015.44万元,与概算投资相比投资结余4040.56万元。到位资金60855.70万元与完成投资相比,尚有缺口资金1159.74万元。

(六)未完工程投资及预留费用

截至2008年12月31日,无为大堤加固工程未完工程投资及预留费用为1458.06万元。2009年5月,安徽省水利厅对项目竣工财务决算进行后续补充审计,核减预计未完工程投资及预留费用中交通设备10.27万元,未完工程投资及预留费用为1447.79万元(未完工程投资1240.78万元,预留费用207.01万元),占概算总投资66056万元的2.2%。见表1。

表1　预计未完工程投资及预留费用表　　单位:万元

序号	项目名称	金额
一	未完工程	1240.78
1	堤身加固	28.81
2	填塘固基(1997年底前单位工程)	199.24
3	黄庙至凤凰颈闸护坡	25.61
4	截渗槽防渗	29.09
5	填塘固基、盖重	151.52
6	堤顶防汛道路	40.75
7	管理设施	57.30
8	堤身外坡培厚	622.30
9	东风闸前池处理(和县段)	15.00
10	水楼站前池防渗处理	71.16
二	预留费用	207.01
1	竣工验收费	116.95
2	其他费用	50.06
3	技术鉴定费	30.00
4	加固后评估	10.00
	合计	1447.79

(七)财务管理

无为大堤加固工程于1983年开始建设,至今历时20多年,期间建设管理体制及项目法人多次变更。在建设过程中,项目法人逐步完善财务管理,设置财务机构、配备财务人员,先后制订《无为大堤基建工程与基建财务管理办法》、《财务器材管理制度》、《固定资产管理制度》等财务管理制度,内部制度不断健全,财务管理基本规范,会计核算清晰。

(八)竣工财务决算编制

为做好竣工财务决算编制工作,项目法人成立竣工验收财务决算编制领导小组,组织相关人员按照《水利基本建设项目竣工财务决算编制规程》要求,收集整理各类文件和资料,清理债权债务和合同等,保证了竣工财务决算工作的顺利进行。

无为大堤加固工程竣工决算编制基准日为2008年12月31日。

(九)检查和审计

无为大堤加固工程建设过程中,水利部长江水利委员会、安徽省水利厅,审计署驻南京、武汉特派员办事处等部门先后对工程建设管理和资金使用情况进行检查和审计。项目法人对检查和审计提出的问题及建议进行了整改落实。

2004年1—7月,水利部长江水利委员会审计局对无为大堤加固工程竣工决算进行审计,下达《关于无为大堤加固工程竣工验收的审计意见》(长审〔2007〕104号)和《关于无为大堤加固工程竣工决算的审计建议》(长审〔2007〕105号),审计认为,无为大堤长江河道管理局编制的无为大堤加固工程竣工财务决算报告基本符合《基本建设财务管理规定》、《水利基本建设项目竣工财务决算编制规程》的有关规定,反映该工程项目的投资完成情况,可以作为该项目竣工验收的依据。并对审计意见落实提出要求,对后续审计提出建议。

2009年5月,水利部审计室组织对无为大堤加固工程竣工决算进行补充审计复核,下达《关于对无为大堤加固工程竣工财务决算补充审计的意见》(审意〔2009〕3号),原则同意安徽省水利厅报送的补充审计报告。同时要求安徽省水利厅将竣工决算审计意见、建议及其整改落实情况报告、补充审计意见提交竣工验收委员会,作为无为大堤加固工程竣工验收的依据。

六、工程尾工安排

无为大堤加固工程15个单位工程中存在未完工程,要尽快组织实施。水利部批复设计变更增加的水家楼站和东风闸前池处理2项尾工,建设资金已经落实,计划于2010年汛后组织实施。工程尾工安排详见竣工技术预验收工作报告。

七、工程运行管理情况

(一)管理机构

无为大堤竣工工程无为县境内由安徽省无为大堤长江河道管理局管理,和县境内由和县长江河道管理局管理,裕溪闸由巢湖市裕溪闸管理处管理。

运行管理经费渠道已明确,经费主要来源于省、市、县财政。部分经费已落实。

(二)工程移交

在通过单位工程验收后,已移交运行管理单位管理。

八、工程运行及效益

(一)工程运行及效益

无为大堤加固工程在建设期间边建设、边发挥防洪效益,先后经历了1995、1998、1999、2002年等长江大水年汛期洪水考验,未发生重大险情。特别是1998年、1999年长江流域发生大洪水,由于当时堤身基本完成加高培厚,得以安全度汛,防洪效益显著。

无为大堤加固工程完工后,改变了保护区受长江洪水威胁的严峻局面,为保护区社会经济稳定发展创造了良好的外部环境。

堤防两侧的防浪林、防护林和草皮护坡既保护堤防工程,又改善了堤容堤貌和生态环境。

随着加固工程的陆续完工,运行管理单位逐步完善运行管理制度。汛期严格执行经批准的防汛方案。

(二)工程监测情况

1.堤防巡查

管理单位建立完整的巡查制度,按照要求进行巡查和观察,没有发现异常情况。

2.建筑物监测分析

裕溪闸垂直位移监测结果表明:加固后沉降量较小,目前整体沉降已趋于稳定。

凤凰颈闸垂直位移监测结果表明:凤凰颈闸基础沉降基本稳定。

目前,工程运行状况正常。

九、竣工技术预验收

2010年5月18日至21日,竣工技术预验收专家组对无为大堤加固工程进行竣工技术预验收,形成了《无为大堤加固工程(非隐蔽工程)竣工技术预验收工作报告》(见附件),同意通过竣工技术预验收,建议进行竣工验收。

十、意见和建议

(一)地方配套资金与已下达的投资计划相比尚有5200.30万元资金未到位,建议安徽省有关部门尽快督促地方政府将配套资金落实到位;到位资金与完成的投资相比尚有资金缺口1159.74万元,巢湖市人民政府已承诺的配套资金1000万元应尽快拨付到位,巢湖市水务局地方配套资金120万元要尽快拨付到项目法人。

(二)项目法人应加快实施未完工工程,严格按照已确定的未完工程和预留费用项目使用,完成后由安徽省水利厅负责审计、验收。

(三)加强工程管理,确保工

程正常运行。按照国务院办公厅转发《水利工程管理体制改革实施意见》(国办发〔2002〕45号)的要求,项目主管单位应积极协调相关单位和地方部门,理顺工程管理体制与机制,按规定标准将工程运行管理及维修养护经费落实到位;增加和修复观测设施,对堤防、重要穿堤建筑物的运行状况进行监测;按照《水利工程管理考核办法》(水建管〔2003〕208号),相关部门应创造条件,继续支持无为大堤规范化建设与管理,适时开展专项整治有关工作。

(四)部分堤顶防汛道路损坏严重,应及时维修,加强管理。已移交给交通公路部门的堤顶防汛道路,地方政府应协调交通公路部门及时维修加固,并采取限载措施,满足防汛交通要求。

(五)鉴于本河段河势变化复杂,部分河段滩地狭窄,加之上游水沙条件变化,影响河岸稳定。有关单位应加强河道冲淤及河势变化观测,分析研究其演变趋势,必要时采取相应的工程措施,确保大堤安全。

(六)项目法人应做好工程建设后期及竣工验收文件资料收集、归档工作;并对应付、应收款项尽快支付和回收。

十一、结论

无为大堤加固工程(非隐蔽工程)已按照批准的设计内容基本建设完成,尾工已作安排;施工质量符合规程规范和设计要求,工程质量合格;财务管理基本规范,会计核算清晰,完成的投资控制在批准的概算总额内,竣工财务决算已经过审计;征地补偿和移民安置、环境保护、工程档案和消防已通过专项验收;工程管理机构健全,运行管理经费渠道已明确,部分经费已落实;工程建设过程中经受多次洪水考验,工程运行正常,效益显著。

竣工验收委员会同意无为大堤加固工程(非隐蔽工程)通过竣工验收。

【安徽省同马大堤加固工程(非隐蔽工程)竣工验收鉴定书】

前言

根据水利部《水利工程建设项目验收管理规定》(水利部令第30号)、《长江干堤加固工程竣工验收工作大纲》(水建管〔2005〕2号)、《水利水电建设工程验收规程》(SL223－2008)和水利部长江水利委员会(以下简称长江委)《关于对同马大堤加固工程进行竣工验收的批复》(长建管〔2009〕456号),2009年12月26—30日,长江水利委员会(以下称长江委)在安庆市主持召开安徽省同马大堤加固工程(非隐蔽工程)竣工验收会议。竣工验收委员会由水利部建管司、长江委及其有关单位、安徽省水利厅及其有关单位、安庆市人民政府、工程质量监督、运行管理、竣工质量抽检及竣工技术鉴定等有关单位代表及技术预验收专家组代表组成。项目法人、建设、设计、监理及部分施工单位代表参加会议。

2009年12月26—29日进行竣工技术预验收,提出《安徽省同马大堤加固工程(非隐蔽工程)竣工技术预验收工作报告》。竣工验收会期间,验收委员和专家查看工程现场,观看工程建设声像资料,听取工程建设管理、竣工技术预验收等工作报告,查阅有关工程资料,经充分讨论,形成《安徽省同马大堤加固工程(非隐蔽工程)竣工验收鉴定书》。

一、工程设计和完成情况

(一)工程名称及位置

工程名称:安徽省同马大堤加固工程(非隐蔽工程)

工程位置:本工程位于长江下游左岸安徽省安庆市境内,其上游端与湖北省黄广大堤相连接,下游端至怀宁县官坝头。

(二)工程主要任务和作用

工程主要任务:对同马大堤173.52km的堤身加固和堤基防渗处理、护岸整治以及涵闸加固与改建、堤顶防汛道路改建等。

工程主要作用:同马大堤保护区内人口124万、耕地9.47万hm^2(142万亩),通过加固处理,同马大堤达到防御1954年洪水标准,保护了人民群众生命财产安全,促进地区经济的持续快速增长。

(三)工程设计主要内容

1. 主要立项、设计批复文件

1982年,原水电部以(82)水电水建字第103号文批复《同马大堤修正设计》,核定概算总投资6400万元。2000年安庆市水利局委托长江勘测规划设计研究院编制《同马大堤补充初步设计》,水规总院于2001年11月组织了现场审查。2002年2月19日,水利部以"水总〔2002〕第58号文"批复《同马大堤补充初步设计》,核定概算总投资101031万元,其中长江委组织实施的隐蔽工程38802万元,安徽省安庆市组织实施的非隐蔽工程62229万元。

同马大堤加固工程各单项工程初步设计由安徽省水利厅审批。自1983—2005年,共批复197个单项初步设计。2008年9月2日,安徽省水利厅以皖水基〔2008〕919号文对《同马大堤加固单项工程设计变更及调整概算》进行批复,核定调整概算总投资62229万元。

2. 设计标准、规模及主要技术经济指标

(1)建筑物级别

依据原水电部批复的《同马大堤修正设计》((82)水电水建字第103号文)以及水利部《关于同马大堤加固工程补充初步设计报告的批复》(水总〔2002〕58号文),安徽省同马大堤为Ⅱ级堤防。东隔堤为Ⅲ级堤防。

穿堤建筑物等级与所在堤防等级相同。

(2)设计洪水位

安徽省同马大堤加固工程设计洪水按照防御1954年洪水标准确定,其沿江段设计水位为湖口水位22.5m(吴淞冻结水位,下同)时的相应水位,皖河段设计水位为按长江1954年洪水与皖河50年一遇洪峰遭遇时,推算的沿堤水位。依据原长江流域规划办公室(88)长规字第295号《关于上报对安徽省〈同马大堤东隔堤改建工程初步设计属〉初审意见的报告》和安徽省水利厅皖水计字〔1994〕第014号文《关于同马大堤东隔堤改建工程(堤防部分)初步设计的批复》确定,东隔堤设计洪水位以湖口水位22.50m时,相应占家栾水位21.68m。

(3)地震基本烈度

根据《中国地震动参数区划图》(GB18306－2001),工程区地震动峰值加速度为0.05g,相应地震基本烈度为Ⅵ度。

(4)工程规模

对同马大堤全长173.52km及东隔堤8.2km的堤防及穿堤建筑物进行加固。

(5)主要技术经济指标

①堤身加高培厚:堤顶高程超相应堤段设计洪水位1.5m,堤顶宽8m、外坡1∶3、内坡在距堤顶下2.5m处设6m宽平台,平台以上边坡1∶3,平台以下1∶5的断面标准,局部堤段如石牌砂堤砂基堤段平台以下边坡1∶7,软基段内外边坡1∶3,距堤顶5m处设15m～30m压重平台。

②堤身护坡工程:堤身护坡工程分块石护坡、混凝土护坡和草皮护坡。护坡顶高程超相应堤段设计水位1.5m,坡底护至堤脚。块石护坡厚0.3m,下设0.1m厚碎石垫层,采用浆砌石或大块石封顶,浆砌石固脚;混凝土护坡为C20现浇素混凝土,厚0.1m～0.13m;草皮护坡采用扒根草皮。

③堤顶防汛公路工程:按公路等级3级标准全线铺筑沥青路面。其结构自下而上分为厚0.2m的级配碎石底基层、0.12m的水泥碎石稳定层、1cm的乳化沥青层、4cm细粒式沥青碎石面层;面层宽6.0m,两侧各设1.0m宽土路肩,路拱横向坡率2%。

④填塘固基工程:填塘固基分堤内和堤外填塘,其中堤内填塘为堤脚30m平台及平台后盖重。30m平台横向坡比1∶50;盖重横向坡比根据具体堤段有1∶50、1∶75、1∶100、1∶150、1∶200等几种,根据险情和现状地面高程,其宽度一般为70m～100m。30m平台中心及盖重盖首高程依所在堤段而定;堤外填塘主要控制指标为填塘高程,一般要求高程等于或略高于周围滩地,宽度30m～100m。

⑤减压井:望江县四合圩段新建减压井22口。

⑥锥探灌浆工程:堤身灌浆布孔为纵向孔距2m,横向孔距1.5m～2.0m,迎水坡面上布孔2～3排,堤顶布孔4～5排,平面呈梅花型,背水坡不布孔。孔底深入堤基不小于1m。一般采用粘土泥浆灌浆,对有白蚁危害的堤段,在浆液中掺入适当的灭蚁药剂。

⑦抛石护岸工程:抛护范围一般自岸边抛至深泓槽附近。抛护方法一般分为平顺连续与守点固线两种抛护形式,视崩坍型式等情况而择用,块石重量不小于30kg。

⑧穿堤建筑物:建筑物级别同相应堤段,建筑物设计水位按相应堤段水位加0.5m。混凝土强度等级C20、C25。

3. 主要建设内容及建设工期

批复的主要建设内容:堤身加固164.62km,填塘固基173.4km,堤身块石或混凝土护坡137.892km,抛石护岸68.2km,堤身灌浆173.5km,涵闸拆建6座、新建3座、封堵6座、除险加固13座,堤顶防汛公路新建181.259km。

建设工期为1983年开工,2003年基本完工。

4. 工程投资及投资来源

2002年8月23日安徽省水利厅以《关于调整汇总下达同马大堤加固工程投资明细计划的通知》(皖水规计〔2002〕422号)对同马大堤历年下达的投资计划进行汇总调整,共下达投资计划62229万元,其中:中央投资47743.13万元(非经营性基金14314.13万元、水利建设基金950万元、以工代赈1842万元、国债30637万元),地方投资14485.87万元(省级投资6275.85万元、国债转贷2400万元,市县自筹5810.02万元)。

(四)工程建设有关单位

项目法人:安庆市水利局,现场管理机构:安庆市重点水利工程建设管理局(同马大堤建设管理处)、安徽省宿松长江河道管理局、安徽省望江长江河道管理局、安徽省皖河长江河道管理局、安徽省怀宁长江河道管理局、安徽省杨湾闸管理处、安徽省华阳闸管理处、安徽省皖河闸管理处、东隔堤改建工程指挥部、怀宁县水利局、安庆水文水资源局,设计单位:长江勘测规划设计研究院、安庆市水利水电规划设计院,监理单位:安徽省水利水电工程建设监理中心、安徽省大禹工程建设监理咨询部、水利部天津水利水电勘测设计研究院、安庆市公路工程监理有限责任公司、安庆市宜兴水利水电工程监理部、安徽省公路工程建设监理有限责任公司、中国对外建设总公司东方工程分公司、安徽省中兴工程建设监理所,施工单位:安徽省水利建筑安装总公司、中国水利水电第十三工程局、安徽省水利开发股份有限公司、南京长江航道工程局、中国第十七冶金工程建设公司、安徽省疏浚工程公司、安徽省长江河道工程公司、安庆市水电工程公司、阜阳市水利建设安装工程公司等22个单位,运行管理单位:安徽省宿松长江河道管理局、安徽省望江长江河道管理局、安徽省怀宁长江河道管理局、安徽省皖河长江河道管理局、安徽省华阳闸管理处、安徽省杨湾闸管理处、安徽省皖河闸管理处、望江县水利局、安庆水文水资源局,质量监督单位:安庆市水利工程质量监督站。

(五)工程施工过程

1. 主要工程开工、完工时间

主要工程开工、完工时间见表1。

表1　主要工程开、完工时间表

序号	单位工程名称	开工日期	完工日期	备注
1	同马大堤加固工程1997年底前单位工程	1983.5	1999.5	以四合圩减压井开工和毕阳闸整修完工计算
2	复兴混凝土护坡	2000.1.25	2001.6.25	
3	汇口、套口、王营混凝土护坡	2000.4.9	2002.6.8	
4	套口填塘固基	1999.1.10	2001.12.20	
5	宿松段填塘盖重和汇口加固	1998.11.28	2003.6.30	
6	宿松段堤顶防汛公路	2000.1.20	2000.12.30	
7	宿松段闸站等除险加固	2002.1.6	2003.6.5	
8	望江段四合圩护坡	1999.12.18	2001.6.25	
9	望江段合成圩段护坡	2000.1.5	2000.5.25	
10	望江北场等段护坡	2000.4.12	2002.6.20	
11	望江段填塘固基	1998.12.25	2002.12.30	
12	望江段堤顶防汛公路	2000.3.10	2002.8.29	
13	望江段涵闸等除险加固	2002.3.25	2003.6.15	
14	东隔堤改建工程	1998.11.7	2001.3.30	
15	皖河农场段护坡工程	2000.1.24	2002.6.6	
16	皖河农场段填塘固基工程	1999.10.5	202.12.20	
17	皖农段堤顶防汛公路	2000.2.20	2001.6.30	
18	皖农段涵闸除险加固	1999.2.4	2002.12.31	
19	皖河闸改建工程	2001.10.25	2002.12.18	
20	怀宁段护坡工程	2000.1.4	2002.6.10	
21	怀宁段填塘固基工程	1998.12.28	2002.5.30	
22	怀宁段堤顶防汛公路工程	2000.3.28	2003.4.20	
23	怀宁段闸站等除险加固工程	2000.3.12	2003.3.31	
24	同马大堤生物防护工程	2003.2.18	2003.9.15	
25	同马大堤管理设施等单位工程	2003.3.20	2004.9.30	石牌下段堤顶公路2007年3月份开工,7月份完工,怀宁局管理房2006年8月份开工,07年7月份完工

2. 重大设计变更

(1)同马大堤石牌段(桩号163+000~166+300)原有3km堤顶简易沥青道路,因已运行近十年,路面和路基均已遭破坏,对该3km按已批复的其他堤段标准修建堤顶防汛公路。

(2)将东隔堤改建工程中的三元宫闸改建项目投资41.67万元用于原排涝区泵站改造和渠系建设,由地方政府包干使用,不再破堤新建三元宫闸。

(3)为适应同马大堤防汛抢险的需要,新增同马大堤防汛仓库600m^2,投资42万元;为有利于加强工程资料的管理,增设900m^2的档案馆工程,投资108万元。

(4)新增汇口水文站和石牌水文站改建工程。

以上变更经水利部以水总〔2006〕493号文《关于安徽省同马大堤加固工程重大设计变更报告的批复》批准,设计变更和新增工程所增加的投资在水利部批复的补充初设总投资内调剂解决。

3. 重大技术问题处理

(1)孤山闸新接长第二节涵箱基坑开挖过程中,受外江水位和连阴雨的影响,基坑局部管涌翻砂。经研究,决定在基坑铺设砂石料压渗,地基管涌得到控制。工程完工后运行正常。

(2)皖河闸改建工程在基础开挖后发现地基为粘、砂互层结构,含水量大,承载力较低。经研究,采取增设闸地板上游防渗墙及下游联接段基础承载桩;另外,由于引河堤地基软弱,通过设计变更将东侧引河堤外平台由原来的2m增宽为4m,西侧引河堤外平台由原4m,增宽为13m,处理后效果更好。

(六)工程完成情况和完成的主要工程量

初设批复的主要工程量为:土方5034.47万m^3,石方220.87万m^3,混凝土27.29万m^3。

本工程已按批准的设计内容建设完成,实际完成工程量:土方5061.16万m^3,石方218.59万m^3,混凝土28.42万m^3。详见表2、表3。

表2　同马大堤加固工程量比较表

单位:万m^3

序号	工程项目	批复工程量			施工图设计工程量			实际完成工程量		
		土方	石方	混凝土	土方	石方	混凝土	土方	石方	混凝土
1	堤身加固	1209.86	0.06		1209.86	0.06		1231.11		
2	填塘固基	3244.50		3140.27				3151.85	0.04	
3	护坡工程	105.64	35.70	21.80	172.92	33.4	20.58	187.56	28.78	18.89
4	护岸工程	1.68	158.28	1.92	158.3		1.92	159.21		
5	堤顶公路	240.87	20.85	3.56	240.87	20.85	4.13	250.23	22.80	7.43
6	涵闸加固	125.68	4.27	1.89	136.07	6.87	1.94	130.4	5.41	2.01
7	工程管理			1.6	0.2	0.1	1.45	0.17	0.06	
8	其他工程	85.01	1.71	0.04	85.01	1.71	0.04	90.2	2.18	0.06
9	临时工程	21.22		23.5			16.80			
	合计	5034.46	220.87	27.29	5012.02	221.39	26.79	5061.16	218.59	28.45

表3　同马大堤加固工程完成情况一览表

序号	项目名称	单位	批准规模	完成规模	备注
1	堤身加固工程	km	156.4	156.4	顺合段17 km于1983年前完成
2	填塘固基工程	km	173.4	173.4	内外填塘重叠处未重复累计,石牌段填塘局部高程不足
3	堤身护坡工程	km	135.721	133.7	含生物防护工程中的草皮护坡;北场段与长江委组织实施的2.2 km重叠,已办理变更手续
4	闸站除险加固	座	25	25	
	拆除、封堵	座	6	6	
	拆除重建	座	6	6	
	除险加固	座	13	13	
5	抛石护岸工程	km	68.2	68.2	
6	粘土灌浆工程	km	173.5	173.5	
7	堤顶防汛公路工程	km	173.5	173.5	含部批复重大设计变更163+300~166+300段3km

8	生物防护工程				
	防浪林	万株	36.64	36.64	
	草皮护坡	万 m^2	41.1	41.1	
	堤内填塘区沙化处理	万 m	25.3	25.3	
9	管理设施工程	万 m^2	2.51	2.51	主要指新建管理房等,含部批重大变更增加的档案馆及防汛仓库共1500m^2
10	水位站或水文站改建	座	2	2	汇口水位站及石牌水文站
11	东隔堤改建工程				
	堤身加固	km	8.22	8.22	含末端延伸441m
	改(新)建涵闸	座	3	3	原批复4座,部批重大设计变更批准三元宫原安排41.67万元投资用于原排涝泵站改造和渠系建设,由地方政府包干使用,不再破堤新建三元宫闸
	堤身块石护坡	km	1.83	1.83	已经省水利厅皖水基函【2008】919号文批准
	草皮护坡	km	4.32	4.32	
	混凝土护坡	km	0.341	0.341	末端延伸段护坡
	堤顶简易防汛公路	km	7.759	7.759	

(七)征地补偿和移民安置

1.规划(设计)情况

根据水利部批复的初步设计和安徽省水利厅单项批复文件统计,同马大堤征地移民总费用为5592.39万元。批准的房屋拆迁面积为369845m^2(其中公房63567.84m^2,私房306277.16m^2),征地面积为3178.72hm^2集体土地(其中永久征地133.58hm^2,临时征地3045.14hm^2)。征地拆迁和移民安置涉及宿松县复兴、汇口,望江县杨湾、华阳、雷池、莲洲、漳湖,怀宁县石牌、皖河等21个乡镇(场)96个行政村和九成劳改局等机关、企事业单位138家,其中机关、事业单位71家,工矿企业48家,商业企业6家,中小学校13家,计划拆迁移民3463户。

2.完成情况

同马大堤加固工程建设征地补偿及移民安置完成投资4694.11万元(含未完投资117.28万元),共完成征地51313.14亩(其中永久性征地1613.48亩,临时性征地49699.66亩),共完成拆迁房屋面积350525.31m^2(其中公房62345.81m^2,民房288179.5m^2),搬迁3296户,安置16073人。

(八)环境保护

施工中的取土在不影响河势及堤防安全的情况下,尽量在外滩地取土。外滩较窄的,尽量在堤后护堤地以外的非耕地或江心洲取土。外滩大多已种植防浪林,形成沿江绿化带。

同马大堤抛石护岸、砌石护坡、涵闸加固等工程所需石料主要从江西省彭泽县、安徽省东至县和怀宁县等地原有石料厂采购,未新设料场。

修建4座小型自来水厂以解决居民饮水困难,通过工程措施较好地解决堤内排涝和生产、生活用水问题,保证当地人民生产、生活顺利进行,使沿线居民安居乐业,社会稳定。

施工期间,各单位对保护白鳍豚、江豚等珍稀物种开展宣传教育工作,作业人员形成观察和避让珍稀水生动物的保护意识,并在工作实践中积极贯彻实施。

二、工程验收及鉴定情况

(一)单位工程验收

本工程共分为25个单位工程,已全部通过安徽省水利厅及安庆市水利局主持的单位工程验收,并分别移交给宿松、望江、怀宁及皖河长江河道管理局、华阳闸、杨湾闸及皖河闸管理处、望江县水利局、安庆水文水资源局等运行管理单位管理使用,办理了工程移交手续,待竣工验收后再办理财务资产和档案资料移交手续。

(二)专项验收

1.建设征地补偿与移民安置

受安庆市人民政府委托,同马大堤加固工程征地移民自验工作由同马大堤沿线所在地县人民政府及皖河农场分别于2003年12月和2004年1月进行自验。

2005年6月,安徽省水利厅委托安庆市水利局对同马大堤加固工程征地移民自验成果进行抽查,形成抽查报告。

2009年3月,长江委会同省水利厅及有关部门组成复核工作组,对同马大堤加固工程进行建设征地补偿及移民安置专项验收复核。结论为:"同马大堤加固工程征地移民工作已按有关规定完成,各项拆迁补偿已兑现到位,移民搬迁安置后居住条件和生活环境得到改善,生活稳定,同意通过专项复核。”

2. 环境保护

2004年6月,国家环保局对安徽省长江干流堤防(含同马大堤)的环境保护工作进行专项验收。结论为:“安徽省长江干堤加固工程(非隐蔽工程)环保手续齐全,落实环评报告表及批复、环保设计文件的要求,在施工和建成后均采取有效措施控制对环境的不利影响,生态恢复效果良好,符合环保验收条件,同意该工程通过环保验收。”

3. 工程档案

2004年3月17—19日,由长江委主持,会同安徽省档案局、安徽省水利厅等有关单位,组成同马大堤加固工程档案专项验收组,对同马大堤加固工程档案进行专项验收。验收结论为:“同马大堤加固工程项目档案基本达到完整、准确、系统的要求,验收组同意同马大堤加固工程档案通过专项验收”。

(三)竣工验收技术鉴定

2008年3—8月,中水淮河规划设计研究有限公司受安庆市水利局委托完成同马大堤加固工程竣工验收技术鉴定。竣工验收技术鉴定报告主要结论为:

(1)同马大堤加固工程是长江防洪治理骨干工程之一,工程主要包括安庆市境内长江干堤138.24 km、皖河干堤35.28 km和东隔堤8.20 km的堤身、堤基加固,堤坡、岸坡防护,穿堤建筑物,堤顶防汛公路等。工程自1983年开工,至2003年主体工程全面完成。在工程建设中,经历了1998年、1999年两次大洪水的考验,由于汛前主体工程基本完成,九江站1998年超1954年历史最高水位,安庆、大通等站水位居历史第二位,同马大堤全线超警戒水位达88天,工程未发生重大险情,为保障人民的生命财产安全发挥了重要作用。该工程的建成还为改善当地人民的生产生活条件和促进区域经济的可持续发展创造了条件。

(2)同马大堤工程跨安庆市宿松、望江、太湖、怀宁四县,南临长江、东靠皖河,上接湖北省黄广大堤末端段窑,下抵安庆市怀宁县官坝头。大堤全长173.52 km,战线长、项目多、情况复杂,项目法人做了大量的组织协调工作,工程总体质量满足设计和现行技术标准的要求。

(3)环境保护工程、移民征地和工程档案已分别通过有关部门的专项验收,遗留问题已基本落实或已作出处理安排。

(4)同马大堤加固后,使之达到抗御1954年洪水的设计标准。工程等级和设计洪水标准符合现行《防洪标准》(GB50201-94)、《水利水电工程等级划分及洪水标准》(SL252-2000)、《堤防工程设计规范》(GB50286-98)等有关规范的规定。

(5)同马大堤穿堤建筑数量较多,除部分加固维修的涵闸外,其余均进行地质勘探及测量工作,未发现特别突出的地质问题,局部地质问题已采取相应工程措施解决,通过典型设计分析,设计基本符合规范规定。工程经历1998年、1999年两次大洪水的考验,工程运用正常。由于建筑物建设年代久远,易存在安全隐患,建议加强观测,确保堤防安全,尤其是本次除险加固过程中出现地基渗透破坏的涵闸,更应重点加强观测,准备好险情处理预案,发现问题,应立即进行处理。

(6)本次技术鉴定所提出的其他问题,应抓紧研究和落实。

综上所诉,竣工验收技术鉴定专家组认为:本工程已具备竣工验收条件,可以进行竣工验收,但同马大堤怀宁县石牌堤段背水侧填塘工程填筑高程部分没有达到设计标高的,应抓紧时间按批准的方案完成。

三、历次验收及相关鉴定提出的主要问题的处理情况

对同马大堤加固工程单位工程验收、专项验收、竣工质量抽检和技术鉴定时提出的遗留问题及处理结果详见表4。

表4　同马大堤加固工程历次验收遗留问题及处理情况一览表

序号	历次验收遗留问题及建议	处理结果或安排
1	宿松60+200~62+822段实施平台土方时,在堤后距堤脚150m重盖区取土,造成长200m、宽10m、深2m左右的的沟渠,形成新的隐患,要求组织施工单位恢复	建设单位已实施完成
2	刘港闸、驿三闸拆建和杨林闸封堵工程的堤顶防汛公路路面工程,建设单位要督促施工单位在2003年8月31日之前完成,并委托宿松县长江河道管理局主持验收,办理相关手续	已实施完成
3	望江四合段路基损坏严重,仅在原路面上处治1.5 cm沥青,难以保证该段防汛公路正常运行。建议设计单位提出修改设计报批	该段公路已由交通部门重新浇筑了沥青路面

4	关帝庙闸和漳湖闸拆建工程的堤顶防汛公路路面工程,建设单位要督促施工单位在2003年9月30日之前完成,并委托望江县长江河道管理局主持验收,办理相关手续	已按期实施完成
5	望江合成圩段护坡末端已接近雷港闸出口,为了防护雷港闸出口两侧堤身,建议合成圩护坡单位工程向下延伸160m,并办理报批手续	已编制设计变更和调整概算报安徽省水利厅并已批复同意向下延伸100m,已实施完成
6	东隔堤0+000~1+550段盖重未做,欠土方5.15万m^3,盖首平均欠高0.7m。但在该段30m平台上堆放了9.86万m^3预备土。建设单位应根据房屋拆迁的实际情况,办理报批手续,尽快完成未完工程	已实施完成
7	东隔堤1.67km块石护坡未做,建设单位应按批准的规模全部完成	已编制设计变更和调整概算报安徽省水利厅并已批复同意改为植草护坡。并已实施完成
8	皖农段填塘固基单位工程已全部完工,其中巨网梅林除险加固工程采用泥浆泵冲填施工,施工尾水通过北一、北三支渠从新河主干渠排出,致使沟渠淤塞严重,附近农田易遭淹没,建议设计单位提出清淤方案,由皖河农场长江河道管理局组织实施	已实施完成
9	皖河闸改建单位工程中检修闸门制安5.436t及引河弯道护砌块石590m^3,碎石115m^3,要求原施工单位在2003年汛后开工建设。部分管理设施要求皖河闸管所加快施工进度。上述两项尾工必须在竣工验收前全部结束,由项目法人组织有关单位验收	已于2005年实施完成
10	怀宁段堤顶防汛公路单位工程已按设计要求全部完工,石牌上段(163+300~173+420)路面宽度由6m调整为5.5m,建设单位应尽快办理报批手续	已编制设计变更和调整概算报安徽省水利厅并已批复同意
11	石牌下段混凝土护坡工程护坡板厚度变更应按基建程序补办报批手续	已编制设计变更和调整概算报安徽省水利厅并已批复同意
12	怀宁段填塘固基单位工程中尚有石牌段166+200~167+500约3.3万m^2填塘盖重土方未按设计标准做足,约1万m^2房屋拆迁未完成,地方政府进一步协调,尽快完成拆迁任务,不足土方在竣工验收前按设计标准完成,未完工程的验收委托安庆市水利局组织	变更方案已批复,计划2010年前汛前完成
13	怀宁段闸站等除险加固单位工程中,对潭子湖站前池加固方案设计单位要进一步分析论证,按基建程序另行报批	已编制设计变更和调整概算报安徽省水利厅并已批复,同意变更方案
14	同马大堤征地拆迁及移民安置验收复核提出的未完征地拆迁工程,建议项目法人尽早完成	计划2010年汛前完成
15	竣工验收质量检测报告中提出华阳闸闸门局部锈蚀严重,建议进行防腐处理	已处理
16	竣工验收质量抽查检测报告中提出部分堤段堤顶路面已损坏,163+300~166+300段沥青路面1995年由地方修建,现已损坏严重,建议重建	163+300~166+300段已重建,沿江段损坏部分已维修,皖河段按确定后的方案进行维修

四、工程质量

(一)工程质量监督

质量监督机构为安庆市水利工程质量监督站。质量监督站在施工过程中进行监督检查,对项目划分进行认定,对原材料及中间产品检验成果进行检查,委托安庆市水利水电工程检测中心对混凝土护坡、堤顶公路、填塘固基等外部尺寸进行检测,并对工程质量等级进行了核定。

(二)工程项目划分

安徽省同马大堤加固工程共分为25个单位工程,166个分部工程,9234个单元工程。其中:宿松段加固工程划分为6个单位工程,望江段加固(含东隔堤)工程划分为7个单位工程,皖河农场段加固工程划分为5个单位工程,怀宁段加固工程划分为4个单位工程,同马大堤生物防护、管理设施、1997年以前加固工程各为1个单位工程。

(三)工程质量抽检

(1)施工和监理单位质量检测情况

施工过程中,施工单位对原材料、中间产品及土方填筑、堤顶道路、填塘、吹填及护坡工程质量进行了检测,监理单位进行抽检或见证,检测结果合格。

(2)质量监督抽检

安庆市水利工程质量监督站委托安庆市水利水电工程检测中心,对部分单位工程施工质量进行抽检,并主持单位工程外观质量评定。检测结果满足设计要求。

(3)项目法人质量抽检

2003年6-7月,安庆市水利局委托安徽省水利工程质量检测中心站对同马大堤加固工程进行了竣工验收前的质量抽检,主要检测项目为:堤防填筑和穿堤建筑物堤身回填土压实度,混凝土护坡工程的混凝土强度和护坡板厚度,干砌石护坡工程的砌石厚度、砌石平整度、垫层厚度和砌石密实情况等。检测结果合格。具体检测结果见表5。

表5　项目法人质量抽检检测项目统计表

序号	检测项目	总测点数	合格点数	合格率	最小值	判定
1	护坡板强度	120	120	100%	/	合格
2	护坡板厚度	120	111	92.5%	/	合格
3	干砌石平整度	210	197	93.8%	/	合格
4	干砌石厚度	120	104	86.7%	/	合格
5	垫层厚度	150	135	90.0%	/	合格
6	土方回填压实度	108	101	93.5%	0.88	合格

(4)竣工验收质量抽检

根据竣工验收的有关要求,2005年6月项目法人委托水利部长江科学院工程质量检测中心对同马大堤加固工程进行竣工验收的质量抽检,检测单位于2006年10月提出《安徽省同马大堤加固工程质量检测报告》,检测结果如下:

同马大堤堤身土方填筑质量检测总体合格率为90.2%,穿堤建筑物土方填筑质量检测总体合格率为100%;混凝土护坡厚度抽检样本全部合格,坡面平整度抽检样本32个断面,合格率在90%以上的有24个断面。砌石护坡抽检样本24个点,厚度合格率96%,平整度合格率100%,垫层厚度合格率96%,砌石护坡所需岩石材质指标合格;回弹法抽检6个涵闸的混凝土强度和碳化深度均满足设计和规范要求。抽检的皖河闸及华阳闸金属结构指标符合设计和规范要求;堤身断面外观尺寸复核满足设计要求;沥青堤顶公路抽检43个断面样本,面层厚度合格率97.7%,路面宽度合格率95.4%。

部分堤顶道路已经损坏,建议予以修复;华阳闸闸门部分金属结构出现严重锈蚀,建议尽快加以处理。

(四)工程质量评定

质量监督站在监督检查本工程建设各方的质量行为、抽查工程实物质量、核查施工质量检验资料,并进行质量监督检测后认为:

(1)工程建设能按照有关规程、规范和设计要求施工。对施工中出现的质量缺陷和质量问题进行了认真处理。施工中未发生较大及其以上质量事故。25个单位工程施工质量全部合格,其中优良11个,优良率44%。

(2)各单位工程原材料及中间产品质量检测合格。

(3)各单位工程施工质量检验资料齐全。

按照《水利水电建设工程施工质量检验与评定规程》(SL176-2007)和《堤防工程施工质量评定与验收规程(试行)》(SL239-1999)的有关规定,同马大堤加固工程(非隐蔽工程)的施工质量符合有关规程、规范和设计文件的要求,工程施工质量等级合格,可以提交工程竣工验收委员会合格进行工程竣工验收。

五、概算执行情况

2002年2月19日,水利部以《关于同马大堤加固工程补充初步设计报告的批复》(水总〔2002〕第58号)批复工程总投资101031万元,其中:隐蔽工程投资38802万元,非隐蔽工程投资62229万元。

(一)投资计划下达及资金到位

2002年8月23日安徽省水利厅以《关于调整汇总下达同马大堤加固工程投资明细计划的通知》(皖水规计〔2002〕422号)对同马大堤历年下达的投资计划进行了汇总调整,共下达投资计划62229万元,其中:中央投资

47743.13万元(非经营性基金14314.13万元、水利建设基金950万元、以工代赈1842万元、国债30637万元),地方投资14485.87万元(省级投资6275.85万元、国债转贷2400万元,市县自筹5810.02万元)。

实际到位资金57426.15万元,其中:中央资金47743.13万元(非经营性基金14314.13万元、水利建设基金950万元、以工代赈1842万元、国债30637万元),地方投资9683.02万元(省级投资6275.85万元、国债转贷2400万元,市县自筹1007.17万元)。市县自筹资金4802.85万元伟到位。具体见表6。

表6　同马大堤加固工程资金到位情况表　单位:万元

资金来源	投资计划	到位资金	未到位资金
中央投资小计	47743.13	47743.13	
其中:非经营性基	14314.13	14314.13	
水利建设基金	950	950	
以工代赈	1842	1842	
国债投资	30637	30637	
地方投资小计	14485.87	9683.02	4802.85
其中:	国债转贷	2400	2400
省级投资	6275.85	6275.85	
市县自筹	5810.02	1007.17	4802.85
合计	62229	57426.15	4802.85

(二)投资完成及交付资产情况

经竣工审计确认,同马大堤加固工程实际完成投资57191.63万元(含未完工程投资及预留费用207.28万元),其中建筑安装工程投资43850.71万元,设备投资1465.96万元,待摊投资11874.96万元。工程形成交付使用资产57191.63万元,均为固定资产。

(三)建设征地补偿及移民安置资金

根据水利部批复的初步设计和安徽省水利厅批复的单项工程文件,同马大堤征地移民概算投资为5592.39万元。至决算截止日,完成投资4694.11万元(其中未完工程投资117.28万元),概算结余898.28万元。安庆市审计局、宿松县审计局、望江县审计局、怀宁县审计局、分别对建设征地补偿及移民安置情况进行专项审计,出具了审计报告。2009年3月,长江委组织了建设征地补偿及移民安置验收复核。

(四)结余资金

同马大堤加固工程概算投资62229万元,到位资金57426.15万元,实际完成投资57191.63万元。与概算投资相比,投资结余5037.37万元;与到位资金相比,资金结余234.52万元。

(五)预计未完成工程投资及费用

截至决算截止日,同马大堤加固工程预计未完工程投资及预留费用207.28万元,占概算总投资0.33%。详见表7。

表7　同马大堤加固工程(非隐蔽工程)未完工程基预留费用　单位:万元

序号	项目	金额
一	怀宁石牌段防渗工程	50
二	征地移民补偿投资	117.28
三	竣工验收费	40
	合计	207.28

(六)竣工财务决算报告编制

同马大堤加固工程竣工财务决算基准日为2007年1月31日。

同马大堤加固工程竣工财务决算由项目法人负责组织编制。根据《基本建设财务管理规定》、

《水利基本建设项目竣工财务决算编制规程》等规定的要求，于2009年11月编制完成竣工财务决算。

(七)审计

同马大堤加固工程建设过程中，长江委、安徽省水利厅、安庆市审计局等部门先后对工程建设管理和财务管理情况进行审计和检查。

对于历次审计和检查提出的问题，项目法人及有关单位进行了整改。

2007年8月15日，长江委审计局委托湖北申渝会计师事务有限公司对同马大堤加固工程竣工决算进行审计。(二)工程移交2009年11月，长江委审计局印发《关于转发<同马大堤加固工程竣工决算审计报告>的通知(审〔2009〕49号)，审计报告认为："为保证工程建设活动的有效进行，保护建设资金和各项资产的安全、完整，建设单位制订《财务管理制度》并付诸实施。设置了财务会计机构，配备会计人员，建立账簿体系开展会计核算。资金划拨、费用开支实行'一支笔'审批制度。总体上看，财务管理制度基本得到执行。"针对审计报告提出的问题，项目法人进行整改落实，安徽省水利厅以《关于转报同马大堤加固工程竣工决算中存在问题整改落实情况的函》(皖水财函〔2009〕1278号)转报了项目法人整改落实情况。

六、工程尾工安排

1.同马大堤怀宁石牌段填塘固基工程中，桩号166+200~167+500范围内堤脚填塘盖重区30m~100m因拆迁困难，盖重标准不足，未达设计高程。处理方案为：在上述350m长堤段堤外侧(临河侧)堤脚外3m处作水泥土截水防渗墙。

2.同马大堤加固工程移民征地未完工程(宿松县套口段和皖河农场三益圩段等)按建设征地补偿及移民安置验收复核意见处理。

项目法人安排2010年汛前完成以上未完工程。

七、工程运行管理

(一)管理机构、人员和经费

同马大堤由安徽省长江河道管理局统一管理，下设宿松、望江、皖河、怀宁长江河道管理局以及杨湾、华阳、皖河闸管理处，管养经费由安徽省财政全额安排。东隔堤由望江县水利局管理，管养经费由县财政承担。所有25个单位工程已全部移交给相应管理单位进行日常运行管理。

八、工程初期运行及效益

(一)工程初期运行情况

同马大堤加固工程自1983年建设实施至2003年主体工程完工运行至今，在日常精心维护下，堤顶高程、宽度、边坡基本保持在设计尺寸。穿堤建筑物符合安全运行要求，启闭设备运转正常。

同马大堤加固工程完工交付管理使用后，工程初期运行正常。

(二)工程初期运行效益

同马大堤加固工程随着建成和投入运行，发挥着越来越巨大的社会和经济效益。一是堤防加固达标、堤身灌浆、堤基防渗处理的实施，达到防御1954年洪水标准，减少了险工险段。二是抛石护岸工程的实施，控制了主要崩岸段的剧烈崩塌。三是涵闸新建、加固、拆除封堵、拆除重建的实施，消除了工程隐患，给受益区的排涝抗旱带来大效益。杨湾、华阳、皖河三闸联合运用可达到排涝面积3.51万hm^2，可达到灌溉面积3.07hm^2。四是砌石、混凝土、草皮护坡提高大堤外坡的抗冲刷能力。五是防汛公路、通讯线路、管理设施的建设提高了工程建设、运行管理特别是防汛期间的工作效率。

(三)初期运行监测资料分析

巨网段141+654~142+800，143+700~143+852段迎水面堤坡发现有沉降变形，其他堤段及闸站未发现大的沉降和位移。

九、竣工技术预验收

2009年12月26-29日，长江委在安庆市主持召开安徽省同马大堤加固工程(非隐蔽工程)竣工技术预验收会议。会议成立技术预验收专家组，下设工程移民组和财务审计组。专家组察看工程现场，观看工程建设声像资料，听取建设管理、设计、监理、施工、质量监督、移民安置、竣工验收质量抽检及竣工验收技术鉴定工作汇报，查阅工程建设的有关资料，进行充分讨论，提出竣工技术预验收工作报告。结论为：安徽省同马大堤加固工程(非隐蔽工程)除少量尾工外，已按照批准的设计内容完成，施工质量符合设计和规范要求，工程质量合格，尾工已作安排；财务管理制度较健全，会计核算较规范，资金使用和管理基本符合有关规定，竣工财务决算基本符合有关规程的要求，竣工决算已通过审计；建设征地补偿及移民安置、环境保护、工程档案等已通过专项验收；工程管理机构健全；工程经历洪水考验，运行正常，效益显著。

竣工技术预验收专家组一致认为：同马大堤加固工程满足竣工验收条件，同意通过竣工技术预验收，建议进行竣工验收。

十、意见和建议

(1)项目法人应按所提交的未完工程计划安排，抓紧尾工的实施和验收工作，完成后报安徽省水利厅备案。建议由安徽省水利厅监督检查。

(2)加强堤防、河岸和穿堤建筑物的安全监测和巡视检查，特别对巨网软基堤段和孤山闸应加强监测，发现问题及时处理并上报，确保安全。加强堤防、外滩的管理,清理违章建筑。

(3)应积极筹措资金,尽快修复已损坏的堤顶路面并加强路面的维护管理。

(4)桩号 80 + 000 和 109 + 000 两处跨堤路堤顶高程不足,应尽快研究并落实解决措施;同马大堤末端防浪墙四扇人行通道门应尽快制备,并妥善保管,确保安全度汛。

(5)尽快完成移交档案的整理,并按规定办理移交。

(6)项目法人应加强未完工程投资及预留费用的使用管理,严格按照预留项目内容使用,并将资金使用情况报安徽省水利厅备案。

(7)未到位的地方配套资金,建议项目法人积极向有关部门专题汇报。

(8)项目法人应加紧对应收应付款项的清理结算,避免呆死账发生和资产流失。

(9)结余资产应按有关规定处理,建议结余资金用于堤顶公路修复等工程建设,并按有关规定报批。

十一、结论

安徽省同马大堤加固工程(非隐蔽工程)除少量尾工外,已按照批准的设计内容建设完成,施工质量符合设计和规范要求,工程质量合格,尾工已作安排;财务管理制度较健全,会计核算较规范,资金使用和管理基本符合有关规定,竣工财务决算基本符合有关规程的要求,竣工决算已通过审计;建设征地补偿及移民安置、环境保护、工程档案等已通过专项验收;工程管理机构健全;工程经历洪水考验,运行正常,效益显著。

竣工验收委员会同意通过竣工验收。

(晏芳提供稿件)

防汛·抗旱

FANGXUN KANGHAN

防汛

【雨情】 2010年汛期(5—9月)安徽省面平均降雨量788mm,比常年同期偏多1成,降雨时空分布极不均匀,各区域面平均降雨量:沿淮淮北、江淮之间北部400mm~600mm;江淮之间东部、江南东部600mm~800mm,大别山区、沿江和江南中西部1000mm~1200mm。汛期降雨量与常年同期相比较:5月、6月、8月分别比常年同期偏少3成、5成、1成,7月、9月均比常年同期偏多5成。

全省主要降雨过程有7次。

第一次降雨过程:5月16—18日(3d)。5月16日全省普降小到中雨,大别山区、沿江中部大到暴雨,江南局地大暴雨,繁昌县城关站101mm较大。17日全省普降小到中雨,其中沿江西部和皖南山区降大到暴雨,局地大暴雨,休宁县五城站131mm较大。18日雨势减弱,大别山南麓和江南大部降小到中雨,皖南山区局部降大雨。3d降雨量:大别山区南麓和江南部分地区50mm~100mm,其中皖南山区南部100mm~150mm,休宁县五城站193m较大。

第二次降雨过程:6月7—9日(3d)。6月7日,淮北西部、江淮之间西部降小雨;大别山区中到大雨,局地暴雨。8日,全省普降大到暴雨,局部大暴雨。其中岳西县、金寨县、潜山县、霍山县、六安市共5个县(市)13个站降雨量超100mm。其中岳西县横河站120mm较大。9日沿淮淮北、江淮之间东部降中到大雨。3d降雨量:江南大部、沿淮淮北局部25mm~50mm,其它大部地区50mm~100mm,金寨县泗河站167mm较大。

第三次降雨过程:7月2—5日(4d)。7月2日江淮之间东部和淮北局部降暴雨,其中天长市安乐站133mm较大。7月3日暴雨中心移至合肥市,合肥经开区降雨量71mm较大。7月4-5日,青弋江、水阳江流域降暴雨、大暴雨,两天累计降雨量共有广德县芦村站、宣城市新河庄站、南陵县城关站和三埠管站4个站点超过200mm,南陵县城关站244mm较大。有20个站点最大1小时降雨量超过50mm,南陵县城关站最大3小时、最大6小时降雨量分别为139mm、185mm,均列本站有资料记录以来第一位。4d降雨量:淮北北部5mm以内,淮北南部、江淮之间北部和皖南山区大部10mm~50mm;合肥以南大部50mm~100mm,其中沿江江南东部100mm~200mm,宣城市新河庄站253mm较大。

第四次降雨过程:7月8—24日(17d)。7月8日至24日,全省多次遭遇强暴雨袭击,几乎每天都有暴雨、大暴雨发生,部分地区发生了特大暴雨。按降雨空间分布划分为两个阶段,第一阶段,7月8—14日(7d)。7d面平均降雨量:全省162mm。其中淮北47mm,大别山区239mm,江淮之间175mm,江南226mm,皖南山区284mm。暴雨中心在安庆、池州一带,池州市梅街站643mm较大。共有2个县(市)4个站点超过600mm,4个县市区7个站点超过500mm,共有11个县(市)25个站点超过400mm,共有18个县(市)89个站点超过300mm。第二阶段,7月15—24日(10d)。雨区北抬,大别山区、沿淮和淮河上游淮南山区先后降暴雨到大暴雨。暴雨中心在淮河上游淮南山区和大别山区一带。金寨县铁冲站303mm较大。10d面平均降雨量:全省76mm。其中淮北82mm,江淮之间65mm,大别山区115mm,江南89mm,皖南山区61mm。7月8—24日(17d)降雨量:安庆、池州一带400mm~600mm,池州市梅街站712mm较大。合肥以南大部200mm~400mm,合肥以北大部降雨量100mm~200mm。超过600mm有4个县(市)6个站点,超过500mm有11个县(市)28个站点,超过400mm有20个县(市)100个站点,超过300mm有33个县(市)202个站点,超过200mm有57个县(市)360个站点。17d面平均降雨量:全省247mm。其中淮北135mm,大别山区345mm,江淮之间233mm,江南355mm,皖南山区348mm。

第五次降雨过程:8月23—27日(5d)。8月23日,淮北西部,大别山区局地大到暴雨。霍邱县南照集站62mm较大。24日,全省大部地区降小到中等雷阵雨,其中淮北北部、江淮之间东部及江南局地大到暴雨,宣城市溪口站74mm较大。25日,全省大部地区降小到中雨,其中沿淮淮北、江淮之间中部及大别山区南麓降大雨到暴雨,局部大暴雨,宿松县钓鱼台站176mm较大。26日,全省普降小到中雨,其中江淮之间中到大雨,大别山区及皖南山区局地暴雨,黟县美溪站89mm较大。27日,本省淮北地区降零星小雨;淮河以南大部分地区降中到大雨,局地暴雨。5d降雨量:淮北北部和东部、大别山区和江南局地100mm~150mm,宿松县钓鱼台站236mm较大;淮北大部、大别山区北麓、江淮之间、沿江及江南北部50mm~100mm;沿淮、江南南部25mm~50mm。

第六次降雨过程:9月1—4日(4d)。受第6号台风"狮子山"倒槽和冷暖空气共同影响,全省大部地区出现大到暴雨,其中江淮之间局部出现大暴雨,局地特大暴雨。1日,淮河以南降小到中雨,其中江淮之间东部和沿江江南局地大到暴雨,天长市跃进站73mm较大。2

日,全省大部分地区降大到暴雨,其中江淮之间中部和东部部分地区降大暴雨,局部特大暴雨。全椒县赵店站298mm较大。共有3个县市4个站点超过200mm,17个县市38个站点超过100mm,32个县市103个站点超过50mm。3日,全省大部分地区降中到大雨,其中大别山区和皖南山区部分地区降大到暴雨,局部大暴雨。霍山县青峰岭站147mm较大。4日,江淮之间普降小雨,局部中到大雨,局地暴雨。桐城市唐家湾站67mm较大。4d降雨量:淮北东部、江淮之间及江南北部50mm~100mm,其中沿淮淮北东部、江淮之间中部和东部部分地区、大别山区北部、沿江局部100mm~300mm。全椒县赵店站345mm较大。有2个县市2个站点超过300mm;7个县市11个站点超过200mm;43个县市183个站点超过100mm。面平均降雨量:全省66mm,其中淮北44mm,江淮之间93mm,大别山区95mm、沿江江南63mm、皖南山区39mm。

第七次降雨过程:9月5—7日(3d)。受低槽切变线影响,淮北大部降中到大雨,部分地区降暴雨大暴雨,局部特大暴雨。5日,淮北西部降小雨,淮河及颍河、涡河上游普降大到暴雨,暴雨中心尉氏县城关站103mm较大。6日,淮北界首、太和、利辛、涡阳、蒙城一带降暴雨大暴雨,局部特大暴雨,暴雨区降雨量100mm~200mm,利辛县王市集站303mm,蒙城县坛城站288mm、太和县关集站272mm、城关站236mm,涡阳县高公庙站232mm较大。以上各站最大1h和最大3h降雨量均为本站建站以来第一位,利辛县王市集站日雨量为本站建站以来第一位。7日,淮北普降中到大雨,北部部分地区降暴雨到大暴雨,萧县城关站171mm较大。3d降雨量:淮北临泉、利辛、蒙城、宿州以北100mm~200mm,其中蒙城县坛城站353mm较大;沿淮及以南大部5mm~20mm。

汛期雨情特点:

(1)入梅晚,梅期降雨强度大,范围广。2010年安徽省6月28日入梅,比常年晚12天,7月25日出梅,比常年(7月10日)偏晚15天,梅雨期27天。梅雨期,淮河以南多次遭遇暴雨到大暴雨,局部特大暴雨,7月8日池州市殷家汇站日雨量214mm、7月10日涡阳县义门集站日雨量216mm和7月16日金寨县红石嘴站日雨量236mm分别为本站有记录以来第一位,其重现期达到50年一遇。6月28日—7月24日27天累计降雨量超过200mm的暴雨笼罩面积9.04万km^2,占全省总面积的65%。

(2)暴雨持续时间长,雨区反复叠加。7月8—24日的17天里,几乎每天都有暴雨、大暴雨发生,暴雨区主要在大别山区、江淮之间和沿江江南一带,雨区反复叠加,暴雨中心稳定在安庆、池州一带,累计降雨量池州市梅街站712mm、殷家汇站674mm、安庆市安庆站671mm、池州市高坦站653mm较大。

(3)台风活动集中,但造成影响的较少。2010年西北太平洋共有12个台风生成,其中8月22日—9月8日的18天内连续有6个台风生成。有4个台风先后登陆福建,登陆区域集中,但对本省造成影响的仅有第6号热带风暴"狮子山",造成安徽省大部分地区出现大到暴雨,其中江淮之间局部出现大暴雨,局地特大暴雨。

【水情】 2010年汛期,安徽省长江干流汇口至华阳段发生二次、安庆以下河段发生一次超警戒水位洪水过程,巢湖、青弋江、水阳江等15条中小河流发生超警戒水位洪水,其中永安河、青通河和水阳江等3条中小河流发生超过保证水位的洪水过程;淮河干流王家坝站发生一次超警戒水位的洪水过程,淮河支流颍河、涡河、沱河、淠河和白塔河等5条河发生超警戒水位的洪水过程。

(一)淮河流域

1.淮河干流:2010年汛期淮河干流仅7月份发生一次超警戒水位洪水过程。受上游降雨影响,王家坝站水位从7月17日0时30分水位21.78m开始起涨,19日5时达到警戒水位,7月21日20时出现洪峰水位28.45m,超警戒水位0.95m,最大流量4340m^3/s,至7月26日11时落至警戒水位以下,超警戒水位历时173个小时。王家坝以下主要控制站均在警戒水位以下。为下泄洪水,临淮岗闸7月18日8时10分49孔浅孔闸和12孔深孔闸全开敞泄。正阳关站7月26日2时出现最高水位23.73m,低警戒水位0.27m,鲁台子最大流量4630m^3/s。7月18日19时36分蚌埠闸开始加大泄量,40孔提出水面,最大泄流量5320m^3/s(7月26日20时)。10月1日王家坝站水位22.83m,比常年同期低1.04m;正阳关站水位19.06m,比常年同期低0.42m。

2.颍河:9月上旬受强降雨和上游来水影响,颍河出现一超警戒水位洪水过程。颍河界首站9日17时54分出现洪峰水位37.15m,超警戒水位0.65m,最大流量2790m^3/s;受茨河铺闸开闸分洪影响,阜阳闸上10日9时30分出现洪峰水位31.18m,超警戒水位1.18m.最大流量2760m^3/s。

3.茨淮新河:9月5—7日茨淮新河流域降大暴雨,受强降水影响,流域内发生严重内涝,插花闸、阚町闸、上桥闸上下各闸全开排水。上桥闸最大下泄流量1940m^3/s。为降低颍河持续高水位,茨河铺闸10日9时51分17孔开启0.5m分洪,分洪流量500m^3/s。10日16时36分闸门开至17孔开启0.6m,最大分洪流量627m³/s,总分洪水量0.674亿m³。

为抗旱提供水源,上桥泵站分别于6月20日—7月2日、7月26日、8月7—16日、8月25日—9月1日共四次开机抽水,共抽水量2.25亿m³。

4. 涡河:汛期涡河水位高于常年同期水位,9月份发生一次短时超警戒水位洪水过程。受闸门调度影响,涡河蒙城闸上9月7日8时36分水位26.03m,超警戒水位0.03m,9时24分最高水位26.04m,超警戒水位0.04m,最大流量1580m³/s,蒙城分洪闸9月8日14时42分开闸分洪,实测最大分洪流量256m³/s,共分泄水量0.22亿m³。9日19时关闸。

5. 怀洪新河:汛期怀洪新河水位平稳。何巷闸于6月21日9时至8月18日8时三次开闸引水,共引淮河水量0.59亿m³。西坝口闸站6月11日9时开闸,除7月20日至21日、7月26日至9月1日关闭外,一直开启,9月4日5时闸上最高水位15.16m,最大下泄流量462m³/s(9月4日10时)。

6. 新汴河、奎濉河:宿县闸汛期大部分时间基本关闭。9月上旬受淮北强降雨影响,宿县闸于9月8日开闸,闸上水位25.48m,流量151m³/s。9月16日16时出现最高水位26.24m,9月8日18时出现2010年最大下泄流量792m³/s;奎濉河浍塘沟闸入汛以来闸门变动频繁,大部分时间在开闸泄水,9月8日5时闸门7孔全开,9月26日7时出现全年最高水位21.68m,9月8日23时最大流量499m³/s。

7. 淠河:汛期淠河横排头闸上水位一直较高,滚水坝时常出现过水,闸门始终关闭。受区间降雨和上游水库泄水共同影响,横排头坝上7月17日1时出现全年最高水位53.81m,超警戒水位1.01m,最大流量1120m³/s。

8. 池河:9月上旬受降雨影响,发生了一次小的涨水过程。明光水文站9月4日14时出现全年最高水位15.22m,最大流量463m³/s。

(二)长江流域

2010年7月受上游来水和区间降水影响,长江干流、巢湖以及尧渡河、黄湓河、秋浦河、青通河、青弋江、水阳江、漳河、姑溪河、丰乐河、西河、裕溪河、兆河、永安河、牛屯河、滁河等15条中小河流发生超警戒水位洪水,其中永安河、青通河和水阳江3条河流超保证水位。

1. 长江干流:长江干流自5月中旬渐进涨水,汇口至华阳闸段2次超过警戒水位,8月初回落,整个汛期干流水位高于常年同期。7月初受上游来水和区间降雨共同影响,长江干流水位持续上涨,汇口站7月18日7时出现最高水位20.07m,超警戒水位0.27m;安庆站7月18日2时出现最高水位16.65m,低于警戒水位0.05m;大通站7月14日20时出现最高水位14.58m,超警戒水位0.18m,最大流量65700m³/s(6月29日);芜湖站7月15日16时21分出现最高水位11.52m,超警戒水位0.32m;马鞍山站7月15日13时46分出现最高水位10.44m,超警戒水位0.44m。

10月1日8时安庆站水位12.94m;芜湖站水位8.52m,比常年同期高0.39m;芜湖站水位8.52m,比常年同期高0.03m。

2. 皖河、潜水:汛期水位总体平稳,未出现超警戒水位洪水过程。7月11日22时石牌水文站最高水位18.63m,超设防水位(18.00m)0.63m,最大流量2130m³/s;潜水潜山水文站7月11日13时出现最高水位28.92m,最大流量1300m³/s。

3. 大沙河:7月8—10日大沙河流域普降暴雨、大暴雨。三天面平均降雨量225.9mm。受强降雨影响,大沙河流域发生一次较大洪水,沙河埠站7月11日8时出现洪峰水位49.46m,低于警戒水位2.04m,最大流量2230m³/s,流量为有资料以来第三位,重现期15年一遇。由于洪水量大,来势猛,致使下游柏年河于11日10时45分至11时30分七处溃破。

4. 尧渡河、黄湓河、秋浦河、青通河:尧渡河东至站7月份先后出现4次明显洪水过程,9日2时10分出现首次洪峰水位17.33m,超警戒水位0.33m,10日之后由于降雨持续不断,江水位顶托,长时间维持在警戒水位以上,14日19时东至站出现2010年最高水位19.32m,超警戒水位2.32m,最大流量866m³/s。8月8日20时退至警戒水位以下,超警戒水位时间达34天;黄湓河雁塔站共发生4次明显洪水过程,7月14日16时47分出现2010年最高水位18.75m,超警戒水位2.75m,8月5日退至警戒水位以下,超警戒水位时间达28天;秋浦河高坦站共发生5次超警戒洪水,7月14日15时出现2010年最高水位25.35m,超警戒水位2.85m,最大流量1580m³/s;青通河青阳站共发生2次超警戒洪水,7月13日17时30分出现2010年最高水位15.56m,超保证水位0.06m,最大流量280m³/s。

5. 水阳江、青弋江、漳河:水阳江在7月份共发生2次超警戒水位洪水(其中1次超保证水位),7月4日21时新河庄站水位从10.09m开始起涨,6日3时达警戒水位11.0m,6日8时40分出现洪峰水位11.15m,超警戒0.15m,最大流量553m³/s;7月14日9时30分出现2010年最高水位12.56m,超保证水位0.06m,最大流量1200m³/s,受长江洪水顶托,超警戒水位天数达22d;青弋江下游湾址站和大砻坊站分别于7月14日0时和7月12日12时开始超警戒水位,湾址站14日23时湾址站出现洪峰水位13.43m,超警戒水位0.83m,大砻坊站7月15日4时洪峰水位11.98m,超警戒水位0.78m;西河镇站7月14日3时出现最高水位14.89m,最大流量3820m³/s;漳河三埠管站7月15日3时出现洪峰水位12.95m,超警戒水位0.95m;姑溪河当涂站从7月11日21时9.91m开始起涨,12日12时超过警戒水位,15日15时出现最高水位10.97m,超警戒水位0.67m。受长江洪水顶托,超警戒水位天数达23d。

6.巢湖流域(永安河、西河、兆河、丰乐河、牛屯河、裕溪河):永安河开城桥站从7月8日8时水位9.46m开始起涨,11日14时开始超警戒水位,12日12时达保证水位,13日10时出现洪峰水位11.73m,超保证水位0.23m;7月15日20时在落到10.96m时再度起涨,16日21时出现2010年最高水位11.93m,超保证水位0.43m;西河缺口站水位从7月11日6时的9.54m开始起涨,7月11日18时开始超警戒水位,13日11时出现最高水位11.23m,超警戒水位0.73m;为降低西河水位,凤凰颈站7月23日6时开机,6台抽排西河内水入江,兆河闸7月7日14时35分3孔提出水面,流量32.7m³/s,向巢湖排泄内水,13日12时出现最高水位10.51m,超警戒水位0.01m,最大实测分洪流量213m³/s,至7月20日8时因巢湖水位高于西河水位而关闭。兆河闸又于27日16时40分开闸排泄巢湖水入西河,利用凤凰颈站开机抽排入江,最大抽排流量152m³/s。丰乐河桃溪站7月13日20时出现洪峰水位16.04m,超警戒水位0.48m。为排泄巢湖内水,新桥闸于7月12日17时30分开始8孔提出水面,受长江潮水位影响,闸门起闭频繁,最大排泄流量220m³/s。裕溪河裕溪闸于7月12日6时24孔提出水面,最大下泄流量200m³/s,14日14时30分由于长江水位高于内水而被迫关闭,之后闸门起闭频繁,15日13时出现最高水位11.36m,超警戒水位0.86m,年最大泄流量614m³/s(9月9日)。受持续降水和江水顶托影响,巢湖长时间维持高水位,忠庙站7月22日17时忠庙站出现最高水位11.18m,超警戒水位0.68m,为降低内河水位,巢湖闸于7月16日11时24分至7月17日0时48分开闸引裕溪河水入巢湖,总入水量0.242亿m³,7月22日开始开闸排水,最大下泄流量842m³/s(9月7日)。

7.滁河:7月中旬,受降雨影响,滁河发生了一次超警戒水位洪水。襄河口闸上水位从7月10日8时8.39m开始起涨,14日0时出现2010年最高水位13.07m,超警戒水位2.07m,低于保证水位0.43m;汊河集闸上13日12时出现洪峰水位10.76m,超警戒水位0.76m,最大下泄流量789m³/s(14日8时)。为降低滁河水位,驷马山乌江闸于12日17时48分闸门全部开启,13日16时最大分洪流量671m³/s。7月16日,滁河全线落至警戒水位以下。9月上旬,滁河流域再降暴雨,面平均降雨量117mm,受其影响,滁河襄河口闸上9月4日3时30分出现洪峰水位12.63m,超警戒水位1.63m,相应流量403m³/s,6日16时退至警戒水位以下。

(三)新安江流域

汛期新安江流域水位偏低,未发生超警戒水位洪水过程。3月6日2时出现年最高水位123.52m,最大流量2120m³/s。汛期屯溪水文站水位有2次小的涨水过程。均在警戒水位以下。

汛期水情特点:

(1)洪水来势猛,涨幅大。受强降雨影响,7月11日6时30分大沙河沙河埠站水位从45.94m开始起涨,8时30分出现洪峰水位49.46m,2小时涨幅达3.52m,其涨幅之大、涨速之快为该站历史少见,其洪峰流量达2190m³/s,为有记录以来第三位,重现期约15年一遇。7月8日秋浦河高坦站最大1、3、6小时涨幅分别达1.15m、2.04m(7月8日14—17时)和2.68m(7月8日14时—20时)。

(2)河湖水位快速上涨,多条河流发生超警戒水位洪水。7月上中旬,受强降雨影响,江、河、湖水位快速上涨,造成长江、淮河干流、巢湖以及西河、滁河等16条中小河流同时发生超警戒水位洪水,其中永安河、青通河和水阳江等发生超保证水位洪水,尧渡河、黄湓河、秋浦河等3条河流涨涨落落,多次超警戒水位。沿江升金湖等7个湖泊和沿淮瓦埠湖等4个湖泊超过安全蓄水位,9座大型水库先后超过汛限水位。

(3)长江、淮河干流与湖泊水位同时上涨,导致沿江沿淮湖泊内水不能自排。7月份,正当沿江、沿淮湖泊水位快速上涨时,受长江和淮河上游降雨来水和本省降雨影响,长江、淮河干流水位与沿江、沿淮湖泊水位同时上涨,除升金湖7月14日至28日水位高于长江干流水位开闸排水外,沿江沿淮湖泊由于湖外水位高于湖泊内水位,迫使闸门关闭,内水不能自排。

(薛仓生)

【洪涝灾害】 2010年全省主要发生三次洪涝灾害,分别是2—3月份皖南山区、7—8月份长江流域和9月份淮北地区暴雨所造成的严重洪涝灾害。全省有93个县(区)939个乡镇1261.6万人受灾;农作物受灾面积107.19万hm²(1608万亩),其中成灾面积

51.16万hm^2(767万亩)、绝收面积12.81万hm^2(192万亩);倒塌房屋2.6万间,因灾直接经济损失83.7亿元,其中农业损失47.4亿元,水毁水利工程3.4万处,直接损失16.8亿元。

【防汛抗洪】 党中央、国务院及国家防总高度关注安徽省防汛抗灾工作,温家宝总理、回良玉副总理亲临安徽,分别视察淮河王家坝、长江支流泥塘沟河防汛抗洪工作;国家防总副总指挥、水利部长陈雷两赴安徽检查指导。张宝顺书记、王三运省长、赵树丛副省长对防汛抗旱工作作出重要批示,亲赴一线检查指导防汛抗洪救灾工作。

坚持"安全第一、常备不懈、以防为主、全力抢险"的防汛方针,扎实开展一系列汛前准备工作。全面落实以行政首长负责制为核心的各项防汛抗旱责任制,责任制贯穿防汛抗旱全过程。按照"县级自查、市级抽查、省级督查"的原则,开展全方位检查,对检查出的问题明确责任主体,督促整改。编制、修订《防御全省性大洪水工作方案》、《抗洪抢险兵力需求方案》等20多项方案、预案,指导督促各地抓好基层预案编制修订。督促淮河、长江干流和主要支流的36处开口工程、336座正在除险加固的水库在汛前完成工程建设,落实应急度汛措施。扎实开展防汛抢险演练,各级抢险队伍累计演练298场次,参演人员达2.7万人。各地逐步完善防汛物资储备制度和社会性防汛物资号料机制,开展物资储备和社会号料工作。

通过全省上下的共同努力,防汛抗旱工作取得重大胜利,确保了长江淮河干堤和重要堤防无一决口、大中小型水库无一垮坝和城乡居民饮水安全,保障工农业生产用水需求,最大程度减少灾害损失,水利工程防洪减灾效益达260多亿元。

长江防汛　2010年,安徽省长江流域先后发生多次集中强降雨过程。其中导致本省长江干流或主要支流出现洪水过程的主要有3次降雨过程:一是3月上旬沿江江南暴雨导致水阳江发生超警戒水位洪水;二是6月20日至7月中旬,淮河以南地区持续强降雨,加之上游来水影响,长江干流两次超警戒水位,长江流域16条中小河流超警戒水位,其中水阳江、青通河、永安河等3条河流超保证水位。巢湖、升金湖、武昌湖等7个湖泊超安全水位或警戒水位。全省有9座大型、29座中型、1105座小型水库先后超汛限水位。长江干支流河道堤防、水库发生险情378处;三是9月初,受年第6号热带风暴"狮子山"和冷空气共同影响,滁河干流、巢湖流域丰乐河发生超警戒水位洪水。

精心组织、科学调度。汛前,沿江地区加快巢湖、龙感湖、升金湖、南漪湖等湖泊内水的自排。针对严峻汛情和涝情,各地利用已建成的防洪排涝工程体系,实施工程综合调度,有效防控洪水,实现防洪减灾效益最大化。在防御水阳江、青弋江洪水中,调度陈村水库拦洪错峰,削减洪峰达74%,灵活调度双桥闸、马山埠闸,运用南漪湖调蓄水阳江洪水。在防御巢湖流域洪水时,及时开启凤凰颈排灌站抽排,启用牛屯河分洪,加快巢湖洪水外排速度,调度凤凰颈排灌站提前开机,抽排流量达240m^3/s,共抽排西河、巢湖洪水3亿m^3,削减西河洪峰水位0.4m,紧急抽排巢湖洪水。协调督促陈瑶湖流域泵站全面开机排洪,降低湖水位1m以上,避免沿湖周边6个民圩及普济圩二分场蓄洪。针对升金湖汛情严峻的实际,池州市主动放弃湖泊周边面积较小的圩口,为沿湖周边大圩滞洪,争取了防汛工作的主动。

以人为本,防抢并举。各地把保障人民群众生命安全作为防汛工作的首要任务,组织广大干群,强化巡堤查险,迅速处置险情。7月13日晚,贵池区联丰圩圩堤告急,池州市合理调度防汛力量,迅速抢筑子堤,经过军民通宵鏖战,万余人雨夜平安转移,堤防险情全部得到及时控制。7月20日,东湖圩堤防发生三片11处管涌点,东至县投入400多人次,采取构筑围堰抬高内水位、管涌点砂石压渗等办法,有效处理险情。在牛屯河分泄巢湖洪水时,牛屯河下游圩口险象环生,含山县发动军民加筑子堤,迅速处理险情,保证圩口无一溃破。安庆市泊湖周边堤防受长时间高水位、风浪的双重影响,险情不断,望江县举全县之力,在泊湖联圩万米大堤上用土工布铺裹子堤挡水、防浪,持续2个多月。在安庆城区、安庆监狱、池州城区、合肥城区发生严重积水后,省排灌总站调拨100多台套流动泵站支持有关地区排涝,流动泵站和当地的固定泵站一起发挥重要的排涝作用,迅速降低城区水位,极大缩短城区积水时间。据统计:各级有90多万干部群众投入防汛排涝,保障堤坝防洪安全,排除涝水近40亿m^3,累计排出受涝农田90.1万hm^2。

加强指导,全力抗洪。密切关注天气,加强雨情、水情监测,根据需要,省防指适时启动气象、国土、民政、农业、水文部门联合会商机制,综合研判雨情、汛情及灾情,研究防汛排涝抗灾措施,加强对各地查险抢险、水库度汛、山洪泥石流防御、排水除涝等工作的指导。在防汛抗洪关键时期,省防指先后启动防汛应急Ⅲ级响应1次、Ⅱ级响应2次、发布防汛预警28次、汛情通告39期,召开新闻通气会26场次。先后派出近30个防汛抗旱工作(专家)组赴一线巡回检查指导。7月11日,当大沙河青草段堤防发生溃堤险情时,省防指立即成立抢险、救灾、卫生防疫等3个工作组,现场协助指挥抗洪抢险救灾工作。在长江流域汛情紧急阶段,省防指分别向防汛形势严峻的安庆、池州、巢湖、宣城四市防指和市委、市政府主要负责人提出书面防汛工作意见,并将意见同时报告分工负责的副省长,保证省防指应急措施落到实处。长江流域各地最多有30万干群投入抢险第一线,省军区、省武警总队出动兵力2.4万人次、车辆及舟船近1000车(舟)次,支援地方抗洪抢险。

淮河防汛　2010年,安徽省淮河流域先后发生两次集中强降雨过程。一是7月中旬,本省降雨区域由淮河以南地区北抬到淮河流域,淮河干流发生超警戒水位洪水。二是9月6—8日,淮北地区中北部发生集中强降雨,导致颍河、涡河、茨淮新河、西淝河、北淝河流域发生严重涝灾,颍河阜阳闸上发生超警戒水位洪水。省防指在加强长江防汛的同时,密切关注淮河汛情,加强预测预报预警,强化有关水库、控制闸站调度等,积极应对淮河洪水。7月16日省防指向沿淮各地发出通知,要求切实做好淮河防汛工作。紧急调度淮河蚌埠闸加大泄量,在王家坝超警戒水位之前,蚌埠闸预泄水量25亿m^3;督促沿淮湖泊开闸抢排水量5.7亿m^3。同时,调度大别山区白莲崖、佛子岭、磨子潭水库加大泄量,迅速将库水位降至汛限水位以下。使得淮河干支流、湖泊蓄水位、水库水位均控制在正常范围内,未出现灾情。

9月5—7日,安徽省淮河流域普降中到大雨,其中淮北西北部降暴雨、大暴雨,局部特大暴雨。累计降雨量共有7个县(市)10个站点超过200mm,蒙城县坛城站351mm、利辛县王市集站349mm、太和县城关站299mm较大;强降雨造成淮北地区中小河道水位迅速上涨、农田大面积受涝、部分村庄积水、民房倒塌损坏。其中颍河发生较大洪水。为应对洪水和涝情,9月7日,省防指及时调度蚌埠闸,将40孔闸门全部提出水面,为加快上游洪水和区间涝水下泄创造条件。同时,颍河、茨淮新河、涡河、西淝河、北淝河、怀洪新河以及沿淮湖泊各控制闸也及时开闸泄洪、排涝。不能自排的,及时开启固定泵站抢排,调集流动机械集中排涝。在茨淮新河流域涝水基本排出的情况下,开启茨河铺闸,启用茨淮新河分洪,分洪水量0.67亿m^3,降低阜阳闸上水位0.02m。为加快涡河涝水的下泄速度,在大寺闸、涡阳闸、蒙城闸全部打开的基础上,调度开启蒙城分洪闸,抢排洪水。

【新安江防汛】　2010年,新安江流域先后发生5次灾害性天气,即2月下旬的春汛,5月中旬的强降雨,7月上中旬连续暴雨,7月30日徽州区富溪乡2个半小时降雨高达213mm,9月初遭受第10号台风"莫兰蒂"灾害。在国家防总、太湖流域防总指导下,省委、省政府、省防指以及黄山、宣城市坚持生命至上、安全至上,及时启动应急响应,依法防控、科学调度,超前应对、落实措施,取得防汛排涝工作的全面胜利。新安江干堤未发生重大险情,水库无一垮坝,防抗暴雨洪灾未发生一起群死群伤。特别是黄山市未因工作失误造成人员伤亡,219座水库无一垮坝,做到受灾地区"五有四通",即让受灾群众有饭吃、有衣穿、有房住、有卫生水喝、有病能及时救治,交通、供电、供水、通讯在最短时间内全面恢复通畅,各项损失降到最低限度。

(尹晓稳)

抗旱工作

【旱情旱灾】　7月下旬至8月中旬,全省降雨偏少,淮北地区少6成,江淮之间少3成。特别是萧县、埇桥、灵璧、固镇、临泉一带降雨量少近9成,沿淮淮北和江淮之间地区还发生伏旱。10月1日以来,淮北地区平均降雨量24mm,较常年同期偏少8成,降雨量偏少居有资料以来历史同期第1位,重现期为60年一遇。其中淮北中北部降雨仅18mm,比常年少9成,平均连续无有效降雨日86天,居历史同期第3位,部分地区最大连续无有效降雨日129~131天,居历史同期第二位。无降雨日之多创1961年以来历史之最。

全省伏旱最大受旱面积达42.3万hm^2;秋冬旱沿淮淮北地区累计受旱面积达206.7万hm^2,其中越冬前最大受旱面积一度达179.5万hm^2,占在地农作物的60%。主要分布在亳州、宿州、阜阳、淮北、蚌埠、淮南、六安、滁州市等地。

【抗旱行动】　全面部署,广泛动员。旱情发生后,省委、省政府要求把抗旱保苗工作提升到保粮食丰收、物价稳定和社会稳定大局的高度,要求各受旱地区全力抓紧抓好抓实,先后两次发出紧急通知,要求做好抗旱保苗工作。省政府多次召开抗旱保苗调度会。省防指启动《安徽省抗旱预案》Ⅱ级响应,宿州、亳州、蚌埠、淮南等市相继启动抗旱预案Ⅱ级响应,淮北市启动抗旱预案Ⅰ级响应。省政府发出紧急通知,要求各地做好当前的小麦抗旱保苗和春季田管工作。国家防总召开抗旱工作异地视频会议,省政府召开全省抗旱保苗和春季田管工作电视电话会议,对抗旱保苗工作进行部署,要求受旱地区立即行动起来,广泛发动,精心组织,强化措施,抓住气温回升的时机,指导农民及时抗旱浇灌,全力打好以抗旱保苗为中心的春管攻坚战。

科学调度,适时浇灌。省防指把保障水源作为抗旱保苗工作的关键环节来抓,强化水源调度,保障抗旱水源。省防指未雨绸缪,加大蓄水保水力度,根据淮河干流上游来水情况,调度蚌埠闸按18m控制,沿淮湖泊按照正常蓄水位的上限控制,督促各类水库强化动态蓄水。旱情发生后,省茨淮新河管理局先后四次开启上桥抽水站抽水,累计提水8300多万 m^3。阜阳市通过济河引沙颍河水向颍泉区、颍东区和颍上县补充抗旱用水4000万 m^3。蚌埠市从怀洪新河向河灌区补水1600万 m^3,从茨淮新河补充抗旱水源4700万 m^3。淮北、宿州等地把水调度到大中沟内,以便于农民浇灌。各井灌区根据需要应急打井、洗井、淘井3万多眼,河灌区开启各类提水机械5多万台套。沿淮淮北地区各类水利工程累计供水18.1亿 m^3,其中春灌供水7.5亿 m^3,有力地保障各地抗旱浇灌用水需要。

强化指导,加大支持。省防指、省水利厅多次派出由省防办、省排灌总站、省水文局、省水科院专家组成的专家组,赴沿淮淮北等地开展抗旱浇灌保苗技术指导、泵站安装维修技术服务、指导墒情测报工作。省财政厅会同省水利厅下达中央特大抗旱补助费1.44亿元,用于全省72支县级抗旱服务队设备购置,旱区各县紧急行动,采购设备投入抗旱保苗。省防指会同省经信委、省电力公司两次累计下达5920万kWh农业抗灾用电指标,支持各地抗旱灌溉。全省各级财政共安排抗旱保苗春管专项资金7.2亿元,其中省级财政安排抗旱保苗春管专项经费1亿元,重点用于沿淮淮北9市33个县(市、区)抗旱浇灌和小麦三类苗追施返青肥补助。省财政、农业部门还拨付8.9亿元粮食直补和50.66亿元农资综合直补资金。

发挥优势,全力抗灾。各级水利、农技人员深入田间地头,充分利用技术和设备优势,帮助指导群众抗旱浇灌,加强田间管理。省水文局启动旱情水文应急测报预案Ⅱ级响应,加大测墒频次,为各级防指指导抗旱工作当好参谋。省机电排灌总站成立抗旱突击队携带设备紧急支援宿州、亳州、蚌埠市抗旱浇灌。阜阳市抗旱服务队组织30余人、10台灌溉机械,对口帮扶颍东区口孜镇白屯村抗旱保苗。临泉县临时组建100支抗旱服务队,1万台套抗旱机械投入抗旱一线。据统计,全省累计有137.8万人投入灌溉保苗,动用机电井12.97万眼,开启1152处泵站、69.45万台套流动灌溉设备提水浇灌,投入抗旱用电7502万kWh,抗旱用油5.7万t,抗旱资金8.7亿元,累计抗旱浇灌281.6万 hm^2(4225万亩次)。

(尹晓稳)

水政管理

SHUIZHENG GUANLI

法制建设

【概况】 2010年，安徽省各级水行政主管部门深入贯彻落实科学发展观，践行可持续发展治水思路，不断加强和改进水利立法工作，紧密围绕水利改革与发展大局，研究经济社会发展对水法律制度的需求情况，坚持科学立法、民主立法，突出重点，统筹安排，加强协调，努力克服各种制约因素，水法规建设卓有成效。为促进和保障全省水利事业又好又快发展提供坚强的法制保障。

【水利立法】 2010年8月21日，省十一届人大常委会第二十次会议审议通过《安徽省水文条例》，于2011年1月1日起实施。省人民政府2010年4月20日以皖政〔2010〕28号发布实施《安徽省小型水库安全运行管理办法》。围绕水利改革与发展需要，研究制定《加强湖泊保护的若干规定》、《安徽省水能资源开发利用管理意见》、《安徽省农村饮水安全工程运行管理暂行办法》等3件规范性文件。《安徽省节约用水条例(草案)》已报省政府法制办进行立法审查，《安徽省农村安全饮水工作运行管理办法(草案)》已报省政府审查，安徽省湖泊立法前期工作全面启动，立法工作稳步推进。

围绕水利改革发展主题，认真研究经济社会发展对水法律制度的需求情况，建立和完善水利立法项目库，编制《"十二五"水利立法规划》，增强水利立法工作的科学性和系统性。

【水法规宣传】 2010年3月22日至4月22日，为纪念第十八届"世界水日"和第二十三届"中国水周"，启动第二十届"安徽省水法宣传月"活动。围绕"严格水资源管理，保障可持续发展"宣传主题，组织开展丰富多彩的纪念活动。先后在《安徽日报》发表纪冰厅长的署名文章，联合省人大农村工作委员会召开新闻通气会，省人大副主任朱先发做题为《加强水法规体系建设，实施严格的水资源管理制度》的重要讲话，成立"江淮行"新闻采访团赴各地跟踪报道，开辟滚动网站及时发布宣传信息，与合肥市水务局联合在合肥市四牌楼、市政务大楼、省水利厅办公区等地段放置宣传气球，印发宣传单2万余份。

【水行政许可】 2010年，省水利厅结合实际，推进水行政许可监督管理规范化建设，颁布施行《安徽省水利厅水行政许可论证报告专家评审管理办法》，为大力推行依法行政，实施有效监督，起到积极的推动作用。同时，按照省人大常委会、省政府行政审批工作领导小组的部署，组织对水利厅29项行政许可、25项非行政许可审批项目进行清理。共下放2项，精简合并2项，取消1项，增加1项行政许可审批项目。

【政策研究】 2010年，省水利厅研究出台《关于加强水利政策研究的意见》。建立健全水利政策研究工作机制，制定2010年全省水利系统政策研究课题方案，明确研究课题，目标责任以及保障措施。开展水利政策研究优秀成果评选交流活动。组织开展《安徽水利发展目标体系研究》，指导全省水利系统政策研究工作，取得丰硕成果。注重对水利政策研究特约研究员的培训，邀请专家教授进行专题辅导，使全省水利政策研究特约研究员开展政策研究的能力水平得到提升。

(马恩超)

执法监察

【概况】 2000年，水利部《水政监察工作章程》颁布实施以来，安徽省水政监察队伍逐步建立。截至2010年底，全省共建立省水政监察总队派出支队11支、大队46支，市级水政监察支队16支，县(区)级水政监察大队81支。各级水行政主管部门以加强水政监察队伍建设、规范执法行为、加大执法力度为重点，探索强化水行政执法的有效办法，各级水行政执法能力和水平得到提高。

【水行政执法】 2010年12月，水利部下发《加强水政监察工作的意见》，省水利厅注重加强基层水政监察队伍建设，逐步规范水政监察队伍名称设置、机构级别、人员编制、承担职能。坚持岗前和在岗培训制度，注重培训质量，不断提高水政监察人员业务素质。按照水利部《关于开展中西部地区水政监察基础设施建设的通知》(政法监〔2010〕12号)精神，组织编制《安徽省2010—2015年水政监察基础设施建设项目初步设计》，加快水政监察基础设施建设。2010年，共对20个水政监察大队，4个市级水政监察支队、4个厅直单位水政监察支队进行执法装备建设，提高水行政执法能力。组织开展分解执法职权、确定执法责任工作，依据现行法律法规及本单位的"三定"规定等有效规范性文件，清理审核省水利厅行政职权，明确行使行政权力的依据、范围和运行规范，确定厅直有关单位、机关各有关处室执法权限、责任，为切实履行法定职责奠定基础。会同省政府法制办组织开展全省水行政执法人员资格认证工作,对全省水利系统拟上岗的1600余名同志进行培训和行政执法资格考试。开展2008—2009年度全省水行政执法案卷评查工作,对各市水利(水务)局和厅直有关单位选送的水行政处罚案卷62卷进行集中评查,并对照《安徽省水行政处罚案卷评查标准(试行)》进行评分。通过案卷评查,全省水利系统行政执法案件办理质量和水平得到提高,行政执法行为逐步规范。

【水事纠纷调处】 2010年,省水利厅坚持预防为主、预防和调处相结合的工作方针,加强对水事矛盾重点地区水事活动的监督检查,及时化解矛盾纠纷,确保水事稳定,促进社会经济协调发展。采取多种形式,开展水法规宣传,营造依法办事,团结治水的法制环境。依法及时处理水事纠纷,7月份,省水利厅就江苏省盱眙县旧铺镇时集村在时湾水库库区非法圈圩行为进行调查和处理。针对边界河道非法采砂问题,多次联合各级水行政主管部门,开展专项执法检查活动,对检查发现的问题,及时研究提出处理意见,有效避免水事纠纷的发生。

(马恩超)

采砂管理

【严厉惩处非法采砂】 2010年,始终坚持日常监管与集中惩处相结合,保持对非法采砂活动的高压严惩态势。每年"国庆""元旦""春节"期间,均开展惩治非法采砂专项行动,维护社会稳定;结合水法宣传月,充分利用广播、报刊、网络、电视等大众传媒作用,开展形式多样的宣传活动,使政策、法规深入人心;针对市际边界河段开展专项整治行动,进行全面巡查和督查;加强对重点区域的监控,适时组织专项打击行动。截止年底,省级在惩治长江、淮河河道非法采砂活动中共出动船艇400余次、出动执法车800余次,累计出动执法人员2000人次,查获大中型采砂船3艘次、小型采砂船108条次,拆除小型采砂船采砂机具107台套,与公安、海事等部门开展联合执法行动30余次。有效地惩治了长江、淮河河道非法采砂活动。

【建立采砂管理机制】 2010年,省水利厅按照水利部、交通运输部统一部署,对长江干流涉砂船舶进行全面清理。在从严监管的基础上,依法组织可采区开采以及为沿江经济建设服务的工程性采砂。2009年《安徽省河道采砂管理办法》出台后,淮河干流采砂管理逐步得到规范,建立省级监管组织,试点开展跨市边界河段共管规约,落实地方人民政府及其相关部门采砂管理责任制。同时,逐步建立各级政府负总责,水行政主管部门具体实施,公安、交通等部门各司其职,乡镇人民政府积极配合的管理体制。形成统一管理和分级负责,各市、县(区)、各部门之间相互配合、协同管理的局面。为逐步规范本省河道采砂管理,有效惩处非法采砂行为,省水利厅组织起草《安徽省长江、淮河河道采砂管理目标责任考核办法》,制定出台《安徽省淮河干流采砂管理水行政处罚实施细则(试行)》等配套政策。

【采砂管理能力建设】 2010年,省及沿江、沿淮各市、县(区)初步建立以水行政执法人员为主体的采砂管理队伍,共配备专职或兼职采砂管理和执法人员近千余人,省长江局、淮河河道管理局分别组建了长江采砂管理三个执法大队和淮河采砂执法两个大队,并购置必要执法装备,提高执法反应速度和执法能力。组织召开全省长江、淮河河道采砂管理工作会议,深入分析采砂管理工作面临的新形势,研究部署采砂管理工作的具体任务。

(马恩超)

2010年水事纠纷统计表

类别 / 项目	上年遗留水事纠纷	当年发生水事纠纷	已解决水事纠纷				损失情况			
			小计	协商	地方人民政府处理	流域机构处理	死亡	伤残	直接经济损失	挽回直接经济损失
	件	件	件	件	件	件	人	人	万元	万元
	1	2	3	4	5	6	7	8	9	10
省内	6	109	111	82	26	3	2	2	140.5	91.9
省际	1	1	1	1					15	9

(万蓓)

2010 年水政监察队伍基本情况统计表

项目	队伍情况(支)				人员情况(人)									
	行政性质	事业性质			工作方式		性别结构		年龄结构			文化程度		
		全额拨款	差额拨款	自收自支	专职	兼职	男性	女性	29 岁以下	30－45 岁	46 岁以上	中专以下	大专	本科以上
	1	2	3	4	5	6	7	8	9	10	11	12	13	14
总队	1													
支队	4	72	2	89	69	12830	13	95	50	33	60	65		
大队	13	30	4	20	693	610	981	322	123	778	402	521	549	233
备注	1. 总队未正式批机构和编制,所以总队的水政监察人员情况未统计入表。2. 挂靠同级水政机构或与其合署办公的队伍统计为行政性质													

(万蓓)

2010 年度水事违法案件统计表

项目/类别	案件受理情况				案件处理情况										申请行政复议			提起行政诉讼			损失情况			案件执行情况		
	上年遗留案件	现场处理	立案	结案	警告	罚款	没收违法所得	没收非法财物	暂扣许可证	吊销许可证	责令限期拆除	责令停产停用	责令采取补救措施	责令赔偿损失	维持具体行政行为	变更具体行政行为	撤销具体行政行为	维持具体行政行为	变更具体行政行为	撤销具体行政行为	伤亡	直接经济损失	挽回直接经济损失	当事人自动履行	行政机关采取强制措施执行	人民法院强制执行
	件	件	件	件	次	万元	万元	万元	个	个	次	次	项	万元	件	件	件	件	件	件	人	万元	万元	件	件	件
	1	2	3	4	5	6	7	8	9	10	11	12	13	14	15	16	17	18	19	20	21	22	23	24	25	26
河道案	89	812	746	1445	601	711	15				233	17	104	13	1					1		72	751	558	41	14
水工程案	78	261	47	314	128	8				1	26	10	63	5								18	281	47	3	3
水资源案	18	63	44	86	25	4					23	7	9					1				14	29.5	16		7
水土保持案	9	8	7	11	5	2							5		2								2	1	2	1
其他案	19	5	1	22	11											2									16	

(万蓓)

水资源管理

SHUIZIYUAN GUANLI

基础工作

【水资源规划工作】 2010年,安徽省水利厅完成《安徽省节水型社会建设“十二五”规划》、《安徽省水资源保护“十二五”规划》初稿,完成《城市供水水源地安全保障规划》、《安徽省省会经济圈水资源合理开发利用与保护规划》、《合肥市水生态修复实施方案》等编制工作,启动沿淮及淮北地区地下水开发利用和保护、大别山水库群水资源保护等专项规划编制工作。各市水资源综合规划修编工作先后启动,各专项规划亦按要求陆续编制,其中淮北、亳州、合肥、宿州等市水资源综合规划编制完成。

【水资源基础工作】 2010年,开展水资源总量控制研究,组织对安徽省中西部地区、城西湖及周边地区水资源配置问题进行研究,启动蚌埠闸上水资源情势分析调查和水量分配方案编制工作,为区域水资源利用和实施水量分配提供技术支撑。研究最严格水资源管理制度的实施方案,结合安徽省水资源基础条件以及相关技术研究,提出具体意见和建议并报水利部。加强水资源信息发布,编制水资源公报、淮北地下水通报、水功能区水资源质量通报;加强规范化管理,对多年来技术资料进行归档整理,建立档案管理制度。编印《水资源管理法律法规简明手册》;开展《安徽省水资源管理简明手册》编制工作。

【取水许可和水资源论证工作】 取水许可管理 省水利厅认真贯彻落实国务院460号令和省政府212号令,落实取水许可管理制度,全省发放取水许可证263户,对省管重点取水户,按照2009年取用水情况,核定下达用水计划。按照水资源管理专项检查的要求,清理一批无证取水企业,补办取水相关手续。

水资源论证 2010年,严格水资源论证管理,推进规划水资源论证,出台加强水资源论证工作的意见,对取排水影响范围较大、区域较敏感项目现场察看了解,论证深度不够的不予审查;亳州市、涡阳县开展城市规划区水资源论证,安庆市化工园区和宿州市化工园区均开展规划水资源论证。督促市级加快水资源信息化建设,淮北市46家重点自备水源单位的112眼自备水源井实现实时监测,芜湖、马鞍山、淮南市在线监控正向县级延伸。逐步清理水资源费征收职责,规范水资源征收权限,省级直收的重点取水户新增7家,超额完成厅下达2000万元的直收任务。开展水资源论证技术培训,新增水利建设项目环境影响评价作为培训内容,培训人数超过200人。

水量分配工作 组织编制《安徽省中西部重点区域及淠史杭灌区水量分配方案》,在邀请院士、专家进行技术咨询,征求有关市、县意见基础上,安徽省水利厅技术委员会组织技术审查,为下一步全省实行总量控制和水量分配提供经验。组织有关专家和人员深入城西湖地区实地调查研究水资源配置问题,科学论证保障该地区经济发展的水源条件及用水总量控制指标,对促进区域水资源优化配置和节约保护提供有力的技术支撑。

(朱岳松)

水资源保护

【水资源管理专项大检查】 按照省水利厅、发改委、物价局、财政厅联合下发的皖水资源〔2009〕380文件要求,各市于2010年对本地区水资源管理制度建设、行政许可管理、水资源论证、入河排污口管理、水资源费征收管理使用等工作开展专项检查。针对发现不少存在的问题,下发《关于对水资源管理专项检查中发现的突出问题整改的通知》(皖水资源〔2010〕262号文),要求对专项检查中发现的突出问题加以整改,探索建立水资源管理长效机制,推动最严格水资源管理制度的落实。文件对各市反映较多的建设项目水资源论证问题,明确要求各项目主管部门按照水利部、国家发改委15号令规定,在项目批准前要求业主单位提供取水许可申请批准文件及经审定的水资源论证报告书。同时,对只需填写建设项目水资源论证表的范围作了界定。整改文件印发后,各市清理一批无证取水企业,补办取水许可相关手续

【水功能区管理】 2010年,为适应皖江城市带承接产业转移需要,修订《安徽省长江干流水功能区划》,制定《安徽省水域纳污能力及限制排放意见》,完成《21世纪前十年全省地表水功能区水资源质量变化调查评价》,完成皖苏、皖豫、皖浙、皖赣等省界缓冲区水质监测断面的查勘和调整设置工作。入河排污口监督管理方面,完成省境长江、淮河干流取排水工程普查登记建档,启动5条重要支流取排水口的普查工作;各市全面展开入河排污口普查、登记、定位、建档工作,淮北市水

务局还联合市环保局、宿州水文局等单位,对入河排污口逐一进行普查登记并化验水质;加强入河排污口设置审批,组织对枞阳县城、安庆马窝污水处理厂入河排污口设置进行审查。开展水生态系统保护与修复,合肥市于2010年3月被水利部列为水生态系统保护与修复试点市,《实施方案》于当年12月获水利部、省政府批准,同时合肥市对河道、湖岸、湿地等开展水生态系统保护与修复工作;淮北市对采煤沉陷区进行水资源利用与生态修复,池州市对清溪河、芜湖市对扁担河进行水系整治,取得明显成效。

【水资源节约】 节水立法工作进展明显,完成《安徽省节约用水条例》拟稿、立法依据及参阅资料搜集汇编工作。2010年8月25日,《安徽省节约用水条例》(草案)通过省政府法制办组织的立项审查。节水基础工作逐步夯实,部署各市编制有关节水规划;组织开展水资源费与水费构成、雨洪资源化、水资源配置非工程措施等专题研究,其中国家补助的节水减排、水平衡测试财政专题研究通过了水利部组织的验收;完成"十一五"节水型社会建设典型经验总结,编报"十二五"期间节水示范重点工程项目方案报水利部。试点建设稳步推进,《淮北市雨水利用管理办法》和《淮北市岩溶地下水开采管理暂行规定》获市政府常务会议通过,节水型社会建设制度逐步完善,部分节水指标已提前完成;合肥市节水型社会建设试点正按实施方案落实;铜陵市于2010年7月被水利部批准为全国第四批建设试点市,试点建设规划已完成初稿。宣传教育取得实效,在2010年世界水日和中国水周,把水资源管理和节水工作作为宣传主题,邀请全国节水大使王诗昕到六安、合肥等地进行节水宣传活动。

(朱岳松)

农村水利

NONGCUN SHUILI

农田水利基本建设

【概况】 2010年秋,在省委、省政府的领导下,在水利部和国家有关部委的支持下,全省各地深入贯彻中央一号文件和国务院加快水利建设专题会议以及全国、全省冬春农田水利基本建设电视电话会议精神,强化组织领导,落实工作举措,以农村饮水安全、病险水库除险加固、大中型灌区续建配套与节水改造、小型农田水利建设重点县等项目为重点,组织开展农田水利基本建设活动。

2010年10月中旬,省农建指挥部制定印发《2010~2011年度全省农田水利基本建设工作意见》,明确农建工作的目标任务并分解下达到各市。10月25日,召开农建工作电视电话会议,11月11日,全国冬春农田水利基本建设电视电话会议召开后,安徽省农建指挥部再次召开全省会议,对农田水利基本建设工作进行部署安排。12月13~14日,省农建指挥部在芜湖县召开全省农田水利基本建设现场会,省农建指挥部成员单位参加会议,省委常委、副省长赵树丛到会并作重要讲话,对冬修水利工作进行再动员、再部署,切实推动各地掀起水利兴修热潮。各地认真贯彻全省农田水利基本建设现场会精神,进一步建立健全农田水利基本建设组织领导机构,完善领导责任分工、目标考核等工作机制,切实加大组织领导力度。宿州、亳州、滁州、六安等市党委或政府主要负责同志指挥农田水利基本建设,宿州市由四大班子相关负责同志牵头,成立5个包扶工作组,市纪委和市委组织部各1名负责同志带队,成立2个督查组,市水利局成立5个驻县区技术指导组,强力推动水利兴修工作。滁州、巢湖、宣城等市召开全市农田水利基本建设现场会,全面动员、部署冬春水利兴修工作。芜湖县继续采取对各镇开展水利兴修“红、黄、蓝”挂牌考评并对末位乡镇给予“一票否决”的办法,加大行政推动力度。天长市、裕安区几大班子领导分片联系乡镇,主抓骨干工程。枞阳县委、政府“以抓城建的力度抓农建”,决心大干三年,使枞阳县农田水利建设实现质和量的双突破。

【投入情况】 2010年,省水利厅共争取到农村饮水安全、大中型灌区续建配套、小型农田水利重点县等农水项目中央投入16.5亿元。举办2次培训班,搜集、整理并向各地印发成功典型的经验做法汇编材料,推动各地组织引导农民群众围绕直接受益的农田水利工程建设开展议事活动。芜湖市政府转发《关于沟渠湖塘清淤疏浚工作实施意见》,市级财政2010年安排2000万元水利兴修专项经费,其中600万元用于沟渠湖塘清淤以奖代补,250万元用于购置清淤机械设备并分发到各乡镇。无为县财政全年投入水利建设资金1.61亿元,其中直接用于农建奖补1800万元,各乡镇投入基本都在100万元以上,其中高沟镇达500多万元。怀远县继续按照“乡镇土方挖到哪,财政出资桥涵配套到那”的思路,县财政安排2000万元用于全县农田水利建筑物配套;和县财政全年安排1600万元专项经费,按照县、乡7:3的比例,主导开展58座圩工涵闸翻建工程。池州市各县区通过政府担保贷款,落实小型水库除险加固配套资金2000万元。宣州区做好资金整合工作,仅在洪林镇就有效整合重点农水、烟水配套、高标准农田示范建设等项目资金数千万元,合力打造万亩现代农业田间配套建设示范区。2010年全省各地通过“一事一议”等方式共筹集资金9亿元。推动各地不断深化小型水利工程产权制度改革,通过开发利用水土资源等,引导社会资金投入小型水利工程建设,2010年,全省各地共吸引民营及社会资金3.8亿元。

【建设成效】 2010年,农田水利基本建设工作取得新进展。至2011年4月底,全省共投入各类资金69.4亿元(不含大江大河治理),较上年增长24.8%,其中地方政府投资31.8亿元,较上年增长26%;群众筹资8.99亿元,较上年减少10%;完成土石方3.27亿m^3,占省下达计划工程量的121%;投入劳动工日2621万个,较上年增加17%;出动机械台班359万个,较上年增加43%。全省共修复水毁工程25213处,新增防渗干、支渠道3085km,清淤疏浚河道、沟渠21747km,加固水库349座,建设村镇供水工程1165处,修建塘坝16384处、灌溉机井22590眼,新建水池水窖1603口。全省共新增有效灌溉面积2.92万hm^2(43.8万亩)、节水灌溉面积3.3万hm^2(49.5万亩),改善灌溉面积32.87万hm^2(493万亩),新增除涝面积1.89万hm^2(28.4万亩),改善除涝面积17.2万hm^2(258万亩),新增旱涝保收面积2.8万hm^2(42万亩),新增供水受益人口296.72万人。本年度水利兴修好于上年水平。

(邓诗华)

农村水利

【农村饮水安全工程建设】 2010年,省水利厅大力实施农村饮水安全工程,累计安排总投资142683万元,其中,中央预算内专项资金95504万元,省级配套23590万元,市县及群众自筹23589万元,建成1106处农村饮水安全工程,解决273.72万农村居民和23万农村学校师生的饮水不安全问题。

各地在农村饮水安全工作中,采取有力措施,突出做好建设及运行管理工作:

1.加强组织领导,落实目标责任。农村饮水安全工程建设实行行政首长负责制,省政府常务副省长代表省政府与各市市长签定农村饮水安全工程建设目标责任书,层层分解落实农村饮水安全工程建设任务,责任到人。农村饮水安全工程建设责任主体为县级人民政府,省政府已将农村饮水安全工程列入市、县政府目标考核范围,每年进行检查考核。省水利厅党组响应省委、省政府的决策,成立农村饮水安全工程建设办公室,并落实专门工作人员,专职从事农村饮水安全工作。成立安徽省农村饮水管理总站,加强全省农村饮水安全工程的运行管理。

2.多方筹措资金,加强资金管理。根据国家农村饮水安全工程建设标准和资金补助标准,省级按地方应配套资金的50%筹集,并在省财政设立省农村饮水安全工程建设资金专户,将中央资金和省级配套资金专户存储。市、县每年应承担的资金,由市、县政府按省下达的年度投资计划和配套数额予以落实。市、县财政也分别设立农村饮水安全工程建设资金专户。同时加大招商引资力度,多方筹集资金为农村饮水安全工程的顺利开展打下资金基础。

3.印发典型材料,交流经验。省水利厅对各地工程建设进度实行旬报制,每月印发通报给各级政府和水利部门,编印11期《农村饮水安全工程建设专刊》和《安徽省农村饮水安全工程五县十厂经验汇编》,交流各地工程建设和运行管理好的经验。定期召开调度会议,对工程进展较慢的部分市进行重点调度。

4.开展《安徽省农村饮水安全工程"十二五"规划》编制工作。省水利厅根据国家统一部署,组织各地编制《安徽省农村饮水安全工程"十二五"规划》,并上报水利部。

5.深入开展调研,掌握各地实际情况。2—5月,省水利厅在全省水利系统开展"万名干部进镇村"调研活动,由厅领导带队,深入全省17个市、104个农业县(市、区)的932个行政村,对包括农村饮水安全工程在内的农村水利工程进行调研,发放3080份农村饮水安全工程调查表,为完善工程运行管理掌握第一手资料。根据省政府办公厅《关于在全省开展民生工程"回头看"活动的通知》要求,按照"以条为主,条块结合"的原则,省水利厅相继派出4个检查组,对全省17个市农村饮水安全工程"回头看"开展情况进行检查,取得较好的效果。

6.加强业务指导,提高运行管理水平。组建省农村饮水管理总站,负责全省农村饮水安全重点建设的指导和项目管理。举办农村饮水安全工程运行管理培训班,提高各市县农村饮水安全工程运行管理水平。

7.明确目标任务,全面落实工作责任。7月,省水利厅与各市水利(水务)局签订《2010年农村水利工程建设管理责任书》,明确各市的任务和责任。要求各地采取有效措施,确保市县配套资金100%落实到位;年底前100%完成投资计划、工程质量100%合格。

8.建立信息系统,实现管理信息化。建成部、省、市、县四级互连互通的管理信息系统,实时掌握各地工程建设及运行管理动态。

(方玉涛)

【小水库除险加固】 2007—2010年,安徽省积极筹措资金,主动争取国家投资,陆续完成1820座存在严重病险情的小型水库除险加固工作,其中小(一)型324座,小(二)型1496座。

列入国家第一批206座重点小(一)型水库中央财政补助资金已全面下达,95%的水库已完工验收,90%加固过水库已投入运行。第二批列入国家的304座重点小(一)型水库大部分已下达国家补助资金,但工程没有全部竣工和验收,尚有部分重点小(一)型水库国家补助资金未全部下达。

列入省计划的1614座病险小型水库,计划已经全部下达,完成主体工程加固任务的1422座,已完成竣工验收1292座,累计完成投资约17.9亿元。其中,2009年前,1122座水库已全面完成验收工作,2010年,省计划300座有170座完成验收工作。

2010年,完成省计划300座小水库除险加固任务,开工建设2011年省计划内159座病险小型水库除险加固工作。积极做好小型水库规划,为争取省第二批除险加固计划做好前期准备工作。

(毕治纯)

【大中型灌区续建配套与节水改造】 1.大型灌区。按照水利部的统一部署,重点抓好大型灌区续建配套与节水改造项目建设。2010年,国家分两批下达安徽省大型灌区续建配套与节水改造项目总投资5.04亿元,其中中央资金3.56亿元,地方配套1.48亿元。第一批总投资为39402万元,其中中央预算内投资27900万元,地方配套11502万元;第二批总投资11037万元,其中中央预算内投资7700万元,地方配套3337万元;省级累计安排配套资金2032万元,共涉及46个单项工程的建设。截止2010年12月底,累计完成投资3.5亿元。

2.中型灌区。从2001年起,国家从农业综合开发资金中列出专项,对全国重点中型灌区进行节水配套改造。截止2010年底,全省共有来安县屯仓水库等14个中型灌区立项建设。其中2010年有2个中型灌区立项,分别是庐江县庐北大圩灌区和黟县东方红水库灌区,总投资3270万元,其中中央资金1980万元,地方配套资金1290万元。

(董吉英)

农村水电

【农村水电行业管理】 "十一五"期间,水电农村电气化建设累计新建、改扩建和技改电源项目共计111处,累计新增装机20万kW,总投资13.47亿元。建成白莲崖水电站(装机5万kW)、郑家湾水电站(装机2.8万kW)等一批骨干水电站,建设一批小水电代燃料生态电站,截至2010年底,全省水电总装机规模达到110万kW。

【"十一五"水电农村电气化建设达标验收工作】 "十一五"期间,安徽省岳西、石台、太湖、潜山等10个县被列为全国水电农村电气化建设范围。2010年底,上述10个县顺利通过省政府组织的达标验收。"十一五"期间岳西等十县新增水电装机23.39万kW,较规划基准年增长138%。10个县人均年用电量由规划基准年431kWh提高到714kWh,户均年生活用电量由规划基准年477kWh提高到656kWh,户通电率达到100%,农村水电提供量达15亿kWh,超过乡镇及以下农村用电量。

【水电供区二期农网改造】 2008年,启动的水电供区二期农网改造工程,计划总投资2769万元。2010年底,岳西、太湖、潜山、霍山、祁门、休宁等6个县水电供区二期农网改造施工任务全面完成,并顺利通过验收。据统计,水电供区二期农网改造工程累计完成投资3924万元。从2004年到2010年底,一期、二期共建改35kV变电所6座,容量23300kVA;建改35kV线路30.51km。建改配电台区1057个,配电变压器容量45831kVA;建改10kV线路934.51km,建改380V线路1777.07km,建改220V线路4577.32km,改造下户线长度3177.21km,改造农户11.52万户,实际完成投资14540.45万元(含县子公司自筹1405.09万元,不含用户下户改造投资)。改造后的供电台区实现城乡同网同价,电价由原来的0.8~1.2元/kWh下降到0.5653元/kWh,每年农民减少电费约3000万元,减轻了农民负担。

【金寨县牛山河等五个小水电代燃料扩大试点项目顺利通过验收】 2010年4月,省水利厅会同省发改委联合下文,明确由省水利厅牵头组织,对安徽省金寨县牛山河、太湖县百旺、霍山县石羊河、岳西县岩河、休宁县五明水电站等5个全国小水电代燃料扩大试点项目进行验收。上述5个小水电代燃料扩大试点项目,累计完成投资6992万元,8369户2万多人受益。由于全面落实代燃料电价(0.38~0.395元/kWh),有效保护了当地生态环境,每年还减少农户燃料电费支出183.9万元。(详见附表)

(乐茹凤)

附表:安徽省小水电代燃料扩大试点项目效益指标

序号	项目名称	代燃料户(户)	完成代燃料人口(人)	代燃料装机(kW)	户均代燃料年用电量(kWh)	代燃料到户电价(元、kWh)	相当于节约标准煤(t)	减少二氧化碳排放(t)	减少二氧化硫排放(t)	保护森林植被面积			
										合计(亩)	退耕还林面积(亩)	天然林保护区面积(亩)	减少水土流失面积(亩)
1	太湖县百旺代燃料项目	1296	5326	1000	1200	0.38	1557	3891	19.5	20800	2800	4200	13800
2	休宁县五明代燃料项目	2082	7290	1300	1200	0.395	1872	4681	23.78	31815	4500	27315	

3	霍山县石羊河代燃料项目	1400	5504	1000	1200	0.39	2792	6980	35.5	22700	1500	21200	
4	岳西县岩河代燃料项目	1160	4372	800	1200	0.38	1309	3273	16.6	24070	2000	22070	
5	金寨县牛山河代燃料项目	2805	10669	3200	1200	0.39	2077	5191	26.4	47300	9500		37800
	小计	8743	33161	7300			9607	24016	121.78	146685	20300	74785	51600

（乐茹凤）

水土保持

SHUITU BAOCHI

水土保持

【水土保持综合治理工作】 2010年,全省综合治理小流域51条,投入各类治理资金超过1.1亿,实际完成治理水土流失面积402.5km²,实施生态修复面积400km²,超额完成省政府规定的治理水土流失面积300km²任务。完成2009年国家水土保持重点工程建设任务,共下达投资3006万元,其中,国家财政补助1000万元,地方自筹1000万元,群众投劳1006万元,在金寨、霍山等6县实施,治理水土流失面积97.8km²。2010年,水利部安排安徽省2010年国家水土保持重点建设工程资金1600万元,比2009年增加600万元,且地方配套比例减为三分之一,计划下达后,省水利厅及时指导督促舒城、霍山、金寨等6个县等好项目选点、初步设计编制工作。各地已完成招投标工作,并已开工建设,年内完成计划的约20%。开展移民坡耕地试点工作。同年,中央预算内投资安排安徽省5834万元,计划治理35条小流域。其中,中央投资3500万元,比2009年翻一番。

【水土保持监督执法工作】 2010年,安徽省各级审批各类开发建设项目水土保持方案报告书(表)339个,其中,省级审批57个,市县级审批282个,水土保持方案的编报率省级达90%以上,市县级达70%,超过或达到水利部规定的标准。全省组织各类执法检查260多次,配合淮委等流域机构开展本省境内开发建设项目监督检查,省水利厅联合有关部门组织多次执法检查,在总结去年与省交通运输厅联合开展高速公路项目检查经验的基础上,与省国土资源厅、省交通运输厅组成联合检查组,对省内矿产资源开发建设项目和高速公路项目水土保持方案的落实情况开展执法检查。

【水土保持监督管理】 根据水利部《关于开展全国水土保持监督管理能力建设的通知》要求,按照《安徽省水土保持监督管理能力建设实施方案》,对各市及全国第一批水土保持监督管理能力建设的8个县(区)开展督促、检查活动,重点检查是否做到机构、人员、办公场所、工作经费、取证设备装备"五到位"。在下达水土保持设施补偿费返还计划时,对全国第一批水土保持监督管理能力建设的8个县(区)予以支持。水利部巡视组和长江委分别对8个县(区)进行抽查,并给予以充分肯定。

【监测和科研】 一是继续开展水土流失动态监测工作。继续开展全国水土流失动态监测与公告水土流失监测专项工作,并与水利部水保监测中心和3个监测实施单位签订2010年监测任务书。完成《2010年安徽省霍山县江子河小流域和监测点工作报告》及相关附表附图。二是全面推进全国水土保持监测网络和信息系统建设二期工程安徽省建设工作。根据水利部水土保持监测中心对全国水土保持监测网络和信息系统建设二期工程的统一安排和进度要求,本省已完成总站和4个分站的建设任务。2月份水利部水土保持监测中心对安徽省水保总站和4个分站的建设内容进行单项验收情况检查。9月召开全省水土流失监测点工作座谈会,启动23个监测点建设工作。这些监测点的土建和设施设备建设内容已进入收尾阶段。

【水土保持前期工作】 一是完成《安徽省水土保持"十二五"规划》、《安徽省易灾地区水土保持专项规划》等前期工作文件的编制工作。二是组织有关市、县人员到江西参观水土保持科技示范园建设,申报霍山县但家庙小流域和凤台县八一林场为全国水土保持科技示范园。三是启动全省水土保持普查工作。根据全国第一次水利普查工作布置及本省水利普查办的要求,编制完成《安徽省水土保持专项普查实施方案》,提出明确的普查方案和经费预算。

(朱庆敏)

水利管理

SHUILI GUANLI

河道管理

【概况】 1月18日,省水利厅向蚌埠市水利局、省怀洪新河管理局下发《关于明确五河县沱湖及相关水工程管理权限的通知》(皖水管函〔2010〕61号),明确沱湖圈堤内的水域和圈堤管理范围以外的湖滩地由五河县水行政主管部门负责管理;沱湖圈堤(包括穿堤涵闸和护堤地、取土区、冲填区等)、香沱引河、新开沱河及两河堤防、山西庄闸、新开沱河闸由省怀洪新河管理局负责管理。

7月19日,省水利厅向各市和厅直水管单位下发《关于开展河道采砂规划编制工作的通知》(皖水管函〔2010〕607号),布置在全省开展内河采砂规划编制工作。组织完成淮河干流河道采砂应急规划编制。

(王久方)

【涉河建设项目管理】 2010年,省水利厅共审查、审批涉河建设项目31项,其中转报长江委审批12项,转报淮委审批7项,主要是大桥、码头及取排水工程(详见附表);组织审查27个涉河建设项目的防洪评价报告。

在涉河建设项目管理中,坚持依法行政,严把审批关,落实涉河建设项目责任人和联系人。组织长江河道管理单位和各市县开展河道管理范围内建设项目联合检查工作,对全省2008-2009年度审批的涉河建设项目审批与自查情况进行统计汇总,重点抽查涉河建设项目及防洪影响处理工程按批复实施情况,河道及水工程管理范围内建设项目管理四项制度贯彻落实情况,在建项目施工度汛方案及防汛责任制落实情况及有关水行政主管部门及河道管理单位施工监督及管理情况等。配合淮委开展淮河流域河道管理范围内建设项目联合检查工作。

(胡志专)

2010年安徽省河道管理范围内建设项目审批情况统计表

序号	所在流域	项目名称	建设地点	批准文号	建设单位	防洪评价报告	备注
1	淮河	淮南海螺专用码头	淮河右岸凤台县邱家湖圩	皖水管函〔2010〕12号(审查)	淮南海螺水泥有限公司	有	淮委建管许通〔2009〕第30号 淮管水〔2010〕1号
2	淮河	泗洪至泗县高速公路安徽段老濉河大桥	濉河河道桩号5+400	皖水管函〔2010〕46号(审查)	省交通投资集团有限公司	有	淮委建管许通〔2009〕第31号 宿水管〔2010〕14号
3	长江	安徽铜冠有色金属(池州)有限责任公司码头	贵池区同义圩江堤2+900处	皖水管函〔2010〕60号(转报)	安徽铜冠有色金属(池州)有限责任公司	有	长工管〔2010〕49号长许可〔2010〕号
4	长江	西华基地舾装码头及转运平台工程	芜当江堤17+780-18+460处	皖水管〔2010〕号80(转报)皖水管函〔2010〕号322(转发)	芜湖长江轮船公司	有	长工管〔2010〕69号长许可〔2010〕55号
5	淮河	阜六铁路淠河总干渠特大桥工程	淠河总干渠	皖水管函〔2010〕号177(意见)皖水管函〔2010〕482号(批复)	阜六铁路有限责任公司	有	皖淠水政〔2010〕5号
6	淮河	蒙城县涡河三桥	涡河右堤80+576、左堤桩号80+680	皖水管函〔2010〕235号(批复)	蒙城县交通局蒙城县漆园城市建设投资有限公司	有	淮管水〔2010〕31号
7	长江	1000kV淮南至上海(皖电东送)输电线路工程	合肥市肥西县三河镇临岗村附近跨越杭埠河	皖水管函〔2010〕256号(批复)皖水管函〔2010〕号990(转发)	省电力公司	有	皖电函〔2010〕13号

8	长江	1000kV 淮南至上海(皖电东送)输电线路工程	第一次在铜陵东联圩堤防桩号 23+000,第二次在铜陵东联圩堤防桩号 28+000,第三次在铜陵县新联圩联合村、繁昌县五联圩感定村	皖水管函〔2010〕255 号(批复)	省电力公司	有	皖电函〔2010〕17 号
9	淮河	蚌埠市天然气管道穿越淮河工程	蚌埠圈堤桩号 8+315 处,淮北大堤蚌郊段堤防桩号 14+750	皖水管〔2010〕110 号(批复)	蚌埠市新奥燃气有限公司	有	淮委建管许通〔2010〕9 号
10	长江	安庆市东宜港口物流有限责任公司码头	安庆江堤桩号 0+670 沙漠洲	皖水管函〔2010〕324 号(批复)	安庆市东宜港口物流有限责任公司	有	长工管〔2010〕113 号
11	长江	安庆市远通港务有限责任公司码头	安庆江堤桩号 0+671 沙漠洲	皖水管函〔2010〕322 号(批复)	安庆市远通港务有限责任公司	有	长工管〔2010〕115 号
12	长江	无为县滨江新城供水工程	无为大堤桩号 94+100 伍显圩外滩	皖水管函〔2010〕328 号(批复)	无为县第一自来水有限公司	有	长工管〔2010〕114 号
13	淮河	泗洪至许昌高速公路淮北段浍河大桥	濉溪县岳集乡浍河岳集老桥下 1.8km 处	皖水管〔2010〕141 号(审查)	安徽省交通投资集团有限责任公司	有	淮委建管许通〔2010〕8 号
14	长江	皖电东送淮南至上海 1000kV 特高压交流输电线路长江大跨越工程	荻港庆大圩至无为大堤 44+120 处	皖水管〔2010〕154 号(转报)	省电力公司	有	长工管〔2010〕134 号长许可〔2010〕208 号
15	淮河	徐明高速公路怀洪新河特大桥	新开沱河上游 900m、怀洪新河左岸桩号 87+230,右岸桩号 87+780 处	皖水管函〔2010〕443 号(批复)	安徽省交通集团有限责任公司	有	皖怀管〔2010〕27 号
16	长江	当涂经济开发区综合码头	马鞍山江堤 3+336－3+552	皖水管〔2010〕173 号(转报)皖水管函〔2010〕号 989(转发)	马鞍山港口集团有限责任公司	有	长工管〔2010〕145 号长许可〔2010〕209 号
17	淮河	徐明高速公路五河淮河特大桥	淮北大堤 74+430	皖水管〔2010〕号 174(审查)	安徽省交通集团有限责任公司	有	淮管水〔2010〕76 号

18	淮河	皖电东送淮南至上海1000kV特高压交流输电线路涉及高塘湖工程	淮南市马庙村附近窑河封闭堤背水侧	皖水管函〔2010〕474号(批复)	省电力公司	有	淮管水〔2010〕105号
19	淮河	蚌埠至五河高速公路工程跨淮河、方邱湖特大桥	方邱湖赵拐段对应淮北大堤桩号33+350处	皖水管〔2010〕186号(审查)	蚌埠市交通投资集团有限责任公司	有	淮委建管许通〔2010〕11号
20	长江	马鞍山当涂发电厂有限公司大件码头改建为运煤码头工程	芜当江堤桩号约为29+300处	皖水管函〔2010〕543号(批复)	马鞍山当涂发电厂有限公司	有	长工管〔2010〕182号
21	长江	京福铁路客用专线铜陵长江公路两用大桥工程	无为大堤41+640东联圩江堤20+090处	皖水管〔2010〕号217(转报)皖水管函〔2010〕1201号(转发)	京福铁路客用专线安徽有限责任公司	有	长工管〔2010〕204号长许可〔2010〕261号
22	淮河	五河县怀洪新河园集大桥	沿五河县原县道X029从前高庄跨越怀洪新河香涧湖至园集	皖水管函〔2010〕606号(批复)	五河县交通局	有	皖怀管〔2010〕74号
23	淮河	济宁至祁门高速公路永城段工程沱河大桥	河南省永城市新城贺寨东南跨越沱河处	皖水管〔2010〕236号(审查)	永城市高速公路铁路工程建设领导组	有	淮委建管许通〔2010〕20号
24	长江	铜陵市协诚港口有限责任公司码头	东联圩江堤17+320~17+785	皖水管〔2010〕290号(转报)皖水管函〔2010〕991号(转发)	铜陵市协诚港口有限责任公司	有	长工管〔2010〕290号长许可〔2010〕194号
25	长江	含山县大山尾矿专用码头	滁河含山县滁河联圩右岸古河大桥下游约1.5km处	皖水管函〔2010〕872号(批复)	含山县大山尾建材有限公司	有	含大山尾〔2010〕05号
26	淮河	淮南孔李淮河大桥	淮北大堤桩号56+370	皖水管〔2010〕397号(审查)	淮南市城乡建设委员会	有	淮委建管许通〔2010〕21号
27	淮河	蚌埠至固镇公路改造工程跨怀洪新河特大桥	怀洪新河右堤桩号34+000	皖水管函〔2010〕984号(批复)	固镇县交通局	有	皖怀管〔2010〕98号

28	长江	马鞍山市皖江建材码头有限公司码头	马鞍山市雨山区陈家圩外滩	皖水管函〔2010〕1200号(批复)	马鞍山市皖江建材码头有限公司	有	长工管〔2010〕408号
29	长江	芜湖三山港口有限责任公司中外运码头	繁昌江堤堤桩号6+800~8+300	皖水管〔2010〕455号(转报)皖水管函〔2010〕号362(转发)	芜湖三山港口有限责任公司	有	长工管〔2010〕461号长许可〔2011〕47号
30	长江	安徽铜陵海螺水泥有限公司专用码头扩建工程	铜陵江堤0+830~1+340	皖水管〔2010〕号460(转报)皖水管函〔2010〕138号(转发)	安徽铜陵海螺水泥有限公司	有	长工管〔2010〕479号长许可〔2011〕23号
31	长江	芜湖市二环石油有限公司力克油库二号码头	繁昌江堤堤桩号12+350	皖水管〔2011〕9号(转报)皖水管函〔2011〕号(转发)	芜湖市二环石油有限公司	有	长工管〔2010〕486号

水库水闸管理

【**水库管理**】 2009年,为加强水库的安全管理,在已建立大型水库安全责任人制度的基础上,建立全省中型水库大坝安全责任人制度,并公布安全责任人名单;指导完成滁州市安乐水库和省水电公司大龙潭水库等9座中型水库安全鉴定;配合水利部建管司完成对本省龙河口、练子山、石塘罗水库运行管理检查调研工作。

2010年,指导完成滁州市南店和合肥市红旗水库等6座中型水库安全鉴定,配合水利部大坝安全管理中心完成安乐等13座中型水库大坝安全鉴定成果核查工作。组织开展全省大中型水库2008年和2009年度观测资料及整编成果互审工作。共抽查11座大型水库,42座中型水库,其中水工测量资料46份、水文观测资料88份。经过互审和复核,评出一等奖5名、二等奖8名、三等奖12名。

(范小伟　胡志专)

安徽省中型水库安全鉴定情况一览表

序号	水库名称	总库容(万 m^3)	所在县(市)	承担单位	完成月份	鉴定结论
1	安乐水库	2787	天长市	滁州市水利勘测设计院 南京水利科学研究院	2009.03	三类坝
2	跃进水库	3139	天长市	滁州市水利勘测设计院 南京水利科学研究院	2009.03	三类坝
3	大涧口水库	1330	天长市	滁州市水利勘测设计院 南京水利科学研究院	2009.03	三类坝
4	三湾水库	4342	全椒县	滁州市水利勘测设计院	2009.03	三类坝
5	红丰水库	1500	来安县	河海大学设计院	2009.03	三类坝
6	双河水库	4400	定远县	滁州市水利勘测设计院 南京水利科学研究院	2009.03	三类坝
7	大余水库	2066	定远县	滁州市水利勘测设计院	2009.03	三类坝
8	岗王水库	1863	定远县	滁州市水利勘测设计院 南京水利科学研究院	2009.03	三类坝
9	大龙潭水库	1074	岳西县	安徽省水利水电勘测设计院	2009.05	三类坝

10	南店水库	1595	定远县	滁州市水利勘测设计院	2010.05	三类坝
11	解放水库	1826	定远县	滁州市水利勘测设计院	2010.05	三类坝
12	新集水库	1665	定远县	滁州市水利勘测设计院	2010.05	三类坝
13	鹿塘水库	1377	凤阳县	滁州市水利勘测设计院	2010.05	三类坝
14	红旗水库	1005	长丰县	南京市水利规划设计院有限责任公司	2010.08	三类坝
15	罗集水库	1022	长丰县	南京市水利规划设计院有限责任公司	2010.08	三类坝

【水闸管理】 做好全省大中型病险水闸除险加固工作,配合相关处室做好水闸加固专项规划编制,组织指导完成全省150座大中型水闸安全鉴定;加强与水利部联系,尽可能多的争取病险水闸列入规划,并配合水利部对全省大中型病险水闸除险加固专项规划进行审查,将审查结果及时通报有关单位,督促抓紧补报有关资料或说明;按水利部要求,及时收集整理、上报省列入规划的病险水闸安全鉴定资料电子文档;按长江委和淮委的要求,编制上报《安徽省长江流域水闸安全状况报告》、《安徽省淮河流域水闸安全状况报告》。

重视水闸安全管理,督促已鉴定为病险水闸的管理单位编制运行管理与应急处理方案;实地检查蒙城闸公路桥和怀洪新河山西庄闸隔堤挡土墙裂缝险情,要求相关单位采取有效措施,确保水闸运行安全。

(胡志专　范小伟)

水管体制改革

【概况】 2009年,省水利厅先后下发《关于进一步深化水利工程管理体制改革的通知》和《关于巩固和深化全省水利工程管理体制改革成果的通知》,在全省开展"七查七看"的水管体制改革"回头看"行动,要求各地切实落实人员编制,切实落实人员和维护养护经费,大力推进内部改革,妥善解决改革遗留问题。

7月6日,省水利厅牵头召开省发改委、省编办、省财政厅、省人力资源和社会保障厅参加的加快水利工程管理体制改革协调会。会议就进一步深化全省水管体制改革特别是部分厅直水管单位改革提出要求和意见,形成会议纪要。

厅直水管单位体制改革进一步深化,省长江、淮河系统上划单位被省编办批准为全额拨款事业单位,批准编制1449人;解决淮河管理体制调整遗留问题,明确蚌埠市淮上区淮北大堤委托管理问题;提出省龙河口水库管理处、省驷马山引江工程管理处改革实施方案。

省水利厅水利管理处、广德县水务局、池州市城市防洪管理处被水利部授予"全国水利工程管理体制改革先进集体"荣誉称号,王久方(省水利厅水利管理处)、韩修言(安徽省长江河道管理局)、单庆颖(阜阳市水务局)、李胜利(黄山市水利局)、夏汇彬(滁州市水利局)、张茂才(繁昌县水务局)被水利部授予"全国水利工程管理体制改革先进个人"荣誉称号。

(王久方　范小伟)

水利工程管理考核

【概况】 2009年,全省共有16个水利工程管理单位申报省级水利工程管理单位,经审核,有12个单位符合申报条件。经考核验收、经省水利厅水利工程管理考核委员会初审和厅长办公会审定,东淝闸管理处等3个单位被批准为省一级水利工程管理单位,枞阳长江河道管理局等6个单位被批准为省二级水利工程管理单位,淮南市淮河河道管理局被批准为省三级水利工程管理单位(详见附表)。

2010年,全省共有22个水管单位申报省级水利工程管理单位,经考核验收和厅长办公会审定,其中14个单位分别达到省一、二、三级水管单位水平。

2010年11月,望江长江河道管理局、临淮岗洪水控制工程管理局水闸管理处通过水利部考核验收,实现本省国家级水管单位"零的突破"。

【水利工程管理考核办法】 根据水利部《水利工程管理考核办法》,结合近几年安徽省水利工程管理考核实践,2009年,省水利厅对《安徽省水利工程管理考核办法(试行)》进行了修订完善,经厅长办公会审议通过后以《关于印发《安徽省水利工程管理考核办法》及其考核标准的通知》(皖水管〔2010〕296号)文印发。本次修订的主要内容有:增加了申报省三级以上水利工程管理单位的条件;将省一、二级水利工程管理单位最低标准从900分、830分提高到920分、850分;增加了对水管单位日常管理工作考核的要求;明确通过水利部验收的水管单位,省水利厅奖励20万元。

(范小伟)

水利工程管理单位考核结果表

年份	序号	单位	等级
2009年	1	东淝闸管理处	省一级
	2	安徽省怀洪新河河道管理局西坝口闸管理处	省一级
	3	安徽省临淮岗洪水控制工程管理局水闸管理处	省一级
	4	安徽省枞阳长江河道管理局	省二级
	5	安徽省怀宁长江河道管理局	省二级
	6	全椒县黄栗树水库管理处	省二级
	7	阜阳市茨淮新河茨河铺枢纽管理所	省二级
	8	颍上县管家沟电力排涝站	省二级
	9	贵池区秋浦电力排灌站	省二级
	10	淮南市淮河河道管理局	省三级
2010年	1	安徽省淠史杭灌区管理总局横排头管理处	省一级
	2	安徽省宿松长江河道管理局	省一级
	3	安徽省龙河口水库管理处	省一级
	4	颍东淮河河道管理局	省一级
	5	安徽省普济圩长江河道管理局	省二级
	6	潘集淮河河道管理局	省二级
	7	广德县卢村水库工程管理处	省二级
	8	安徽省淠史杭灌区管理总局将军岭管理处	省二级
	9	颍上县老河口电力排涝站	省二级
	10	五河淮河河道管理局	省三级
	11	含山县水务局长山水库管理所	省三级
	12	安徽省淠史杭灌区管理总局淠河总干渠高刘管理分局	省三级
	13	阜阳市坎河溜电力排灌站	省三级

(范小伟)

泵站管理

【行业管理】 2010年,安徽省有固定机电排灌站15809处,装机168.1万kW,泵站排灌面积193.7万hm^2。根据省水利厅、财政厅、省农委《关于改进水利工程排涝费收取工作的通知》,对全省跨市排涝泵站实际开机发生的耗电量和电价进行核算,并编制"2010年跨市排涝电费补助分配方案",637万元跨市排涝电费及时补贴到位。

培训 汛前要求各市、县排灌专管机构加强泵站机电设备检修维护,实行职工岗前培训、演练,提高泵站安全运行保证率。对检查中部分泵站存在问题和整改措施进行再落实。通过多种形式加大培训力度,与安徽水利水电职业技术学院联合举办"机电设备运行与维护”专业在职大专班、技术工人培训班。根据中小型泵站运行与管理的实际情况和学员需求,创造条件,连续举办3期共有146人参加的“泵站运行与维护”培训班,并组织学员到大型泵站现场参观学习。

达标考核　通过开展考核活动,全省泵站工程管理面貌有很大改观。为进一步推进该项工作的开展,总站帮助市县制定达标规划,引导和培养典型。对申报2009年度考核达标的泵站管理单位进行审核,对初选入围的颍泉区坎河溜电力排灌站、颍上县老河口电力排涝站、长丰县庄墓电灌站等3个泵站管理单位,对照省水利厅新的考核标准,进行现场考核,上报省水利厅。

调查研究　根据《关于开展中小型灌溉排水泵站现状及更新改造投资补助与建设管理现状调查的函》的要求,对全省17个市及农垦、监狱系统的中小型涉农泵站分别进行统计、汇总,与市县排灌专管机构、部分管理单位及运行管理人员就建管体制、运行机制、“两费”落实情况、泵站存在的问题及原因等进行交流和探讨,在分析问题的基础上,提出6点建议,形成调研报告上报中国灌溉排水发展中心。

按照省政府的要求,由省农委牵头,再次对农业排涝费用进行调研。深入排涝重点县现场调查摸底,对全省涉农排涝泵站近5年来排水量、耗电量、体制改革后在岗人数、水费征收等情况进行统计,对排涝电费、维修费、运行管理费进行测算,完成《关于农业排涝费问题的调研报告》,并编制政府补贴方案报省政府,拟从2011年开始,省财政部分补贴农业排涝电费,该项工作取得新进展。

启动泵站普查工作按省水利厅的统一部署,总站作为全省泵站行业主管部门,负责全省泵站普查工作,对泵站普查经费进行测算,编制泵站普查实施方案;参加水利部举办的多期普查培训班的学习,为全面开展普查工作做准备。

【泵站更新改造】　大型排涝泵站更新改造全省33处大型排涝泵站更新改造主体工程基本完成。4月,对大型泵站建设情况进行现场检查,及时掌握建设进度和质量,并对建设中存在的问题书面向上级汇报反映。目前中央资金62810万元、省级配套资金25160万元已全部到位,市县配套资金到位8899万元,总计到位资金96869万元,占计划总投资(125753万元)的77%。实际完成投资113428万元,占总投资的90.2%。其中,颍上县焦岗湖等共15处完成100%投资(详见附表1)。

6月上中旬,配合水利部大型排涝更新改造工程稽查组,稽查金保圩等4处泵站,并按省水利厅要求,对稽查提出的问题,督促相关项目法人限期整改。对完工项目督促尽快做竣工验收准备。

大型灌溉排水泵站更新改造前期工作按时上报安徽省大型灌溉排水泵站更新改造规划。根据水利部灌溉排水中心对全省10处泵站安全鉴定复核意见,指导、督促有关单位完成资料修改。众兴等10处泵站的安全鉴定已通过审查,已完成可研报告编制,上报省发改委和省水利厅。按省发改委要求,督促各项目单位请有资质的单位编制建设项目水土保持方案报告书、环境影响评价报告和用地预审意见。

和县老西圩、宣州区东大圩、芜湖市麻风圩泵站安全鉴定所附资料已根据专家意见进行修改,上报中国灌溉排水发展中心进行复核。

省级投资泵站技改对2009年省级泵站技改项目实施进行检查,督促已完成项目及时组织验收,并对淮北、宿州、阜阳等市2000年以来省级技改泵站完成及竣工验收情况进行检查。根据省水利厅《关于下达2010年泵站技术改造项目实施计划的通知》,2010年计划改造泵站项目20个,81台套,1.3万kW,总投资2625万元(地方自筹1125万元,详见附表2)。在规定时限内完成技改项目的现场勘察、方案优化和审批工作。完成520万元省级技改项目政府采购招标工作。

编制审查了2011年省级泵站技术改造项目,计划改造总装机81台套,13115kW,总投资2580万元,完成中小型排灌泵站技改规划编制工作并上报。

泵站信息化管理做好“安徽泵站网”的维护并扩展原有功能,运用总站电子办公平台,完成网站域名报备等相关工作。按照省厅要求,拟定总站水利信息化“十二五”规划。

(朱健)

表1　　大型排涝泵站更新改造工程建设进度统计表

序号	项目名称	建站年份	装机规模		项目投资(万元)			改善效益(万亩)台数		
			kW	小计	省财政补助	地方自筹	灌溉	排涝	排灌	
1	合肥市包河区上新埂站	1975	3	345	160	80	80		0.8	
2	滁州市天长市红星站	1959	6	930	198	99	99	2.4		
3	安庆市潜山县朱湖站	1962	4	620	192	96	96	0.7	0.5	
4	巢湖市居巢区焖炀一级站	1967	4	300	100	50	50		1.2	
5	安庆市桐城市三保站	1974	7	365	160	80	80	0.9	0.5	
6	芜湖市南陵县白塘站	1977	2	310	100	50	50		1.1	
7	宣城市宣州区汪祠站	1974	5	390	198	99	99	1.1		
8	阜阳市界首县杨新站	1971	7	385	192	96	96	1.1		
9	蚌埠市五河县蔡家湖站	1965	8	940	170	85	85		2.2	
10	宿州市埇桥区北大桥站	1971	6	330	130	65	65		2.1	
11	安庆市宿松县先进站	1979	6	300	60	30	30		0.2	
12	巢湖市居巢区姥山站	1976	6	300	60	30	30	0.4		
13	池州市青阳县菖蒲站	1974	6	330	100	50	50		0.8	
14	淮南市泥河排涝站	1977	4	12000	270	135	135		60	
15	池州市东至县新河口站	1978	2	310	40	20	20		0.7	
16	池州市贵池区秋浦站	1982	3	390	60	30	30		0.9	
17	阜阳市颍上县管家沟站	1979	2	500	60	30	30		0.8	
18	省机械排灌队				80	80				
19	省排灌总站				95	95				
20	省驷马山引江工程管理处				100	100				
21	省茨淮新河工程管理局上桥站				100	100				
	合计		81	19045	2625	1500	1125	6.6	71.8	0.9

(朱健)

表2　　大型排涝泵站更新改造工程建设进度统计表(2010.12.21)

序号	市、县(区)	工程项目名称	计划投资(万元)				到位资金(万元)				累计完成(万元)
			小计	中央	省级	市县	小计	中央	省级	市县	
	合计	33处大型排涝站	125753	62810	25160	37783	95800	62810	25160	7830	113428
1	省直	上桥抽水站	3271	1635	654	982	2289	1635	654	0	3271
2	亳州市	阚疃泵站	4177	2085	836	1256	2921	2085	836	0	4177
3	阜阳市颍上县	焦岗湖泵站	3817	1905	764	1148	3817	1905	764	1148	3817
	蚌埠市小计		5633	2812	1128	1693	4320	2812	1128	380	5225
4	蚌埠市淮上区	北淝河泵站	1595	797	320	478	1117	797	320	0	1595
5	蚌埠市怀远县	荆山湖泵站	4038	2015	808	1215	3203	2015	808	380	3630
	六安市小计		17370	8680	3476	5214	12156	8680	3476	0	12602
6	六安市霍邱县	城西湖排灌站	4770	2385	954	1431	3339	2385	954	0	3339
7	六安市寿县	正南洼地排涝站	8085	4040	1618	2427	5658	4040	1618	0	6104
8	六安市霍邱县	临王段排灌站	4515	2255	904	1356	3159	2255	904	0	3159
	巢湖市小计		27126	13553	5426	8147	21145	13553	5426	2166	24632
9	巢湖市无为县	凤凰颈排灌站	5196	2595	1040	1561	3635	2595	1040	0	4723
10	巢湖市和县	十四连圩泵站	1907	953	382	572	1405	953	382	70	1907
11	巢湖市无为县	练塘圩泵站	1790	895	358	537	1361	895	358	108	1790
12	巢湖市无为县	永定大圩泵站	2862	1430	572	860	2166	1430	572	164	2862
13	巢湖市无为县	下九连圩泵站	8344	4170	1668	2506	7126	4170	1668	1288	7730
14	巢湖市无为县	上九连圩泵站	7027	3510	1406	2111	5452	3510	1406	536	5620
	马鞍山市小计		8539	4265	1708	2566	6873	4265	1708	900	8539
15	马鞍山市当涂县	大公圩排涝站	6369	3180	1274	1915	5054	3180	1274	600	6369
29	马鞍山市当涂县	一五圩泵站	2170	1085	434	651	1819	1085	434	300	2170
	安庆市小计		7985	3990	1598	2397	5588	3990	1598	0	7685
16	安庆市望江县	漳湖排涝站	2715	1355	544	816	1899	1355	544	0	2715
17	安庆市望江县	合成圩泵站	3150	1575	630	945	2205	1575	630	0	2850
18	安庆市迎江宜秀区	广济圩泵站	2120	1060	424	636	1484	1060	424	0	2120
	芜湖市小计		10818	5395	2164	3259	9771	5395	2164	2212	10626
19	芜湖市芜湖县	十三连圩排涝站	2712	1355	542	815	2415	1355	542	518	2712
20	芜湖市三山区	保大圩泵站	2428	1210	486	732	2196	1210	486	500	2428
21	芜湖市镜湖鸠江区	城北圩泵站	2297	1145	460	692	2297	1145	460	692	2297
22	芜湖市芜湖县	汪溪坝泵站	1464	730	292	442	1464	730	292	442	1464

23	芜湖市南陵县	林都圩泵站	1917	955	384	578	1399	955	384	60	1725
	池州市小计		16999	8490	3402	5107	12559	8490	3402	667	15824
24	池州市东至县	七里湖泵站	5145	2570	1030	1545	3600	2570	1030	0	5045
25	池州市贵池区	大同圩泵站	5525	2760	1106	1659	3866	2760	1106	0	4750
26	池州市贵池区	秋江圩泵站	6329	3160	1266	1903	5093	3160	1266	667	6029
	铜陵市小计		6089	3040	1218	1831	4258	3040	1218	0	4849
27	铜陵市铜陵县	东联圩泵站	1844	920	368	556	1288	920	368	0	1724
28	铜陵市铜陵县	西联圩泵站	4245	2120	850	1275	2970	2120	850	0	3125
30	宣城市宣州区	金宝圩泵站	3082	1540	616	926	2513	1540	616	357	3020
	农场小计		10847	5420	2170	3257	7590	5420	2170	0	9161
31	省监狱管理局	白湖农场泵站	3981	1990	796	1195	2786	1990	796	0	3081
32	省农垦	农垦皖河农场泵站	3185	1590	638	957	2228	1590	638	0	2840
33	省农垦	寿西湖泵站	3681	1840	736	1105	2576	1840	736	0	3240

(朱健)

科技·文化

KEJI WENHUA

科技

【概况】 2010年,安徽省水利科技工作贯彻"自主创新、重点跨越、引领未来、支撑发展"的科技工作方针,按照全省水利局长工作会议部署,在研项目16项,验收3项,申报各类科技计划项目共51项,批准13项;获省、部科学技术奖励3项,获第三届"安徽水利科学技术奖"6项;成立水利科技推广中心,举办"安徽省水利先进实用技术推介会"推介14项先进技术,地方标准立项8项;省水利学会举办"淮河流域水利可持续发展理论与实践"论坛,征集论文118篇;省水利学会荣获省科协"安徽省5612工程先进集体"、"安徽省十个最具影响力的科技团体"称号。

【科技管理】 项目申报 组织申报2010年度"水利部公益性行业科研专项"项目,上报4个主题14个项目,申报经费4849万元。

表1 2010年度"水利部公益性行业科研专项"项目

序号	年度	主题/项目名称	建议承担单位	协作单位	总经费(万元)	专项经费(万元)
一		灾难性水事件模拟与对策评估关键技术研究	安徽省水文局	水利部遥感技术应用中心、安徽省防讯抗旱指挥部办公室	1400	1000
1	2010	安徽省灾难性大洪水回溯、模拟及对策评估研究	同上	同上	400	300
2	2011	安徽省灾难性重大干旱回溯、模拟及对策评估研究	同上	同上	300	200
3	2011	突发特大水污染事件监测、预警和应急处理研究	同上	同上	300	200
4	2012	灾难性水事件综合管理系统平台研制	同上	同上	400	300
二		安徽大型灌区水资源优化管理关键技术研究	安徽省淠史杭灌区管理总局	水利部遥感技术应用中心、厅规计处、厅水资源处	1450	1050
1	2010	灌区灌溉面积、种植结构以及作物产量遥感监测技术	同上	同上	350	250
2	2010	安徽灌区旱情监测评估技术研究	同上	同上	400	300
3	2011	灌区作物耗水量遥感监测与农业节水效果评价	同上	同上	300	200
4	2012	大型灌区水资源优化管理与决策支持系统建设	同上	同上	400	300
三	2010	皖北地区水资源节约利用与保护关键技术研究	安徽省水利部淮河委员会水利科学研究院	安徽省水文局,中国水利水电科学研究院,北京大学	2539	2199
1	2010	采煤沉陷区水资源综合利用与保护关键技术研究	同上	中国水科水电科学研究院、北京大学	1166	826
2	2010	人工新河对皖北供水安全支撑关键技术研究	同上	安徽省怀洪新河河道管理局、安徽省茨淮新河工程管理局、安徽省水文局	328	328

3	2010	皖北地区农田水资源调控与高效利用关键技术研究	同上	河海大学	375	375
4	2010	淮北平原农村生态环境治理与水源健康研究与示范	河海大学	安徽省水利部淮河水利委员会水利科学研究院	350	350
5	2010	皖北地区水资源安全保障关键技术研究	安徽省水利部淮河水利委员会水利科学研究院	北京大学、安徽省水文局	320	320
四	2010－2013	中小型湖泊生态环境修复模式和关键技术研究	安徽省水利水电勘测设计院	安徽省环境科学研究院、合肥工业大学	600	600

申报“十二五”国家科技计划农村领域首批预备项目1项。“大型灌区生产资源监控与节约保护技术集成与示范”项目经费预算1000万元，建议承担单位为安徽省淠史杭灌区管理总局，建议协作单位(不多于3个)为中国水利科学研究院、合肥水文水资源局、安徽省水利科学研究院、中国科学院地理科学与资源研究所。

申报2011－2013年度水利部“948”计划项目23项，其中编报2011年度计划项目《可行性研究报告》6项，其余报送2012－2013年度水利部“948”计划项目16项。(详见表2)

表2　安徽省2011—2013年度水利部“948”计划申报项目

序号	项目名称	申报单位	国别	申请经费(万元)	备注
1	堤坝隐患数字化电测技术引进	安徽省水利部淮河水利委员会水利科学研究院	美国	263.30	2011年度上报可行性研究
2	无人机测绘系统	安徽省水利水电勘测设计院	中国	80	2011年度上报可行性研究
3	淮河试验研究中心流场实时测量系统推广转化应用	安徽省水利部淮河水利委员会水利科学研究院	中国	61.70	2011年度上报可行性研究
4	声学含沙量及粒径剖面仪	安徽省水文局	英国	40.50	2011年度上报可行性研究
5	旱情监测预报与旱情评价模型在淮北地区推广	安徽省水利部淮河水利委员会水利科学研究院	中国	200	2011年度上报可行性研究
6	淠史杭灌区水上多功能环保船应用	安徽省淠史杭灌区管理总局	中国	80	2011年度上报可行性研究
7	水底地貌综合勘察系统	安徽省水利水电勘测设计院、安徽省淮河河道管理局	日本、美国	210	
8	江河湖泊岸边线三维地形自动生成和监测系统	安徽省淮河河道管理局	中国	600	
9	土壤墒情卫星遥感实时监测分析系统	安徽省水利部淮河水利委员会水利科学研究院	美国	200	
10	探地成像仪	安徽省水利部淮河水利委员会水利科学研究院	美国	90	
11	利用五道沟实验站地中蒸渗仪开展淮北作物蒸散发规律及水转化实验研究	安徽省水利部淮河水利委员会水利科学研究院	中国	160	
12	RiverWare通用型水资源规划、调度与管理高级决策支持系统	安徽省淠史杭灌区管理总局	美国	40	
13	流场实时测流系统	安徽省水文局	中国	50	

14	时间序列管理系统	安徽省水文局	德国	160
15	三维数据可视化平台	安徽省水利部淮河水利委员会水利科学研究院	中国	86
16	土壤碳氮、水热、溶质耦合运移与环境测量系统	安徽省水利部淮河水利委员会水利科学研究院	德国	150
17	平板导热系数测定仪	安徽省水利部淮河水利委员会水利科学研究院	德国	280
18	水土流失三维动态监测系统	安徽省水利部淮河水利委员会水利科学研究院	瑞士	180
19	自动水位测量系统	安徽省水利部淮河水利委员会水利科学研究院	中国	62
20	水资源管理系统模块 WaterLib 3.0	安徽省水文局	德国	200
21	浮台式水中营养盐及藻类在线监测系统	安徽省水文局	美国	160
22	防洪防汛堤坝安全监测系统	安徽省淠史杭灌区管理总局	英国	360
23	EST－WQMS－G1 型整体柜式水质自动监测站	安徽省淠史杭灌区管理总局	中国	250

组织申报 2010 年度省科技厅长三角科技联合攻关项目《三峡工程影响下长江崩岸监测与预警关键技术攻关》,编制科技项目申报书。

项目立项 2010 年,共下达各类计划 9 项,总预算 3110.15 万元,国拨经费 1858 万元。(详见表 3)

表 3　安徽省 2010 年度在省、部立项的水利科技项目

序号	项目名称(第一承担单位)	计划名称	项目总预算(万元)	国拨总经费(万元)
1	枢纽、灌区泵站 CIMS 的应用推广(省茨淮新河工程管理局)	2010 年度水利部“948”计划项目	120.15	90
2	Corrowatch 钢筋混凝土结构腐蚀监测系统(安徽省淮委水科院)	2010 年度水利部“948”计划项目	99	67
3	土石坝安全监测分析评价系统推广(辽宁省水科院与安徽省淮委水科院合作在滁州城西水库大坝推广)	2010 年度水利部科技推广计划项目	165	50
4	灌区流量控制与精确精确计量技术(安徽省淮委水科院)	2010 年度水利部科技推广计划项目	80	50
5	“四水”转化水文模型在淮北平原应用推广(安徽省淮委水科院)	2010 年度科技部农业科技成果转化资金项目	95	50
6	淮河流域旱灾关键技术研究(安徽省淮委水科院)	2010 年度水利部公益行业科研专项经费	284	284
7	江淮丘陵区粮食增产节水技术和生态系统重建(安徽省淮委水科院)	2010 年度水利部公益行业科研专项经费	247	247
8	灾难性洪旱回溯模拟及对策评估关键技术研究(省水文局)	2010 年度水利部公益行业科研专项经费	349	349
9	改善湖泊饮用水源地水质的生态调水技术与方案研究(省水利水电勘测设计院)	《国家中长期科学技术发展规划纲要(2006－2020 年)》确定的十六个重大专项之一	1671	671

下达 2011 年度各类计划 4 项,总预算 491 万元,国拨经费 421 万元。(详见表 4)

表4 安徽省2011年度在省、部立项的水利科技项目

序号	项目名称(第一承担单位)	计划名称	项目总预算(万元)	国拨总经费(万元)
1	水工建筑物质量检测技术新方法研究(省水利科学研究院)	2011年度水利部公益行业科研专项经费	191	191
2	土壤墒情监测预报技术的推广应用(省水利科学研究院)	2011年度水利部科技推广计划	120	120
3	水位采集直观显示技术的推广应用	2011年度水利部科技推广计划	150	80
4	AquaScat1000声学含沙量及粒径剖面仪(省水文局)	2011年度水利部948计划项目	30	30

省水利厅下达2009年度、2010年度水资源费水利科技基金计划20万元,用于新技术培训、水利科普及科技交流、水利科技成果及文件汇编。

项目管理 2010年,水利科研在研项目16项,总投入达4220万元。其中,计划2010年完成的项目7项,国家资金396万元;正在进行的项目9项,国家资金1701万元。2008年度省科技厅国际合作计划项目"淮北市水环境承载力及污染控制的研究"通过省科技厅验收,2009年水利部"948"计划项目"五道沟水文水资源实验站地中蒸渗仪设备引进"、"大型河工模型自动检测与控制系统"通过水利部验收。完成2008年水利部公益行业科研专项经费"淮北地区地下水安全开采量与可持续利用研究",2008年省科技攻关计划"农村饮用水安全保障技术与示范"的项目任务,报送验收申请文件。2008年省科技攻关计划"安徽淮北地区采煤沉陷区水生态修复和综合利用研究与示范"因项目示范工程自筹经费没有落实,向省科技厅提交延期一年申请。在重大项目组织实施方面,组织完成2010年、2011年水利部批准立项的13个项目的可行性报告、任务书、实施方案和预算等文件的初步审查工作。

【成果管理和成果奖励】

2010年,受省科技厅委托,省水利厅主持7项科技成果鉴定工作。推荐8项成果申报省科技奖和大禹水利科技奖,2项成果获得"安徽省科学技术奖"二等奖,1项获中国水利学会设立的"大禹水利科学技术奖"二等奖。6项成果获安徽省水利学会设立的"安徽水利科学技术奖"一、二、三等奖公示。(详见表5)

表5 2010年通过省科技厅组织鉴定的科技成果

序号	项目名称	第一完成单位	第一完成人
1	长距离大口径压力输水管道跨越采矿塌陷区关键技术研究	安徽省水利水电勘测设计院	张浩
2	基于3G的山洪灾害监测预警系统	安徽赛洋信息科技开发咨询有限公司	吴强
3	淮北平原变化环境下水文循环实验研究与应用	安徽省·水利部淮河水利委员会水利科学研究院、河海大学	王振龙
4	水闸工程观测资料管理系统	安徽省蚌埠闸工程管理处	王存忠
5	枢纽、灌区泵站CIMS的应用	安徽省水利厅	姜洪
6	怀洪新河优化调控综合管理技术研究	安徽省·淮委水利科学研究院(省水利水资源重点实验室)	崔建安
7	白莲崖水库工程泄水建筑物布置关键技术研究	安徽省·水利部淮河水利委员会水利科学研究院	王久晟

2010年安徽省科学技术奖获奖项目

序号	项目名称(或被推荐人姓名)	奖励等次	主要完成单位	主要完成人
1	长距离大口径压力输水管道跨越采矿塌陷区关键技术研究	二等奖	安徽省水利水电勘测设计院、淮北矿业(集团)有限责任公司、合肥工业大学、安徽金海迪尔信息技术有限责任公司	张浩、陈景富、朱青、邱丹、刘慧萍、顾爱华、陆峰、宋涛
2	安徽省农业综合节水技术研究	二等奖	安徽省·淮委水利科学研究院(省水利水资源重点实验室)、安徽省水利厅农村水利处、安徽省水利厅新马桥灌溉试验中心站	王友贞、程中才、袁先江、汤广民、葛贻华、曹秀清、朱友法、曹成

2010年大禹水利科学技术奖获奖项目

序号	项目名称(或被推荐人姓名)	奖励等次	主要完成单位	主要完成人
1	淮北平原变化环境下水文循环实验研究与应用	二等奖	安徽省·水利部淮河水利委员会水利科学研究院、河海大学	王振龙、郝振纯、虞邦义、金问荣、王加虎、刘猛、沈敏、陈小凤、张百川、张桂菊

第三届安徽水利科学技术奖获奖项目

序号	获奖等次	项目名称	完成单位	完成人
1	一等	枢纽、灌区泵站CIMS的应用	安徽省水利厅、安徽省茨淮新河工程管理局、河海大学	姜洪、刘海声、徐立中、陈乃庚、冯守均、王慧敏、李臣民、马娟、丁世友
2	二等	白莲崖水库工程泄水建筑物布置关键技术研究	安徽省·淮委水利科学研究院(省水利水资源重点实验室)、安徽省水利水电勘测设计院、安徽省白莲崖水库开发有限公司	王久晟、虞邦义、程观富、西汝泽、陈景富、陈先朴、贾德斌、侯祥林
3	二等	临淮岗洪水控制工程实时洪水预报与调度系统	安徽省水文局、河海大学	徐建平、李致家、薛仓生、胡余忠、朱先武、方泓、王建群、韩从尚
4	三等	水利工程移民管理地理信息(GIS)系统	安徽省水利厅、合肥华软科技有限公司、安徽省水利学会、北京新禹万融科技有限公司、霍山县白莲崖水库工程建设协调工作领导组办公室	蔡建平、刘海声、余骏、文剑、戴勇、王凤云
5	三等	水闸工程观测资料管理系统	安徽省蚌埠闸工程管理处	王存忠、王克春、李松林、赵以国、邱增文、杨爱华
6	三等	怀洪新河优化调控综合管理技术研究	安徽省·淮委水利科学研究院、安徽省怀洪新河河道管理局	崔建安、王发信、许敬发、尚新红、赵胜发、王兵

【科技推广与普及】 根据水利部科技推广中心文件通知,报送水利部科技推广中心安徽科技推广工作站、长江中下游强崩岸治理新技术研究芜湖东梁山示范基地、安徽省水文缆道自动测流系统推广示范基地工作总结,纳入水利部科技推广中心科技推广示范基地(推广工作站)进行管理。

推荐《大中型水库管理系统》、《基于3G的山洪灾害监测预警系统(SY-FXPDA2.0)》2个项目申请列入水利部2010年度水利先进实用技术重点推广指导目录。

组织编写省水利厅关于水利部水利科技推广计划2011-2013年技术成果推广规划(征求意见稿)的修改意见,提出增加"水工程管理与现代化技术"、"科技推广示范基地建设"栏目。

编写安徽省科技推广总体设想,上报水利部,提出3个重大需求,42项拟推广技术,并提出9项具有推广条件和申请中试转化的技术成果。组织申报2010年度水利部科技推广计划项目13项。

安徽省科技推广重大需求

序号	重大需求名称	推广的先进技术
1	皖北和江淮地区综合农田水利先进技术推广	1.安徽省农业综合节水技术 2.淮河流域涝灾成因及治理技术措施 3.安徽省淮北平原大沟蓄水与农田水资源调控技术 4.安徽淮北地区“作物—水模型”与优化灌溉制度 5.江淮丘陵易旱地区节水灌溉技术 6.大型灌区节水高效与可持续发展关键技术 7.土壤墒情监测预报系统 8.淮北平原黄潮土区“四水”转化水文实验研究 9.淠史杭灌区水稻节水灌溉技术研究与集成应用 10.卧式节水防盗渠系闸门
2	安徽沿江河巢湖城乡防灾减灾先进技术推广	1.长江芜湖东梁山河段强崩岸治理新技术 2.淮河中游洪水资源利用研究 3.枢纽、灌区泵站 CIMS 的应用 4.水利工程移民管理地理信息(GIS)系统 5.安徽省数字长江信息系统 6.安徽省防汛抗旱应急宽带综合通信系统 7.安徽省水旱灾害应急管理(防汛抗旱)决策支持系统 8.安徽省防汛抗旱决策支持系统 9.长距离大口径压力输水管道穿越采矿塌陷区关键技术 10.水下岩塞爆破新技术研究 11.塑性及刚性混凝土组合式防渗墙技术研究与应用 12.混凝土病险坝加固新技术的研究与应用 13.安徽淮北地区墒情监测预报和抗旱减灾信息系统 14.怀洪新河优化调控综合管理技术研究 15.复合土工织物加筋充砂软体排护岸新技术研究 16.Fs 堤顶护垫 17.水文缆道自动测流系统 18.提防加固置换取土工艺方法 19.钻孔注水试验胶囊栓塞的供气测压装置 20.组合式混凝土防渗墙 21.软基上深孔口大型水闸设计施工新技术研究 22.安徽省大中型水库管理系统 23.土石坝安全监测分析评价系统 24.水闸工程观测资料管理系统
3	水资源节约保护与配置先进技术推广	1.变化条件下水文循环实验研究应用 2.淮北市水环境承载力及污染控制的研究 3.旱情监测预报与旱情评价模型 4.五道沟水文模型 5.淮北地区地下水安全开采量及开采潜力研究 6.合肥市大房郢水库水质污染控制集成配套技术 7.淮河中游洪水资源利用研究 8.怀洪新河优化调控综合管理技术研究。

安徽省具有推广条件和申请中试转化的技术成果

序号	成果名称	技术持有	推广方式
1	安徽省淮北平原大沟蓄水与农田水资源调控技术	安徽省·水利部淮河水利委员会水利科学研究院	应用推广
2	安徽省数字长江信息系统	安徽省长江河道管理局	应用推广
3	枢纽、灌区泵站 CIMS 的应用	安徽省水利厅、安徽省茨淮新河工程管理局、河海大学	应用推广
4	安徽省农业综合节水技术	安徽省·水利部淮河水利委员会水利科学研究院	中试转化
5	淮河中游洪水资源利用研究	安徽省水利水电勘测设计院	应用推广
6	水文缆道自动测流系统	安徽省水文局	应用推广

7	土石坝安全监测分析评价系统	安徽省·水利部淮河水利委员会水利科学研究院、辽宁省水利水电科学研究院	应用推广
8	长江芜湖东梁山河段强崩岸治理新技术	安徽省长江河道管理局	应用推广
9	Fs 堤顶护垫	澳大利亚 Foreshore 公司	应用推广

2010 年度申报水利部科技推广计划项目

序号	项目名称	申报单位	预算(万元)
1	水稻干旱指标试验研究	安徽省淠史杭灌区管理总局	80
2	安徽省农业综合节水技术研究	安徽省·淮委水利科学研究院	300
3	水稻调控灌溉技术与面源污染控制综合技术研究与集成示范(依托:董铺、大房郢水库流域灌区)	安徽省·淮委水利科学研究院	620
4	灌区流量控制与精确计量技术(依托:淠史杭灌区)	安徽省·淮委水利科学研究院	700
5	淮北平原地区农田排水与涝灾治理技术措施(依托:淮北平原农田排水及涝渍治理工程)	安徽省·淮委水利科学研究院	350
6	淮北平原黄潮土区“四水”转化模型推广(依托:淮北平原黄潮土区“四水”转化流域监测工程)	安徽省·淮委水利科学研究院	350
7	水工建筑物表面缺陷远方检测 SCANSITES 技术(依托:淮河流域水利工程和电力基础设施)	安徽省·淮委水利科学研究院	240
8	水文缆道智能控制技术(QG - SLZ101 - ZA)(依托:水文站)	安徽省·淮委水利科学研究院	500
9	具有质检取芯管的混凝土防渗墙(依托:安徽省龙河口水库除险加固工程)	安徽省水利水电勘测设计院	100
10	绝对多圈磁编码器(依托:安徽省涡阳枢纽工程、安徽省凤凰颈排灌站工程等)	安徽省水利水电勘测设计院、安徽金海迪尔信息技术有限责任公司	180
11	山洪灾害易发区水文预报模型研究与应用(依托:水情分中心)	安徽省水文局	160
12	AHSW 系列水文缆道自动测流系统(依托:水文缆道)	安徽省水文局	600
13	长江芜湖东梁山河段强崩岸治理新技术研究(依托:芜湖东梁山河段深崩岸治理试验工程)	芜湖市水利基本建设管理局、中国水利水电科学研究院、安徽省长江河道工程有限责任公司、安徽省江河水利水电工程监理咨询有限公司	1000
	合计		4420

组织专家赴宿州市埇桥区开展规模化推广“安徽省淮北平原大沟蓄水与农田水资源调控技术”调研工作,撰写调研报告,提出尽快把项目列入国家水利建设计划建议,以加强淮北地区水资源保护,促进淮北“水资源”和“粮食”安全。

2010 年,在全省水利系统“万名干部进镇村”活动中,亳州市水利部门专门编制《要想庄稼长得好,地下水先要保护好》等科普资料进行宣传。省水科院—淮河试验研究中心经蚌埠市科学技术协会推荐,申报“省级科普教育基地”。

【技术标准监督】 2010 年,《预制混凝土护坡砌块》、《水闸、泵站自动监控系统检测技术规程》、《水泥土截渗墙工程质量检测技术规程》、《水功能区纳污能力计算与核定技术规程》、《水工铸铁闸门制造安装质量检测与验收规程》、《水工设备钢丝绳探伤方法》、《混凝土中钢筋腐蚀检测技术规程》、《安徽省农村自建房工程质量检测技术标准》等8项标准列入省地方标准制定计划。《水闸、泵站自动监控系统检测技术规程》列为强制性地方标准,其余7项列为推荐性地方标准。承办水利部"水利标准化理论及编写规定宣贯培训班",来自水利部流域机构、直属事业单位和科研院所等单位的50余名专家参加培训。组织开展《节水型园林绿地灌溉技术规程》等40多项部颁水利标准和规范、规程征求意见工作。组织参加全国水利技术监督工作会议,安徽省·水利部淮委水利科学研究院和钟庆华(安徽省六安市治淮工程指挥部教授级高级工程师)荣获"全国水利质量技术监督工作先进集体和先进个人"表彰。

【省水利学会】 2010年,完成新一届省水利学会法人登记、工作机构组建、社团年检和学会19个分支机构登记工作。配合审计部门完成理事长学会任期审计工作。组织召开市级水利学会秘书长和专业委员会秘书会议、省水利学会九届一次常务理事会和九届二次理事会等。组织参加中国水利学会学术年会、中国水利学会城市专业委员会学术年会、2010年水环境污染控制与生态修复高层技术论坛、新中国治淮60周年研讨会、华东片水利学术研讨会、华东水利学会协作组第二十三次学术年会、华东科技协作组第二十二次成员会议等。协助承办中国科协在皖举办"淮河流域综合治理与开发科技论坛"。组织参加中国水利学会学术年会、2010年水环境污染控制与生态修复高层技术论坛、新中国治淮60周年研讨会、华东片水利学术研讨会等;推荐77篇论文参加"安徽省第六届自然科学优秀学术论文"评选,有36篇论文获奖,其中:一等奖2篇,二等奖5篇。安徽省水利学会获省科协"安徽省5612工程先进集体"和"安徽省十个最具影响力的科技团体"荣誉称号。

【重大科技活动】 组织举办主题为"淮河流域水利可持续发展理论与实践"的第六届安徽水利论坛,征集论文118篇,厅党组成员、总工程师金问荣同志作主旨报告,北京大学叶文虎教授作学术报告,全省水利单位领导和专业技术人员、论文作者等200多名代表参加论坛。组织水利专家与捷克专家进行防洪技术交流,参与捷克政府主办的技术推介活动。组织参加第八届国际水利先进技术(产品)推介会、2010年中国水博会、第五届水务高峰论坛。举办"安徽省水利先进实用技术推介会",推介14项国家和省水利先进实用技术。厅技术委员会召开4次决策咨询会,审查《安徽省中西部重点流域淠史杭水量分配方案》、《安徽省淮河干流行蓄洪区与滩区居民迁建规划及2010年实施方案》、《淮水北调工作可行性研究报告》、《五河泵站设计方案》、《安徽省"十二五"水利发展规划》(初稿)等并提出审查意见。

(滕晓明)

文化

【概况】 2010年,省水利志编辑室按照省水利厅的统一部署,做好修志、年鉴、图书资料等项工作。在安徽省首届年鉴编纂质量评比中,《安徽水利年鉴》获得综合质量一等奖,编校质量单项一等奖,印刷质量单项二等奖。

【《安徽省志》水利分志编纂工作】 2010年年初,水利志编辑室与长江河道管理局联系,明确在《安徽长江志》基础上编纂《安徽省志·皖江志》。全年完成25篇《安徽省志·水利志》城市防洪工程初编稿。9月份,将《安徽省志·大事记》和《安徽省志·人物志》编纂大纲转送厅办公室和人事处。12月1日,召开《安徽省志·水利志》城市防洪工程编纂工作推进会,17个市和部分县水利局的相关人员参加会议。传达省志有关会议精神,通报现阶段各市工作进展情况,要求按水利厅统一部署于12月底完成全部初稿。

《安徽省志》各水利分志的初稿编写工作已历时3年。截至2010年12月,《安徽省志·水利志》有15个单位提供初稿资料,约占承编单位数的40%,其余23个单位正在编写或审查初稿,个别单位进展较慢。水利志编辑室根据提交来的初稿资料进行编纂,已形成评议稿约11万字,占规定字数的37%。《安徽省志·淠史杭灌区志》由省淠史杭总局编纂,已完成初稿。《安徽省志·淮河志》由省淮河局编纂,已完成大部分章节,水利经济部分正在编写。《安徽省志·皖江志》由省长江局编纂,年内已编写干流堤防建设初稿。《安徽省志·大事记》《安徽省志·人物志》水利部分,有关处室正在编写。

【《安徽水利年鉴》编辑工作】 水利厅主办的《安徽水利年鉴》自1999年创办,至2010年,已连续编印12年。3月份,水利厅印发2010年卷《安徽水利年鉴》组稿大纲,部署年鉴工作。5月份开始不断与有关单位加强联系,收集资料、落实稿件,对各单位陆续提供的稿件进行编辑、加工、打印、校对，实行责任编辑制度，提高工作效率。年鉴经主编、副主编审查定稿后，10月底交长江出版社审读、出版。2010年卷《安徽水利年鉴》共计50万余字，共辑录条目近600条，并配有图片20余幅，统计资料及名录等表格近80张，在内容上全面系统地记载2009年全省水利工作情况。2010年在安徽省首届年鉴评比中，《安徽水利年鉴》获得综合一等奖。

【淮委《淮河志》相关工作】 2010年淮委续修《淮河志》，断限明确为1991年至2010年，并以淮委办函(2010)173号文请各省水利厅配合做好编纂工作，协助提供相关资料。7月份，水利厅给省水文局、厅水资源处印发关于做好《淮河志》水资源保护篇编纂工作的通知，水利志编辑室配合淮委水资源保护局联系落实撰稿任务。9月份，水利厅给沿淮各市水利局、厅直有关单位印发关于做好淮委《淮河志》科学技术篇编纂工作的通知，水利志编辑室联系相关单位分管负责人、联系人和编写人员，按淮委要求上报相关资料。11月份，水利志编辑室拟文，水利厅下发关于做好淮委《淮河志》水利工程管理章编纂工作的通知，要求沿淮各市水利局、厅直有关单位、厅机关有关处室做好资料撰写工作，配合淮委建管处做好编纂工作。

【《长江年鉴》和《治淮汇刊》组稿工作】 2010年，水利志编辑室完成长江委《长江年鉴》和淮委《治淮汇刊》供稿任务。6月份，按照长江委和淮委的要求，按时完成《长江年鉴》和《治淮汇刊》的组稿、撰稿与编辑工作，共报送稿件50余个条目，计6万字。

【图书资料工作】 2010年，水利志编辑室完成水利厅交办的《安澜天下》中的大事记、《走进安徽》中的水资源条目、《安徽地域文化通览》中的古代水利章节、《安徽省志·农业志》中的水资源章节等图书资料编写任务。完成《中国河湖大典》水系表中安徽河湖资料的编制和校核工作。

(李小林)

【科技出版工作】 完成6期《江淮水利科技》和《安徽省第六届水利论坛论文集》编辑出版工作。

(滕晓明)

水利信息化

SHUILI XINXIHUA

信息化管理

【水利信息化前期工作】 “十二五”水利信息化规划。组织编制《安徽省“十二五”水利信息化规划》。防汛抗旱信息化近期建设项目。为适应当前防汛抗旱和水利工作新形势、新需求,尽快建成功能较强、信息畅通、覆盖全省的防汛抗旱信息化系统,省防办根据省委、省政府领导有关指示精神,依据《安徽省防汛抗旱信息化系统建设大纲》,本着“总体规划、急用先建、分步实施”和“实用、共享、节俭”的原则,组织编制《安徽省防汛抗旱信息化系统近期建设项目可行性研究报告》,并积极争取工程立项。

【水利信息化建设】 省水利厅五个直属单位接入省防汛抗旱通信骨干网工程。省水利厅以皖水规计〔2008〕369号批准实施省水利厅五个直属单位接入省防汛抗旱通信骨干网工程,批复概算投资196万元。工程建设内容包括省龙河口、佛子岭、梅山、响洪甸水库管理处和省驷马山引江工程管理处等5个厅直水管单位的防汛抗旱网络系统、语音通信系统和异地会商视频会议系统,实现各单位接入省防汛抗旱异地会商视频会议系统、省水利专网电话、以及其局域网接入省防汛抗旱计算机广域网,并为以后实现重要防洪工程现场实时图像监视提供传输平台。该工程视频会议系统单项工程2009年8月27日投入试运行,2010年9月18日,省水利厅召开项目竣工验收会议,会议通过竣工验收,系统交付运行管理单位。该工程利用VPN技术在因特网上安全地实现数据、语言、视频三种业务的传输,为后续的防汛抗旱地区网建设积累成功经验。

防汛抗旱视频监视系统。为完善防汛抗旱远程视频监视系统,提升防汛抗旱工情采集能力,2008年省水利信息中心完成《安徽省防汛抗旱远程视频监视系统实施方案》的编制工作。经过对建设方案的调研、谈判采购、专家评审,全省防汛抗旱视频监视系统利用电信部门的视频监视平台采用IP方式建设。经现场勘查、选点,确定摄像机安装位置和施工方案,2010年汛前,在长江、淮河干流和主要支流的重要水利工程、重要水文报汛站和大型水库,完成26个视频监视站43个视频监视点的施工及集中监视平台建设。各市级相关单位用户经过授权,可访问有关相关站点视频监视点图像;移动用户可通过VPN或手机终端实现对有关监视站点图像的访问。为解决不特定区域突发险情、灾情的现场图像采集传输问题,省防办对移动便携式视频采集技术方案开展调研。

中型水库水文自动测报系统。2010年,继省中型水库水文自动测报系统一、二期工程建成后,三期工程开始启动。该工程共建设72个中型水库的水文自动测报系统,系统将于2011年建成,将显著提升全省中型水库水雨情信息采集能力,实现水文信息采集、传输、处理的自动化,增长水库水文预报预见期。

省政府应急平台接入项目。根据省政府部署,省水利厅积极实施省政府应急平台互联项目。经过调研,采购视频编码器、视频会议终端、IP话机和数据接入等设备,在整合现有资源的基础上,实现了省水利厅与省政府应急平台的互联互通与信息共享。省政府可随时掌握水雨情、工情等信息,查看水利工程运行的实时视频监视图像。当汛情或旱情紧急时,省领导可通过省政府应急平台召开视频会议,进行异地会商、指挥调度。

信息系统改造工程。因防汛抗旱会商室和防汛抗旱值班室进行装修,省防办对信息系统进行同步改造。原系统包括背投双屏显示系统、会议讨论系统、扩声系统、视频会议系统、视频录播系统等。改造任务主要包括:(1)大屏幕及信息系统拆除重装;(2)七楼值班室及各会议室的综合布线;(3)会商室扩声系统改造;(4)会商室控制系统改造;(5)背投显示系统安装调试;(6)会商室摄像机的安装;(7)异地视频会议系统优化;(8)LED屏改造;(9)吸顶式空调采购与安装;(10)操作台改造;(11)值班室显示墙建设;(12)各系统集成。

该改造工程从2010年3月到2010年5月完成施工任务。系统建成后,原有功能全部复原,桌面话筒增加到14只,摄像机数量增加到5台,信息点数量增加到60个,会场声音效果更均匀,布线全部隐藏敷设,会场更美观整洁,控制更便捷。系统的建成使省防汛抗旱指挥部的指挥中心信息平台的现代化水平得到提升。

三维地理信息系统建设。按照“统一规划、分期建设、边建边用、逐步完善”的思路,建设全省防汛抗旱三维地理信息系统,并在此基础上建立起一个界面直观、分析准确、信息齐全、更新便捷、服务广泛的基础地理信息系统服务平台。

【信息化管理】 运行管理。省防汛抗旱通信和计算机网络是实现本省水利现代化的重要基础和保障,是本省防汛抗旱科学管理和调度的重要手段。信息中心为保障通信网络系统的可靠性、安全性和稳定性,实施一系列举措:一是做好日常管理,确保系统状态良好,通过网络管理系统全天候监测网络运行情况,出现故障会通过邮件和短信方式进行告警。二是开展汛前设备保养与检查测试,及时发现并排除潜在的系统故障。三是加强汛期监测,做好技术保障,对防汛抗旱通信骨干网、传真群发、短信群发等系统进行状态监测。四是督促各通信电路运营商对水利专线进行全面检查,并提高响应的保障级别。五是主汛期每天派专人值守在会商控制室,操作各类系统,准备会商多媒体,随时提供防汛会商环境支持。加大视频会商系统联调的频率和力度,做到视频会商随开随通。每日定时查看防汛抗旱远程视频监视系统,督促跟踪运行维护单位排除故障,保证所有视频监视点能实时访问,同时要求软件开发公司对系统进行升级,使系统更加稳定。六是继续通过服务外包提高计算机维护服务质量。省水利厅局域网内计算机数量多,计算机软硬件维护任务重,全年修复水利厅办公电脑故障近300多起。

网站管理。2010年,安徽网站每日为全省提供实时的卫星云图和雨水情等信息,汛期及时发布全省防汛动态、行动情况、防汛抗旱快报等,发布防汛预警28次、汛情通告39次。为水利兴修、纪念新中国治淮60周年、创先争优活动、县级水利部门能力建设、水利项目信息公开、“十二五”水利发展规划、“万名干部进镇村”活动等重要活动和中心工作制作专题报道。对“全省水利工作会议”进行网上同步报道。

(尹晓稳)

财务·经济

CAIWU JINGJI

财务管理

【价格收费】 2010年,省水利厅在做好水价调整准备工作的基础上,联系省物价局,调整省管及跨市水利工程非农业用水价格。省直属和跨市水利工程供工业和城镇生活用水价格调整为0.232元/m^3,上调幅度为66%。联系省物价局,在全省范围内开展从水闸控制河道、湖泊取水水费征收管理基本情况调查和典型供水单位供水水价成本测算工作。联合省物价局价格成本调查监审局对省淮河河道管理局开展水价成本审核工作。6月,省水利厅拟定成本监审大纲,并与省物价局联合制定水利工程供水(非农业部分)成本测算结果定期报告制度。

根据国家发改委、财政部、水利部《关于开展农业水价有关情况调研的通知》要求,省水利厅开展全省范围内的农业水价相关情况调研工作。选择省淠史杭灌区、省驷马山灌区及滁州市沙河集水库灌区、宣城市卢村水库灌区、广德县百家冲灌区、南谯区红石沟水库灌区等6个灌区进行典型调查,完成调研报告的上报工作。

2010年,针对水利工程水费已转为经营服务性收费,省水利厅下发《关于核销<安徽省水利工程水费专用收据>的紧急通知》,要求各单位及时办理水费专用收据的缴销工作,规范水费征收工作。针对省财政厅要求省水利厅所属佛子岭、梅山、响洪甸3个水电站补缴2007—2009年库区基金550万元,2010年后每年上缴库区基金200多万元问题,多次主动与省财政厅等相关部门协调,说明情况,解释原因,争取免交该项基金。为规范政府非税收入票据日常监督管理,在征求相关单位意见的基础上,出台《安徽省水利厅政府非税收入票据管理实施办法》,对政府非税票据的种类、适用范围以及票据的发放、领用、核销等进行详细的规定。积极协调省财政厅将佛子岭水库管理处等单位在依法打击水事违法行为时的罚没收入纳入政府非税收入管理。同时,新增省水利厅所属事业单位国有资产处置收入和国有资产出租收入收费项目,规范国有资产收入管理。

针对部分地市取消排涝水费、河道工程修建维护管理费标准大幅降低、对水资源费直收政策等实际情况,2010年,对三项规费目标考核指标进行重新测算,及时调整相关指标。调整后,各市三项规费目标考核收入总规模约为3.4亿元,其中:水费21170万元,河道工程修建维护管理费5030万元,水资源费7810万元。

2010年,全省水费、水资源费和河道工程修建维护管理费等3项规费收入总额达53167万元(水费32511万元,水资源费9678万元,河道工程修建维护管理费10978万元),比2009年超收583万元。

2010年度安徽省水利规费征收情况表

序号	工作单位	水费(万元)	河费(万元)	水资源费(万元)
1	阜阳市	125	1316	797
2	亳州市	0	51	179
3	宿州市	34	516	441
4	淮北市	0	700	765
5	淮南市	2215	845	878
6	蚌埠市	400	1100	150
7	六安市	5932	79	203
8	合肥市	8451	12	1505
9	滁州市	3080	16	512
10	巢湖市	226	161	206
11	芜湖市	197	456	309
12	宣城市	935	8	231
13	池州市	300	300	100
14	安庆市	1822	1474	418
15	马鞍山市	0	1817	205
16	铜陵市	0	291	131

17	黄山市	90	0	120
18	省淮河河道管理局	769	1023	0
19	省淠史杭管理总局	5948	0	0
20	省驷马山引江工程管理处	187	0	0
21	省龙河口水库管理处	94	0	0
22	省茨淮新河管理局	210	0	0
23	省怀洪新河管理局	3	0	0
24	省长江河道管理局	0	813	0
25	临淮岗洪水控制工程管理局	0	0	0
26	省梅山水库管理处	652	0	0
27	省响洪甸水库管理处	336	0	0
28	省佛子岭水库管理处	505	0	0
29	省水利厅	0	0	2528
	合 计	32511	10978	9678

【事业财务】 省水利厅2010年预算批复一般预算拨款安排41715万元,比2009年增加2619万元,增长6.7%。主要包括人员机构经费21478万元、防汛抗旱经费2054万元、水利工程运行与维护经费4396万元、农水水保项目经费12150万元、其他项目经费1637万元,重点项目预算拨款1000万元,政府非税收入5251万元。

2010年,在预算批复的基础上,累计落实各项新增财政投入63391万元,主要包括:防汛抗旱经费17395万元(特大防汛经费4605万元、特大抗旱经费1850万元、山洪灾害防治县级非工程措施补助资金2400万元、省级防汛经费6570万元、省级抗旱经费1970万元);水资源费支出1498万元;水土保持2057万元(水土保持重点建设工程补助费1600万元);围绕农田水利建设,落实经费36523万元(包括小型农田水利设施建设补助专项资金33500万元,节水灌溉贷款贴息23万元,省级农田水利3000万元);围绕厅直单位经济建设和特殊困难,争取经费3528万元(包括水电学院院国家示范性高职中央奖励资金200万元、民生工程业务费30万元、水利普查经费200万元、厅直单位特殊困难补助等300万元、追加2010年7—12月省直事业单位预发工资(生活)性补贴2649万元、职工死亡抚恤金149万元)。

2010年,部门创收收入41604万元,其中:预算外资金收入6039万元、事业收入12万元、经营收入27080万元、其他收入8473万元。

根据预算批复要求,全年完成省机电排灌总站、省驷马山引江工程管理处、省茨淮新河工程管理局、省水利水电职业技术学院等单位采购预算项目18个,采购金额630万元。

2010年度安徽省水利厅预算(省级行政事业经费)执行情况表

科目名称	财政拨款(万元)
合计	45,843.85
1.教育	1,899.89
高等职业教育	1,899.89
2.社会保障和就业	7,315.85
行政单位离退休	750.64
事业单位离退休	6,410.11
其他行政事业单位离退休支出	6
死亡抚恤	149.1

3. 医疗卫生	861.7
行政单位医疗	131.6
事业单位医疗	730.1
4. 农林水事务	35,136.86
行政运行	1,322.49
机关服务	1.2
水利行业业务管理	3,067.54
水利工程运行与维护	13,628.54
水利前期工作	1,000.00
水土保持	351.6
水质监测	100
水文测报	3,506.30
防汛	4,378.00
抗旱	1,660.00
农田水利	3,085.00
水资源费支出	2,020.70
中央水利建设基金	705
其他水利支出	220.5
其他农林水事务支出	90
5. 住房保障支出	619.55
住房公积金	443.2
提租补贴	176.35
6. 其他支出	10
其他支出	10

【基建财务】 2010年度累计下达全省水利基本建设投资计划66.75亿元,比2009年度46.58亿元增加20.17亿元,增幅43.30%。按组织实施划分:安徽省实施项目62.40亿元、淮委实施淮干补充荆山湖段工程1.89亿元、长委实施重要堤防隐蔽工程2.46亿元。按资金来源划分:中央投资44.63亿元,省级投资12.43亿元,市级投资2.57亿元,自筹7.12亿元。按项目类型划分:治淮治理工程12.87亿元,长江治理工程4.18亿元,农村安全饮水14.27亿元,病险水库除险加固13.44亿元,大型排灌泵站改造0.75亿元,大型灌区续建配套及节水改造4.96亿元,中小河流治理6.87亿元,重大水利工程待安排5亿元,洪泽湖抬高水位影响处理2亿元,水利血防0.72亿元,重点水土流失治理0.91亿元,农村电气化建设0.39亿元,前期工作费及水文等零星项目0.39亿元。

2010年度全省水利基本建设投资计划情况表

序号	项目类型	2010年度下达投资计划(万元)				
		合计	中央投资	省级投资	市级投资	自筹
1	淮河流域治理工程	128,700.11	76,305.00	50,832.00	13,762.00	-12,198.89
2	长江流域治理工程	41,800.91	32,638.00	-	3,337.80	5,825.11

3	农村安全饮水	142,683.00	95,504.00	23,590.00	-	23,589.00
4	病险水库加固	134,397.35	77,531.00	32,172.00	2,555.00	22,139.35
5	大型排灌泵站改造	7,520.00	4,950.00	-	267.00	2,303.00
6	大型灌区续建改造	49,575.36	35,600.00	2,032.00	5,188.36	6,755.00
7	中小河流治理	68,748.00	44,000.00	12,374.00	-	12,374.00
8	待安排重大水利工程	50,000.00	50,000.00	-	-	-
9	洪泽湖抬高水位处理	20,000.00	18,000.00	2,000.00	-	-
10	水利血防工程	7,156.00	2,386.00	-	-	4,770.00
11	重点水土流失治理	9,101.00	6,100.00	-	-	3,001.00
12	农村电气化建设	3,906.00	2,045.00	-	-	1,861.00
13	前期工作费及水文等零星项目	3,946.00	1,262.00	1,300.00	551.00	833.00
	合 计	667,533.73	446,321.00	124,300.00	25,661.16	71,251.57

（赵万恒）

审计

【审计与监督】 2010年,先后配合省审计厅对纪冰厅长任期(2006—2009年度)经济责任审计以及2009年度预算执行审计工作;配合审计署南京特派办对本省农业基础设施建设资金管理和使用情况进行审计;配合水利部对白莲崖水库竣工审计工作;配合淮委对淮干汪集至临淮岗段河道疏浚及何家圩处理工程后续审计等。

2010年,完成省茨淮新河管理局、省怀洪新河管理局、省长江河道管理局、省梅山水库管理处、省响洪甸水库管理处、厅机关服务中心及省机电排灌总站等7个单位的法定代表人离任审计工作。组织对佛子岭水库、梅山水库、响洪甸水库管理处及所属经济实体进行专项会计检查。根据省治理"小金库"工作领导小组统一部署,开展"小金库"治理"回头看"工作。部署并完成国有及国有控股企业、社会团体"小金库"治理工作。组织并参加对滁州市强农惠农资金重点检查和完成对淮南市泥河站等8个国有排涝站2007至2009年度电费定额补助经费使用管理情况的专项检查。

根据工程建设进展情况和竣工决算审计要求,省水利厅组织对安丰塘、梅山、釜山、龙门寺、樵子涧、大板等17个大中型病险水库除险加固工程,淠史杭灌区、茨淮新河灌区、驷马山灌区等23个单项工程,瓦埠湖治理东淝河下段整治工程、新汴河宿县闸节制闸除险加固等6项治淮工程,大公圩排涝站等3个排涝泵站工程,省水文档案馆工程、蒙洼中岗大桥等工程进行竣工决算审计。全年累计完成50多项竣工决算审计工作,总投资12.5亿元,保证水利建设项目及时竣工验收。

（赵万恒）

引用外资

【世行贷款淮河重点平原洼地治理项目】 安徽省淮河流域重点平原洼地治理项目共涉及淮河流域的阜阳、六安、淮南、蚌埠、宿州、淮北、亳州、滁州、合肥等9个市的19县(区)。

治理范围包括淮河以北的八里河、焦岗湖、西淝河下游、架河、北淝河下游、澥河和沱河洼地,淮河以南的正南洼、高塘湖、高邮湖洼地和天河洼地等11片洼地,治理面积3361km^2。工程建设的主要内容:新建堤防3.35km,加固堤防189.18km;疏浚河道170.74km;开挖、疏浚排涝干沟、撇洪沟166.8km;新建涵闸30座,拆除重建54座,加固17座;新建灌排泵站9座,拆除重建16座,加固扩建技改6座;新建移动泵站1座;新建桥梁14座,拆除重建56座,加固3座;洪涝灾情巡测基地及水文站建设。

项目批复情况:工程批复总投资164012万元。其中中央预算内定额补助64900万元,利用世行贷款7500万美元,其余投资由全省各级财政筹措。

计划下达及项目进展情况:2010年下达投资计划56000万元,其中中央预算内投资27000万元,利用世行贷款18000万元,省水利基建投资(省财政专项)3842万元,市、县级配套7158万元。2010年底,主要完成计划安排项目的招标工作,部分项目已开工建设。

水利旅游

【概况】 2009年和2010年，安徽省相继有淮河临淮岗工程水利风景区、亳州市白鹭洲水利风景区、凤台县淮上明珠水利风景区、歙县霸王山摇铃秀水水利风景区、阜南县王家坝水利风景区、淮南市焦岗湖水利风景区、郎溪县石佛山天子湖水利风景区、黄山石门水利风景区8个景区被批准为国家水利风景区；全省国家水利风景区总数达21个。

（范小伟）

安徽省国家水利风景区名录

序号	风景区名称	所在市县	批准时间
1	龙河口水利旅游区	六安市舒城县	2001年
2	太平湖风景区	黄山市黄山区	2001年
3	佛子岭水库风景区	六安市霍山县	2003年
4	龙子湖风景区	蚌埠市	2003年
5	梅山水库水利风景区	六安市金寨县	2004年
6	响洪甸水库水利风景区	六安市金寨县	2004年
7	太湖县花亭湖水利风景区	安庆市太湖县	2004年
8	淮河蚌埠闸枢纽水利风景区	蚌埠市	2004年
9	青龙湾水利风景区	宣城市宁国市	2004年
10	六安市横排头水利风景区	六安市裕安区	2005年
11	霍邱县水门塘水利风景区	六安市霍邱县	2006年
12	广德县卢湖竹海水利风景区	宣城市广德县	2007年
13	泾县桃花潭风景区	宣城市泾县	2008年
14	淮河临淮岗工程水利风景区	六安市霍邱县	2009年
15	亳州市白鹭洲水利风景区	亳州市利辛县	2009年
16	凤台县淮上明珠水利风景区	淮南市凤台县	2009年
17	歙县霸王山摇铃秀水水利风景区	黄山市歙县	2009年
18	阜南县王家坝水利风景区	阜阳市阜南县	2010年
19	淮南市焦岗湖水利风景区	淮南市毛集区	2010年
20	郎溪县石佛山天子湖水利风景区	宣城市郎溪县	2010年
21	黄山石门水利风景区	黄山市黄山区	2010年

（资料截止2010年年底）

（范小伟）

党政·人事

DANGZHENG RENSHI

政务管理

【水利宣传】 2010年,加强与中央和省主流媒体联系,在日常宣传的基础上,围绕各阶段水利重点工作,组织开展专题宣传。在《中国水利报》、《安徽日报》等媒体开辟专栏,重点宣传水利兴修、万名干部进镇村、防汛抗旱、治淮60年、"十一五"发展成就、民生水利工程建设等工作。据不完全统计,全年在各主流媒体刊发重点稿件480篇,其中厅新闻宣传中心独立采编280篇。抓好安徽水利简报、水利舆情的编发工作,全年共编发简报23期、水利舆情9期。举办全省水利宣传培训班,建立全省水利宣传信息员队伍。完成全国中小河流治理工作会议、全省治淮工作会议等多个会议的新闻报道、展板制作等工作。

(王春夏)

【档案管理】 健全档案工作规章制度,推进档案信息化建设,实现办公系统与档案系统之间的网络流程化管理。全年省水利厅机关新增文件档案约4823件,在档案利用方面共借阅1256件(卷)、调阅645人次。指导厅直单位做好档案管理达标升级工作,省龙河口水库管理处重新认定为"省一级"档案管理单位,省淮河河道管理局蚌埠闸管理处、省淠史杭灌区管理总局在"省一级"的基础上,申报"省特级"档案管理单位。按照分级管理的原则,指导全省11项重点水利工程通过档案专项验收。在省档案局组织的机关档案年检中,省水利厅以95分的高分通过年检。

(顾玲)

【政务信息】 围绕水利民生工程、防汛抗旱、中小河流治理等水利中心工作,及时报送政务信息。汛期每天处理各类信息达20余条,经过编辑整理后向省委、省政府上报,为各级领导指挥决策提供信息服务。规范全系统信息报送工作,按季度发布信息报送要点,定期通报各单位信息采用情况,调动各单位报送信息的主动性。全年共处理信息3000条,编辑采用1500条,被省委、省政府、水利部办公厅等上级信息主管部门采用400余条(次),1条信息荣获全省党委信息系统优秀决策信息三等奖。省水利厅信息工作被省委办公厅、省政府办公厅授予先进单位称号。

(李玮)

【人大建议和政协提案办理】 组织召开全厅建议和提案交办会,确定承办单位,明确工作责任。各承办处室通过电话、邮件等形式,加强与人大代表和政协委员的沟通联系。组织厅机关有关处室赴庐江县,实地走访代表和委员,面对面沟通有关问题,征求对水利工作的意见和建议,使代表和委员加深对水利工作的了解,实现双方的良性互动。按照省政府办公厅要求,对主办的人大建议,报经分管副省长审定后,再予以答复代表。全年共组织办理人大建议51件、政协提案27件,办复率为100%,代表和委员满意率达100%。

(李玮)

【目标考核】 围绕省委、省政府"保增长、保民生、保稳定"的决策部署,抢抓扩大内需政策机遇,全力加快水利发展与改革步伐,顺利完成省政府下达的年度目标任务,按时上报2009年度省政府目标考核总结报告。深入贯彻落实省十一届人大三次会议审议通过的《政府工作报告》中有关水利工作的部署,结合全省水利工作实际,及时向省政府报送2010年度省水利厅目标管理任务。结合全省水利改革发展实际,进一步优化全省水利发展目标考核工作,按时完成2009年度各市水利发展目标管理考核任务,淮北、合肥、芜湖、滁州、宣城、淮南、池州、巢湖、安庆市水利(水务)局获得优秀等次,马鞍山、铜陵、蚌埠、宿州、黄山、六安、阜阳市水利(水务)局获得良好等次。按照省政府下达的2010年度省水利厅目标任务,结合2010年全省水利工作会议的部署,及时分解下达各市2010年度水利发展目标考核任务,加大对各市的目标管理考核力度。

(谷永生)

【信访工作】 全年共收到群众来信129件,接待来访群众约50多起160多人次,安排行政领导接待日45个,厅领导阅批信访事项25件40多次。加强与信访发生的所在单位和地方相关部门的沟通和协调,给信访当事人答复、宣传、解释和调处。在社会重大活动和中心工作期间未发生非正常上访和群体性事件,在省和全国"两会"、上海世博会及广州亚运会期间无集体上访和非正常上访事项。

(李家胜)

【政务公开】 围绕水利中心工作,推动行政权力公开透明运行,组织召开专题会议,研究部署全厅系统政务公开工作。调整厅政务公开工作领导小组,健全工作机制。落实工作责任,明确各处室(单位)承办政务公开的人员。完善政府信息公开目录,优化政府网站等公开载体建设。拓宽政务公开渠道,重新制作政务公开栏。加强行政审批工作的统一协调,推进厅直事业单位办事公开工作。开展“政府信息公开制度执行年”活动,全年共主动公开各类政府信息1100余条,办理依申请公开申请7件,及时发布2009年度省水利厅政府信息公开工作年度报告。

(解文栋)

【水利窗口】 按照便民高效的原则,加强省政务服务中心水利厅窗口建设。一是进行行政职权清理。编制职权目录、绘制职权流程图。二是完善窗口首席代表制度。加大向窗口首席代表授权力度,新增便民服务项目1件,逐步增加现场办结项目,提高即办率和提前办结率。赋予窗口首席代表协调和监督职责,负责协调窗口受理件的分办和落实,全程监督办件办理的进展情况,适时进行催办和督办。三是提高行政审批效率。推进窗口标准化建设,优化内部运行流程,加强电子政务建设,改善软硬件环境,减少环节,简化手续,大幅度提升审批效率。严格执行办件承诺时限,对6个水利行政许可项目进行提速,尽可能缩短办件时间,为办事人提供高效优质的服务。全年共受理各类办件3917件,办结3934件,所有办件均在承诺时限内按时或提前办结,服务满意率为100%。水利窗口荣获第四季度红旗窗口称号,首席代表被评为年度优秀工作人员。

(解文栋)

【机关财务】 加强机关财务工作,严格预算管理,实行处室领导与办公室主任同时审批制度,认真审核每一笔开支。加强会计基础工作,依法建帐。坚持以收定支、确保重点、收支平衡的原则,完成厅机关以及四个直属事业单位2011年度部门预算编报工作,确保人员经费、公用经费和专项水利资金到位。按进度执行预算,完成2009年度厅机关及部分直属事业单位的财务决算工作。完成基建报表、地方水利财务报表、水利经营报表、省直机关改革性补贴情况表等200多份专项报表的编报工作。做好厅机关及部分事业单位的财务审核、报销工作,及时执行职工工资、公积金、提租补贴政策,确保职工工资福利发放,做好职工公积金变更、转移和个人所得税、医疗保险申报、代扣代缴等工作。配合省审计厅对省水利厅2009年预算执行情况审计、2006-2009年经济责任审计和资产管理情况专项审计。

(孙玲)

【机要保密】 制定印发年度保密工作要点,召开厅保密委员会全体成员会议。组织开展新《保密法》宣传活动,在办公场所悬挂宣传横幅,张贴宣传挂图,在网站开通学习宣传《保密法》专题,购买学习辅导材料。完善保密工作规章制度体系,启动相关保密制度修订工作。加强厅机关、厅直各单位信息系统管理。执行保密要害部门、部位保密技术设备强制性配置标准,完善人防、物防、技防综合防护体系。加强涉密移动存储介质等新技术产品的保密管理。强化废旧涉密载体及资料的销毁管理,废旧涉密载体和废旧资料全部交有关部门统一销毁。加强厅机关和厅直单位门户网站管理,履行信息公开审查程序,确保国家秘密安全。全年未发生失泄密事件,被省委办公厅表彰为2010年度全省保密工作目标考核先进单位。

(寇思超)

组织人事

【领导班子与干部队伍建设】

按照《干部选拔任用条例》规定,对省淠史杭灌区管理总局、省驷马山管理处等厅直单位班子调整、推荐、考察工作。2010年全厅提拔任用处级干部8人,调整交流处级干部11人。从厅机关选调4名处级领导干部到基层挂职锻炼。提拔1名处级干部任新疆和田地区水利局副局长、1名正科级干部任新疆和田地区皮山县水利局副局长。

完成省佛子岭水库管理处、省水文局等单位38名处级领导干部任职试用期满考核工作。

加强对厅直单位民主生活会的指导,促进厅直单位领导班子加强自身建设。加强对厅直单位选人用人工作指导和监督,努力提高干部选拔任用工作水平。

【年度考核】 组织实施2009年度厅机关和厅直单位考核工作。厅机关8个处室和厅直6个单位2009年考核为优秀,47名处级领导干部考核为优秀等次。2009年全厅共5512名工作人员参加考核,其中807名工作人员被考核为优秀等次,4576名工作人员被考核为称职,127名工作人员参加考核未定等次。

【干部人事制度建设】 贯彻落实省委《关于贯彻落实<2010—2020年深化干部人事制度改革规划纲要>的意见》和《安徽省中长期人才发展纲要(2010—2020年)》,出台《省水利厅关于进一步深化干部人事制度改革的若干意见》和《省水利厅2011—2015年人才规划》,推进干部人事制度改革和人才队伍建设,进一步提高干部人事工作水平。

【"万名干部进镇村"活动】 学习和弘扬沈浩精神，切实加强作风建设，组织开展全省水利系统"万名干部进镇村"活动。由厅领导、处级干部带队的省水利厅48个调研工作小组赴全省17个市、104个农业县(市、区)开展工作。此次调研共组织全省水利系统干部和管理、技术人员10151人(次)参与，历时近3个月，实地走访行政村932个，召开座谈会432场，举办各类讲座、培训500余场，查看农村水利工程1400多处，共发放宣传手册1.63万份、调查问卷1.23万份。通过深入基层开展调研，实地了解农村水利工程建设管理情况，通过访民情、听民声、解民忧，提出加强农村水利工作的思路并付诸实施，受到省委、省人大、省政府和水利部领导的充分肯定。

【县级水利部门能力建设】 2010年，为深入贯彻落实科学发展观，推进水利可持续发展，全面提升县级水利部门领导水利科学发展水平，开展全省县级水利部门能力建设验收考核工作。10－11月组织对第一批10个市28个县(区)水利(水务)局进行能力建设验收考核，广德县水务局等10个县(市、区)水利(务)局考核定为优秀等级，12个县(区)水利(务)局考核定为良好等级，2个县(区)水利(务)局定为合格等级。

【"水利改革创新奖"评选活动】 为贯彻省委、省政府《关于进一步加快全省水利建设和改革的意见》，鼓励在全省水利事业发展中敢闯敢试的改革创新精神，充分调动全省水利系统加快水利建设和改革的主动性、积极性和创造性，2010年，组织开展"水利改革创新奖"评选活动。主要对在体制机制、制度建设、水利工程管理、自身建设四个方面14项工作中改革创新、取得突破、成效显著的单位进行奖励。出台《全省"水利改革创新奖"评选暂行办法》，组织开展首届"水利改革创新奖"评选工作。22个市、县水利(水务)局和厅直各单位共申报34项参评，经评审，7个项目获全省"水利改革创新奖"。

【教育培训与人才队伍建设】 认真落实省委组织部、省人社厅、省直工委等部门下达的干部调学任务，全年共选派处级以上干部26人参加学习培训。组织开展公务员通用能力培训及干部网络教育培训，共137人次参加了相关考试考核。根据《省水利厅"十一五"干部教育培训规划》，制订省水利厅2010年干部职工教育培训计划，组织举办皖北三市七县水利(水务)局长、扩权强镇水利负责人和水利员培训班，共200多人参加培训。

【公开招录】 完成2010年厅机关公务员招录和审核、2009年厅机关公务员招考补录工作，共招录、补录厅机关公务员6名。坚持新进人员"凡进必考"原则，不断改善事业单位人员结构。指导省水文局等10个厅直单位110个职位的招聘工作，共招聘厅直事业单位工作人员103名。

【机构编制】 完成省水利综合经营总站更名工作。向省编办申报省龙河口水库管理处、省驷马山引江工程管理处重新定性和财政预算形式调整工作。加强对佛、梅、响三个水库管理处内部管理体制改革的指导。完成厅直属23个事业单位、32个二级法人等级单位的年检、变更、设立登记等报批工作。

完成事业单位机构编制调查清理工作，结合厅直单位承担职责及发展趋势，提出促进厅直单位发展的若干意见并上报省编办。开展事业单位岗位设置管理工作。根据省人社厅部署要求，组织拟订《省水利厅事业单位岗位设置管理实施方案》，加强对厅直事业单位岗位设置管理工作的指导，审核并上报厅直20个事业单位的岗位设置方案，获省人社厅批复。

【职称与专家工作】 批转2009年度审批通过的水利工程、政工经济等系列共267名高、中级专业技术资格，并审核办理了专业技术资格证书。受理审核2010年，组织开展厅思想政治工作、水利水电工程中、高级专业技术职务资格评审工作。经评审，13人取得思想政治工作专业中，初级技术职务任职资格，122人取得工程师技术职务任职资格，96人取得高级工程师技术职务任职资格。

2010年，省水利厅直属单位2人被选拔为安徽省学术和技术带头人及后备人选；1人享受省政府特殊津贴。1人被水利部评为5151人才工程部级人选。3人获得全国技术能手称号。1人被评为安徽省技能大奖获得者、1人被评为安徽省技术能手称号。1个单位获得安徽省专业技术人才先进集体，1人被评为安徽省杰出专业技术人才。1个单位获得安徽省专业技术人才先进集体。

【劳资与社保管理】 完成厅机关新进人员、职务变动和离休人员津补贴调整工资变动审核报批和厅直有关事业单位工资套改补发。审核办理厅直事业单位正常增加薪级工资、人员变动工资、津补贴调整等工资变动工作。及时转发厅直事业单位预发工作性补贴和生活性补贴文件精神并积极做好政策解释工作。

【干部人事档案、统计和信访工作】 完成2010年度水利部、省委组织部、省人社厅、省编办及合肥市布置的机构编制、干部人事、劳动工资、教育培训统计工作。收集整理厅管干部档案材料500余份。按照省信访条例规定,积极做好人事信访接待和调查工作。

【表彰奖励】 做好国家防指、人社部分配给安徽的3个全国防汛抗旱先进集体、5名全国防汛抗旱先进个人的评选推荐和申报工作。组织推荐1人申报国务院表彰的全国劳动模范。做好省政府开展的14项治淮骨干工程建设先进集体和先进个人评选表彰工作,共表彰先进集体40个、劳动模范20人、先进个人70人。

【外事管理】 完成厅2010年度和2011年度出国培训访问团组申报工作;组织完成2010年度2个团组的任务申报、人员选派、报批、办理护照、签证、出访等工作。共办理25人赴美国、巴西等国家(地区)培训考察学习。

(邓文彦)

党群工作

【"创先争优"活动】 根据省委和省直工委统一部署和安排,厅党组把在党的基层组织和党员中深入开展创先争优活动作为一项重大的政治任务来抓,统筹谋划,精心组织,周密安排,紧紧围绕"全力建设四个水利,服务安徽奋力崛起"主题,对全厅深入开展创先争优活动进行全面动员和部署,迅速掀起开展创先争优活动的热潮。及时成立厅深入开展创先争优活动领导小组及其办公室,制定并印发《安徽省水利厅关于在基层党组织和党员中深入开展创先争优活动的实施意见》,精心筹备召开全厅创先争优活动动员大会,认真组织开展"创先争优"活动公开承诺、挖掘典型、领导点评工作。建立健全创先争优领导联系点制度,加强对厅直驻肥单位的创先争优活动的督促和指导,全厅创先争优活动整体深入推进。

【党建工作】 认真贯彻落实省直机关党的建设工作会议精神,坚持"围绕中心、服务大局、拓宽领域、强化功能"的方针,结合水利厅基层党组织建设实际,全面推进"基层党组织建设年"活动。制定印发《省水利厅开展基层党组织建设年活动实施方案》,重点抓好组织、队伍、阵地、制度等"五大建设"和党员、党支部书记、党务干部"三大培训"。组织党务干部参加省直机关党务干部培训,推进与金寨县杨冲行政村结对共建活动。通过开展基层党组织建设年活动,激发基层党组织的生机活力,增强机关党员的素质能力,夯实党执政的组织基层,充分发展党的基层组织推动发展、服务群众、凝聚人心、促进和谐的战斗堡垒作用。

成功举办厅党支部书记培训班。为深入推进基层党组织建设年和"创先争优"活动,全面推进机关党的建设,12月4~6日,省水利厅党支部书记培训班在合肥隆重举办。厅党组成员、纪检组长黄发友作动员讲话,厅机关和厅直驻肥单位基层党委、总支及支部书记近60名参加培训。培训班内容丰富,日程紧凑,采取集中授课、分组讨论和大会交流相结合的方式进行。学员们在自学的基础上,听取省直党校教授和省直工委组织部领导专题辅导讲座,重点学习党章、党支部建设基层知识和创先争优活动等内容。

以支部建设为重点,按照《中国共产党党和国家机关基层组织工作条例》规定精神,全面加强党的基层组织建设。认真落实机关党建工作责任制规定,结合厅机关机构改革实际,指导完成厅机关17个党支部换届工作;督促指导任期届满的厅直单位基层党组织按时换届。

【机关效能建设】 2010年,厅加强机关效能建设活动始终坚持服务科学发展理念,通过宣传教育、鼓励鞭策、制度约束、明察暗访等方法和途径,促进全厅工作作风不断改进,服务质量不断改善,工作效率不断提高,逐步建立健全加强机关效能建设的长效机制。年初,机关党委在全面总结2009年度全厅深入推进机关效能建设工作的基础上,认真准备,积极做好迎接省直机关效能建设考评的各项工作,并获得2009年度省直机关效能建设考评良好等次。

认真传达学习省直机关效能建设工作会议精神,总结经验,寻找差距,剖析原因,研究整改措施。制定印发《省水利厅关于深入推进2010年度效能建设工作实施意见》;筹备召开厅机关全体公务员、厅直驻肥单位主要负责人参加的深入推进全厅效能建设工作动员大会,厅党组书记、厅长纪冰作动员报告,对全厅深入推进效能建设工作进行再动员、再部署。

继续坚持效能建设明察查暗访制度,不定期组织开展效能建设明查暗访,对发现问题的单位和部门及时通报检查结果,并提出限期整改意见。组织参加安徽省人民广播电台政风行风热线水利专题现场直播活动,做好政风行风热线和效能建设服务监督电话接听工作,对省政风行风热线转来听众的33件有关水利业务工作投诉和咨询,厅效能办及时协调有关处室调查核实情况,按照政策规定给予答复处理。

5月下旬,省直工委督查调研组来厅调研指导机关党建和深入推进效能建设工作,机关党委认真准备,调研组一行通过听汇报、查资料、座谈交流等形式,全面调研督查机关党建和效能建设工作,认为厅党组高度重视党建和效能建设工作,在健全党内激励、关怀和帮扶机制以及加强党务干部队伍建设、效能建设工作方面结合厅工作实际,措施得力,成效显著。

【精神文明建设】 2010年,省水利厅以创建安徽省文明单位、全国水利文明单位和省直机关文明机关为契机,广泛开展群众性精神文明创建活动,三个文明建设取得丰硕成果。

按照省文明委统一部署,总结近年来全厅精神文明创建工作成绩和经验,做好推荐、申报第九届安徽省文明单位、2008—2010年省直机关文明单位和省直机关文明处室工作,接受省文明委组织的省直机关文明单位现场考评工作。11月中旬,省直机关文明单位考评组通过听汇报、查资料、看环境和组织精神文明建设群众测评等形式,仔细、深入、全面地检查考核了省水利厅文明创建工作,并给予充分肯定。省水利厅被省直工委授予"2008—2010年度省直机关文明单位"称号;省水利厅规划计划处和农村水利处被省直工委授予"第一届省直机关文明处室"荣誉称号。安徽水利水电职业技术学院、省驷马山引江工程管理处、省水文局、省水利水电基本建设管理局和省临淮岗洪水控制管理局等5家厅直单位同时被省直工委授予"2008—2010年度省直机关文明单位"称号,其中省临淮岗洪水控制管理局系首次获得该殊荣。

组团参加省直机关第六届运动会。本届运动会共有158个省直单位11000多名运动员参赛,是省直机关历届运动会比赛项目最多、参赛单位最多、参赛人数最多的一次体育盛会。在厅党组的重视下,选拔56名运动员组成省水利厅代表团,参加14大项33小项的角逐,取得团体总分36名的良好成绩,并荣获组委会颁发的"优秀组织奖",充分展示水利人顽强拼搏、团结进取的精神风貌。

成功举办全厅第四届运动会。4月下旬至5月上旬,厅第四届运动会分两个阶段成功举办。篮球、羽毛球和乒乓球比赛于4月25—26日在省水电学院先期举行,开闭幕式、田径和大众体育项目于5月8—9日集中举行。本届运动会共设田径、球类、拔河、大众体育等7个大项45个小项,来自厅机关及直属单位共20个代表队的近700名运动员参赛。整个运动会热烈、精彩、安全、圆满,取得了精神文明和运动成绩的双丰收,各项体育赛事始终在"热烈、拼搏、团结、友好"的氛围中进行,广大运动员充分发扬"友谊第一、比赛第二"的精神,比赛成绩令人鼓舞。厅第四届运动会的圆满成功,集中展示全厅近年来精神文明建设、实施全民健身计划的丰硕成果,锻炼和涌现出一批优秀的体育骨干,推动了全厅群众性文化体育活动的开展。

成功举办厅2010年新春慰问专场演出。2月中旬,机关党委精心筹划,在合肥大剧院举办厅2010年新春慰问专场演出,省委常委、副省长赵树丛,省人大常委会副主任郭万清、省政府副省长花建慧,合肥市有关领导以及厅领导班子成员,与近千名水利职工一同观看演出,共贺新春,丰富职工的精神文化生活,加强干部职工的情感交流。

【群团工作】 表彰2009年工会工作先进单位,签订2010年《工会目标责任书》。厅工会在总结2009年工作的基础上,通过自查、交流互评和综合考评,评出厅直6个工会工作先进单位并进行表彰。在部署2009年工作的同时,厅工会继续和基层12家工会签订目标责任书,做到工作任务明确、责任落实。2009年,省水利厅直属工会被省直工会授予"2009年度工会目标责任制优秀奖"。

加强工会组织建设,制定出台《安徽省水利厅工会关于深入开展建设"职工之家"活动的意见》。开展"送温暖、献爱心"活动。在2010年"两节"期间,组织厅机关和厅直驻肥单位捐款慰问资金共计79760元,争取上级工会送温暖慰问资金39000元,为特困职工和困难单位送温暖;5位省(部)级劳模分别获资助1000~3000元,53位困难党员受到上级组织关爱;充分发扬"一方有难、八方支援"的光荣传统,向玉树地震灾区捐款41100元,支援抗震救灾。按照省直工会"育才关怀活动"的布置,厅工会及时发文布置各单位摸排困难职工子女高考录取情况,向上级工会争取助学金,13名困难职工子女受到省直工会共计3万元助学资助。

按照中国农林水工会的部署,积极开展模范职工之家、模范职工小家评选推荐活动,认真细致地做好材料的审核上报工作。省水利水电勘测设计院工会和省梅山水电站工会被中国农林水利工会表彰为"全国水利系统模范职工之家";省临淮岗工程管理局水闸管理处、省怀洪新河工程管理局机关、省茨淮新河工程管理局上桥抽水站和省龙河口水库管理处牛角冲电站等4个基层工会被中国农林水利工会表彰为"全国水利系统模范职工小家"。

坚持“党建带团建”的原则，指导支持共青团独立自主地开展工作，建立健全各级基层团组织，加强团员青年队伍建设，围绕中心，服务大局，开展“创建学习型团组织，争做知识型团员”活动，继续深化“青年文明号”、“优秀青年岗位能手”和“五四红旗团委(团支部)”创建活动，切实提高团员青年的业务素质和知识水平，充分发挥团员青年的生力军和突击队作用。省水电学院团委被省直团工委授予“2009年度省直机关五四红旗团委”称号；省临淮岗工程管理局水闸管理处船闸管理所被授予“2009年度省直机关青年文明号”称号。

【召开厅直属机关第六次团代会】 认真筹备，9月下旬厅直属机关第六次团代会在合肥胜利召开，厅党组书记、厅长纪冰，厅党组成员、纪检组长黄发友出席会议并作重要讲话。大会听取并通过共青团安徽省水利厅直属机关第五届委员会所作的《立足新起点，明确新任务，创造新业绩，努力开创安徽水利共青团工作新局面》工作报告，选举产生新一届团委。厅直驻肥单位和省驷马山工程管理处近60名团员代表参加会议。

(孙萍)

纪检监察

【党风廉政教育】 开展“学习《廉政准则》、规范从政行为、促进科学发展”主题教育活动。2010年上半年，水利厅党组在厅机关和厅直单位组织开展“学习《廉政准则》、规范从政行为、促进科学发展”主题教育活动。一是厅党组及时转发省纪委、省委组织部、省委宣传部有关文件，召开全厅干部职工大会，传达省委书记、省长的重要讲话精神并对教育活动进行动员。二是制订厅机关学习《廉政准则》主题教育活动实施方案，对活动的组织安排、学习形式、学习时间和责任单位进行明确。厅直各单位党委、纪委也按照厅党组的部署，加强领导，制定主题教育实施意见，有的单位成立主题教育活动领导小组。三是驻厅监察室征订《党员领导干部廉洁从政手册》、《〈中国共产党党员领导廉洁从政若干准则干部〉学习问答》等学习教材190册，保证所有处级干部人手一册。厅直属单位购买352套，保证科级干部学习用书。驻厅监察室购买《中国共产党党员领导干部廉洁从政若干准则》辅导讲座、《贪之害——贪权、贪财、贪色警示录》、《欲之祸——济南市人大常委会原主任段义和案件警示录、》、《插翅难逃——胡星受贿案警示录》等电视片4套，在厅机关和厅直单位巡回播放。四是组织开展《廉政准则》知识测试。全厅有900余人参加测试，其中：厅级干部12人；处级干部189人；科级以下干部734人，平均成绩97.5分。

利用多种形式进行专题教育。一是集体廉政谈话教育。2月份，驻厅纪检组召开新提任处级干部集体廉政谈话会，对43名新提任处级干部进行廉政谈话。除厅党组成员、驻厅纪检组长高玉宝代表厅党组作主题谈话，组织参会人员学习廉政法规、观看警示录像片。会后，43名新提任处级干部均向厅党组和驻厅纪检组签署廉政承诺书。二是利用形势报告进行教育。6月23日，省水利厅邀请省纪委副书记仲兆宁同志来厅作专题辅导报告。报告者结合当前安徽省反腐倡廉形势，围绕《廉政准则》的八个禁止、52个不准等主要内容。厅机关全体党员干部和厅直单位领导班子成员100多人参加报告会。三是利用培训班进行教育。10月份，在全省水利系统评标专家培训班上，厅纪检组长高玉宝分三个场次分别对900多名各专业的专家评委进行廉洁自律专题讲课，收到很好的效果。

【水利工程建设监督检查】 切实加强对新一轮治淮工程项目和农村安全饮水、病险水库加固、大型灌区续建配套与节水改造等重点工程、民生工程的监督检查。一是组织由厅领导亲自带队，基建、农水、纪检监察、财务审计等专业人员和退休老专家参加的稽查组，6批次对全省近百个农村安全饮水、病险水库加固、大型灌区续建配套与节水改造、大型排涝泵站更新改造、农村饮水安全、水土保持等工程项目进行稽查，促进工程进度和工程的规范性管理。二是配合水利部、省扩大内需和重点工程建设稽查等数十个检查组到全省各地重点工程施工现场包括上一轮治淮扫尾工程现场进行检查。三是为加强工程建设领域的惩治与预防腐败体系建设，驻厅纪检组监察室在对工程施工现场检查的同时，专门召集工程建设有关的管理人员在工地现场进行廉政谈话教育，并要求参建各方加强廉政制度建设，在工地现场设立举报箱和公布举报电话，切实加强对工程建设领域重要管理人员的监督。

深入开展工程建设领域开展突出问题专项治理工作。根据中共中央办公厅、国务院办公厅《关于开展工程建设领域突出问题专项治理工作的意见》和水利部、省专项治理工作领导小组的部署和安排，省水利厅周密部署，精心组织，扎实推进全省水利工程建设领域突出问题专项治理排查工作。一是全省17个市水行政主管部门按照“谁主管、谁负责”的原则,对所管辖的水利工程建设项目进行重点排查,省水利厅派出6个检查组,对全省25个项目进行重点抽查。二是按照水利部、省专项治理工作领导小组相关文件要求和会议精神,各市各单位对排查不到位或深度不足的项目进行“补课”。全省完成878个水利建设项目的排查工作,抽查项目398个,抽查比例45%,其中厅直5000万元以上的重点项目抽查率达100%。

加强对招投标全过程的管理与监督。一是全省水利系统工程建设项目招投标,以省水利招标投标服务中心为平台,统一进场受理、统一发布信息、统一各专业招标示范文本、统一封闭评标、创新评分方法,有效地规范全省水利建设项目招标投标工作。二是加强对评标专家的管理。完善对评标专家的培训教育、定期考核和准入、清出制度,强化对评标专家的职业道德教育和纪律约束,对不能胜任评标工作或有不良行为记录的评标专家,采取暂停或取消评标专家资格的措施。10月份对全省水利系统900名评标专家进行专业培训、廉政教育和专业考试。三是全省各级水行政管理和水利纪检监察部门继续加强对水利工程建设项目的施工、监理、设备采购等招标投标的监督,要求项目法人和招标服务中心严格按照法律法规和规定的程序组织招投标,并对标底编制、抽取评标专家以及评标、定标过程进行全程监督。四是继续加强对专家库使用的管理与监督。驻厅监察室加强对全省水利行业专家库的管理,一般工程委托省水利工程招投标服务中心在中心执行网上抽取,重要工程项目由驻监察室派员在省水利行业专家库直接抽取。4月,驻厅监察室派员对省水利工程招投标服务中心抽取专家评委工作进行专项检查。2010年,委托中心抽取327个项目的专家评委,没有发现严重违纪违规问题。五是处理招投标投诉。驻厅监察室会同厅基建处、农水处认真对待每一起招投标投诉,凡是署名的投诉,都逐一进行调查了解并回复投诉人。5月份,驻厅监察室联合厅基建处、农水处和省水利招投标服务中心查处一起不具备投标资格或投标文件无效标的招投标行为,并按有关规定重新组织招标,维护了招标的公平、公正和严肃性。9月份,省水利厅对25家使用虚假证件参加水利工程施工招标开标会的施工单位,给予投标文件无效和暂停上述单位在安徽省水利工程招投标活动的处理。通过对违反规定招投标行为的调查处理,维护了水利工程建设市场秩序。

【惩防体系与源头治理】 落实党风廉政建设责任制。驻厅纪检组、监察室根据当年的形势和任务,结合全省水利工作实际,抓住重点,对党风廉政建设任务进行责任分工,并以厅党组名义印发《安徽省水利厅2010年反腐倡廉主要工作任务分工意见》,将各项具体任务细化分解到各有关单位,明确主管厅领导和主要责任人,做到工作计划确定、任务目标明确、责任制落实到位。

开展2010年度推进惩治和预防腐败体系建设暨落实党风廉政建设责任制工作情况考核工作。10—12月,厅直各单位和厅机关各处(室)对2010年度推进惩治和预防腐败体系建设暨落实党风廉政建设责任制工作情况进行自查。驻水利厅纪检组于12月下旬召开厅机关处(室)和部分事业单位推进惩治和预防腐败体系建设暨落实党风廉政建设责任制情况专题汇报会。各单位和部门主要负责人,认真汇报交流本单位自查工作开展情况和承担2010年党风廉政建设责任制分工任务的落实情况。厅党组和驻厅纪检组结合年度目标责任考核,组织3个考核组和1个抽查组,对19个厅直单位和部分厅机关处室开展落实党风廉政建设责任制和推进惩治、预防腐败体系建设工作情况进行抽查与考核。在抽查和考核中认真听取单位领导班子述职报告,注重查阅有关材料,对有无责任制度、反腐倡廉任务分解和责任制执行情况等进行量化评比,较全面有效地完成年末自查与责任考核工作。

继续做好落实厉行节约八项要求工作。一是严格执行《安徽省水利厅机关财务管理暂行办法》、《厅直单位财务管理办法》,机关经费开支实行处室领导与办公室主任同时审批制度,有效地控制机关内部各项经费预算和差旅费开支及用油、用水、用电等一般性支出。同时,认真执行《安徽省水利厅机关公务用车管理办法及实施细则》,加强机关公务车辆管理。对车辆实行统一调度,对驾驶员考核、车辆维修、用油以及费用报销等,严格按规定操作。二是严格因公出国(境)计划报批手续,压缩出访计划。对2010年因公出国(境)申报计划进行重新审核,取消部分一般性出国考察的申报计划。经审核后重新申报的出访计划比原计划减少1个团数和减少出访人员2名,节约经费7万元。三是严格执行公务接待的各项规定。按照标准实行工作餐,严禁超标准接待,严格执行定点接待办法。厅出台包括行政接待管理等内容在内的《安徽省水利厅政务公开实施办法(暂行)》,将公务接待阳光化、透明化,便于群众监督。并通过接待单的实名制、招待用酒批发采购、定期结算、公布公务接待情况等方式节约公务接待支出。

开展清理“小金库”工作,坚持标本兼治,推进“小金库”治理的长效机制。4月份,省水利厅根据省治理“小金库”工作领导小组有关文件精神,及时转发《关于转发中央治理“小金库”工作领导小组〈关于做好2010年“小金库”治理工作的通知〉的通知》、《关于“小金库”治理信息反馈和数据上报的通知》和《关于搞好征文活动和信息上报等工作的通知》,将“小金库”治理工作作为一项重要的日常工作来抓,开展“小金库”治理“回头看”工作。5月份,厅直各单位在完成“小金库”治理“回头看”工作宣传发动、自查自纠工作的基础上,认真分析研究和查找存在问题的原因,并通过建章立制、加强监管的方式,努力从源头上切断“小金库”的资金来源,建立防止“小金库”的长效机制。

执行党内监督各项制度。一是加强对领导机关和领导干部的监督。坚持开展对民主生活会、述职述廉、诫勉谈话和函询等制度以及各级领导班子议事规则建立和执行情况的检查,严格执行领导干部报告个人有关事项规定。2010年,采取干部述职、群众测评和评议方式,对厅直单位97名党政机关、事业单位领导干部进行考核;有32名党政“一把手”进行述职述廉。二是继续深化干部人事制度改革,不断完善科学的干部选拔任用及管理监督机制和选拔任用干部会前听取纪委意见制度,2010年度,驻厅监察室对8名新提任的处级干部出具廉政表现意见。三是继续加强领导干部经济责任审计工作,加强对重点专项资金和重大投资项目的审计,促使权力的正确运行。2010年,对7名厅直单位主要负责人进行离任审计。

开展党员领导干部遵守《廉政准则》情况登记报告工作。全厅应报告人数193人(其中厅级党员领导干部11人,处级党员领导干部182人),实际参加报告193人,上报率100%。从填报登记报告表内容看,厅机关及厅直属单位的党员领导干部没有违反《廉政准则》规定的问题。

【水利民主评议政风行风】 建立政风行风民主评议的长效机制。一是建章立制。省水利厅印发《关于建立健全全省水利系统民主评议政风行风长效机制的实施意见》。根据省水利厅要求,各市水利部门和厅直相关单位也制定落实省厅政风行风民主评议长效机制实施意见,并认真组织开展全系统范围内一年一度的政风行风民主评议工作。二是在网上组织政风行风评议。10月,在安徽水利信息网组织全省水利系统干部职工开展对水利厅机关及直属单位的政风行风建设进行网上评议,点击次数达8000多次。三是利用《政风行风热线》直播,做好服务咨询。本年度,厅领导带队突破往年记录连续3次参加省电台政风行风热线现场直播节目。

落实纠风工作责任制。一是厅党组在《安徽省水利厅2010年反腐倡廉主要工作任务分工意见》中,将纠风工作任务进行细化分解,落实到各部门各单位,明确主管厅领导和主要责任人。同时要求各主管部门要围绕广大职工和基层群众所反映的突出问题,尤其是涉及损害广大人民群众切身利益的民生问题,开展调查研究,加大专项治理力度,对不认真履行纠风职责,严重损害群众利益的地方和单位,明确要追究有关人员特别是领导干部的责任。二是继续巩固治理水路“三乱”工作成果。厅纪检组、监察室加大纠风工作的检查力度,5次对厅直系统管辖的蚌埠闸船闸、上桥船闸、临淮岗船闸、驷马山乌江船闸等进行明查暗访和调研,要求船闸管理部门规范管理,严格收费标准,自觉接受社会和船民监督,不断提高服务意识和服务水平。

【信访举报案件查处】 2010年,驻厅纪检组、监察室对收到来信来访件,均根据信件举报的内容,逐一进行妥善处理。同时,根据厅领导和上级信访部门的要求,会同有关部门,认真核查有关查报件,并将核查情况回复举报人,做到既澄清事实,又保护被检举人。

(王华东)

离退休工作

【概况】 2010年,省水利厅机关及厅直单位共有离休干部184人,退休干部1751人,其中厅级和享受厅级待遇的离退休干部有25人;厅机关离退休人员139人,其中离休干部26人,退休人员113人。厅离退休工作处工作人员7人,其中正式4人,借调3人。

【落实离退休干部“两项待遇”】 严格按照政策规定,认真落实离退休干部的政治待遇和生活待遇。

(一)做好2010年春节期间老干部工作。一是在春节前夕,陪同各位厅领导按照分工分别看望慰问合肥、六安、蚌埠、芜湖等地的25位离退休厅级老干部和12位老干部遗孀。2月5日,厅机关召开离退休职工迎春茶话会,纪冰厅长出席会议并作重要讲话。二是走访慰问危重病人和困难救助对象。三是向省委老干部局申报合肥地区离休干部无工作遗属困难补助,并及时把困难补助送到他们手中。四是组织离退休厅级干部和离退休党支部书记参加全省经济形势报告会,参加省农委组织的联欢会,参加省委组织的离退休厅级干部团拜会,让老干部了解形势和省经济发展有关方面情况。

(二)根据上级通知和厅党组的部署,在纪念中国人民抗日战争胜利65周年之际,张肖副厅长带队,厅办公室、离退休工作处负责人陪同,登门走访慰问抗日老战士,并送去慰问金。在庆祝治淮60周年和老年节期间,组织厅机关离退休老同志到淮河实地参观治淮重点水利工程。

(三)通过厅领导协调,离退休处做工作,2010年,省委老干部局和财政厅、人社厅等部门研究决定对水利厅困难企事业单位离休干部医药费超支给予专项补助,合计补助208.4万元。

(四)做好离退休老同志看文件、听报告、参加重要活动、健康体检、看病取药及住院等各项服务工作;做好活动室、医务室的管理服务工作;按政策做好厅机关6位离退休老同志去世后的有关工作。

【开展老同志创先争优活动】 根据厅党组的统一布置,各级离退休工作部门在本单位党委的领导下,结合离退休干部的特点和实际,以离退休干部党支部建设为核心,组织引导离退休干部按照规定和要求开展创先争优活动,学习党的十七大、十七届三中、四中、五中全会精神,通过组织参观、通报形势、举办座谈会和形势报告会等形式,向离退休干部宣传政策。

全厅有离退休干部党员约1110人,分别在40多个党支部中参加组织活动。各单位党委和离退休工作部门认真开展创建“五好”离退休干部党支部和“四好”离退休干部党员活动,推进离退休干部党支部建设和离退休干部思想政治建设。

【发挥老同志作用】 在厅党组的重视支持下,为离退休干部发挥作用创造条件,采取多种方式,发挥离退休干部在落实科学发展观、促进水利事业又好又快发展中的推动作用。

2010年是治淮60周年,纪冰厅长、蔡建平副厅长分别上门听取老领导、老专家对治淮工程的意见和建议。应邀组织老领导、老专家参加“新中国治淮60周年纪念大会”。胡廷洪、张友德撰写的论文在“新中国治淮60周年研讨会”上获优秀论文奖。朱正普荣获“14项治淮骨干工程建设劳动模范”称号。刘蔚起、郭志清等10位老专家合作撰写《关于根治淮河的建议》。全厅上下有一大批离退休老同志在为水利建设献计献策。

【关工委工作】 关心下一代工作。在围绕中心、服务大局、心系未来、关爱后代等方面做了大量工作,取得显著成效。全厅上下委关工组织都在暑期组织青少年开展丰富多彩的活动,收到良好的效果。厅机关关工委暑期组织青少年参观龙河口水利工程,举办青少年作文、绘画、书法、歌咏、乐器和乒乓球等竞赛活动。厅关工委被评为全省和省直机关关心下一代工作先进集体,厅关工委主任朱次平被全国关心下一代工作委员会、中央精神文明建设指导委员会办公室授予“全国关心下一代先进工作者”称号。厅关工委召开关心下一代工作座谈会,贯彻落实省委28号文件精神,力争水利厅关工委工作更上一层楼。

【老年大学工作】 老年教育工作取得明显成效。2010年老年大学水利分校投资购置一套电子教学投影展示大屏幕,使每个学员都能清楚看到老师的教学各个动作演变过程。分校全年开设15个班次,招生514人次。

老年体育活动丰富多彩。组织退休老同志参加全国水利系统首届老同志乒乓球比赛,获得优秀组织奖。麻将协会组织老同志参加全省、省直及省直第三活动室举办的麻将比赛。钓鱼协会、新四军研究会联络小组都开展多次活动,丰富了老同志精神文化生活。

【承办全国水利系统离退休干部工作联席会议第三组年会】 按照纪冰厅长和张肖副厅长的批示,在厅办公室的密切配合下,10月26—30日圆满完成承办全国水利系统离退休干部工作联席会议第三组年会的任务,受到水利部离退休干部局和其他省(市)水利(务)厅(局)与会同志的好评。

【老同志来信来访工作】 离退休处配合人事处妥善处理厅直单位离休干部反映的津补贴问题,使他们的津补贴及时得到兑现。对于部分厅直单位离休干部反映的护理费提高标准后没有及时兑现问题,离退休处及时与有关单位领导沟通,很快得到解决。协助厅办公室处理好驷马山离休干部沈治平遗属反映的住房问题。

【厅机关老干部服务管理】 一是坚持活动室、医务室、图书室、阅文室、阅报室、收发室的全年正常开放,热情周到地做好服务工作,为老同志的精神文化生活提供保障。二是保证老同志参加重大活动和生病就医用车,对有困难的危重病人,派人陪同,提供必要的服务。三是做好离休干部每月看病医药费用报销和异地安置退休干部医药费申报工作。分别组织厅机关120名老同志和52名省保健对象进行健康体检等。

【自身队伍建设】 有效地开展学习实践科学发展观活动、“讲党性、重品行、作表率”活动、创先争优和向沈浩同志学习活动,按照“政治上靠得住,工作上有本事,作风上过得硬”的总体要求,努力提高离退休工作部门的服务管理水平和离退休工作队伍的整体素质。

(祝锋)

安徽省水利厅直属单位

ANHUISHENG SHUILITING ZHISHU DANWEI

安徽水利水电职业技术学院

【概况】 2010 年底，学院占地面积 808667 万 m^2，校舍建筑面积 331724 万 m^2，图书馆纸质藏书 53.33 万册，电子图书 4500GB。学院教职工 530 人，专任教师 441 人，其中教授、副教授和其他系列同等职别的教师共 93 人，讲师 174 人。学院拥有 10 个教学系部，39 个专业，129 个实验实训场，216 个校外实习基地；各类在读学生 15000 多人，其中普通高职学生 10813 人。

3 月 26 ~ 27 日，省财政厅、教育厅共同组织专家组，对学院 2007 年始建的“国家示范性高职院校建设计划”项目建设情况进行验收。4 月，该项目通过国家级验收。

5 月，开始进行新一轮管理制度改革和建设工作，从教学管理、学生管理、行政管理、后勤服务、人事管理、财务管理、资产管理各个层面，全面进行梳理，对原有制度进行修改、修订和完善；根据发展要求，构建教育教学改革和发展的制度体系。

6 月，启动校园民生工程，改善民生提高福利，实施提高公积金比例、年度健康体检、暑假考察调研、交通费补贴、生活区整治等 12 项校园民生工程计划。

9 月，对 9 位中层干部进行轮岗；选拔 14 位副科级干部考核、测评、选拔、公示等程序晋升为正科级干部。本院“校企合作、工学结合”的人才培养模式在省内外部分高职院校推广。为省内外高职院校开展“双师素质”教师培训，主动对中西部地区高职院校开展对口支援。9 月 ~ 11 月选派 4 名年轻干部分别到安徽矿业职业技术学院、广西水利电力职业技术学院挂职交流学习。接收安徽矿业职业技术学院 1 名院领导、4 名中层干部到本院挂职交流。

师资队伍建设。8 月和 9 月，3 名教师分别赴德国、澳大利亚参加培训；9 月，经筛选后录用 16 名新教师，培养双师型教师 15 人，安排中青年专业教师到企业参加生产实践 20 人次。聘请来自行业企业一线的专业技术人才、能工巧匠 36 人。选派 260 人次参加国家教育部、省教育厅等组织的各类培训。1 人获得省级优秀教师称号；1 人获得全省模范教师称号；10 月，2 名教师获省级教学名师称号；11 月，2 人被评为教坛新秀奖；1 人评为省级优秀教学管理工作者；6 名教师被省教育厅批准为 2010 年安徽省高职高专专业带头人。12 月，2 人晋升教授，8 人晋升副教授，12 人晋升讲师。

学生管理。制订和完善《学生管理考评办法》以及学生团体组织建设、单独招生章程和学生转专业管理暂行办法等学生管理工作规章制度。

大学生党建工作。举办 4 期党校培训班，培训 1678 名学员。共发展党员 164 名，其中，学生党员 162 名。

共青团工作。组织开展团学干部、相关学生社团专题讲座或培训共计 40 次，增强学生自我教育、自我管理和自我服务的能力。5 月，院团委荣获省直团工委“五四红旗团委”称号。

学生思想政治教育。6 月，安徽省第三届“自立自强励志成才报效祖国”大学生演讲比赛，学生叶程玲、胡欢、吴欣然同学荣均获二等奖；11—12 月，“开展倡导文明言行，构建和谐校园”专题教育活动；开设《管理心理学》、《唐诗欣赏》等公共选修课 22 门/次，2000 余人次参加选修。10 月，参加安徽省第十二届运动会高校组田径比赛，获男子 100m、200m 冠军；男子三级跳、女子跳远第三名、女子跳高第四名；打破男子 200m 省运会高校组记录；学院代表队获体育道德风尚奖。4 月 25—26 日承办安徽省水利厅第四届运动会并获团体总分第一名和优秀组织奖。

发放各级各类奖学金、助学金共计 452.4 万元，1902 名学生受益。学院奖学金和助学金资助额度大、受益范围广，缓解部分特困学生上学的资金压力，激励了品学兼优的学生，营造积极向上的学习氛围。12 月本院被省教育厅评为安徽省普通高校大学生资助工作先进单位。

成人教育和职工培训。正式录取成人新生 894 人，其中专科函授生 356 人，河海大学函授站本科函授生 278 人、河海大学函授站本科课程班新生 260 人。学院成人学历教育在校生数 2580 人，其中：成人专科 1320 人，河海本科 1260 人。2010 年，根据水利厅的安排，举办皖北三市七县水利局长培训班、基层水利员、安庆市排灌人员、巢湖市水库管理培训等 12 个培训班，培训人员 1400 人次。

10—12 月组织制定完成学院“十二五”发展规划。

【教学与科研】 专业建设。推进专业改革与课程建设，推进人才培养方案、课程体系、课程内容的改革，对 8 个国家重点建设专业进行全面改革，重点建设优质核心课程 46 门、教材与教学资料 84 门。电气自动化技术专业获得省级特色专业称号。

2010 年学院获得省级教学成果奖 7 项，其中：赵向军、李兴旺承担并于 2010 年结题的“职业教育集团化发展的研究与实践”项目，获得省级教学成果特等奖；2011 年 11 月 9 日学院《安徽水院工程类专业教学团队建设的理论与实践》、《高职高专市政工程类专业技能标准与认证系统的开发与实践》等5项教学研究项目获得省级教学研究项目立项;《高等职业教育集团化发展模式的研究与实践》等9个项目获省级教学成果奖;应用电子技术专业教学团队被确认为省级教学团队;学院教务处获省级优秀教学管理集体称号。2010年学院教职工公开出版或发行68部教材论著,公开发表论文13篇。

9月19日,王伟同学参加安徽省第六届高职高专实用英语口语大赛获二等奖。9月26日,本院组队参加第三届全国大学生制图建模大赛获个人一等奖3项、二等奖3项,集体二等奖1项,3人荣获优秀指导教师。

2010年,学院建设了先进的图书管理系统(大连网信的妙思系统),采购70余万册电子中文图书和3万余册外文图书,购买“维普中文科技期刊”数据库和“龙源中文人文电子期刊”数据库,采购模拟考试系统和视频资源,丰富和完善了信息资源的类型和结构,数字图书馆建设已初具规模。同时,整合馆藏资源和数字资源系统,解决远程访问关键技术难题,更新图书馆网站,为教师利用馆藏数字资源提供便利的条件,延伸图书馆的服务空间,图书馆的服务功能得到拓宽。

实训基地建设。2010年,建成室内实训室面积3.6万m^2、室外生产性实训场地面积6.8万m^2,测量技术实训场面积28.4万m^2;完成2540万元仪器设备采购任务,仪器设备总值达到6369万元;新建水利科技园、驾驶技能培训基地等校内实训基地(室、场)24个,现总数达到33个,校内实训室经整合后达到147个,形成真实或仿真的职业氛围。2010年11月9日学院给排水实训中心被确认为省级示范实验实训中心;测绘技术实训中心被确认为省级开放实训基地。

职业技能鉴定。组织实施对2010、2011届毕业生职业技能鉴定工作,鉴定1400多人次,取证人数1339人次,通过率为96%。

12月3—5日,学院组队参加在广州举办的第四届全国水利高等职业院校“南粤杯”技能大赛,取得历史性突破,共取得3个特等奖、4个一等奖、11个二等奖、1个三等奖。同时还获得了2个单项团体第一名和1个团体第二名及“最佳组织奖”等多个奖项,团体总分位列全国水利院校第二名,比赛成绩较上一届团体总分第六名有了很大提高。

6月19日组织学院第五届职业技能大赛,100多位学生在14个项目中获奖。

4月10日参加2010年安徽省职业院校技能大赛比赛,获团体二等奖2个,个人二等奖2个,三等奖4个。

社会服务。与安徽华兴公司合作,进行CAD和PRE课程的培训及认证考核,考核达1000多人次,认证达600多人。受合肥市人力社会保障局的委托,3月20~21日,对合肥市三县一区387名水利机关事业单位职工进行技能鉴定工作。与国家教育部考试中心合作,参加全国信息技术高级人才水平考试培训与认证工作,培训及认证考核电子政务工程师(OA办公自动化)160人。

【招生与就业】 2010年,学院首次实行单独招生,通过此种招生形式招收新生298人。2010年学院全部招生计划4600人,实际录取新生3990人(含单独招生、代培生),录取率87%。2010年,学院有2700多名毕业生就业。截至年底,毕业生就业率达99%。当年学院荣获“安徽省普通高校就业工作先进集体”和“安徽省普通高校就业工作标兵单位”称号,受到省政府就业工作委员会的通报表扬。

(王凌)

安徽省水利水电基本建设管理局

【概况】 省水利水电基本建设管理局(以下简称基建局)成立于1992年(前身为安徽省水电开发公司),隶属省水利厅,为副厅级全额拨款单位。2008年9月,经省人事厅批准,列入参照公务员法管理单位,核定编制55人。局内设政秘处、施工管理处、水电管理处和企业管理处(安全监督处)4个副处级建制和财务科1个科级建制职能机构。主要承担全省水利建设施工管理、水电行业管理和安全生产等工作。2008年4月,经省水利厅党组批准,省治淮重点工程建设管理局与基建局合署办公。现有在职职工55人,离退休18人。

2010年,基建局成立以主要负责人为组长的创先争优活动领导小组,全面负责活动的组织领导。抓党风廉政建设和反腐败工作,在深入开展水利工程建设领域突出问题专项治理活动中,建立干部综合考核评估制度;完善治淮重点工程财务管理工作,加大对预算管理、资金调拨、价款结算等重大事项、重要岗位的监管力度,保证资金安全;抓以“三个安全”为重点的预防及惩治体系建设,完善并严格执行建设管理、招标投标和财务管理等各项规章制度,坚持从源头、环节、过程着手,对项目建设的招投标、建设进度、工程质量、资金使用等进行监督检查。

坚持三个文明建设一起抓,

把精神文明建设贯穿于日常管理的各个方面。通过省直机关文明单位考评,再次荣获"省直文明单位"称号,获省政府表彰并获"安徽省治淮骨干工程建设先进集体"荣誉称号。

(乐茹凤)

安徽省水文局

【概况】 截止2010年12月,安徽省水文系统有在职职工777人,离退休职工454人,委托观测员875人。在职职工中,专业技术干部497人,其中具有高级职称103人,中级职称189人,初级职称205人,工人280人。

水资源监测评价。完成常规地下水动态监测与分析工作,加强地下水超采区和城市水源地的监测。开展地下水自动监测系统试点建设,投资140万元,在淮北平原地下水超采区和城市水源地建设11个地下水自动监测站。完成水资源公报、地下水通报的编发工作,《安徽省水资源公报》于5月10日通过水利厅组织的专家审查。参与完成《安徽省水资源综合规划》、《安徽省水资源管理系统实施方案》,为实施最严格水资源管理制度打下基础。开展"安徽省大型灌区水资源优化配置方案"研究工作,完成项目研究报告编制。参与水利部公益项目"淮北地下水安全开采与可持续利用研究"。

水土保持监测。继续开展水土流失动态监测工作。完成国家级水土流失重点防治区新安江预防保护区水土流失抽样调查工作,编制《国家级水土流失重点防治区新安江预防保护区水土流失调查报告》,通过部水土保持监测中心审查。开展全国水土保持监测网络和信息系统建设二期工程安徽省建设工作,完成总站和4个分站的建设任务。

水文综合规划。基本完成《安徽省水文事业发展规划》、《安徽省"十二五"水文基本建设规划》、《安徽省"十二五"水利发展规划——水文专题规划》、《安徽省中小河流治理和中小型水库除险加固水文监测专项规划》等。协助水利部水文局编制完成《全国水文实验站规划》。修改完善并上报城西、淠史杭、三连圩、杨楼4个实验站的项目建议书,已上报水利部水文局。编制完成《安徽省水土保持十二五规划》,并通过专家审查。完成《安徽省易灾地区生态环境综合治理专项规划(水利部分)》的编制任务并上报。

落实"三定"方案。在全省水文系统全面落实"三定"方案,调整内设机构,充实干部队伍。完成局直单位机关内设机构37名副科级干部的民主推荐、组织考察和聘任工作,完成省局机关21名科级干部试用期满考核和正式聘任工作,人员到岗到位,实现平稳过渡。

水文队伍建设。积极引进人才,通过公开招聘录用48名新进人员。加强职工培训,针对不同培训目标举办10个业务技术培训班,参训达300多人次;推荐业务骨干122人参加上级举办的各类业务培训,做好河海大学48人专升本函授工作。在青阳举办全省水文勘测工技术等级考核和技师技能考核,34人获得省人社厅批准的水文勘测工技术等级资格,30人获得水文勘测工中级工资格,11人获得水文勘测工技师等级资格。

水文技术服务。全年共完成技术咨询项目135项,其中工程防洪影响评价92项、建设项目水资源论证20项、建设项目水土保持方案编制与监测23项。

【《安徽省水文条例》出台】 《安徽省水文条例》于2010年8月21日由安徽省第十一届人民代表大会常务委员会第二十次会议审议通过,自2011年1月1日起施行。《安徽省水文条例》是安徽省第一部水文管理法规,共七章四十三条,对加强水文管理、规范水文工作建立一系列法律制度,为全面加强和规范本省水文管理工作提供法律依据。

(邓明)

安徽省水利规划办公室

【概况】 安徽省水利规划办公室(以下简称规划办)设有规划科、综合科两个科室,在职职工10人,其中硕士研究生以上学历4人、本科学历6人;正高职称1人、副高职称8人、中级职称1人。2010年,到水利部水规总院交流工作1人,抽调到厅滨湖水利科技基地建设办公室工作1人。

2010年,共完成灌区续建配套与节水改造、中小河流治理、水库除险加固、淮河流域重点平原洼地治理外资项目、水利血防与重大水利工程2010年第四批中央预算内投资项目等113个项目的审查工作(包括项目建议书3项、可行性研究9项、初步设计与变更设计等101项),其中正式上报审查意见项目102项,办理函件项目11项。

参与淠史杭、花凉亭、茨淮新河等大型灌区续建配套与节水改造项目年度可研报告的审查工作,参与部分建设项目水资源报告论证、防洪影响评价、水土保持方案等方面技术服务工作;编制完成《安徽省小(1)型水库除险加固规划报告》、《安徽省小(2)型水库除险加固规划报告》,作为安徽省水利发展“十二五”规划的汇总编制单位,与有关单位配合完成《安徽省水利发展“十二五”规划》。承办水利厅举办的建设项目水资源论证与水利建设项目环境影响评价高级研修班。

(杨泽跃)

安徽省水利厅机关服务中心

【概况】 2010年,厅机关服务中心积极开展“创先争优”和“基层党组织建设年”活动,建立和完善各项规章制度,把为厅机关做好后勤保障服务作为核心工作内容,各科室和物业公司职工努力工作,物业管理运作初见成效,各项工作顺利开展,经济状况有所改善。

开展创先争优活动。制定活动实施方案,提出以“加强保障争先进,服务水利当先锋”作为活动的实践主题,把学习沈浩作为创先争优活动的抓手,扎实推进“创先争优活动”的开展。建立“党员先锋岗”、“党员示范窗口”,落实党支部和党员公开承诺工作,发挥党员的先锋模范作用,为机关职工提供优质高效的服务。

物业管理初见成效。5月,经省工商局批准,物业公司正式成立,并挂牌办公,在水利厅的支持下,以物业公司为抓手,围绕加强机关宿舍区的管理,为住户职工提供优质高效服务的宗旨,增强服务意识,各项工作开展顺利。

广泛宣传机关宿舍大院管理规定和物业公司的承诺服务内容。建章立制,规范物业公司的服务程序,明确岗位职责,提高服务质量和效率;整合资源优势,合并原管理科、治安队,将创建办卫生绿化的部分职能纳入物业公司管理范围,组建物业管理队伍;强化服务保障体系,实行承诺服务制,限时处理涉及大院安全保卫、绿化、卫生保洁以及住户报修问题;加强用水、用电安全管理,排除用电安全隐患,确保用水、用电安全。

整治环境卫生,改善办公和居住环境。在南大院宿舍区种植新的草坪1000多m^2,补种绿篱3000多棵,在老干部平房拆除空地栽种草坪500多m^2,栽种红枫、金边黄杨等景观树20多棵。

配合第九届安徽省文明单位和省直机关文明单位的考评工作,积极开展“党员卫生日”活动和文明创建工作,集中整治东陈岗办公区的绿化和卫生,在东陈岗办公区主干道两侧添置新型果皮箱,修剪两个大院的绿化树木,清运垃圾等。改造东陈岗宿舍区3号楼的上下水及污水管网,更换管道30多户,水管120多m,有效改善了3号楼住户的生活条件。

推进安全管理,强化社会治安综合治理工作。调整水利厅综合治理工作领导小组成员,召开厅社会治安综合治理工作会议。结合社会治安新形势、新情况,利用视频监控等技术手段,采取在办公区和宿舍区设置固定岗和流动岗的方式,实行24小时巡查,有效地防止各种违法犯罪和治安案件的发生,同时,加强车辆管理,发放车辆出入证,维护了办公区和生活区良好的工作、生活秩序、居住环境。

加强幼儿园安全保卫,防范校园暴力。成立安全领导小组,落实责任到具体部门和具体工作人员。制定并完善《水利厅幼儿园突发事件应急预案》、《食物中毒应急预案》、《传染病防治应急预案》、《防意外伤害事件应急预案》、《消防事故应急预案》、《地震应急预案》等应急预案,组织开展“火灾逃生”“地震逃生”和“防暴”三个项目的演练。配置,强化幼儿园的安保力量,防止校园暴力事件的发生,上半年抽调了2名保安人员,按时段值勤,同时安排2名治安队员着装、持械、戴防刀割手套警戒值勤。下半年,从保安公司聘请1名专职保安队员,加强幼儿园的安保力量。在幼儿园内安装高清晰视频监控探头,加强监控;严格门卫制度,对出入人员进行严格查验和登记;实行“接送卡”制度,确保幼儿的安全。

【人口与计划生育工作】 加强组织领导,及时补充调整了厅计划生育领导小组成员;利用宣传栏、黑板报、图书角等形式加强计划生育政策的宣传力度,出宣传专栏2期。对重点人员跟踪服务和流动人口管理,上门逐户登记育龄妇女和流动人口440多人次,2010年没有发生违反计划生育政策的现象。

完成全国第六次人口普查工作。配合街道、社居委做好第六次人口普查年工作,抽调精干人员,经过宣传动员、人员培训、入户摸底、信息登记、汇总整理等环节,共计入户登记585户,统计人口1318人,获得了大量的详实数据。

推进中心经济发展,改善经济状况。加强对租赁资产的管理与监督,扩大经营效益,做到国有资产保值、增值。利用和挖掘现有资源,开展对内对外的有偿服务;坚持勤俭节约,压缩公用经费的支出;

建立和完善物业公司的管理、服务、收费和运行管理体系,使物业公司走上正轨,实现良性运作。整合市场资源,成立会务服务公司,开展以承接各种会议服务为主,兼营旅游、票务、车辆租赁等业务,通过提供优质服务,积极开展创收。

(唐峰)

安徽省农村饮水管理总站

【总站更名和调整职能】 2010年3月20日,经安徽省机构编制委员会办公室批准,同意安徽省水利综合经营总站更名为安徽省农村饮水管理总站(以下简称总站)。职能调整为承担全省农村饮水安全重点建设项目管理具体工作;负责开展农村饮水技术示范、推广、培训和咨询服务工作;负责省水利节水示范基地建设和管理工作。具体承担贯彻国家和省农村饮水安全有关政策法规和规范标准;参与拟订全省农村饮水安全相关管理办法。参与编制全省农村饮水安全规划,参与全省农村饮水安全工程的招投标管理、监督检查、竣工验收等工作。参与全省农村饮水工程管理体制和运行机制政策研究建设完善,参与指导全省农村饮水工程运行管理工作。承担全省农村饮水技术示范、推广、培训、咨询、服务等工作。承担省级重点乡镇供水项目申报、可研立项、建设管理等工作,负责水利节水示范基地建设与管理工作。承担全省农业节水和农村供水产品质量认证相关工作。负责所属企业经营管理和国有资产监管工作。

【概况】 总站调整职能后,先后赴池州、宣城、阜阳、芜湖等市,调研并督促各县级设立农村安全饮水管理机构,促进农饮工程建后管理,建立工程管理长效机制。赴亳州、淮北、宣城、阜阳、黄山等市开展省级农饮抽验工作,促进工程的规范建设,提高供水效益。

完成亳州、淮北、六安等八地市水利民生工程回头看工作。督促各市尽快编制发展规划,重视水利民生工程的建后管理,加强基层技术指导和技术服务力量,发挥农饮工程长期效益。

精神文明建设。开展“打造书香机关、提升素质能力”活动,加强党员干部党性修养、坚定理想信念,提升精神境界;完善知识结构,增强专业技术能力和经营管理能力,促进干部职工综合素质提高。

“创先争优”活动。围绕厅党组确立的“全力建设四个水利,服务安徽奋力崛起”的主题,组织职工开展“创先争优”活动。通过集中学习、开座谈会、主题发言等多种形式,激发和带动全体职工,把学习热情化为工作激情,切实履行党组赋予总站的各项新职责。

积极参加省水利厅第四届运动会。参加省水利厅第四届运动会,展示了总站职工的风采。

万名干部进镇村活动。抽调三名职工参加了省水利厅“万名干部进镇村活动”。深入基层了解群众的心声,问需于群众、问计于群众、问政于群众,为解决基层职工的困难做出自己的贡献。

招标代理和物资采购。围绕“外拓市场,内抓管理”的经营方针,不断扩大服务对象,细化内部管理程序,改进薄弱环节,规范操作流程,落实岗位责任,以规范化的管理和优质的服务赢得业主满意和投标人的尊重,确立了较为稳定的市场地位。建立并完善符合标准化要求的招标信息资料档案库和潜在投标企业信息管理体系,提高信息化、科学化水平,全年共完成64个招标项目,基本实现年初既定的经营目标。

水利水电咨询。完成公司的股本结构改造,目前金源公司是金晨公司的全资子公司。全年共签订29个水保、水资源及洪评项目,合同额共435.2万元。

(陆柳)

安徽省水利水电勘测设计院

【概况】 安徽省水利水电勘测设计院(以下简称设计院)以加快发展为主题,着力实施“一个规划、两个任务和四个建设”的年度工作目标。2010年签订规划设计合同162项、合同额约1.8亿元;勘测分院签约合同140项、合同额4400余万元;招标代理项目约140项、合同额1200余万元;监理合同额约900万元。完成各类规划计划成果235项,设计底图约1.25万张;勘测分院完成钻探总进尺7.6万标准米,测量面积1956km^2。全年创收总计约1.5亿元,实现年增长20%目标。

1. 前期工作。推进一批重要规划。先后完成皖江城市带承接产业转移示范区有关的《水利专项规划》,江北、江南集中区启步区的《排涝规划》,江北起启区《防洪排涝规划》,安徽省“十二五”节水型社会建设规划、安徽省“十二五”水资源保护规划,长江洲滩圩垸近期治理规划,巢湖水环境综合治理专题,巢湖市、合肥市城市防洪规划修编,怀洪新河灌区规划等。参与编制安徽省水利发展“十二五”规划;引江济巢工程规划、巢湖流域防洪规划修编等基本完成;正全力加快安徽省长江、淮河流域综合规划和引江济淮工程规划等。

新一轮治淮。洼地治理外资项目、洪泽湖抬高蓄水位影响处理工程初设获批复。完成淮河干流行蓄洪区及滩区居民迁建规划、2010年实施方案,怀洪新河水系洼地治理工程可研、淮河干流正阳关-峡山口段行蓄洪区调整与建设工程可研修编、以及有关专题报告等;积极推进淮河干流行蓄洪区等洼地治理工程可研、汤鱼湖行蓄洪区调整与建设工程可研,以及淮河干流中小洪水专题研究等。

区域水资源配置。完成全省水资源综合规划、中西部水量分配方案、城西湖及周边地区水资源配置规划、淮水北调工程可研等,淮水北调工程项目建议书也已完成。

重点水利工程开工与建设。洼地治理外资项目开工建设;以五河泵站为标志的洪泽湖抬高蓄水位影响处理工程开工建设;承担丰乐河等14条中小河流治理工程开工建设、浍河等6条中小河流治理工程初设完成;确保一批大中小型水库除险加固工程的建设、验收;完成2010年灾后重建实施方案,承担兆河等灾后重建工程任务。

援建工作。水利援建四川省松潘县岷江川主寺镇段生态护岸工程,实现三年任务两年基本完成的目标。主体工程全面完成,其中一期河道工程经受2010年洪水考验。水利援建工作多次受到皖川两省各级领导称赞。参与赴新疆皮山考察,编制完成《安徽省水利援疆近期建设规划》。

水利普查。完成省级水利普查经费预算编制指南、总体经费预算编制、2011年预算汇总,水利普查总体实施方案(初稿)及2个专题实施方案、培训实施方案等工作。承办省级普查办主任会议暨综合培训班。

2. 拓展市场。境外市场。越南2×90MW水电站机电工程设计与技术服务合同正式签署,已进行施工图设计;越南梯级水电站(二级站2×8MW,三级站2×1.5MW)再次中标,技术、商务谈判结束,即将签约;喀麦隆水电大坝工程(主坝为土石与碾压混凝土混合坝,长1551m,坝高45.5m;副坝为土坝,长435m,坝高17m)为第一中标候选人。

上海分院经营稳定。全年承接南汇东滩促淤圈圩工程等14项。

城市与生态水利市场。承接蚌埠、舒城、南陵和繁昌等城市水利工程,以及合肥、芜湖等10城市的生态水利工程。

涉水业务领域。承接龙河口水库、青阳县、霍邱县等供水工程,开展农村公路等市政工程规划设计、地质灾害危险性评估、山洪灾害监测预警系统等业务。水保方案、监测、监理及评估、水资源论证、防洪评价、专题分析等业务稳步发展。

3. 质量管理。开展内审员培训、质量信息发布,设计回访、施工图质量检查、内外部审核、管理评审等质量管理活动,加强质量管理工作,实现持续改进,不断提高勘测设计产品质量,提高顾客满意度,实现年度质量管理目标。组织开展设计质量自查自纠,编报《勘测设计质量自查自纠报告》。

4. 科技创新。创新创优。国家水专项巢湖生态调水课题阶段研究成果,通过国家水专办和环保部联合组织的中期评估;申请成立"安徽省水资源利用与水环境保护工程技术研究中心",获省科技厅批复;临淮岗洪水控制工程获2008年度全国优秀水利水电工程勘测设计金质奖;《长距离大口径压力输水管道穿越采矿塌陷区关键技术研究》获省科技进步二等奖、《软体排护岸技术创新与应用研究》获淮河水利科技进步二等奖;全年获发明专利2项、新申请专利3项,获全国优秀咨询成果三等奖1项、省优秀咨询一等奖和三等奖各1项,获国家和省级优秀质量管理小组奖3项。

学术交流。举办"滨水景观规划设计"等学术讲座,260多人参加学术交流,组织"混凝土病险坝加固新技术的研究与应用"等8个项目的推广工作,积极进行水利部公益性项目和"948"计划项目申报,其中参与申报的"灾难性洪旱回溯模拟及对策评估关键技术研究"获水利部批准。

5. 安全生产。召开安全生产会议,签订安全生产责任书,落实安全生产主体责任;开展安全生产知识宣传教育,举办《安全生产管理和生产事故应急管理》等专题讲座,提高安全生产意识;组织开展"安全生产年"和"安全生产月"等活动,重点进行安全生产现场检查,排除安全隐患。

6. 制度建设。围绕企业年金方案重点和难点问题,进行政策咨询、方案调研,制定院企业年金方案,经职工代表大会表决通过后组织实施。

修订评优评先办法和部门管理职责,发挥激励作用,理顺管理关系;修订《院科技成果奖励办法》、《院科技创新项目管理办法》;修订出台《院规划设计项目产值核算实施细则(试行)》。制定和修订《院内业员工考勤管理办法》、《院内业短期聘用人员管理办法(试行)》和《关于妥善安置城镇退役士兵的原则意见》等;制定《院办公楼综合管理规定》、《院宿舍区综合管理规定》。

7. 党建工作。引进与培养并举。全年引进人才18人,参加各类技术培训22项,培训160人次,新增各类注册人员11人。对新员工进行入院教育培训。

主题教育。相继开展向沈浩同志学习、基层党组织建设年、创先争优、学习廉政准则和"理清思路,抢抓机遇,振奋精神,加快发展"等主题教育活动。院党支部进行换届改选。共发展预备党员8人,预备党员按期转正9人,转递组织关系20人次。组织18位党支部书记参加厅培训班学习。召开院首届团代会,选举产生新一届团委委员。召开民主生活会,会前征求意见和建议,经梳理归纳为四个方面13条。

民主管理。院内外业分别召开职代会,审议通过《院企业年金实施方案》、《院"十二五"发展规划》及《关于职工医院去留问题的报告》等重大事项。

纪检监察。学习传达全省水利系统党风廉政建设暨纪检监察会议精神,联系实际,组织支部、部门讨论,对院党风廉政建设暨纪检监察工作进行部署安排;制定《院廉政准则实施方案》,针对性地开展学习讨论,组织中层以上干部进行《廉政准则》测试;修订完善《院领导干部廉洁从政的若干规定》、《院党风廉政建设责任制实施细则》和《院党风廉政建设责任制考核办法》;对院大宗物品采购,纪检监察参与并发挥作用;开展专项治理活动,结合院实际,把开展建设领域突出问题专项治理活动和党风廉政建设结合起来,注重实效。

8. 企业文化建设。制定《院企业文化工作方案》,积极推进企业文化建设。将企业经营、发展、管理和价值理念贯穿、融合到企业文化培育中,征集和提炼企业宗旨、企业精神、价值理念以及管理、经营和质量理念等,形成《企业文化手册》征求意见稿。

9. 精神文明建设。成立院精神文明建设领导组,制定《创建文明单位实施方案》,开展文明创建工。荣获全国水利勘测设计协会"全国水利系统勘测设计先进集体",中国农林水利工会"全国水利系统模范职工之家",水工二处荣获"安徽省专业技术人才先进集体",白莲崖水库工程设计项目组荣获治淮"先进集体",张振江荣获"全国五一劳动奖章",刘福田荣获"治淮劳模"。组织参加省厅第四届运动会,荣获"厅团体总分第二名和优秀组织奖。"

制定《院宣传工作方案》,明确分工和管理职责,充分运用门户网站、OA系统、院报、橱窗等进行宣传,发布院内新闻76条,转载信息30条。年底,开展院"十件"大事评选。

以创建文明单位为契机,对宿舍区楼道进行粉刷、整修,改善宿舍区和办公区环境。

(高祥吉)

安徽省机电排灌总站

【概况】 安徽省机电排灌总站(以下简称总站)负责全省泵站行业管理,为全省防汛抗旱提供紧急抽排水服务。内设办公室、组织人事科、机电科、技术科、财务科5个职能科室,1个直属机械排灌队;下辖检测所、泵站工程咨询中心、科威公司、抗旱应急服务中心等4个经济实体。在职和离退休人员共160人,其中总站机关职工36人,离退休16人;排灌队108人,其中在岗25人,离岗外出劳务12人,提前离岗21人,离退休50人。在职职工中具有高级专业技术职称的7人,中级19人;技师1人。2010年,总站机械排灌队保有电动、柴油机泵664台套,32530kW,212m^3/s。

2010年,完成泵站目标管理与考核和省级泵站技改项目计划安排与实施。积极推进大型排涝泵站、大型灌溉排水泵站更新改造的建设与管理。为争取规划内后续大型灌溉排水泵站更新改造项目计划安排,积极组织力量,开展泵站检测、安全鉴定,协助组织初设、概算评审,为争取国家投资,尽早实施全部改造计划奠定基础。

【防汛抗旱】 4月下旬,组织对淮南等10个市排灌重点县(区)的泵站汛前准备工作和在建泵站工程进行检查,重点抽查70个大中型泵站。检查组分别与有关市县主管部门和泵站管理单位交换抽查意见,提出整改措施并将抽查情况及时报告省防办。同时,积极督促全省技改泵站限期完工,确保安全度汛。

应急服务准备。明确责任,落实维修资金,所属机械排灌队组织维修人员,对2009年投入抗旱的设备进行重点检测、维修,对未出库的设备进行常规维护保养,并建立设备检修档案。

3月初,安排排灌队资深人员对年青职工进行水泵、电气设备基础知识、配套安装等现场培训指导。

支援贵州抗旱。3—4月份,组成专家组和技术服务组,两次赴贵州,日夜兼程,行程1万多km,把本省捐助的120台潜水泵、10台发电机和6台运水车送往旱情严重的毕节地区,并指导安装运行。

排涝抗旱应急服务。7月份,本省沿江地区发生自1999年以来最强的一次集中强降雨过程,部分地区发生严重洪涝灾害。按照上级部署,总站迅速组织人员向安庆市、蒙城等20个市、县(区)调运排涝抢险设备133台套,7240. kW,支援排涝救灾。

入冬后,沿淮淮北地区发生持续性旱灾,总站及时下发通知,要求有关市、县固定泵站全力开机,支援抗旱保苗,千方百计扩大浇灌面积;及时统计上报固定泵站开机台时、提水量、耗电量等,为领导抗旱决策提供依据;制定详细方案,组成2个抗旱技术指导组,调运发电机、潜水泵和配套设施以及有关配件,自备柴油到颍上、濉溪等县紧急支援抗旱。

开展经营创收。根据各经济实体实际,调整人员安排,整合资源,补充新生力量,努力确保现有创收能力,同时完成相关资质认定并着手资质升级准备。

检测所7月份获得省水利厅“水利工程质量检测单位资质等级证书”,9月份通过省质量技术监督局的监督评审。

安全鉴定中心和监理部合并成泵站工程咨询中心,除保有原来资质外,申报的监理资质12月获得通过。

科威公司实施新一轮承包经营。

江淮防汛抗旱应急服务中心利用现有资源,通过承接排水工程、机组维修及房地产租赁积极组织创收。

各经济实体全年创收281万元,超额完成厅下达的经济财务目标任务。

防汛抗旱设备库建设与管理。完成肥西桃花工业区内3#、4#防汛抗旱设备库消防、质检等办证前期工作,正在办理房产证,防汛设备陆续入库。对淮南仓库实施维修,学习考察江苏等兄弟省先进管理经验,合肥和淮南仓库积极引进“5S”(清理、清扫、整理、整顿、素养)管理方法进行整治,在现有条件下,防汛抗旱设备库管理状况有明显好转。

提升素质加强管理。开展向沈浩同志学习,积极参与“万名干部进村镇”活动。形成1.3万字的专题调研报告上报省厅。实施“打造书香机关、提升素质能力”活动。

组织并深入开展创先争优活动。各支部开展党员承诺活动,以党的生日为契机,组织党员到蜀山革命烈士陵园开展纪念和励志活动。开展学习《廉政准则》、规范从政行为、促进科学发展主题教育活动。制定《2010年反腐倡廉主要工作任务分工》,明确要求,分解任务;组织收看《贪之害——贪权、贪财、贪色警示录》电教片;修订《总站职工考核办法》、《公务接待管理规定》、《差旅费管理规定》、《总站鼓励宣传工作的规定》、《总站鼓励开展科研活动的规定》,以实际行动践行宗旨,改进作风,促进发展。

组织参加厅第四届运动会、社区运动会、省直第四届运动会,并取得较好成绩。积极发挥工会、共青团的作用,倡导职工“精读一本书”,撰写学习心得相互交流,树立勤学善思的良好风气。

(朱健)

安徽省淠史杭灌区管理总局

【概况】 2010年,淠史杭灌区管理总局(以下简称总局)适应发展形势、更新发展理念、提升发展眼界、创新发展思路。坚持服务为要、发展至上、以人为本、统筹兼顾,促进全局上下团结、内外和谐、事业发展,各项工作取得新进步。

【灌溉供水】 统筹灌溉、供水、防洪和发电关系,统一调度、科学配置灌区水资源。兼顾不同区域、不同时段的农业用水需求,精心调度、加强协调、优化服务,顺利完成灌溉保丰收的任务。全年渠首累计灌溉引水17.5亿m^3,累计灌溉农作物68万hm^2,灌区粮食产量650多万t;加强供需对接,实行城乡用水错峰调度,累计向合肥、六安等城镇供水2亿m^3,生态供水500万m^3,以优质的服务保障区域经济社会发展;科学防控,有效应对,战胜淠河灌区、史河灌区大洪水,实现各种险情的快速处置,保障工程安全。

【续建配套与节水改造】 上半年完成2009年灌区建设到位资金0.3亿元,下半年全力开展2010年度灌区续建改造任务。共下达淠史杭灌区22个节水改造项目,其中21个新建项目,1个续建项目,前期共下达投资计划2.399亿元,其中中央投资1.8亿元,占全省大型灌区中央投资约60%;并追加投资计划0.379亿元,使灌区本年度投资计划达到2.78亿元,是灌区节水改造建设以来投资规模最高的一年。为实现年底前完成1.6亿元投资、2011年3月底全面完成任务的目标,保证建设进度和质量。

【工程管理】 突出重点、打造亮点、以点带面、全面推进,争创省级工程管理单位。经省水利厅考核验收组评定:横排头、将军岭管理处达到省一级标准,高刘管理分局达到省二级标准。至此,总局省二级以上工程管理单位达到6个,占总局直管工程的60%。按照每年10%左右堤防和建筑物达到规范化、精细化、常态化管理要求进度,打造工程管理亮点,加快提高灌区管理水平。全局有40km堤防、14座中小型水闸和32座放水涵按照精细化管理的要求进行试点。

【水质、水环境保护】 围绕杜绝新违章、逐步清除老违章的目标,全面加强水政执法工作。解决史河总干渠金寨境内确权划界难题,共清除老违章22处,铲除违章垦植3600m^2;加强水环境维护,把水质保护作为发展供水经济、保障饮水安全的战略措施,基本遏制横排头上游非法采砂对水质的影响,初步解决城区段水环境问题,购置水面割草保洁船,开展水质保护管理考核,全年水质保持在Ⅱ类以上,取得良好的经济效益和社会效益。

【经济发展】 稳定农业水费、发展城市供水,农业水费已100%到位,2003年之后历史遗留的农业水费清欠完毕;通过加强协调、促进互动,城市水价调整到位,城市水价由0.138m³/元调整到0.232m³/元,为发展供水经济打下坚实基础;加快骨干经营单位发展,工程施工、水利设计监理、水力发电等经营工作均创造历史同期最好业绩。房地产公司新项目正在推进,金满楼六安大酒店由委托经营改为金满楼集团整体租赁、独立经营,横排头宾馆已对外招商承包经营,经济发展呈现好势头。

【内部管理】 出台《机关处室目标管理考核办法》,集中整顿纪律、提高效率,全面加强内部管理,加快打造"责任型、创新型、服务型、效能型"机关;出台《水政执法目标考核办法》、《工程管理目标考核办法》,实行基层单位月自考、总局业务部门季检查、全局年评比制度;加强水政管理,推进工程达标考核,加快工程管理由粗放型走向规范化、精细化、常态化;局直属单位实行经济目标、党风廉政建设和安全生产三项普遍性考核,强化局直单位发展经济的动力,加强对重点领域、重点部位的党风廉政监督,推动全局安全生产、安全发展;推进全局系统干部人事制度改革,出台全局干部人事制度改革意见,完善民主推荐制度,推进竞争性选拔干部制度,健全干部轮岗制度,建立干部聘用制度,增强干部队伍活力。

【党的建设】 深入开展创先争优活动,按照基层党组织"五个好"、党员"五带头"的要求,在基层党组织中开展创建"学习型党组织"、在工管单位开展创建"学习型所段"、在经营单位开展创建"学习型班组",在全体职工中开展创建"学习型职工"活动;在基层党支部中开展创建"五好党支部"活动。推进党建工作制度化,加强党委自身建设,改进中心组学习制度,出台党建工作目标考核办法,制定党建工作责任制,不断提高党建工作水平。开展思想政治工作调研,召开思想政治工作座谈会,弘扬正气,树立新风,形成健康向上的思想主流。

【基层民生】 改善基层单位工作条件,整合各类资金200万元,实施15处基层管理设施维修改造,2个基层单位被评为市级花园式单位;推动职工收入与管理水平提升、经济发展同步增长,提高岗位考核奖、住房公积金基数和职工福利。全局在职职工人均收入较去年增长20%;以互助方式解决职工因灾因病造成的家庭困难,总局帮困互助基金已向36户职工发放11万元救助金。

【精神文明建设】 开展寓教于乐的文体活动,在省水利厅第六届运动会上取得良好成绩,在寿县隆重举办灌区第六届运动会,展示新时期灌区水利职工的良好精神风貌;加强基层单位文体设施配套,建设约2000m²的总局篮球、网球活动中心;开展行风评议活动。继续加强工会、共青团、公安保卫和离退休工作,促进各项事业协调发展。

(张艳)

安徽省龙河口水库管理处

【概况】 2010年,龙河口水库管理处(以下简称管理处)如期完成水库除险加固续建工程建设任务;被省水利厅确定为省一级水利工程管理单位;被省档案局确定为机关档案管理省一级单位;获得水利厅第四届运动会总分第五名,被中国农林水工会授予"全国水利系统模范职工小家"荣誉称号。截至年底,全处在职职工145人,其中高级职称9人,中级职称16人,初级职称20人;离退休人员61人。

防汛准备。及时召开水库防汛工作会议,抓好防汛物资储备,组织开展抢险演练,严格执行防汛值班制度,修订完善防汛抢险应急预案和防洪预案,做好水文基础工作,汛后开展从九井至水库及三闸的水准基点校测工作。

水库全年来水量12.00亿m³,全年累计向灌区供水10.36亿m³(其中灌溉供水3.33亿m³,泄洪弃水7.03亿m³,弃水和灌溉发电超2000万度)。

工程管理。组织完成2010年工程运行维护任务;完成三个闸站管理所与处机关办公区的互联网连接,实现工程运行状况远程视频监控;完成梅岭闸测流设施的更新改造;新建闸下游水位的自动传输系统。5月,顺利完成水库东大坝除险加固续建工程建设;6月,完成梅岭闸除险加固工程;完成坝中山环境规划及管理房设计工作,并于11月开工建设。参加厅全省大中型水库观测资料整编互审工作,获得2009年度水库大坝观测资料整编一等奖。以水利工程管理达标升级为抓手,全面提高工程管理水平和各项管理工作,12月通过厅考核领导小组核批,被省水利厅确定为省一级水利工程管理单位。

综合经营。对已有的创收项目深入挖潜,扩大效益。牛角冲电站安全发电创5年来发电量最高记录;金水湾度假村超额完成营业收入任务,营业利润达到新高;龙腾水利工程公司拓展工程业务,加强施工进度和质量管理;加强对旅游门票、旅游车辆停放、梅岭电站水费征收、自来水厂和水塘养殖的经营管理,旅游服务收入比上年有所提高;超额完成水利厅下达的增收节支任务,弥补职工工资发放。

财务监管。完成水利厅2009年度经济财务目标责任制考核、2009年度财务决算和2011年度预算编制上报工作,对部分直属单位进行2009年度综合目标考核及2010年综合目标下达工作,完成2010年"小金库"专项治理工作,完成对牛角冲进水闸加固工程竣工决算审计。对龙腾水利工程公司的账务进行清理、整改,完成对其他处属独立核算单位的财务检查。修订《安徽省龙河口水库管理处固定资产管理办法》,开展全处固定资产清查工作。

制度、效能建设。相继制定和修订完善《龙河口水库请示报告制度》、《车辆使用管理办法》等15个制度,编制《现行管理制度汇编》,保障各项工作规范开展。完成水库网站改版,利用网站、宣传标语、宣传栏等多种形式开展各项宣传工作,及时向水利部和省水利厅报送水利工作信息60多条,处网站共上信息和图片300多条。

水行政执法和安全生产。进行多次水政巡查和水事调查,处理6起水事违法违章案件,对各违章建筑单位下达4份《责令停止水事违法行为通知书》,妥善处理多次周边群众的无理取闹。签订安全生产责任状,开展消防安全培训,进行实际操作演练,购置安全、消防设施,强化职工安全意识,防患于未然,全年安全生产无事故,获2010年度省水利厅安全生产目标管理考核优秀单位。

职工培训。组织42人参加技能培训和技术等级晋升考试,对电工、锅炉工等特殊工种30多人进行培训换证。举办工程管理、防汛抢险、法律法规、档案管理等多期培训班,培训职工240多人次,职工培训率达80%以上。

"创先争优"和党风廉政建设。成立创先争优领导小组,制定实施方案,各党支部和广大党员对创先争优目标做出公开承诺。开展基层党组织建设年、向沈浩同志学习活动,注重在生产和工作一线发展新党员,今年发展党员3名,有1名党员和1个党支部受到中共舒城县委的表彰。开展《学习〈廉政准则〉,规范从政行为,促进科学发展》主题教育活动,进行《廉政准则》知识测试,集中收看警示教育片。制定《龙河口水库管理处2010年反腐倡廉工作任务分工》。

精神文明创建。设置展览室和职工阅览室。组织召开离退休职工座谈会,重阳节组织离退休职工到合肥参观,走访慰问抗战老同志;"六一"儿童节、暑期分别组织开展多次有益身心的活动和爱国主义教育;"三八"妇女节组织女职工外出学习考察;组织职工和离退休人员体检。组队参加厅第四届体育运动会和淠史杭灌区体育运动会,取得团体总分第五名和第六名的好成绩。与省水利水电职业技术学院共同建立产学研基地。做好工会工作,荣获全国水利系统模范职工小家荣誉称号。对明光市、凤阳县,全椒县、滁州市琅琊区进行调研。

【除险加固】 如期完成除险加固续建工程建设任务。2009年9月份下达龙河口水库东大坝帷幕灌浆续建工程省水利基建投资计划297.5万元,工程于2009年10月20日正式开工。2010年3月底如期完工,5月14日通过完工验收。6月完成梅岭闸除险加固工程,并对周边环境进行综合整治。

【防洪保安】 3月3日,龙河口水库库水位达68.12m,超汛限水位,溢洪道闸开闸泄洪,流量$200m^3/s$。9月3日全年最大的一次入库洪峰流量达$903m^3/s$,经水库拦蓄削减洪峰92%,拦蓄洪量0.63亿m^3。汛期向省防指、水文局发水位预报28次,发送水雨情信息3450余份。

全年水库流域降水量1612mm,相比多年平均值增加163mm,来水量12.00亿m^3,相比多年平均值增加2.866亿m^3,年初水位65.81m,年末水位66.35m,最高水位68.42m,年最低水位63.57m。

3月初通过专家组审查,同意龙河口水库汛限水位由65.0m~66.0m提高到65.5m~66.5m,增加农田灌溉保证率,提高了水资源的利用率。

【工程管理考核达标】 推行水利工程"规范化、制度化、科学化、现代化"管理,按照"工程安全、设施完备、功能齐全、管理高效、环境优美"的行业管理要求,对工程外观形象、制度建设、精神文明、经营管理等进行全方位地完善和提高。11月15日通过省一级水利工程管理单位考核达标验收。

【城市供水】 年初组织人员深入杭埠河灌区实地调查水源利用情况,7月与水利勘测设计院签订《安徽省龙河口水库城市供水设计合同》,设计院编制《安徽省龙河口水库城市供水可行性研究报告(初稿)》。多次与合肥市水务局、合肥供水集团、舒城县协商供水事宜,并参观临涣输水工程,为科学、有效地做好城市供水前期工作提供依据。

【档案管理】 1997年12月被省档案局批准为科技事业单位档案工作目标管理省级达标单

位,2003年3月晋升为科技事业单位档案管理国家二级。7月17日-18日,通过由省档案局、省水利厅及舒城县档案局联合组成的专家组认定,晋升为安徽省机关档案工作目标管理考评省一级单位。

【参加“万名干部进镇村”活动】 按照厅党组的部署,对明光市、凤阳县,全椒县、滁州市琅琊区进行调研,编写了20余篇系列报道逐日发到水利厅信息网及处网站上,并形成了详细的调研报告。

(詹少成 汪畅)

安徽省驷马山引江工程管理处

【概况】 2010年,安徽省驷马山引江工程管理处扎实做好汛前准备工作,制定完善防汛抗旱应急预案,春灌供水预案,水源调度预案及防汛抗旱运行等办法。积极开展水法宣传活动,严格按照基本项目“四制”要求,抓好工程项目管理,完成厅下达的工程运行维护、泵站技改、水毁工程经费800万元。狠抓安全管理,落实安全生产责任制。做好项目管理服务,开展综合经营,提升经济实力,实施新一轮机构整合与干部交流工作。开展规范管理等活动,积极开展学习实践科学发展观活动和创先争优活动。至年底,全处有正式职工494人,其中在职职工362人,离退休职工132人。

【防汛抗旱】 做好汛前准备工作,明确责任,做好站闸机电设备检查维护保养,制定完善防汛抗旱应急预案、春灌供水预案、水源调度预案、防汛抗旱运行等办法。与肥东县水务局联合开展水法宣传活动,做好河道清障检查,加强切岭滑坡段巡查与观测。

三个水文站的平均降雨量1196mm,与多年平均值比偏多二成多。7月8日至12日,滁河流域普降大暴雨,管理处各站平均降雨量171mm,最大一天平均降雨量110mm。强降雨导致滁河水位自7月12日8时起迅速上涨,13日1时襄河口闸超过警戒水位,22时达到最高水位13.07m,超过警戒水位2.07m。驷马山分洪道乌江闸最大流量672m^3/s,超过设计值34%。9月2日14时起,滁河流域部分地区再次降特大暴雨,全椒县赵店站最大日降雨量为298mm,3日8时达到11.0m警戒水位,襄河口闸上最高水位达12.63m,超警戒水位1.63m,由于在洪水到来前管理处已调度开闸泄洪,有效降低洪峰水位。全年三座节制闸累计调度运行1250孔次,泄洪20.5亿m^3。

灌区抗旱用水较平稳,及时有效拦蓄降雨径流和洪水尾水,实现洪水资源的充分利用。4月中、下旬和5月中旬,驷马山灌区四座骨干抽水站结合机组维护试运行,及时补水450万m^3,适时利用长江高潮位,开启乌江闸自流引灌,引水650万m^3。各闸共拦蓄水约9000万m^3,抗旱总调度水量1.01亿m^3。

【工程建设】 严格按基建项目“四制”要求,抓好工程项目建设管理。完成厅下达工程运行维护、泵站技改、水毁工程经费近800万元。切岭滑坡治理,襄河口闸清淤等工程完成并通过验收。

驷马山灌区续建配套与节水改造工程建设井然有序,先后完成含山县大凌片续建、肥东县杨塘老黄一站改造项目的竣工验收,和县塘营、驷马山切岭边坡治理等项目完成竣工审计。2008年底新增中央投资的四个项目均已建设完成。

驷马山泵站更新改造工程批复总投资5668万元,到位资金4401万元,其中中央资金3401元,省级配套资金1000万元。已完成建设项目施工、监理、设备采购、计算机控制和信息化建设等八个标段的招标,签订各种合同15份,合同金额2700万元。完成滁河一级站进站道路修建,泵站上下游清淤,下游分流礅及盖板处理,上游检修闸门制作,站内防洪泵房改建;滁河二级站一台机组大修;滁河三级站厂房内装修及外防水、装修,行车安装等。滁河一站液压启闭机、闸门拆除安装,滁河三级站一台机组大修,电气设备拆除、安装;泵站自动化、信息化系统建设等在进行中。

滁河一级站节制闸除险加固工程批复计划投资1766.8万元,到位中央专项资金883万元。工程于2009年8月28日开工,至年底已完成5扇闸门更新、启闭机及电气设备安装等工程,主体工程已结束,具备运行条件,完成工程投资约750万元。6月6日完成水下工程部分验收。

滁河一站河道清淤及护岸工程计划总投资531万元,其中中央预算内投资319万元,地方配套资金212万元。中央资金已到位,11月15日正式开工建设。

【工程管理】 坚持每季度对各站所的工程目标管理工作进行全面检查考核,检查督促工程的日常维修养护工作。狠抓安全管理,落实安全生产责任制,开展安全生产月活动,开展检查和巡查工作,全年安全无事故。

及时编报灌区年度可研报告,做好项目管理服务。组织有关部门人员到淠史杭等灌区、赴江苏省、淮河局学习考察,结合驷马山工程管理新情况、新变化的需要,修订《驷马山水利工程目标管理考核标准》。

驷马山切岭管理段每月开展测压管、水平孔渗流、沉降等水工观测,增加GPS测量设备。每周安排专人对切岭段滑坡进行巡查,汛期和异常气候增加巡查次数,做好检查记录;修复7#滑坡集水竖井塌方工程。定期进行排水沟清淤、坡面牛洼凼回填等维护工作,确保切岭工程安全度汛。

召开灌区管理工作会议,交流经验。参加省厅组织的"万名干部进镇村"活动,组织全国技术能手开展小型泵站运行基本原理和安全生产管理技术培训。

【综合经营】 开展综合经营,提升经济实力。全力保障扩建后的乌江船闸安全高效运行,多次组织地方海事、公安等部门召开协调会、恳谈会,交流经验,研究办法,确保船闸24小时通航,11月,成立驷马山警务室,公安干警24小时驻守,有效维护船闸运行治安秩序,取得明显的经济效益。探索船闸建设管理新模式,向职工有偿借款还贷。

引导各实体对外开展经营业务,继续实行经济目标责任制管理,分解经费预算及创收指标,与各基层单位签定责任状,充分调动各单位经营创收的积极性、主动性和创造性。加强对水建、监理、检测、安装等优势项目的资金和政策扶持力度,机电安装业务做到甘肃、新疆等西部。巩固印刷等老项目,采取协作、承包等方式转变经营方式。各基层站所抓住时机,积极跑市场,找业务。

截止12月底,全处经营收入5500万元,实现以收抵支1600万元,完成年度预算收入123%。全处支出2300万元,占年度预算支出104%。收支基本平衡。

【内部管理】 实施新一轮机构整合与干部交流工作,机关科室由10个合并成7个,实体由11个整合成10个,交流干部12人,新提拔正科4人,副科1人,助理3人,原中层干部落聘1人。

开展规范管理年活动。各单位梳理、修订规章制度和工作流程,出台针对性和操作性强的管理制度。提升本处管理和服务水平,及时传达全省水利工作会议、纪检监察会议、厅年中工作会议等一系列会议精神,并结合实际,认真贯彻落实。组织中层干部分两批去世博开扩视野,拓宽思路。开展困难职工慰问工作,组织离退休职工开展活动,丰富职工文化生活。办理完成职工参加和县医保事宜。开展基层站所职工住房改善工程,滁河一级站职工住房改造已基本完成,滁河二三级站平房改造工程经费和方案已落实。

开展学习实践科学发展观活动和创先争优活动。组织召开管理处党委中心组理论学习和民主生活会,集中学习《中国共产党党员领导干部廉洁从政若干准则》等。坚持民主集中制,集体研究、决策管理处重大事项。开展读书月活动,提升职工素质。印发2010年处党建工作计划和党委中心组学习计划。部署党风廉政建设工作,邀请和县检察院专家开展廉政专题讲座。纪检监察人员积极参与处重大经济活动的监督。巩固文明创建工作成果,推进文明创建工作上水平、上台阶,通过省直文明单位检查复审。工会、共青团结合实际,开展富有成效的活动,组织参加省厅第四届运动会,获得团体第八名的成绩,组织开展国庆球类运动会,每周三开放舞厅,丰富职工业余文化生活。

召开处团员代表大会,进行团委换届选举工作,如期开办暑假学校。组织完成第十三届职代表换届选举工作。

(丁新)

安徽省长江河道管理局

【概况】 2010年,全局强抓工程管理、采砂管理和经营创收,强化精神文明建设,实现"十一五"完美收官。

做好防汛准备工作,应急处理同马大堤巨网段不均匀塌陷险情,15个开口子工程汛前完成复堤;调运66艘冲锋舟和船外机、袋类29.2万条、布类15.76万m^2、砂石料1474t、救生衣100件、钢筋笼10个等物资支援江西及池州、安庆等地抗洪抢险。汛后及时补充采购790万元防汛物资。主汛期,全局上下积极上堤巡堤查险,技术人员及时指导,现场处置散浸、渗漏等险情。本省长江干堤经受住近十年来最大洪水考验。

全年实施运行维护项目计划47项,完成经费980万元。普济圩局申报省二级管理单位,宿松县局申报省一级管理单位,均通过验收;望江县局申报国家级单位考核工作,通过水利部专家组考核,成为全省首家达国家级标准的县级河道管理单位。

坚持违章零报告制度,继续推行违章建设一票否决制,枞阳县局清除白荡闸西埠埂外滩地历史遗留违章房屋13户883m^2,宿松县局拆除历史老违章建筑90m^2,拆除内平台篱笆300m,普济圩局清除堤脚非法栽种面积超过4余万m^2。清查沿江管理范围内涉河违章项目62个,督促市、县加强涉河项目监管。

开展长江干流涉砂船舶专项整治与执法行动,加强重点采砂水域检查监管,本局全年累计出动船艇163艘次、执法车辆361车次、执法人员1712人次,查获非法违规大中型采砂船3艘、运输船只15艘次、小型采砂船只295艘次,拆除小型采砂船采砂机具229台套。

加大河费和滩地占用费征收力度,收取两费1000余万元。完成省级财政预算7717.1万元,其中项目经费4254.7万元,人员经费3462.4万元;制定《关于加强局直单位经营创收和规范创收分配的指导意见》,增收节支率达2.04%。超额完成厅经济财务责任目标,上缴省厅集中收入104万元。

新栽树木9794亩28.23万株,补栽11.82万株;加强码头运营管理;提升设计、测绘、施工、监理的服务水平,测绘院通过国土资源部甲级复审,监理升格为乙级资质,中水珠江规划设计勘测有限公司安徽分公司正式挂牌营运,全局创收能力得到提升。

积极开展创先争优活动,选派年青干部到基层任职,出台《局督办工作暂行办法》,《局期刊论文暨科技成果奖励办法》,开展债权债务清理和"小金库"治理,积极开展各项文明创建活动。

【"十一五"成就】 强化防洪工程维护。五年来完成省级投入7474万元,维修堤防水闸、处理险工隐患、改造管理设施;坚持对重点河段和崩岸段进行测量,开展本省长江13个河段的河床演变分析和7个重点崩岸监测区的分析。完成长江河道地形及水文断面5年一次周期观测任务和本省长江崩岸治理应急项目可研报告;组织抛石护岸抢险、外坡打桩抢险、防渗堵漏抢险等实战演练;坚持抓好全省长江干堤21个代储单位、73个代储点防汛物资的储备。保障长江河道工程安全运行。

推行达标管理。以"消除堤身杂草和雨淋沟积水凼,消除新的违章设障,和建筑物管理隐患,消除绿化空白段"为目标,层层落实管理责任,确保日常管理常态化。目前,省管长江河道管理单位已达省二级标准5个,省一级标准3个,国家级1个。

加强执法监督。开展水法宣传,依法征收河费近3000万元,收取滩地占用费282万元,收取砂石资源费及采砂经营权出让费用共4865万元,均全部上缴省级财政。严格涉河建设项目技术审查审批,完成418项码头、取排水、跨江电路、钻探等各类涉河工程项目的审查、审批工作;强化违章设障查处,省管三大江堤制止违章行为1000余起,清除违章面积3万m^2。建立与公安、海事等部门的联动工作机制,坚决惩处长江非法采砂行为,共查获非法采砂船只51艘次,非法运输船只472艘次,拆除小型采砂船采砂机具5849台套,行政罚款近3600万元(其中省级罚款600万元),依法保护长江河道安全。

发展水利经济。开展防浪林建设,投入资金600万元,新造林4.2万亩116万株,目前直管单位8万亩洲滩地共保有林木285万株。注重发挥技术人才优势,为建设项目开展测绘、设计、监理、施工等技术服务。同时立足区位优势投资码头项目,累计经营收入达一亿多元,弥补差额预算经费不足,稳定河道管理队伍。开展内部改革、逐步完善制度建设,不断规范内部管理,人员、收入向一线倾斜。加强基层党组织建设,加大干部交流力度,开展岗位培训和资质证书培训,实施会计电算化,强化预算管理和内部审计;举办庆祝中华人民共和国建国60周年文艺汇演等职工文娱活动,单位能力建设不断加强。

【长江河道重点监测区护岸测量】 对护岸监测点进行水下地形测量,施测重点监测区36处,共计311.6km,其中汛前16处,108.1km,汛后20处,203.5km。

该项目由省长江河道管理局测绘院承担,在实施过程中,采用GPS差分测量方法施测水下地形、Hypack海洋测绘软件提取水下地形测量数据、GPSRTK方法或全站仪施测陆上地形,利用AutoCAD绘制平面地形图。按规范要求半江水下地形测过深泓线(距深泓较远处1:2000的水下地形测宽为300m,1:5000的水下地形测宽为600m)。测图标出护岸桩位置、已护工程类型、陆域明显标志、岸坎线及50m之内的堤脚线。

(汪雪峰)

安徽省淮河河道管理局

【职责、机构、人员】 安徽省淮河河道管理局(以下简称管理局)是省水利厅在安徽省淮河流域的派出机构,授权行使淮河干流及颍河、涡河等主要支流的河道管理职责,为具有部分行政职能的事业单位。负责直接管理跨越6市14个县、区732km堤防,19座大中型水闸和100余座小型涵闸等重要防洪工程,保护着安徽省淮河以北广大地区的人民生命财产安全及重要能源、交通和工农业生产基地。

管理局现有19个直属单位,在职职工1180多人、离退休人员500余人。局机关内设办公室、工程管理科、水政水资源科、财务科、组织人事科、监察室、质监站、离退休工作办公室等8个职能科室,另有设计院、经济发展中心、防汛物资中心、机关服务中心、机关经营服务部、车船队等6个直属机构。下辖颍东、颍上、凤台、潘集、蒙城、怀远、五河、明光8个河道局,王家坝、曹台、阜阳、颍上、蒙城、东湖、东淝、窑河、蚌埠9个大中型闸管理处。

【概况】 2010年,管理局认真贯彻全省水利工作会议精神,积极打造"四个水利",强力推进"三项管理",努力构建"三个淮河",防洪工程安然度汛,涵闸管理水平稳步提升,堤防管理水平显著提高,河道管理逐步规范,水利经济有新发展,制度建设、内部管理和队伍建设有新进步,全面履行省厅赋予的职责。

【防汛抗旱】 严格落实防汛责任制。完善、健全防汛责任制,全员明确岗位责任。2月下旬,所属各单位全面开展汛前检查工作,落实防汛抢险措施。汛期,安排24小时值班。各值守岗位应对迅速,合理调度水闸,确保当年防汛安全无事故。蒙城县涡河左堤上的吕沟涵,闸门为铸铁结构,9月7日涡河流域突降大到暴雨,在闸门提起排涝时,突然断裂,失去作用。局领导、工程技术人员及时赶赴现场,排除了险情。去年冬季干旱,各闸管单位最大限度地提高闸上蓄水位,蚌埠闸放弃发电为沿淮抗旱供水,对淮河蚌埠闸以上保障充足水量,水利部抗旱检查组和全国抗旱会议给予充分肯定。

全年完成省级防汛物资储备价值790万元,全部按程序组织采购。6月,江西省汛情紧急时,管理局派出4组人员,连夜调运14车次物资支援抢险;9月又将两车40万条编织袋送往海南抗击台风。

按照省防指要求,对相关改变的行蓄洪区进行实地查勘和测量,综合各种情况及行蓄区现状进行分析,编制淮河行洪区调度运用方案。受淮河水利委员会委托,编制城西湖蓄洪区、姜唐湖行洪区、茨南淝右保护区、蚌埠市主城区四个区域的洪水风险图。配合淮委防办开展防汛船演习训练演习。

【工程管理】 推行目标管理、责任管理、精细管理,推进工程目标管理工作全面开展。堤防面貌发生根本性变化,涵闸继续保持高水平管理。

1.工程目标管理。11月18日到21日,省厅考核组初步评议潘集、颍上、颍东河道局达到省一级标准,五河达到省二级标准,超额完成局年初预定目标任务。促进其他河道局完善基础管理工作。

2.水闸精细化管理。以蚌埠闸和局属上海白莲泾泵闸为试点,开展水闸精细化管理实践,做好标准研究工作。局属上海白莲泾泵闸运行管理处,在上海世博协调局考核中以优异成绩连续获奖,管理局组织局直属九家水闸管理单位主要负责人到上海白莲泾泵闸实践学习近一个月,总结经验共同提高。蚌埠闸、蒙城闸围绕升级达标积极工作;阜阳闸、颍上闸改进管理方法;东淝闸、曹台闸、窑河闸保持达标标准不松懈;蒙城闸船闸弧形门制作更换工作于6月20日完成并按时续航。

3.工程技术管理。积极推广草茎建植新成果,扩大堤坝草茎护坡面积;蚌埠闸研发的《水闸工程观测资料管理系统》软件管理系统荣获安徽水利科学技术三等奖;凤台、颍上、颍东等单位重要建筑物、重点管理段设置视频遥测监控点,强化现代化管理手段。印制水闸及堤防检查记录统一表格。做好包括运行、周检查、水情以及日志、养护修理记录等。

【河道管理】 创新水法宣传形式,隆重纪念第十八届"世界水日"和第二十三届"中国水周"。3月22日,结合纪念"世界水日",管理局与安徽省怀洪新河河道管理局、蚌埠市水利局共同设立水法规宣传站,对市民进行普法宣传。

编制《涉河建设项目申报指南》,将涉河项目有关法规与规范性文件在网上发布,使涉河项目审批公开化、透明化。制订《安徽省淮河干流河道管理范围内建设项目质量监督管理办法(试行)》,明确建设项目现场管理技术负责人,负责工程现场的监督、管理以及协助完工验收等工作。对淮南如业船舶制造厂、阜六铁路跨淮河与颍河大桥等未批先建,责令建设单位限期整改。加强涉河项目技术研究,开展跨河桥梁对河道壅水影响分析和涉河工程防洪影响评价有关问题研究。出台《关于加强我省淮河河道管理范围内建设项目相关测绘资料管理的规定》,明确涉及水利工程和水下地形测量应具备的资质,以及不同类型的涉河建设项目地形图测量需满足相应的范围、精度与时间等要求。共审查、审批淮河河道管理范围内涉河建设项目140余项(其中含砂堆场95处)。据统计,全年局直单位清除规划区外的砂堆场、线杆30根、房间25间、加油站2处;非省直管单位清除砂堆场20处、房屋36间、以及大量的垃圾、草垛等。

与省林科院签订技术服务协议,选择蒙城、五河两地进行苗木截干试验,加强林间麦茬燃烧控制,注重对蛀干和食叶等害虫的防治,共植树26.6万株。

日常巡查监管与惩治相结合,河道采砂管理呈现新格局。落实《安徽省河道采砂管理办法》,12月初成立第二采砂管理大队。多次对市际边界水域和重点难点河段开展联合集中惩治非法采砂行动。基层河道管理单位积极配合地方政府开展非法采砂治理行动。局采砂管理大队配合行动19次,出动人员392人次,处理非法采砂船只47艘,销毁非法采砂机具92台(套),发放宣传单2000余份,先后5次联合蚌埠、滁州相关市、县开展集中整治。

【淮河采砂管理研究】 开展淮河干流采砂及管理现状调查,编制《淮河干流采砂管理及现状调查报告》;起草《安徽省淮河干流采砂应急规划》,就《安徽省河道采砂管理办法》相关配套办法以及解禁后采砂招标拍卖管理办法、采砂现场管理办法等提出意见,推进采砂许可的制度化。

规范和整顿滩地砂堆场。按照2009年批准实施的《安徽淮河干河道滩地砂堆场规划》要求,下发《关于进一步规范淮河河道滩地砂堆场管理的通知》,加大砂堆场整治力度。目前,本省淮河干流规划(局直单位)的125处砂堆场中,已完成测绘和设计的砂堆场132个,已批准设置砂堆场114个,规划区外已清除砂堆场76个。

【水利经济】 开发利用岸滩资源;依靠政策优势,开征岸滩占用费,加大力度征收水规费;拓展设计、咨询、监理、勘测和施工等发展空间;开展码头、仓储、物流、供水、水利旅游等朝阳产业的建设与经营,建设新的经济增长点;集中资金优势,抓大型骨干项目建设,为全局长远发展打造支柱产业,为可持续发展奠定坚实基础。2010年全局实现经济总收入7932万元,其中河费1400万,水费1100万,过闸费2369万(蚌埠闸船闸后7个月为股份收入)、发电收入1100万,滩地占用费133万,综合经营及其它收入1830万元。

水利经济发展有五个亮点:一是蚌埠复线船闸正式通航,阜阳船闸建设顺利,蚌埠船闸公司正式运营后实现平稳过渡,所属三座船闸克服国家节能减排等诸多不利因素影响,收入合计突破2000万。二是局设计院签订设计与咨询项目合同金额突破1000万元大关,业务首次拓展到长江以南;局测绘院实现产值410万元,在项目数量、质量、形式和实现产值上都再创新高;监理公司经营效益攀升,利润额较上年翻一番。三是职工收入有较大提高,福利待遇高于所在地平均水平;大多数管理所办公场所得到新建或改建,基层管护条件有较大改善。四是蚌埠闸水电站通过技改后,其电机在高水位条件下发电高于其他电机20%,实现收入1100万元。五是水费、河费实现"双千万"目标。克服河费征收比例大幅下降不利因素,全年征收总额接近2009年的40%,远远高于预测目标;水费增幅达30%。

【干部职工队伍建设】 开展"打造书香机关、提升素质能力"活动,组织"点燃奉献激情、弘扬淮河精神"主题教育活动,掀起"以先进为榜样,从我做起、从现在做起、从身边事做起"的工作热潮,激发广大干部职工爱岗敬业、奉献社会的热情和干事创业、争先创优的激情。

按照《干部任用条例》规定,对聘期已满的局直单位领导班子进行考核续聘;继续加强局直单位领导班子成员间交流;举办科级干部培训班,聘请专家教授就领导方法与艺术,提高领导能力进行讲座,不断提高领导干部政治、业务、管理工作的综合能力。开展工程目标管理知识培训,组织有关人员讲解工程目标管理、概预算、水闸管理、河道管理知识。

基础管理工作。印制水闸及堤防检查记录统一表格,使运行、检查、巡查、养护修理记录等各项内容,规范标准、完整有序;加强内部管理和监督,开展直属单位财务专项检查和8家聘期满单位领导班子经济责任审计,建立完善的内控体系;蚌埠闸晋升省特级档案管理标准已经通过评审,颍上、颍东等多家单位档案分别晋升档案目标管理二级或一级单位;《安徽省表·淮河志》部分大部分章节已经完成。此外,在车辆使用、招待费、资产管理等方面已汇编形成《制度选编》(四)印发各部门,为单位各项工作的规范有序开展提供有力保障。

【非省直管淮河河道管理工作】 加强与各非省直管单位的沟通和联系,各项管理不断规范,制度不断健全,工作落实力度加大。淮南市河道局被省厅确定为省三级水管单位,蚌埠市河道局克服困难清除蚌埠新港的违章建筑,淮南市、凤阳县河道局积极配合淮河河道采砂管理,寿县、霍邱、阜南河道局及淮南市堤防管理处、颍上水工程管理所在违章清除、河道管理等方面开展大量工作。

【精神文明建设】 积极开展文体活动丰富职工生活,举办全局乒乓球、篮球、演讲比赛等系列活动,组织新进大学毕业生考察淮河;积极参与省厅组织的书画摄影展、演讲比赛、迎新年联欢会和运动会,在厅第四届运动会上取得团体第三名的历史最好成绩;局关工委每年利用假期开展适合青少年特点的实践活动,组织职工子女参观水利工程、革命历史纪念馆等活动,加强青少年思想教育。蚌埠闸连续两届获省文明单位,局直多家单位被评为市、县文明单位。

【安全生产】 坚持以人为本,遵循“生命至上,安全第一”的理念,强化责任,加大检查力度,做好安全生产工作,重点抓好生产一线的生产安全,强化对生产实体人员的安全培训,加强安全生产管理,落实安全生产措施,把安全生产目标管理责任落到实处,实现安全行车25万km,防汛船累计安全出航两个月,保证防洪工程、防汛车船、防汛仓库等安全无事故。

【党的建设】 召开第八届党代会,选举产生新一届党委和纪委成员。深入开展学习实践科学发展观活动,教育广大党员干部树立正确的事业观、工作观和政绩观。在实践中采取交任务、压担子等方式,充分发挥基层党组织的战斗堡垒作用和共产党员的先锋模范作用。局属上海白莲泾泵闸管理处及其职工先后被上海世博会事务协调局、上海市总工会等单位授予“上海世博会世博园区服务保障先进集体”、“文明服务示范窗口”、“优秀党员”、“文明标兵”等多项荣誉称号。通过责任制度、任务计划书、责任制考核等措施,把任务细化到领导班子成员、部门负责人,形成齐抓共管反腐倡廉工作的局面,在教育、监督、纠风、改革、制度建设等方面呈现整体推进的态势。

【纪检监察】 强化监督检查,坚持事前介入、事中参与、事后把关,就大宗物品采购、基建工程项目招标和合同签订等经济活动开展监督检查。本局淮北大堤加固管护工程、蚌埠复线船闸建设、防汛物资采购、蚌埠闸水电站技改项目、局办公楼装修和潘集局办公楼建设等,纪检监察部门都全程进行监督,较好地发挥监督作用。

【温家宝总理视察蚌埠闸】 4月9日,中共中央政治局常委、国务院总理温家宝来到淮河蚌埠段,实地察看荆山湖行洪区和蚌埠闸枢纽工程,并听取安徽省治淮工作汇报。温家宝总理指出,要认真总结治淮工作经验,在现有基础上研究制定新规划,统筹兼顾、标本兼治、综合治理,使沿淮地区的人民安居、乐业、增收,使淮河成为一条无害的河流,成为一条清澈的河流。淮河治理涉及多个省,上中下游要加强协调。

温家宝总理看到两岸堤防坚固,绿化良好,景色优美,十分高兴。他说,我们一定下决心根治淮河,既防涝又防旱,做到来水留得住,泄得下,用得上。要加大投入力度,围绕行蓄洪区调整、居民迁建、洼地治理、堤防河道治理,实施4项工程,解决好淮河中游下泄问题,增加土地和农民收入,增强河道的运输功能。

温家宝总理强调,要大力加强控制性骨干水源工程建设,加快大中型灌区节水改造和各种节水灌溉工程建设,特别要加强小型农田水利设施建设,尽快改变水利设施落后面貌,从根本上增强农业抵御自然灾害的能力。

【安徽省淮河局防汛物资紧急驰援江西】 6月21日5时,管理局接到国家防总紧急指令,要求迅速调拨冲锋舟、橡皮舟等防汛器材,紧急驰援江西抗洪抢险。上午10时、下午14时40分,两批次防汛物资和四台大型车辆第一时间赶赴江西灾区。晚23时许,第三批满载280只防汛应急灯赶赴灾区。

当晚23时9分,满载着抢险物资的大型运输车顺利赶到南昌北高速路口,此时距临川唱凯大堤18时30分的决口时间仅仅只有5小时39分,生命之舟第一时间从800km之外的蚌埠赶到。

(李住修)

安徽省·水利部淮河水利委员会水利科学研究院

【职责、机构、人员】 2010年,安徽省·水利部淮河水利委员会水利科学研究院(以下简称本院)经过近60年的建设与发展,由治淮初期的土工实验室发展成为安徽省及淮河流域水利行业专业人才齐全、领域广泛、手段完备的综合性科研中心。主要从事大江大河治理及水工程建筑、水资源开发与利用、农田水利灌溉与排水、建筑新型材料、自动化以及水利水电发展的中长期科研任务和解决水利水电建设中带有关键性、适应性、方向性的科学建设问题的研究。全院现设有8个科研业务部门、10个职能管理部门、3个院属企业。现有职工215人,其中正高级工程师11人,高级工程师43人,工程师66人,博士7人,硕士44人,省级学术带头人及后备人选4人,水利部5151人才2人,安徽省杰出专业技术人才1人,蚌埠市专业技术拔尖人才1人,享受国家及省政府津贴6人。

【概况】 本院围绕水利和工程建设中心工作,发挥科技优势,全面推进科技服务与科技开发,全年签订各类技术合同1320项,经济合同收入比去年增长16%,超额完成水利厅下达的计划任务和院既定工作目标。其中科研、规划设计、咨询评价项目合同收入同比增长3.6%;工程检测项目1170项,合同收入同比增长30%;

工程监理项目38项;招标代理项目75项,合同收入同比增长56%。

【科研成果】 组织实施各类试验研究项目30项。其中组织实施水利部、科技部项目"五道沟水文水资源实验站地中蒸渗仪设备引进"、"淮北平原地下水资源安全开采量与可持续利用方案研究"、"大型河工模型自动检测与控制系统"、"淮河流域排涝综合控制标准与治理措施研究"、"淮河流域旱灾综合治理关键技术"、"淮北平原大沟控制对农田水资源影响综合调控技术中试转化"、"淮河流域地下水调控与管理研究"等21项;组织实施安徽科技项目淮北市水环境承载力及污染控制的研究"、"大型灌区节水高效与可持续发展关键技术研究"、"农村饮用水安全保障技术与示范"、"淮北地区采煤沉陷区水生态修复和综合利用研究与示范"等4项;组织实施省水利专项、淮委科技项目"怀洪新河优化调控综合管理技术研究"、"水稻田地下水位与耕层土壤水分关系研究"等5项。同时组织申报立项的各类科研项目20余项。

获省部级奖6项,其中"安徽省农业综合节水技术研究"获安徽省科学技术二等奖、"淮北平原变化环境下水文循环实验研究与应用"获水利部大禹二等奖、"白莲崖水库枢纽泄水建筑物优化布置研究"获安徽水利科学技术奖二等奖,"怀洪新河优化调控综合管理技术研究"获安徽水利科学技术奖三等奖、"颍上县水资源开发利用规划"和"怀远县农田水利规划"分别获省优秀工程咨询成果二、三等奖。

组织申请专利9项和软件著作权1项,"混凝土拉剥仪"、"数显表面平整度靠尺"、"闸坝安全监测装置"、"水位无线遥测显示装置"、"水泥土平面应变试验仪"等5项实用新型专利获得授权;闸坝安全监测分析评价系统软件获得软件著作权,知识产权工作成果颇丰。

出版专著3部,发表科技论文109篇,其中核心刊物发表22篇、国际刊物发表1篇、参加国际会议交流1篇。有9篇论文获安徽省自然科学优秀学术论文奖,其中一等奖1篇,二等奖2篇,三等奖6篇。

【科技服务与开发】 承担全省抗旱、农村水利、节水灌溉及水利信息化的规划编制,病险水库除险加固设计等任务,为民生水利及工程水利提供技术服务。承担水资源综合规划、水功能区划、水资源论证等工作,为全省水资源开发、利用、保护与管理提供技术服务。承担水利工程验收检测、安全鉴定、监督抽检、施工安全评估、小水库安全鉴定核查等工作。积极开拓建筑、市政道路、交通桥梁、南水北调工程等检测市场;开展水情遥测、水库自动测报、水利工程自控系统和智能工程的检测工作。完成梅山水库加固工程代建、南水北调蔺家坝泵站和刘家道口枢纽工程监理工作,积极承接五河泵站等监理项目;招标代理业务涉及水利、建筑、交通、农业开发等工程建设领域,多渠道拓展业务取得成效。

积极组织实施水利普查工作。先后组织完成800多人次专项培训。

【基础设施与能力建设】 完成五道沟水文实验站地中蒸渗仪地下室建设、梅山高速水流试验室恢复修建;投资260万元兴建农水试验站农田水分综合试验场。合肥分院新基地第一期工程于2010年12月正式启用,第二期检测楼和公寓楼建设进展顺利;投资80多万元对院本部资料楼和老办公楼维修改造;组织实施院服务中心大楼规划设计与报建工作。投入300多万元加强仪器设备能力建设。

加强科技平台建设,组织实施"安徽省水利工程病害防治工程技术研究中心",完成"安徽省建设工程检测检验公共服务平台"建设并通过验收;"安徽省水利工程检测中心站"和"淮河流域水工程质量检测中心"通过计量认证监督评审。

院设计所获得水利设计乙级和水库枢纽丙级资质;大禹监理公司设备制造监理由乙级升为甲级,水土保持工程施工监理由丙级升为乙级。

【人才队伍建设】 公开招考10名硕士研究生、企业招聘3名本科生。虞邦义被选拔为安徽省学术和技术带头人、蚌埠市专业技术拔尖人才;崔德密被选拔为安徽省学术和技术带头人、安徽省杰出专业技术人才;王振龙被选拔为水利部5151人才和安徽省学术和技术带头人后备人选。

【党建工作】 成功召开本院第六次党员大会,完成党委换届选举。以"科学发展创先进,为水科院又好又快发展争先锋"为主题,在全院开展创先争优活动。院领导班子坚持民主集中制,紧密团结,求真务实,严格贯彻执行《廉政准则》,用制度管人,按规章办事,营造风清气正的政治生态环境。重视离退休工作,及时落实离退休职工的各项政治和生活待遇。充分发挥工会、共青团和民主党派人士的作用。

【精神文明建设】 以构建温馨、和谐、团结、奋进、创新的科研园地为目标,先后举办春节职工联欢会、院十大新闻评选活动;开展读书演讲比赛、组织职工向青海玉树地震灾区捐款、参观上海世博会活动;组织离退休职工重阳节活动、庆“七一”活动。积极参加省水利厅第四届运动会、淮委“庆祝新中国治淮60周年运动会”,均获得优秀组织奖。

在省水利厅党组组织的2010年度考核中,本院领导班子荣获优秀等次,院长崔德密荣获优秀个人。荣获“全国水利技术监督工作先进集体”,被评为“蚌埠市园林单位”,“蚌埠市档案工作年检优秀单位”,水文水资源研究所荣获蚌埠市“青年示范集体”;2人荣获安徽省治淮骨干工程建设先进个人。

(陈政)

安徽省怀洪新河河道管理局

【概况】 怀洪新河始建于1972年,1979年由于国家投入不足而停建。1991年淮河大水以后,怀洪新河工程被列入国家“八、五”期间治淮骨干工程和国家重点工程开始续建。工程西起本省怀远县涡河左岸的何巷,东入江苏省洪泽湖溧河洼,干流全长121km,河道开挖或疏浚土石方1.5亿m^3,其中安徽省境内河道长95km,土石方1.1亿m^3,堤防260km,干流河道上兴建10座大型闸、桥和100座穿堤涵闸,怀洪新河安徽段工程总投资14.4亿元。怀洪新河工程主要作用是分泄淮河干流洪水2000m^3/s和扩大崇潼河流域1.2万km^2内水出路,确保淮北大堤、京沪铁路和淮南、蚌埠等工矿城市的防洪安全,并兼有灌溉、航运、供水等综合效益。2004年,工程全面竣工并通过国家竣工验收,总体工程被评为优良工程。

1998年安徽省怀洪新河河道管理局(以下简称管理局)经安徽省政府批准成立以来,作为怀洪新河工程建设项目法人单位,既承担已完成工程的运行管理,又承担在建工程的建设管理。2004年9月工程总体竣工并经水利部验收后,为常设运行管理单位,正县级建制,为省水利厅直属全额事业单位。

1.防汛抗旱调度。淮河流域入春以后降雨偏多,管理局加强涵闸调度,降低河道水位,排涝3亿m^3,确保两岸午季小麦丰收。6—8月份后,流域降雨较少,符怀新河两岸及北肥河下游用水趋紧。根据蚌埠市防指要求,两次调度何巷闸开启引水,引水9000万m^3。为改善沱湖生态及养殖条件,8月4—7日,调度山西庄闸向沱湖补水1000万m^3。9月2—4日,香涧湖、沱湖周边及上游降大到暴雨,最大站点雨量252.1mm,9月6—8日四方湖上游、浍河上游再降大到暴雨,最大站点雨量439.5mm。因防范及时,未对怀洪新河流域造成大的影响。西坝口实测最大流量358m^3/s(9月5日8时),怀洪新河出口双沟实测最大流量564m^3/s(9月7日8时)。全年累计排涝9亿m^3。

2.工程管理。围绕工程精细化管理要求,对照省厅《考核标准》,查找差距。下发《关于开展河道工程标准化管理试点的实施意见》和《考核办法》。怀远、固镇、五河三县河道管理局具体组织实施,年底互评、考核和总结。杂树杂草得到有效控制,管理标志标牌规范布置,涵闸管理有所改观,精细化管理试点初见成效。

3.水行政管理。制定《安徽省怀洪新河河道管理局政务公开实施办法》。结合纪念“世界水日”活动,精心布置宣传专栏,散发水法宣传用品。各直属单位采取沿堤播放、电视媒体、街头宣传、进村入乡等方式开展宣传活动。加大河道堤防的检查力度,做到旬查月检,及时查处各类违章活动,建立违章电子台帐,对所有违章实行动态管理。各县局多次清理坟茔和拦河渔网。怀远县局出台《怀洪新河河道砂场管理办法》,对砂场进行规范管理。按规定时限办结批文和相关手续,规范涉河项目管理。

4.科技应用。管理局与安徽水科院共同承担的《怀洪新河优化调控综合管理技术研究》科研课题,2月24日通过省级验收。该项目成果的转化和运用,为河道工程管理提供技术支撑。为在满足防洪除涝功能前提下,通过优化调度,最大限度拓展新河各项功能与效益奠定理论基础。

5.水利经济。认真做好灌溉用水调度和五河水厂给水,积极推进淮水北调临涣管道供水工程,做好施工协调工作。协调火庙涵-胡洼闸段(6.8km)管道工程实施过程中出现的问题。固镇施工段出现部分群众强力阻扰工程施工,多方劝阻无效。固镇县政府采取强力措施,保证工程全面完成。

管理局抓住蚌埠市打造园林城市的契机,开展绿化苗木销售工作,工程公司由原资质试行三级晋升为三级。去冬今春,固镇局采取化学防治措施,遏制了杨树草履蚧的爆发。夏末秋初,五河局积极采取控制措施,遏制了杨小舟蛾虫口的蔓延。

怀洪宾馆在提升服务质量稳定老客户的同时,加强市场营销,开展网上订房,提升入住率。经过参与竞标,怀洪宾馆再次被省财政厅确定为2011—2012年党政机关出差和会议定点饭店,被省旅游局评为AAAA级“安徽省优秀诚信旅游饭店”。

6.安利监理公司。积极向行

业内外拓展监理业务,在农村安全饮水、灌区续建配套改造、小水库除险加固、土地整治等工程上竞标并获得成功。该公司资质已经由丙级晋升为乙级。华文公司先后参与淮北大堤加固,白莲崖水库等资料整编。

管理局加强财务管理,对各单位采取目标责任状管理。加大财务对资产购置的监管,固定资产购置全部实行部门申请、会议研究、政府集中采购。按照既定计划做好内部审计。

7.综合考核。管理局改革和完善系统综合考核模式,重新修订《怀洪新河考核管理办法》和《考核细则》。采取各单位综合月考、以工程管理为中心季考、以全面考核为年考相结合、分层次的考核模式,把平常考核与年终考核挂钩,考核结果和职工收入挂钩。

8.业务培训。针对工作对象的不同,管理局建立分层次培训制度,堤管员培训重在提高管理意识和管理能力,由省局提出计划安排,三县局分别组织对堤防涵闸的承包管理人员进行业务培训。闸管人员重在提高现场解决技术难题的实际能力,以现场讲课、示范为主。机关人员重在提升业务水平。管理局组织的水行政执法培训班,把实际案例与水政理论密切结合。

9.党建工作。管理局党委认真组织创先争优活动,详细制定《怀洪新河河道管理局争先创优活动实施方案》,局班子成员,率队到基层联系单位进行调研。下发《关于开展"爱岗敬业、无私奉献"专题教育活动实施意见》。开展"打造书香机关、提升素质能力"活动。开展读书有奖知识竞赛活动,共有19人获奖,二个单位获优秀组织奖。组织"学习《廉政准则》、规范从政行为、促进科学发展"的主题教育活动。党委专门举办副科级以上干部"廉政准则"和党务知识培训班,系统地学习《廉政准则》、观看辅导讲座电视片,局党委主要负责人联系本单位反腐倡廉建设,尤其是党员领导干部的思想和工作实际上了党课。组织到蚌埠市人民检察院党风廉政教育基地参观,接受警示教育。邀请省水厅党组成员、纪检组长高玉宝给党员干部作廉政教育专题党课讲座。组织副科以上党员领导干部进行《廉政准则》知识测试。按照省厅统一部署,选派技术骨干参加全省"万名干部进镇村"活动,参与调研报告的撰写、修改工作。

(韩春利)

安徽省茨淮新河工程管理局

【概况】 2010年,安徽省茨淮新河工程管理局稳步推进工程规范化、精细化管理。委托淮委设计院编制上桥枢纽及荆山湖进退洪闸总体规划,力争统一规划,分步实施;上桥节制闸公路桥于9月25日实行限载限高通行,并同期完成公路桥两头接线工程,保证公路桥安全,节制闸工程管理区域环境得到初步整治;10月底,荆山湖进退洪闸自动化监控遗留问题基本解决,12月3日通过验收;全年共完成岁修项目49个,完成岁修经费240万元、技改经费100万元。

大力发展水利经济,立足人才、技术、设备等资源,继续做好水利监理、泵站安装、检测等业务,全年实现水利综合经营收入142万元。加强沟通,加大灌区水费征收政策宣传力度,坚持提供优质供水服务,水费征收到位率约达80%。深化船闸运行管理,4月中旬,启动船闸运行一级应急预案,恢复船闸应急服务小分队和船民接待处,完善船闸运行规章制度,树文明窗口形象,有效应对船只滞留情况,保证航道畅通和船民安定。11月,上桥船闸再次迎来运输高峰,滞留船只剧增,通过采取强化内部管理,进一步修订完善《安徽省茨淮新河上桥船闸管理暂行办法》、《上桥船闸船舶过闸管理办法》等各项规章制度,加强与海事、公安部门合作,采取定时单向应急运行,迅速疏散船闸上游滞留船只等一系列应急措施,保证上桥船闸的正常通航秩序,维护船民利益,确保船闸运行安全稳定,全年过闸费收入实现稳中有升。

蚌埠基地建设于5月前完成房地产转让协议签订、过户工作;10月前完成单位注册地和机电公司注册地变更工作;基地施工及办公楼装修方案编制等工作有序开展。

水利信息化建设取得显著成绩,"枢纽、灌区泵站CIMS的应用"项目通过由安徽省科技厅组织的科技成果鉴定,获第三届安徽水利科学技术一等奖,首次被列为水利部科技推广项目,获得科技推广经费90万元。

落实"一岗双责",和安全检查,在工程部位设立警示、警戒、限载通行等安全警示标志,开展"安全生产月"、"安全生产年"活动。连续八年被省厅安委会考核为优秀单位。持续加强水行政执法工作,精心组织水法宣传月活动,加强巡逻防范,坚持依法清障,维护和谐水事秩序。

推进干部人事、分配制度改革,修订完善局岗位设置实施方案暨第四轮内设机构及人事制度改革方案,修订完成局内部收入分配制度。组织科级以上干部学习《党政领导干部选拔任用工作条例》等干部选拔任用工作四项监督制度,开展向沈浩同志学习活动、“创先争优”活动、“打造书香机关提升素质能力”活动等。参与“万名干部进镇村”活动中,派出2个调研组深入阜阳市三区一县开展农村水利工作情况调研。

组织职工开展户外拓展训练,增强职工的挑战精神和团队合作意识;组织职工参加省厅第四届运动会,获得篮球比赛及步调一致比赛两个冠军。完成新进6名工作人员招聘工作。3名职工的论文入选《淮河流域水利可持续发展理论与实践论文集》并作为第六届安徽水利论坛大会交流论文,2名职工的摄影作品获治淮60周年摄影展优秀奖,上桥抽水站获中国农林水利工会“全国水利系统模范职工小家”荣誉称号。参加蚌埠市第十四届文明单位创建工作,顺利通过蚌埠市文明委考核。

12月,完成局“十二五”发展规划编制工作,明确在“十一五”末经济总量的基础上,确保水利经济收入年增长率达10%。

【防汛抗旱】 3月,全面开展汛前准备和检查工作。落实防汛抗旱责任制和汛前检查责任卡制度,消除隐患,确保工程运行安全。召开局直管工程和茨淮新河流域防汛抗旱工作会议,全面部署防汛抗旱工作,多次派检查组指导流域防汛抗旱工作。制定细化《2010年防汛抗旱预案》,增强预案的科学性和应急性。加强抢险队伍专业知识培训和抢修实战演练,提升防汛应急抢险能力。严格执行局领导带班及24小时防汛抗旱值班制度。

6—8月,针对茨淮新河灌区降雨偏少情况,适时调度上桥抽水站3次开机抗旱,累计运行2371台时,抽水2.29亿m^3,保证灌区抗旱用水。

9月初,淮北地区及西淝河、黑茨河流域普降大到暴雨,茨淮新河流域内涝严重。严格执行《安徽省防汛抗旱应急预案》Ⅲ级响应和省防指调度,加强茨淮新河四级枢纽联合运行,茨河铺分洪闸于9月10日9:30~11日18:45分泄颍河洪水6689万m^3,最大分洪流量580m^3/s,减轻颍河大堤的防洪压力;上桥节制闸下泄内涝洪水5.3亿m^3,最大流量达1940m^3/s。上桥抽水站2次开机抽排涝水500万m^3,解除了跃进沟流域的内涝。

9月中旬,在确保工程安全的条件下,利用上桥节制闸适时拦蓄分洪尾水,使闸上水位保持在22m以上,实现洪水资源化,为灌区抗旱用水提供保障。

9月底以后,沿淮淮北地区降雨异常偏少,出现较重旱情,茨淮新河上桥闸上水位由10月3日的22.29m降至12月3日的21.26m。12月1日,省防指启动《安徽省抗旱预案》Ⅱ级响应。12月3日,上桥抽水站开启2台机组以60m^3/s的流量向灌区供水,并适时增开一台机组。至12月10日,上桥抽水站共运行441台时,提水4500多万m^3。同时,阚疃抽水站两次开机补水向阚疃闸以上灌区提供灌溉用水4500多万m^3。阚疃闸开机供水首次实现茨淮新河全流域联合抗旱,以抽提淮河水为水源的灌区抗旱面积由6.6万hm^2扩大到11万hm^2。

【重点工程】 茨淮新河灌区续建配套与节水改造工程。2009年前的20个灌区建设项目,有13个通过竣工审计,其中11个通过竣工验收,5个项目完成资产移交手续;7个在建项目在汛前完成主体工程并投入运行,其中6个项目全部完成到位资金,潘集区西干渠项目由于设计变更,补充设计批复后,12月1日完成招标工作,于月底开工建设。

全年共批复6个项目,其中8月份批复4个:怀远县陈安站拆除重建工程、蒙城县鸭嘴沟站、塘路沟站拆除重建工程及阜阳市小长沟站拆除重建工程,概算投资3543万元,下达计划3543万元,其中中央资金2265万元全部到位,地方配套资金到位100万元;12月底批复2个项目:凤台县龙江闸拆除重建及阜阳市伍明北站拆除重建,概算投资1660万元,下达计划1198万元,其中中央资金719万元,地方配套400万元,均没有到位。

10月中旬第一批4个项目陆续开工,完成围堰填筑、老工程拆除、基础开挖、基础垫层浇筑和站身钢筋绑扎、穿堤涵洞砼浇筑等工程,完成投资2139万元,占计划投资60%。第二批项目批复后即组织开展招投标等前期准备工作。

2011年度项目可行性研究报告通过省发改委和省水利厅审查。

上桥抽水站枢纽更新改造工程项目。11月,《关于大公圩等8处大型排涝泵站更新改造工程修正初步设计的批复》(发改设计〔2006〕991号)批准上桥抽水站枢纽更新改造工程,概算总投资3271万元。主要建设内容有:更新改造3台套水泵机组,新建拦污闸,更新改造配套茨河排涝涵、跃进沟地下涵,更新改造35KV专用供电线路7.1km等。2007年4月3日开工建设,2008年4月底前完成抽水站加固、拦污闸水下阶段验收和机组启动验收,2010年5月完成茨排涵加固改造工程水下工程阶段验收,围堰拆除,具备度汛条件。

2010年10月15日上桥抽水站枢纽更新改造工程项目通过竣工审计,12月18—19日,通过省水利厅组织的竣工验收,12月24日通过档案专项验收。

截止2010年底,上桥抽水站枢纽更新改造工程完成工程投资2829万元,占概算总投资的86%。改造后的上桥抽水站经过年度运行检验,各项技术参数符合设计及规范要求,泵站运行效率提高,运行条件得到改善。2008至2010年,上桥抽水站累计安全运行7087台时,抽水6.96亿m^3,抗旱排涝效益显著。

(欧阳林哲　陈路路)

安徽省临淮岗洪水控制工程管理局

【概况】 2010年,安徽省临淮岗工程管理局(以下简称管理局)在省水利厅直属单位综合考核中评为优秀单位。局直属单位水闸管理处通过水利部水利工程管理考核验收,在全省水利系统实现国家级水管单位零的突破。截至年底,管理局共有在职职工101人,退休职工4人。党员总数53人。全局主营业务收入538万元。

1. 工程管理。省水利厅下达工程岁修经费334万元,均按计划及时下达、实施完毕。开展水闸管理处达部标申报基础工作,主坝核心区工程规范化、精细化管理水平显著提升。加大对副坝的管理投入,开展南副坝综合整治,开挖界沟,填筑沟塘,种植各类绿化苗木2.3万余株。增设北副坝限载设施,应急处理损毁的防汛道路,清淤涵闸。编制北副坝堤顶防汛道路加固及堤防整治方案,得到省水利厅批复。投入专项经费80余万元,对姜唐湖退水闸管理区进行绿化美化,完善道路、围墙、排水等基础设施,修复南北桥头堡屋面渗漏,更换中央控制室防静电地板。

完成"十二五"规划编制工作,确定工程管理、防汛抗旱、水行政执法、人才队伍建设、水利经济发展、合肥基地建设与管理等六大指标体系,加强洪水资源化和水能利用专题研究。

2. 防汛抗旱。汛前,认真落实防汛责任制,完善各项预案。对临淮岗船闸闸室及下游引航道进行清淤,对防汛会商系统、水闸监控系统及主坝自动监测系统进行维护调试,做好机电设备安全检查和维修养护,确保工程处于良好运行状态。对省级储备的防汛物资进行清点整理,确保防汛物资供应。及时完成省防指临淮岗防汛机动抢险队组建工作,开展防汛抢险知识培训和演练。汛期,临淮岗闸上水位最高达24.47m。加强防汛值班工作,科学调度12孔深孔闸、49孔浅孔闸,准确运用城西湖退水闸及北副坝40余座中小型涵闸,确保了工程安全度汛和防洪减灾效益的发挥。汛后,积极开展试验性蓄水,按照不超过22.5m控制临淮岗闸上水位,改善航运条件和生态环境,为上游沿淮地区秋冬季农业抗旱保苗提供水源。

3. 水行政执法。加强水行政执法队伍建设,共有27人通过全省水行政执法资格认证考试,全局具备水行政执法资格人数达到47名。3月,联合颍上县水务局、颍上县河道局等单位共同开展水法宣传活动,举办查处水事违法案件图片展,发放水法宣传环保袋及宣传单。加大汛期执法巡查和违章打击力度,6月,依照水行政执法程序,清除北副坝南照段违章修建的上坝道路。开展主坝环境综合整治,清除拦河渔网,制止违章建房、筑路,并责令当事人恢复工程原貌。秋收过后,针对群众上坝打场晒粮、乱堆乱放行为,与阜南、颍上两县水务部门开展联合清障。全年共查处各类违章搭建20余次、违章堆放100余起,清除违章种植的苗木3000余株、栅栏200m。

4. 安全生产。强化安全生产目标管理和考核,落实安全生产责任制,深入开展"安全生产年"、"安全生产月"及水利安全"三项行动",开展安全隐患排查治理。完善道路交通警示标志标牌,有效预防交通事故发生。加强供用电设备管理,清除高压线路沿线树障,及时更换存在隐患的高压电线杆,确保工程用电安全。妥善处理船闸突发故障,保证航运畅通和船闸安全运行。举办电气、消防、驾驶等安全知识培训,提高职工安全意识,确保全局安全生产局势总体平稳。

5. 党的建设和精神文明建设。以"坚持推进科学发展,全力争创'四个一流'"为主题,深入开展"创先争优"活动。坚持集中学习辅导和党员干部自学相结合,组织全局党员到凤阳县小岗村开展"七一"主题活动,做好"支部五个好、党员五带头"的落实工作,开展"党员先锋岗"活动。举办"构建和谐单位、争创四个一流"读书演讲比赛。组队参加省水利厅职工运动会和淠史杭灌区运动会,在多个项目中获得名次。制作《走进临淮岗》电视宣传片,提升工程的影响力。申报2008－2010年度省直机关文明单位,通过省直文明委现场考评验收。文明创建向基层单位延伸,水闸管理处分工会被中国农林水利工会授予2009年度"全国水利系统模范职工小家"称号。船闸管理所被省直团工委命名为2009年度省直机关"青年文明号"。

【通过水利部水利工程管理考核验收】 制订工程达标实施方案,做好宣传动员、任务分解和方案落实工作。4月,组织人员赴江苏省国家级水管单位学习先进管理经验。6月,邀请水利部专家对水闸管理处申报工作进行指导。8月,对水闸管理处自检和进行考核,并将考核结果上报省水利厅。9月,申报工作通过省水利厅组织的初验。10月,经水利部委托中国水利工程协会组织的专家考核验收组考核,水闸管理处综合得分941分,符合水利部水利工程管理考核标准要求,成为安徽省第一批国家级水利工程管理单位。

【防汛机动抢险队建成】 安徽省防汛抗旱指挥部临淮岗防汛机动抢险队(以下简称"抢险队")隶属省防指,为国家级防汛机动抢险队。下设综合办公室和涵闸(闸门)、机电设备和自动化设备3个抢险分队。设队长1名,常务副队长1名,副队长1名,技术负责人1名,机动抢险队员21名。其工作任务是服从省防指的调派,承担所下达的紧急抗洪抢险任务;部分承担临淮岗工程岁修、养护任务;参与市场竞争,利用设备技术资源开展综合经营。

4月,根据国家防办和省防指批复,选派、抽调专兼职人员,完成抢险队队伍组建任务,建立抢险队管理办法、岗位职责和各项管理制度。5月,完成办公用房、生产库房及训练场地建设维修任务,开展防汛抢险业务知识培训和抢险科目演练,已符合国家级防汛机动抢险队验收条件。

(张进　翟立云)

安徽省佛子岭水库管理处

【概况】 2010年度,安徽省佛子岭水库管理处(以下简称管理处)分别获得"省水利厅2009年度安全生产目标管理优秀单位"、"六安市第五届文明单位"、"安徽省劳动保障诚信示范单位"、"2008—2009年度安徽省A级纳税信用单位"等荣誉称号。省级文明单位创建工作取得重大进展,顺利通过省文明委考评验收。

3月,管理处召开防汛工作会议,动员部署水库防汛工作。结合佛子岭、磨子潭、白莲崖三座水库调整汛期调度运用计划的实际,修订完善防汛岗位责任制、度汛措施、群众安全转移方案等多项预案。开展汛前安全检查,消除设备缺陷90余项,5月,对磨子潭水库老泄洪洞工作门发现的除险加固施工缺陷,及时消除;4月,对佛、磨、白三库所有泄洪设施进行全面试运行操作演练。督促指导白莲崖水库项目法人开展防汛演练活动。对所有防汛设备进行复查和校验,补充各类防汛抢险物资。主汛期前,完成白莲崖水库通信系统工程建设。汛期继续实行领导带班制、防办人员24小时防汛值班制和领导、部门、班组双休日值班制,并抽调人员参与白莲崖水库防汛值班与大坝日常观测。

按时完成佛子岭、磨子潭两水库工程2009年度观测技术资料整编与分析工作,并刊印成册。在省水利厅举办的2008—2009年度水工观测资料和水文资料互审互评会上,佛子岭水库观测资料整编获一等奖,磨子潭水库观测资料获二等奖。

工程管理。积极推进水库工程精细化、规范化管理。重新调整创建领导组织。根据佛子岭、磨子潭、白莲崖三座水库工程现状,确定创建工作规划,将佛子岭水库申报省一级水工程管理单位,分步实施白莲崖水库、磨子潭水库申报省一级水工程管理单位工作。制定印发《佛子岭水库工程管理考核任务分解表》,将任务与职责明确到人,建立季度创建工作汇报会制度,统一协调、落实整改存在的问题。完成财政资金231万元,实施佛子岭工区排洪沟维修和清理、河西管理区路边环境整治、佛子岭坝顶膜结构修复等大小工程30余项。加大机电设备改造力度,安排350万元用于机电设备整治,完成36项设备技改项目。

水资源管理。制定《水行政管理信息公开办法》、《水行政执法过错责任追究制度》等10余项规章制度。实行每月定期巡查制度,加大对库区的巡查和监管力度。针对库区非法采砂有所抬头的现象,联合霍山县相关部门,开展为期1个月的专项执法行动。

多种经营。完成宾馆2#楼客房改造和宾馆3#楼建设前期工作。推行部分后勤服务市场化运作。结合单位实际,实行液化气供应和有线电视市场化运作。完成能源公司发电业务许可证办理工作,为小水电业务生产发展奠定了必要的基础条件。

正式启动事企相对独立运行工作。组建成立电站领导班子。

积极参与省厅组织的"万名干部进镇村"活动,安排5名人员参与该项活动,并由两名处级干部带队,开展调研。根据厅党组统一部署,结合霍山县县委要求,扎实开展"创先争优"活动。

安全生产。管理处所属佛子岭水电站安全生产记录达6432天,继续创历史最好水平。设备预试完成率为100%,主辅设备完好率99%。全年完成主营发电量17600万kWh,实现主营收入5390万元。总发电量达2.45亿kWh,为水库建成56年来最高水平。

【水库调度运用】 1—9月,佛子岭水库全流域降雨量1659mm,其中佛-磨-白区间1599mm、磨子潭1771mm、白莲崖1601mm,较多年平均(1333mm)

多24.5%。汛期5~9月,全流域加权面平均降雨量1116mm,其中佛-磨-白区间1084mm、磨子潭1210mm、白莲崖1063mm,较多年平均(962mm)多16%。汛前和汛期,流域内降雨强度较大,但无特大暴雨过程。降雨次数较多、持续时间较长,最大单日降雨109.1mm(9月3日)、最大3日降雨147.2mm(7月10~12日),总降雨天数169d,占日历天数的61.9%。

4月始,三水库有四次较大的洪水过程。其中,佛子岭水库最大入库洪峰763m³/s(9月3日),最大入库洪量约2.9亿m³(7月8日起);磨子潭水库最大入库洪峰1266m³/s(7月8日),入库洪量1.2亿m³(7月8日起);白莲崖水库最大入库洪峰807m³/s(7月8日),入库洪量约1.4亿m³(7月8日起)。汛期三水库入库总水量分别为约12.7亿m³、4.46亿m³、4.87亿m³。汛期弃水佛子岭水库约1.38亿m³,磨子潭3152万m³,白莲崖6328万m³。其余洪水均通过发电泄出。

4月21日洪水过程中,佛子岭水库最大入库洪峰值462m³/s,磨子潭、白莲崖水库入库洪峰分别为515m³/s、353m³/s。根据省防指命令,佛子岭、磨子潭、白莲崖水库自4月21日9时开始满发电泄水。洪水过程中,三库均超汛后正常高水位。为尽快降低水位,先是维持三库满发电泄水,将上游磨子潭、白莲崖水库降到正常高水位以下,并避免佛子岭水位的快速上涨;再联合调度,关闭磨子潭、白莲崖水库机组,维持佛子岭满发电泄水,快速将佛子岭水位也降到正常高水位以下。本次洪水,总入库洪量5563万m³,全部通过发电泄出。

7月8日洪水过程中,全流域总面平均雨量285mm,最大日面雨量88mm(7月10日)、3d雨量147mm(7月10—12日)。入库洪峰流量磨子潭水库1266m³/s、白莲崖807m³/s、佛-磨-白区间369m³/s。7月8日下午,根据省防指办指示,三水库由灌溉供水调度转为防汛调度,预泄腾空库容。11日8时55分,省防指调度三库电站开机满发电泄水,11日14时,白莲崖水库已超过汛限水位,7月12日7时起,佛子岭水库开启3道钢管、白莲崖水库开启泄洪中孔以200m³/s流量泄洪。15日17时后,白莲崖水位已接近195m,按省防指调度令,15日17时45分起,佛子岭水库加大泄量至500m³/s(含发电)、白莲崖加大中孔泄量至400m³/s。16日6时30分起白莲崖中孔闸门全关、维持佛子岭水库泄量。16日9时15分,磨子潭水位已高于182.8m,全开磨子潭老隧洞泄洪,泄量265m³/s。16日11时30分,佛子岭溢洪道开度变更为6孔1.5m,泄量550m³/s,加上发电总泄量670m³/s。16日17时30分,佛子岭水库减小溢洪道开度至6孔1.1m,泄量390m³/s,加发电总泄量510m³/s。17日19时33分,关闭佛子岭溢洪道、磨子潭老洞,停止泄洪。

7月20日洪水调度过程中,最大入库洪峰磨子潭水库249m³/s、白莲崖324m³/s、佛子岭301m³/s,入库洪量磨子潭水库2272万m³、白莲崖2507万m³、佛-磨-白区间1095万m³。库水位一直在汛限水位附近运行,未产生弃水。

在9月3日洪水过程中,佛子岭水库流域总面雨量136mm,日最大降雨109mm。入库洪峰磨子潭水库404m³/s、白莲崖507m³/s、佛-磨-白区间753m³/s,最高库水位佛子岭121.27m、磨子潭183.46m、白莲崖196.44m。因起涨水位均位于汛限水位附近,根据省防指调度令,佛子岭水库4日11时开启溢洪道以500m³/s泄量泄洪,至4日18时关闭,弃水1300万m³;白莲崖水库4日12时开启1#中孔以200m³/s泄量泄洪,至4日18时关闭,弃水389万m³。

汛期产生的四次洪水过程中,白莲崖水库初次参与联合调度运行,并发挥明显的调洪错峰作用。水库群联调效益初步显现。全年累计向下游供水近19亿m³,城市供水1亿m³。

【白莲崖水库初次参与联合调度运行并发挥作用】 防洪调度中,白莲崖水库四次洪水各削峰76.5%、59.4%、75.0%和48.1%,共蓄滞洪水1.1亿m³,减轻佛子岭水库及下游的洪水压力,充分利用了洪水资源。在7月8日洪水调度过程中,通过对比分析计算,若没有白莲崖水库的调蓄作用,在不改变调度方式的情况下,佛子岭水库将比实际多超限水位运行50小时、减少防洪库容4157万m³、多弃水900万m³,下游河道将多承担34m³/s的防洪压力。其它三场洪水中,白莲崖水库调蓄作用同样明显。四次洪水过程中,因为白莲崖水库的调蓄作用,佛子岭水库减少超汛限水位运行80余小时,减小最大下泄流量37m³/s,直接减少弃水量近1000万m³。同时,省防指有可能进一步调度佛子岭水库泄出洪水过程中,因无白莲崖水库反推出的最高水位与实际最高运行水位之间的水量,四次洪水中白莲崖水库共为佛子岭水库拦蓄洪量8300万m³。

(王恒超)

安徽省梅山水库管理处

【概况】 2011年初，梅山水库水位为118.02m，蓄水8.22亿m^3。5月1日入汛时库水位124.08m，相应库容11.31亿m^3。汛期主要降水发生在7月份，全月累计降水409mm，比常年偏多6成，全月来水5.4亿m^3。最大入库洪峰2750m^3/s，发生在7月12日17时，经水库削减为0，削峰率100%。7月25日19时库水位涨至125.43m，为当年最高水位。1—12月份，水库流域共降雨1475mm，水库来水16.04亿m^3。其中汛期降雨1005mm，来水10.64亿m^3。汛期结束时库水位125.20m，蓄水11.94亿m^3。年末水位124.87m。

到2010年底，电站发电量12496.19万kWh，安全生产记录达7876d，继续创历史最好水平。

年初，组织编制《梅山水库2010年汛期控制运用计划》，具体部署防汛抗旱工作，编制梅山水库(以下简称“管理处”)2010年度防汛工作计划，修订《防汛抢险预案大坝安全管理应急预案》和《厂房度汛预案》，提出水库防汛总体目标和具体要求，对水库防汛抢险应急预案进行全面修订。

汛前，对水库水情自动测报系统实施改造，检查维护库区各遥测站点，更换并增添相应设备，确保准确及时采集水雨情数据。对大坝10号垛正垂线断裂的钢丝进行更换，满足和适应采集监测数据的需要。利用省财政厅下达本处应急度汛资金50万元，用于梅山水库应急工程除险加固工作。

汛期，坚持24小时值班，严格遵守《防汛值班制度》，防汛领导组每月召开专题会议，分析雨情和水情，针对各部门存在的防汛问题制定应急措施。

4月，成立梅山水库除险加固工程验收交接领导组和专项工作小组。6月，省水利厅在本处主持对梅山水库除险加固工程新建泄洪隧洞等主体工程的投入使用验收，讨论通过除险加固工程的主体工程投入使用验收鉴定书，同意除险加固工程新建二号防汛交通桥及右岸上坝公路、大坝加固Ⅰ标、大坝加固Ⅱ标、溢洪道和老泄洪隧洞、新建泄洪隧洞五个单元工程投入使用验收。总投资400余万元的新建综合自动化调度楼于10月投入使用。该楼为梅山水库除险加固项目之一。

分别完成4号发电机技改性大修(2009年11月开工)、西山10KV防汛电源设备安装调试、1号主变压器及10KVⅠ段开关室设备改造等工程，Ⅱ段开关室设备改造工程在施工中。另配合完成2、3号发电机组主阀的更换。全年主设备消缺率、主设备和一类设备完好率均达到100%。办理梅山水电站发电取水许可证，标志着梅山水电站发电用水获得法律授权。相继实施水利安全生产再排查、水利系统安全生产大检查、安全生产年、全国安全生产月等安全活动。

管理处所属自来水公司上报的“金寨县梅山城区给水管网建设及改造工程”初步设计方案通过专家评审。实施并完成红石嘴管理处供水工程。

筹措资金约400万元的宾馆B楼内部装修改造工程于5月完成并投入使用。

整治管理处区域环境，被中国农林水利工会全国委员会授予“全国水利系统模范职工之家”称号。

【工程管理】 1月26日，顺利完成水情自动测报系统遥测站、中继站土建改造及遥测设备的更新改造。改造内容为：更换所有遥测设备、新建皮坊雨量站，迁移吴店雨量站及增加黄泥庄入库水位站。

10号垛大坝垂线观测设施钢丝断裂处理。4月8日，发现10号垛大坝垂线观测设施钢丝断裂，当日17时30分完成抢修工作。6月2日，结合除险加固工程进展情况，举办一期部分新投入设备和系统运行操作知识培训班，工管科相关技术管理人员以及运行人员参加培训。

应急度汛工程通过竣工验收。2010年应急度汛工程由省财政厅、省水利厅于本年度6月份下达至本处的中央水利建设基金(应急度汛资金)项目，专用于梅山水库应急度汛工程除险加固工作。根据要求于8月初完成该工程加固的初步设计，工程于8月20日开工，10月28日完工，12月9日经检查验收后认为该工程已按要求完成，达到合同约定的质量标准。

全省大中型水库观测资料整编互审。9月10—12日，全省大中型水库观测资料整编互审及水库管理工作会议在霍山县召开，管理处2008—2009年度水工观测资料整编工作获一等奖，这是自2002年度以来连续获得该奖项。

新建综合自动化调度楼启用。位于梅山管理处区域中心的新建综合自动化调度楼于10月18日正式投入使用。该楼属梅山水库除险加固项目之一，总投资400余万元，建筑面积3190m^2。

【调度运用】 自3月15日起水库以50m^3/s的流量向下游水位较低的龙潭水库充水至4月6日止。5月5日起以60m^3/s供水，至5月20日流量逐渐加大至130m^3/s。6月份水库流域降水偏少，供水流量6月8日、6月28日分别降至 90m³/s、60m³/s,7 月 1 日水库暂停供水,库水位持续下降,7 月 5 日库水位降至 117.36m,为当年最低库水位。7 月 8 日起流域普降大到暴雨,18 日起开启两台发电机组发电供水,21 日因库水位接近汛限水位,遂开启 4 台机组发电泄水至月底。进入 8 月,灌区进入用水高峰期,8 月 7 日起发电机组满发向灌区供水,因受高温天气影响,灌区旱情日趋严重,8 月 12 日至 15 日连续 4 天开启泄洪隧洞按日均 30m³/s 补充供水,共提供专灌用水 1079 万 m³。

7 月份强降水发生后,加强实时洪水预报和模拟洪水预报,并及时向省防指报送预报成果。7 月 21 日开启 4 台发电机组预泄洪水,及时腾出库容,将水库最高水位控制至 125.43m,避免了利用泄洪隧洞泄洪。

汛期主要降水发生在 7 月份,全月累计降水 409mm,比常年偏多 6 成,全月来水 5.4 亿 m³,水库最大入库洪峰 2750m³/s,发生在 7 月 12 日 17 时,经水库削减为 0,削峰率 100%。7 月 25 日 19 时库水位涨至 125.43m,为当年最高库水位。

1—12 月份,水库流域共降雨 1475mm,水库来水 16.04 亿 m³。其中汛期降雨 1005mm,来水 10.64 亿 m³。汛期结束时水库水位 125.20m,蓄水 11.94 亿 m³。年末水位 124.87m。

【防汛工作】 年初,组织编制《梅山水库 2010 年汛期控制运用计划》,要求除险加固工程项目法人严格按工程总体建设进度施工,确保泄洪设施及防汛电源汛期能够投入运用。

3 月初,具体部署防汛抗旱工作,编制梅山水库 2010 年度防汛工作计划,修订《防汛抢险预案大坝安全管理应急预案》和《厂房度汛预案》,提出水库防汛总体目标和具体要求。组织各单位开展汛前自查,同时组织复查。向有关单位(部门)下达并提出整改项目 10 项,对水库防汛抢险应急预案进行全面修订。5 月份获得省防指正式批复并报省、市防指核备。

汛前,对水库水情自动测报系统实施改造。确保准确及时地采集水雨情数据。

联系协调各参建单位采取有效措施,尽可能减小除险加固工程施工对大坝安全监测工作的影响,加强对标点设施的保护,保证观测项目的监测,保证监测资料连续完整性,确保今年坝体水平位移、坝上(下)垂直位移、13 号廊道排水孔渗漏量等主要监测项目正常开展。4 月初,对 10 号垛大坝正垂线断裂的钢丝进行抢修更换,保证准确、及时采集监测数据。

5 月 1 日起,严格遵守《防汛值班制度》,坚持领导带班制度,6 月 12 日,举办防汛值班知识培训班,进入汛期,防汛领导组坚持每月召开专题会议,对各部门存在的防汛问题及时制定对策。

利用省财政厅下达本处应急度汛资金 50 万元,用于梅山水库应急工程除险加固工作,(主要对坝区排水设施、溢洪道进出口护坡等进行维修加固。)该工程于 10 月完工,2010 年 12 月 9 日经检查验收后投入使用。

【除险加固工程】 2010 年 6 月 8 日,省水利厅在本处主持召开梅山水库除险加固工程新建泄洪隧洞等主体工程投入使用验收会议。同意除险加固工程新建二号防汛交通桥及右岸上坝公路、大坝加固Ⅰ标、大坝加固Ⅱ标、溢洪道和老泄洪隧洞、新建泄洪隧洞五个单元工程投入使用验收。

12 月 19 日,省水利厅主持召开梅山水库除险加固工程竣工验收会议,同意梅山水库除险加固工程通过竣工验收。

2010 年 6 月 9 日,省水利厅在金寨县主持召开了梅山水库除险加固工程投入使用验收会议,认为:2 号防汛桥及右岸上坝公路工程、大坝加固工程、溢洪道及老泄洪隧洞工程、新建泄洪隧洞工程等主体工程已基本按批复和设计要求完成,资料基本齐全,已验收的四个单位工程质量全部合格,新建泄洪隧洞工程待混凝土强度达到设计要求、工作门经联合调试后方可运用,其他已完工程具备运行条件,同意通过主体工程投入使用验收。12 月 17 日至 18 日进行档案专项验收。

【水政执法】 结合纪念“世界水日”、“中国水周”,管理处结合库区管理实际,在县电视台播放水法宣传滚动字幕、在管理处悬挂宣传横幅、张贴主题宣传画、散发宣传资料,广泛宣传水法规。加强坝区及饮用水取水源地巡查,组织职工学习《水法》、《防洪法》《水土保持法》等法规的学习,结合省水利厅组织的“万名干部进镇村”活动,向农民群众宣讲水法律法规,提供法律政策咨询。

加强库区重点水域巡视检查,对部分从事非法采砂作业船只强制拆除动力设备。

12 月,管理处组织水行政执法人员参加全省水利行政执法人员资格认证考试视频培训。“五五”普法知识测试。

(邵书成)

安徽省响洪甸水库管理处

【概况】 2010 年,安徽省响洪甸水库管理处(以下或简称管理处)以完善所属企业法人治理结构为突破口，推进内部机制创新。开展推进事企分开、管养分离工作；整合所属企业资源，实行独立经营、自负盈亏、目标管理、量化考核；加强内部审计与效能监察，加大对重点工作、重要部门监督力度；继续加强成本预算控制及过程管理，保证成本在预控范围内。5月中旬开始，实行全员上班签到制。6月，出台并实施管理处职工公有住房租用调整方案，解决14户在职职工的居住问题。7月6日，响洪甸水电站(以下或简称电站)召开第十一届八次职工代表大会，会议通过停止执行电站强制内部退养政策；审议通过《响洪甸水电站第五轮集体合同》。8月，得到金寨县人力资源和社会保障局批复。12月，出台并实施《安徽省响洪甸水库管理处内部管理体制改革实施方案》、《响洪甸水电站领导班子成员公开选聘方案》，目标建立"事企分开、职权明确、产权清晰、管理科学"的管理体制及运行机制；通过公开选聘系列程序，组建电站领导班子。

2010年，管理处获六安市第五届"文明单位"称号，水电站工会获安徽省电力工会系统"先进基层工会"称号。积极参加省水利厅第四届运动会，包揽羽毛球男子团体、女子团体、男子单打、女子单打冠军；获乒乓球女子团体亚军，女子单打冠军；女子1500m冠军；女子铅球冠军。

年末，管理处事业编制人员31人。电站全民所有制职工416人，其中在岗职工196人，内部退养55人，离休职工1人，退休职工164人；集体职工136人，其中在职职工38人，退休职工98人。管理处(电站)在岗职工中，各类专业技术人员113人，其中高级职称8人，中级职称35人，初级职称70人。

防汛抗旱。结合大坝除险加固工程施工，全面部署水库年度防汛抗旱工作，落实防汛抗旱工作责任制。2月，完成大坝年度详查工作。3月，制订《2010年度防汛抗旱工作计划》、《2010年度安徽省响洪甸水库管理处防汛预案》；制订《响洪甸水库除险加固工程二〇一〇年度防汛工作计划》、《安徽省响洪甸水库除险加固工程施工期联合防洪度汛应急预案》。4月，完成民兵应急分队防汛抢险知识培训和抢险演练、泄洪洞闸门启闭空载及负荷试验、通讯系统检查、防汛物资准备等一系列工作。5月，调整防汛应急工作领导组、省防指批复实施《安徽省响洪甸水库除险加固工程施工期联合防洪度汛应急预案》。执行汛期每旬巡查一次、非汛期每月巡查一次制度；汛期，强化24小时值班制度、领导带班制度。配合除险加固工作，在扬压力孔、坝基排水孔扫孔后，及时组织水工建筑物有关观测项目加测工作，个别排水孔排水量有偏大现象，但波动值在规范允许内。全年防汛抗旱工作平稳，向灌区及下游供水12.83亿m^3。

水行政执法。开展水行政相关法规知识及能力培训，提高依法行政能力。编制库区采砂规划，研究制定"库区采砂管理办法"等各专项管理办法，工作正在进行中。

水库、河道管理及库区采砂管理。4月，水库大坝附近的原水产养殖基地，永久迁移至响洪甸水库麻埠镇九下村九下居民组库湾，5月底，全面清理网箱、船舶及水下网具；在迁移后的规定水域从事水产养殖，不得违反水法规规定，服从管理处的依法管理。

设施设备管理。汛前检查消缺，汛后详查，进行水工设施维护保养工作。岁修工作完成水情测报设施检测维护、泄洪河闸门检修维护、观测道路维护，观测设施维护五项任务。全年水工建筑物及附属设施安全运行。2009年度水工建筑物观测资料整编分析，在省厅举办的观测资料互审会上获一等奖。

发电设备。投入100万元进行发电设备技术改造：完成4#机组消缺性大修及水轮机叶片汽蚀修复工程；Ⅱ段10.5KV开关室开关更新改造；1#、4#机组励磁装置更新改造；1#、3#副机励磁装置更新改造；0#机组出口开关更新改造；调度生产信息工作票系统安装投运；电气设备年度预试工作。4#机增容改造工作未完成。

发电生产技术指标。签订三级安全"包保合同"，落实各级安全责任制。截至12月31日，工程及发电设备运行正常，实现连续安全生产7573天。

常规电厂"两措"计划完成率100%；生产计划完成率100%；重点技措完成率100%；预防性试验计划完成率100%；主设备完好率100%；主设备一类率90%；泄洪洞闸门不可调次数0次；开、停机操作3102次，并网成功率100%；办理"两票"136份，合格率达100%；全年消除设备缺陷132项，消缺率100%。

蓄能电厂发电量1.32亿kWh，抽水用电量1.80亿kWh。开机操作1518次，其中发电开机924次，成功923次，发电工况成功率99.9%，优于《合同》规定考核指标；抽水开机589次，成功583次，水泵工况成功率98.9%，优于《合同》规定考核指标；生产计划完成率100%；预防性试验计划完成率100%；办理"两票"52份，合格率达100%；全年发现设备缺陷57项，消除55项，消缺率96.5%。

综合经营。对外承揽蓄能电站运行和维护、长源电站运行和维护、云南龙江水电站委托运行管理。3月9日，与水利部江河机电装备工程有限公司签定合作协议,在专业技术人才培训、机电设备技术服务、运行托管、检修维护等方面开展全面合作。

【水库调度运行】 1—4月,流域降雨465.3mm,来水量4.95亿m^3。5月1日—9月30日,流域平均降水1176.6mm,来水量为7.47亿m^3。年最高水位为124.43m,发生在10月26日。最大入库流量为2149m^3/s,发生时间为7月12日11时。年最低水位117.76m,时间是2月17日。

《安徽省响洪甸水库除险加固工程施工期联合防洪度汛应急预案》中建议调整2010年汛期水库度汛标准,省防指〔2010〕35号文批复:响洪甸水库除险加固工程施工期汛限水位123m;在水库除险加固工程任务未完成前,汛限水位123.0m以上暂留4亿m^3库容担负淮干蓄洪任务;相应校核水位134.5m。9月9日,管理处向省防指请求,在主汛期结束的9月15日将水库汛限水位恢复为125.0m洪水控制运用标准。

全年流域降雨1724.4mm,水库来水量15.17亿m^3,出库水量12.83亿m^3。年末库水位123.50m,对应蓄水量11.40亿m^3。2010年属丰水年份,但全年水库在125.0m以下运行,没有发生汛情。

【水库除险加固工程】 老泄洪洞加固改建工程于2009年12月3日动工,主要工程有老泄洪洞进口斜置闸门由事故闸门改为检修闸门,更换启闭机;检修门后增设事故闸门及工作竖井、启闭机房。7月13日—11月4日,土石方开挖工程完成。5月4日—12月1日,混凝土工程完工。金属结构及电气设备安装工程于11月4日开工,至年末未完工。

新建泄洪隧洞工程。2009年7月20日开工。主要工程有:进口段石方明挖、石方洞挖、闸门井及上弯段砼浇筑、事故门及工作门安装,平洞段及斜井段石方洞挖、出口段石方明挖,平洞段及斜井段砼衬砌、出口消能砼浇筑。2010年到年末,仅有金属结构及电气设备安装未完工。

新建溢洪道工程。2009年11月1日开工。主要工程为:土石方开挖、边坡喷锚支护、引水渠段混凝土浇筑、控制段底板及闸墩混凝土浇筑、泄槽及底板混凝土、金属结构安装与调试。到年末,仅有金属结构及电气设备安装工程未完工。

左坝肩处理工程。2009年5月8日开工。主要工程:浇筑混凝土抗滑墩、断层表面混凝土塞以及预应力锚索的制作安装等。2010年10月26日—11月25日,混凝土及栏杆工程完工。预应力锚索工程2010年4月8日开工,未完工。

坝基防渗工程及大坝表面保护工程。坝基防渗处理工程于2009年9月5日开工,主要工程量:左右岸帷幕灌浆补强灌浆、河床段帷幕检查和必要的帷幕补强灌浆,增设大坝左右岸水平排水孔,大坝河床段坝基垂直排水孔扫孔等。大坝表面保温和坝身裂缝修补工程主要工程量:非渗水小裂缝修补、渗水裂缝处理、结构裂缝补强、上游坝面局部侵蚀处理、坝顶路面整修、上游坝面喷聚氨酯保温层、喷涂表面保护层等,下游坝面局部侵蚀处理、下游坝面喷聚氨酯保温层、喷涂表面保护层、坝肩上坝人行路和坝后桥钢管栏杆处理等。到年末全部完成。

交通桥工程。于2010年6月19日完成吊梁工程。

2010年12月16—17日,省水利厅主持响洪甸水库除险加固工程投入使用验收。2010年12月24日,安徽省水利厅以皖水基函〔2010〕1246号下发《响洪甸水库除险加固工程主体工程投入使用验收鉴定书》。

除险加固工程中管理设施等工程委托管理处建设管理。5月25日,管理处成立除险加固工程委托管理设施建设工作组,全面管理委托项目建设。三号桥加固工作上半年完成。10月30日,通讯改造工程开工。11月,完成10根大柱、原供电所、木工房、以及宾馆餐厅的拆迁,调度中心和餐饮中心开工。两辆防汛调度车辆和一艘防汛抢险船购置投入使用。

8月,管理处成立除险加固工程验收接收领导组及专项工作小组,为除险加固工程竣工验收、交接做前期准备。

(胡晓玲)

市级水利

SHIJI　SHUILI

合肥市

【概况】 2010年,合肥市水务局先后开展罗集、红旗两座中型水库安全鉴定工作;编制淠史杭灌区和驷马山灌区续建配套2010年及以前年度可研项目初步设计;派河河道综合治理、南淝河下游河道整治工程前期工作;开展"十二五"水务发展规划编制工作。出台《合肥市自备水源城市污水处理费征收管理实施办法》和《合肥市南淝河生态补水管理办法》,分别自9月1日和10月18日起施行。建立董铺、大房郢水库保护区管理联席会议制度。肥东县、长丰县被新增为全国小型农田水利建设重点县,建设期限为3年。

完成21处农村饮水安全工程,铺设管道980km,完成投资8559万元,解决17.51万农村人口饮水安全问题,农村饮水安全覆盖率达到93%。大官塘、龙门寺、磨墩三座中型病险水库除险加固工程全部完工,37座小水库除险加固工程全部完工并通过验收,开工实施42座病险小水库除险加固工程。农田水利基本建设完成土石方1819万 m^3,改善防洪除涝面积0.3万 hm^2,改善灌溉面积2.5万 hm^2,改善节水灌溉面积0.2万 hm^2,共完成各类投资5.3亿元。肥西县实施小型农田水利重点县项目,总治理面积0.1万 hm^2,完成全部批复投资1530万元。长丰县实施农田水利专项工程县项目完成投资400万元。实施滨湖泵站更新改造工程、丰乐河圩堤达标综合治理工程、包河区南淝河十五里河护砌一期工程及派河河口－施口南湖区疏浚工程,完成渡江战役纪念馆水上广场基础工程。完成2010年度移民扶持人口审核工作,及时兑付62797名大中型水库移民直补资金,完成水库移民项目173个。

集中开展汛前检查,落实以行政首长负责制为核心的防汛责任制,546座大中小型水库防汛行政责任人和技术负责人,全部在媒体上公布。审批下达各类水库控制运用计划和重点水利工程度汛方案,修订完善防汛抗旱预案、城市防洪预案、沿巢圩区5000亩以上圩口防汛抢险预案以及瓦埠湖蓄洪区防汛预案,分级组建防汛抢险队伍,分级储备防汛物资,成功应对梅雨期强降水。整个汛期,全市河流水位保持正常,未出现险情。全年完成农业供水8.58亿 m^3、城市供水2.5亿 m^3、生态供水2900万 m^3,董铺、大房郢水库补水1.5m^3,研究制定驷马山灌区正常供水机制。

"世界水日"和"中国水周"期间,与省水利厅、包河区水务局联合开展以"清洁水、健康水"、"严格水资源管理保障可持续发展"、"推动合肥市节水型社会建设、加强水生态系统保护与修复"为主题的水法宣传活动。6月29日—7月2日开展"水土保持法宣传"咨询活动。加强信息报送工作,印发《合肥水务》36期,上报信息228条,强降雨期间防汛快报一日多报。清理2010年前的规范性文件。梳理保留行政许可14项,非许可的行政审批1项,行政处罚55项,行政征收1项。办结各类水行政许可、市长热线、政民直通车67件。

【全国水生态系统保护与修复试点】 1月26日,《合肥市水生态系统保护与修复规划》通过水利部审查,3月,水利部批复同意合肥市开展水生态系统保护与修复试点工作,试点期为2010年至2013年。12月22日,试点工作实施方案获水利部和省政府批复。

【合肥市巢湖沿岸生态环境综合治理】 丙子万年埠段963m吹填试验段工程于2008年9月底完成并通过验收,试验段防浪林栽植工程于2010年1月完成并通过验收。亚行贷款整体项目共分三个施工标段和一个设备标,2008年7月相继开工建设。防浪平台填筑、堤岸加固、桥梁、防汛道路、穿堤建筑物等工程施工基本完成,湖崩治理正在进行。

【派河中下游河道综合治理工程】 派河中下游河道综合治理一期工程左岸近期按100年一遇、右岸按50年一遇洪水标准和超Ⅲ级航道标准进行河道综合治理,工程概算投资36774.26万元。一期应急工程2009年3月底完工后,派河中下游满足500t级船舶通航要求。一期先行实施工程于2009年12月底开工,已完成3km河道疏浚、王小闸涵洞身混凝土浇筑及该段退堤,堤防填筑、开挖、清基、清淤削坡等工程正在推进。派河中下游河道综合治理二期工程静态投资19152.63万元,《可行性研究报告》已获批复,规划、环保、水保、土地申报等手续正在办理。

【董铺水库溢洪道扩建及南淝河生态补水工程】 工程于2009年11月开工,已完成溢洪道深孔闸施工、合淮路箱涵工程施工、合淮路管线迁移、南北护臂式挡墙施工、一二级滚水坝施工及全部河道开挖,正在进行溢洪道工程河道全线建设扫尾施工、下穿北二环路涵洞工程2号洞开挖。累计完成各类投资10040万元。

【市水务局领导人员】
局长、局党组书记:徐春雷

副局长、局党组成员:周业海
副局长、局党组成员:周洪先
副局长、局党组成员:陈敏
总工程师:方守扬

【县区水务局主要领导】
长丰县水务局党组书记、局长:
李如海
肥西县水务局党委成员、局长:
夏义胜
肥西县水务局党委书记:吴克定
肥东县水务局党委成员、局长:
丁必会
肥东县水务局党委出记:
缪江桥
包河区水务局党委成员、局长:
王政

(陈妍彦)

淮北市

【概况】 淮北市辖濉溪县和相山、杜集、烈山三区,总面积2741km²。地表水系较发育,境内河流属淮河洪泽湖水系,自北向南依次分布有闸河、龙岱河、萧濉新河、王引河、南沱河、浍河、澥河等七条主要河流,水流自西北流向东南,境内主干河道总长322km,两岸配套大沟140多条。全市现有行洪河道16条,水库5座(中型水库1座,小型水库4座),河道节制闸17座、小型涵闸251座,国有机电排灌站14处,装机容量3380kW,跨河桥梁90多座。截止2010年底,全市共新建农村饮水安全工程109处,40多万农民用上自来水;13.3万hm²耕地中有6.1万hm²实现旱涝保收,除涝面积12.3万hm²,节水灌溉面积3.82万hm²。

【水利规划前期工作】 累计投入800多万元用于项目前期工作。编制完成《淮北市"十二五"水利发展规划》,《淮北市"十二五"水利发展思路研究报告》,并下发编制工作方案及编制提纲,先后编制完成《规划(讨论稿)》、《规划(征求意见稿)》、《规划(报批稿)》;组织编制完成《淮北市水环境承载力及水污染控制的研究》、《安徽省淮水北调工程可行性研究报告》等专项规划。完成《淮北市城市防洪规划(修编)》、《淮北市采煤沉陷区水资源利用与湿地修复二期工程初步设计》,积极做好水利项目前期工作。

【农村水利及饮水安全工作】 围绕农田灌排、北淝河洼地治理、城区排涝骨干工程、农村饮水安全、大沟疏浚、水土流失治理等"六大工程"目标,共实施各类水利工程4200多处,其中新打机井2537眼,达计划任务的121%;新建大沟桥22座,中沟桥169座,小沟桥864座,达计划任务101%;新建灌溉站10座,大沟闸10座;开挖疏浚大沟16条,中沟255条,小沟1002条,完成土石方523万m³,达计划任务的173%。累计完成投资4171万元,达计划任务的111%。新增和改善灌溉面积1.2万hm²、除涝面积5300hm²,发展节水灌溉面积700hm²。全市共完成投资6444万元(含2009年度调整项目),新建农村饮水安全工程36处,解决13.36万农村人口的饮水安全问题,自2007年全面实施农村饮水安全民生工程以来,全市共解决41.8万农村人口的饮水安全问题,提前一年完成国家计划安排任务。

【重点工程建设】 完成临涣闸管理房及附属工程建设,新建临涣闸管理房及水文观测设施建设,管理房建筑面积778m²,临涣闸水文站管理房建筑面积318m²,总投资82万元,2010年9月21日通过验收;完成北淝河洼地治理工程,总投资1998万元,将原7座排涝站合并新建为4座排涝泵站,开挖疏浚大中小沟54条,新建或重建大中沟桥梁74座,已全面完成建设任务,使该地区的防洪标准提高到20年一遇、除涝标准提高到10年一遇;完成西流河治理工程建设管理工作,主要建设内容为:河道疏浚、滩地平整、景观堤防建设及部分建筑物配套等。排涝标准按十年一遇进行治理,工程总投资200万元。该工程于2010年1月2日开工,2010年3月28日完工;完成淮纺闸启闭机房建设工程,总投资50万元,工程于2010年8月16日开工,2010年11月全面完工;完成华家湖提水泵站工程建设,总投资330万元,主要内容有提水闸、泵站机房及主厂房、拦污栅、出水池等建设,配备轴流泵3台,单机容量200kW,单机出水量1万m³/s。工程于2010年3月28日开工,2010年11月全面完工;城市防汛排涝工程投资400万元,完成城防工程老铁路沟治理,并已通过竣工验收。

【防汛抗旱工作】 3月,各地全面开展汛前检查,对险工险段查出的92处问题责令到人,限期整改解决。对险工险段和防汛隐患,均采取应急措施,制定应急度汛方案,筹措抢险物资,就地落实抢险队伍,加强巡查监测力度,发生险情,及时处理。做到汛前措施有力,汛中科学调度,汛后安置妥当,确保度汛安全,确保全市人民群众生命财产安全。

9月中旬以后,全市连续100多天无有效降雨,大部分地区出现旱情。市委、市政府迅速组织各有关部门深入旱区,指导当地开展抗旱保苗工作。截止到12月底,共投入抗旱人数17.5万人,机电井1.7万眼,泵站40处,抗旱机械9.42万套,投入抗旱资金1.45亿元,抗旱用电1040.2万度,抗旱用油9937.5t,抗旱浇灌面积超过14.9万hm^2,累计浇灌面积达22.6万hm^2/次,为次年夏粮丰收奠定基础。

【水利工程管理】 继续深化水利工程管理体制改革,落实“两费”,人员经费100%到位,维修养护经费到位80%。严格执行水工程管理法规,强化河道管理,规范涉河建设项目。全面落实《淮北市河道及水工程管理办法》,以防汛排涝、抗旱和水工程维修养护管理为主线,以建章立制和精细化管理为抓手,加大管理与考核力度,创新管理手段,不断提高水工程管理工作水平。

【水行政执法】 组织座谈会、水法知识竞赛、播放《人·水·法》电视专题片、电视滚动字幕、播发手机短信、发表领导署名文章、制作节水标识牌、组织街头宣传等活动。制定并实施完成“五·五”普法2010年度计划。按照市人大常委会执法检查组提出的“必办意见”落实整改措施,切实提升水务部门工作质量和执法水平。全年共查处水事违法案件59起,其中查封违规自备井34眼、堤身取土及违规耕种25起。有效维护水事秩序,为水务事业发展创造良好的外部环境。全年共完成非税收入3108万元,达年度任务的154%。

【水利科技】 完成《淮北地区采煤沉陷区水生态修复和综合利用研究与示范》项目,研究成果获水利部综合事业局昆仑科技进步奖;完成《淮北市水环境承载力及污染控制项目研究》,完成全市水环境现状调查分析、地表水和地下水调查分析及数据采集等调查研究;完成《淮北市水资源管理信息系统》和《淮北市采煤沉陷区水资源综合开发利用研究》,水资源管理决策支持系统现已验收并投入运行;积极实施“数字水务”建设,一期工程投资100万元建设了局标准化机房,二期工程投资160万元正在实施中,建设DLP拼接显示屏幕、数字化多功能会议室和远程视频监控指挥系统。

【淮北“水网工程”顺利实施】 淮北市采煤沉陷区水资源利用与湿地修复工程(简称淮北水网工程),规划实施“55321”工程,即通过疏浚、开挖、新建三条引水沟渠,建设两座河道节制闸和一座提水站,建设“河湖连通”工程,将市区周边的“五河”(闸河、龙岱河、萧濉新河、王引河、南沱河)与“五湖”(华家湖、东湖、中湖、南湖、西湖)连通,有效利用矿井疏干排水,适时引用外河雨洪资源,近期可增加有效供水量2450万m^3,远期可达4350万m^3,保证率达95%。工程概算总投资4.81亿元,计划分三期实施。其中一期工程主要建设内容有:老溪河疏浚、新建陈路口节制闸、拆除重建花园闸、口子涵、侯王沟涵等工程,工程于2009年12月25日开工建设,至2010年5月24日、25日分别完成陈路口闸、花园闸、侯王涵等主体工程并下闸蓄水,2010年9月底一期工程全面结束并通过市级验收,完成工程投资3458.45万元。

【节水型社会建设】 推进工业节水、农业节水、市政节水和水污染防治工作;基本确立政府调控、市场引导和公众参与的节水型社会建设体制、机制,水资源利用效率、效益明显提高;基本实现节水管理、综合性用水、产业用水、水生态环境和经济结构调整等节水型社会建设目标,取水许可、建设项目水资源论证和节水设施建设“三同时”制度得到落实;全市46家自备水源单位的112眼自备水源井实现水量及水位远程监测设施,建立淮北市供水设施信息系统,建成50个地下水质定期监测站点,为淮北市水资源保护工作提供基础依据。全市七项主要节水指标均较试点前有较大幅度提升,基本实现规划目标。其中万元GDP取水量由2004年的227m^3下降到128m^3;万元工业增加值取水量由2004年的120m^3下降到61.8m^3;火电工业用水重复利用率达到97.6%,一般工业用水重复利用率达到75%。

【小型水利设施管护获全省首届水利改革创新奖】 研究制定《淮北市小型农田水利设施管护暂行办法》,经市政府批准,于2010年9月29日以(淮政办〔2010〕94号)正式行文下发。《办法》共6章36条,《办法》在体制机制改革创新上具有典型性和代表性,具有较高推广价值,荣获安徽省首届“水利改革创新”奖。

【机关管理工作和党风廉政建设】 修改完善《局机关财务管理规定》、《局机关公务接待工作制度》、《办公电话管理制度》、《局机关公务车辆管理使用规定》等4项财务制度,将各项指标分解到单位,责任到人,完成各项节能工作任务。推进党风廉政建设,强化工作目标责任制和党风廉政建设目标责任制,总结经验教训,查找存在问题,制定和完善切实可行整改措施,规范机关从政行为。2010年度,市水务局再获全省水利发展综合考核优秀等次和全市目标管理先进单位,还先后获得“全市重点工作目标考核先进单位”、“全市非税收入先进单位一等奖”、“中国(淮北)煤矿机械博览会优秀集体奖”、“全省水资源管理先进单位”等荣誉称号。

【创先争优活动】 紧扣“加快五大水利建设,服务淮北率先崛起”活动主题,围绕“四个立足于”即立足于淮北崛起、立足于行业发展、立足于服务基层、立足于岗位奉献;围绕“推动科学发展、加快城市转型”、“争当排头兵、水利要先行”等实践主题和淮北水网工程、农田水利、节水型社会试点市建设等一系列重大决策的实施,突出行业特色;坚持分类指导,丰富活动载体,督促和指导各支部结合各自实际开展形式多样的实践活动。全局实现“四个明显转变”,即政治素质明显提高,工作作风明显改进,精神面貌和服务水平明显提高。

【市水务局职能、机构】 市水务局负责全市农田水利建设、防汛抗旱、水利工程建设与管理、水土流失防治、水资源管理、水行政执法、水规费征收、水利科技和节水型社会建设等工作。局机关内设办公室、财务科、规划计划科、工程建设管理科、城乡水利科、水政水资源管理科、监察室等7个职能科室,下辖市水资源管理办公室、市河道管理局、防汛抗旱指挥部办公室、水政监察支队、水土保持规划室、水利工程质量监督站等6个直属事业单位,现有干部职工170人(其中公务员编制17人)。

【市水务局领导人员】

党组书记、局长:汪绪武

党组副书记、纪检组长:王亚杰

党组成员、副局长:李庆海

党组成员、副局长:金星

党组成员、总工程师:刘红军

【县区水利部门主要领导】

濉溪县水务局局长:李金军

烈山区农水局局长:王志祥

杜集区农水局局长:王新宇

相山区农水局局长:张建设

(储旭)

亳州市

【概况】 2010年,亳州市旱涝交织,9月上旬,短时强降雨造成部分地区内涝严重,此次降雨后,至年终无有效降雨,全市46.6万 hm^2 在地作物受旱。水利工程在防汛排涝和抗旱保苗中发挥了显著工程效益,与往年同等自然灾害强度相比,灾害损失大大降低。

全面启动中小河流治理工程:赵王河及利阚河两条河流治理列入全国第一批中小河流治理项目,已完成前期工作,并转入全面实施阶段;安徽省世行贷款淮河流域重点平原洼地治理工程西淝河洼地苏沟整治工程位于西淝河下段利辛县境内,该工程建设主要内容为:疏浚苏沟15.34km,拆除重建桥梁5座,拆除重建苏沟闸、新建展沟站,核定中央投资2859万元,至12月底已完成前期工作。

9月,《亳州市水资源综合规划》(以下简称《规划》)获得阶段性成果,《规划》查明水资源及其开发利用现状,在分析和评价水资源承载能力的基础上,按照亳州市自然和经济规律,根据经济社会可持续发展和生态环境保护对水资源的要求,提出水资源合理开发、优化配置、高效利用、全面节约、有效保护、综合治理和科学管理的总体布局与实施方案。

5月,市水务局委托淮委设计院开展引淮入亳前期规划编制工作。

完成各项前期准备工作,编制《亳州市第一次全国水利普查实施方案》,明确水利普查的目的、普查内容及工作部署。

结合3·22世界水日及中国水周,利用网络、报刊、宣传板等方式加大水利普查工作宣传力度。参加国家、省级培训,开展县级普查指导员和普查员培训。截至12月底,全市各县区技术负责人共组织培训43场,购买培训教材,2352人参加了培训。

农村饮水安全工程。新解决31.5万农村人口饮水安全问题。结合提高粮食综合生产能力,谋划灌区更新改造和小型农田水利重点建设县项目。去冬今春农田水利基本建设投入各类建设资金3.52亿元,达年度计划的160.5%;新增和改善有效灌溉面积1.73万 hm^2,新增和改善除涝面积1.73万 hm^2,新增和改善防洪面积1.53万 hm^2,新增旱涝保收面积1万 hm^2。6月初,利辛县再获全省农田水利基本建设“江淮杯”评比“银杯奖”,亳州市谯城区、涡阳县、蒙城县和利辛县均争取到小型农田水利重点县建设项目。

水政执法。全员培训水政执法人员,全部通过执法资格认证。查处水事违法案件315件。集中开展河道非法采砂专项整治活动,会同市政府督办室、监察局等部门开展了十余次专项督查。共查处非法采砂船178只,拆除非法采砂设备217台套,取缔“三无”采砂船只31只,清理沙堆185个共39.36万t,有效遏制非法采砂活动,开展第一次水利普查工作。12月底,普查工作已完成前期准备阶段所有工作。

【防汛抗旱】 9月6日至8日,局部地区特大暴雨,涡河、茨淮新河、西淝河上段、北淝河等骨干河流水位迅速上涨,支流积水下排困难,农田内涝严重,33个村庄积水,15.4万 hm^2 农田受涝。

市防指发出紧急通知,科学调度涡河大寺、涡阳、蒙城枢纽、茨淮新河各涵闸,紧急出动固定和流动机械抢排涝水,同时加强排涝技术指导,加大资金支持及受灾群众生活安置方面力度,累计排出积水2.77亿m^3,最大限度降低涝灾造成的经济损失。

9月中旬以后,亳州市近三个月无有效降雨,其中10月1日到年末各地累积降水量分别为谯城区3.6mm、涡阳10.3mm、蒙城16.8mm、利辛17.5mm,普遍偏少9成以上,其中谯城区、涡阳县、蒙城县降水量居历史同期少雨年首位,利辛居少雨年的第二位,达到极端气候事件标准。全市46.6万hm^2在地作物受旱。面对旱情,市防指强化水源调度,涡河、茨淮新河等骨干河道都保持较高蓄水位,阚疃泵站等涵闸泵站适时引水提水翻水,做好蓄水保水工作,为抗旱灌溉提供可靠水源,同时加强督促指导。截至12月16日,累计提水、引水、调水2亿多m^3,新打机井5000眼,清洗恢复机井1710眼,全市日投最大抗旱机械9.24万台套、日抗旱最大人力18万人、抗旱资金1.61亿元,浇灌小麦46.6万hm^2,占受旱面积的100%,实现省政府下达的"12月10日前将在地作物浇灌一遍"的目标。

【中小河流治理工程】 2010年,省水利厅安排亳州市2009—2011年实施的中小河流治理工程共4条河流6个项目,分别是:谯城区赵王河治理工程(2),谯城区赵王河治理工程(溜集以上段),谯城区油河治理工程(杨庄至洺河口段),谯城区油河治理工程(贾集闸至杨庄段),涡阳县武家河治理工程,利辛县利阚河治理工程。2010年,省厅批复下达谯城区赵王河治理工程(2)和利辛县利阚河治理工程,其中2010年实施的工程为谯城区赵王河治理工程(2)及利辛县利阚河治理工程。

8月26日,省水利厅以《关于亳州市谯城区赵王河治理工程初步设计的批复》(皖水基〔2010〕292号)批复谯城区赵王河治理工程,批复概算投资2440万元。建设内容为:河道疏浚11.628km、土方41.6m^3;拆除蔡桥闸、改建为蔡桥,拆除重建溜集桥等。初步设计工程量为:土方95.93万m^3,石方2281.3m^3,混凝土1727m^3,建设规模为防洪20年一遇,排涝5年一遇。

9月30日,省水利厅以《关于利辛县利阚河治理工程初步设计的批复》(皖水基〔2010〕360号)批复利辛县利阚河治理工程,批复概算投资2530万元。建设内容为:整修加固利阚河左堤0.72km;疏浚界沟、黄沟及西红丝沟,总长46.72km、土方132万m^3;新建利阚河后杨节制闸,加固维修李楼闸、望疃闸;维修王井涯桥等7座桥梁,拆除重建程集桥等15座桥梁。

9月19日省发改委、财政厅、水利厅以《关于下达安徽省重点地区中小河流治理项目2010年第三批投资计划的通知》(皖发改投资〔2010〕1167号),下达赵王河治理工程(2)投资计划2440万元,其中中央专项资金1464万元,省财政专项488万元,市级配套488万元。下达利阚河治理工程投资计划2530万元,其中中央专项资金2024万元,省财政专项253万元,市县配套253万元。

赵王河和利阚河治理工程批复资金下达后,项目法人会同各参建单位,全面落实工程建设"四制",抓组织领导、招标投标、征地拆迁和移民安置,明确责任分工,加强现场管理和质量体系建设。11月初完成全部招投标工作。工程于11月29日开工。截止12月底,赵王河治理工程完成投资1050万元,利阚河治理工程完成投资1080万元,完成年度计划的106%。

【农村饮水安全工程】 工程年度计划投资15257万元,年初,计划解决35万人农村饮水安全问题,因后期省投资计划变更,调减到31.5万人。至10月底,项目主体工程全部完工,共建设供水工程37处(其中自动化规模水厂16处),铺设管网3093.4km,入户70686户,入户率达到90%以上,顺利完成工程建设任务。

【农田小区综合治理片】 利辛县旧城镇实施农田土地综合整理,面积0.13万hm^2,总投资2368万元,开挖疏浚中小沟65.7km,新打机井249眼,土方20万m^3。刘家集乡实施综合治理片,开挖疏浚中小沟21.5km,新建桥涵81座,土方13.9万m^3。江集、程家集等乡镇21个农田小区综合治理片,投入资金7053万元,治理面积0.88万hm^2。蒙城县围绕县重点工程城南新区水系建设,开挖疏浚8条大沟,长7.3km,完成土方81.9万m^3,浆砌石护岸8.3km,浇筑混凝土1.35万m^3,完成投资2380万元。城关、板桥等乡镇18个农田小区综合治理片,投入资金6853万元,治理面积0.75万hm^2。涡阳县楚店、双庙两乡镇实施"楚双战区"宋李、张郢农田综合治理片,治理面积0.19万hm^2,总投资465万元,新打机井489眼,开挖中小沟205km,建设桥涵150座,土方30.6万m^3。新兴、马店两乡镇实施"新马战区"大潘、刘店农田综合治理片,治理面积0.11万hm^2,总投资180万元。标里、西阳等乡镇20个农田小区综合治理片,投入资金6311万元,治理面积0.85万hm^2。谯城区十八里镇打捆涉农涉水项目,结合小型农田水利重点县、农业开发、国家大型商品粮基地等项目建设,实施农田综合治理,治理面积0.2万hm^2,总投资近4000万元,新打和修复机井460眼,建设农用桥涵916座,新修水泥路32km,柏油路近20km,修整山皮路13条33.15km,疏浚大中小沟360条248km,完成土方125.2万m^3,截至12月底,完成投资3350万元。城父、淝河、古城等乡镇18个农田小区综合治理片,投入资金6381万元,治理面积1.17万hm^2。

【市水务局领导人员】

党组书记、局长:宋峰

党组成员、副局长:张俊奇

党组成员、副局长:赵德建

总工程师:刘元

副调研员:张景安

【县区水务局主要领导】

谯城区水务局党组书记、局长:张大勇

涡阳县水务局党组书记、局长:张本连

蒙城县水务局党组书记、局长:韩健

利辛县水务局党组书记、局长:常涛

(张慰问)

宿州市

【概况】 2010年,全市完成水利投资4.5亿元。新汴河灌区续建配套与节水改造项目2010年度下达计划投资2288万元,12月开工建设宿县闸翻水站重建和泗县大史站灌区改造工程,至年底完成投资300万元。重点中小河流治理工程砀山县文家河、萧县龙岱河分别下达计划投资2680万元、2670万元,年底前开工建设。南水北调洪泽湖抬高蓄水位影响处理工程涉及泗县境内石梁河下游2.2km河道疏浚和大安、樊集电灌站拆除重建,批复投资1963万元,至年底完成投资700万元。淮河流域重点平原洼地治理外资项目澥河治理工程总投资1.17亿元,市水利局成立工程现场管理办公室,10月下旬进驻现场,开展征地拆迁和招标准备工作。2010年度灵璧县、萧县、埇桥区、泗县列入国家小型农田水利重点县建设,省级以上投资4100万元,其中灵璧县、萧县各1000万元,埇桥区、泗县各1050万元,年底开工;砀山县列入小型农田水利专项工程县建设,省级以上投资300万元,开展招标准备工作。埇桥区时村北大桥排灌站更新改造列入2010年度全省泵站技改项目,装机6台330kW,批复总投资130万元,其中省财政补助65万元,埇桥区财政筹集65万元,9月开工,年底竣工。

水利普查工作顺利开展。市政府成立宿州市第一次水利普查领导小组,制定实施方案,明确普查任务及普查要求,细化分工和进度安排,组织水利普查员参加国家级和省级培训。

【市水利局职能、机构、人员】 2010年6月,宿州市人民政府办公室《关于印发宿州市水利局主要职责内设机构和人员编制规定的通知》(宿政办发〔2010〕22号),明确宿州市水利局主要职责是:负责保障全市水资源的合理开发利用;负责全市生活、生产经营和生态环境用水的统筹兼顾和保障;负责水资源保护工作;负责节约用水工作;负责防治水旱灾害,承担市防汛抗旱指挥部的具体工作;依法负责水利行业安全生产工作;指导水利设施、水域及其岸线的管理与保护;指导农村水利工作;负责防治水土流失;开展水利科技工作;承办市政府交办的其他事项。设办公室、规划计划科、水政水资源科(行政审批服务科)、基本建设科、水利管理和水土保持科、财务科、科技科、人事科8个科室。行政编制23名,其中局长1名、副局长3名、纪检组长1名、总工程师1名,科级领导职数10名(含监察室主任1名、机关党委专职副书记1名)。截至2010年底,全局有职工710人,其中在职489人,离退休221人(离休9人,退休212人)。在职职工中专业技术人员186人,其中具有高级职称23人。

【水利前期工作】 开展“水利规划年”活动。成立领导小组,明确专人负责,制定2010年水利规划与项目前期工作任务书,确定12项前期工作任务。4月,市政府出台《关于进一步做好县级农田水利建设规划修编工作的通知》,抽调技术人员集中作业,如期完成县级农村水利规划修编工作。8月,编制完成《宿州市“十二五”水利发展规划》。新汴河治理工程淮委代部审查意见于9月13日上报水利部,12月上旬部长办公会通过,12月底转报国家发改委;2月,省发改委水库移民管理局批复项目移民安置规划;3月和4月,水利部水利水电规划设计总院组织专家对水土保持方案报告、环境影响评价报告进行审查。开展12条(段)中小河流治理初步设计,完成民利河、洪碱河初步设计文件并上报省水利厅。编制完成10座大中型病险水闸除险加固初步设计文件。

农田水利基本建设。开展以大沟为单元的农田水利综合治理项目建设,全市投入各类资金4.43亿元,占计划总投资3.55亿元的125%;治理易涝农田6.47万hm^2,完成土方4111万m^3,占计划总土方3211万m^3的128%;开工治理片88处,疏浚河道6条、大沟47条、中沟435条、小沟5650条、田间沟12161条、地头沟7711条,新建、恢复桥涵31484座,新打、恢复机井4164眼,新建、维修电灌站8座,改造村塘129面,维修涵闸35座。

【防汛抗旱工作】 自2月份开始组织开展汛前检查,多渠道筹集防汛经费,维修养护重要防洪河道、涵闸和水库,制定工程度汛方案和应急抢险预案,在媒体公布重要堤防、涵闸、水库行政责任人和技术负责人。购置两艘防汛救生艇,开展防汛抢险队伍演练。修订完善老汪湖蓄洪区运用预案。省财政厅下拨中央水利基金195万元,实施沱河宿东闸、灵璧县南凤河、萧县张村闸和砀山县殷庄闸应急除险加固。8月,宿州市出现旱情,最大受旱面积达29.73万hm^2,其中重旱1.73万hm^2,市防指办及时加强蓄水保水和水源调度,组织开展抗旱浇灌服务,全市投入抗旱人力32.4万人次、抗旱机械4920台套、抗旱资金2600万元,浇灌面积7.8万hm^2。9月6—13日,砀山县南部、萧县大部和埇桥区、灵璧县、泗县北部普降大到暴雨,造成4.19万hm^2农田积水,受灾人口54.4万人,倒塌房屋349间,紧急转移安置群众756人,直接经济损失1.85亿元,其中农业损失1.59亿元。9月7日晚22时,市防指启动防汛抗旱应急预案Ⅲ级响应,各级防汛责任人迅速靠前指挥,组织开展清沟沥水,动用一切排涝设施抢排积水,至9月14日,农田涝水全部排除。10月份以后,宿州市近两个月无明显降水,再次发生旱情,最大受旱面积29.33万hm^2。12月1日,市防指紧急启动抗旱预案Ⅱ级响应,各级水利部门科学调度水源,组织抗旱服务队深入一线开展抗旱技术指导和服务,保证农村人畜饮水安全和县城以上城市供水安全,全市累计投入抗旱资金1.68亿元,抗旱浇灌面积47.16万hm^2,最大限度地降低了旱灾损失。

【水法规宣传】 在"世界水日"、"中国水周"和"安徽省水法宣传月"期间,围绕"严格水资源管理,保障可持续发展"主题,广泛宣传水法规。2月,市政府出台《关于加强水资源开发利用和保护的意见》,确定水资源开发、节约和保护的目标任务,明确加强市区水资源开发和保护、落实水资源管理制度的措施。编制完成全市水资源综合规划和水功能区划。开展城区自备水源井调查,起草《宿州市城区规划区自备井管理办法》报市政府法制办审查。严格落实取水许可制度,全市各类取水单位发证率达98%以上。开展取水水源普查工作,对宿州市城区水源统一编号,造册入档。强化入河排污口管理,建立重大突发性水污染事件周报和月报零报告制度。积极推进依法治水管水,构建"审管分离、权责挂钩"和"审批一条龙、服务一站式"的行政审批工作新机制,全面清理违反行政许可法规定的水事法律、行政法规、行政规章、地方性法规和规范性文件,开展行政执法案卷评查工作。全市查处水事违法案件56起,调处水事纠纷27起,挽回直接经济损失426万元。

【水利工程管理体制改革】 9月,市编委批复同意对市直水利工程管理单位进行整合,撤销宿州市新汴河修防处,成立宿州市河道管理局,正科级全额拨款事业单位,隶属市水利局管理。宿州市奎濉河工程管理处更名为老汪湖管理所。宿州市河道管理局统一管理团结闸管理所、唐河地下涵管理所、直属闸管理所、老汪湖管理所。总计编制98名,其中局机关核定事业编制15名,设局长1名,高配为副处级;副局长2名、总工1名,正科级;机关内设办公室和工程科,设主任1名,科长1名,均为副科级。团结闸管理所核定事业编制31名,配所长1名,正科级;副所长2名,副科级。直属闸管理所核定事业编制26名,配所长1名,正科级;副所长2名,副科级。老汪湖管理所核定事业编制14名,配所长1名,正科级;副所长1名,副科级。唐河地下涵管理所核定事业编制12名,配所长1名,正科级;副所长1名,副科级。组织开展中小型水利工程管理考核,推进水利工程规范化管理达标建设,团结闸管理所申报省三级水管单位,通过省专家组考核验收。

【水利科技工作】 投入20万元,开展安徽省淮北地区土壤墒情测报与抗旱减灾信息系统、地下水限采禁采、塌陷区水资源功能与生态环境综合治理、大沟蓄水等课题研究,形成一批研究成果。强化科技教育,5月,联合安徽省水利职业技术学院举办全市涵闸管理人员培训班和防汛抢险知识培训班,全年水利科技培训达300余人次。广泛开展水利科普宣传,组织"送科技下乡"、"科技进社区"活动,全年有近2000人参加水利科普志愿活动,直接受益群众逾10万人次。加强调查研究,确定12个调研课题,组织调研,针对存在的问题,深入研究解决途径,探索水利可持续发展的新思路。3月,编制完成《宿州市水利志(1988—2007)》,12月25日,召开市水利学会八届三次理事会暨论文研讨会,交流论文40余篇。

【农村饮水安全工程】 2010

年度新建工程70处,完成投资11414万元,其中中央投资8139万元、省级配套1637万元、市级配套148万元、县级配套1490万元,解决23万人饮水不安全问题。10月,宿州市政府出台《关于进一步加强农村饮水安全工程建设与管理的意见》,提出八项措施:一是提高认识,全力做好农村饮水安全工作。二是合理统筹,科学编制工程规划。三是明确任务,逐步解决农村饮水不安全问题。四是积极筹措资金,提高资金使用效益。五是规范建设行为,确保工程质量。六是明晰产权,建立良性运行管理机制。七是合理确定水价,确保工程可持续运行。八是整合资源,为农村饮水安全工作提供组织保障。按照《意见》要求,市水利局安排各县区调整2010年工程实施方案,灵璧县对20处工程进行扩网并网,合并建设10座水厂;埇桥区支河乡、栏杆镇、永安镇三个乡镇进行并网建厂;萧县以13个项目村为基础,结合已建工程实行并网;泗县建设3处跨村供水工程。建立健全工程日常维护、水费计收、水源和水质保护等规章制度,因地制宜采取业主管理、集体管理、个人承包、组建用水户协会自主管理、自来水公司统一管理等多种管理模式,制定管理制度,建立符合市场经济要求、产权明晰、责权利相统一的管理体系。定期请当地卫生部门检查细菌、大肠杆菌以及水的浑浊度、余氯含量等,确保符合国家生活饮用水水质标准和卫生要求,让群众喝上放心水。

【病险小水库除险加固】 开工建设2010年度列入省计划9座小型水库除险加固工程,批复投资978.36万元,至年底基本完成主体工程。12月,开工建设列入新一轮国家除险加固规划的埇桥区李院、宣山、镇头3座小水库除险加固工程,批复投资1399.63万元。编制完成新一轮省计划30座小(二)型病险水库除险加固规划。完成全市82座小水库大坝重新注册登记、汇总和备案工作。

【市水利局领导人员】

党组书记、局长:李玉宏

党组成员、副局长:苏亚

党组成员、副局长:赵少军

党组成员、副局长:张金海(2010年2月挂职泗县副县长)

党组成员、副局长:杨召华

党组成员、纪检组长:陈旭(2010年1月任副调研员)

【县区水利部门主要领导】

砀山县水务局局长:蒋克美

萧县水利局局长:朱广民

埇桥区水利局局长:王西臣

灵璧县水利局局长:李德林

泗县水利局局长:周瑞玲

(徐立洲)

蚌埠市

【概况】 2010年,蚌埠市境内实施的各项水利工程建设共完成投资7.33亿元。沿淮大型排涝泵站更新改造、八里沟西堤、八里沟泵站工程全面完成并提前发挥效益。淮干河道整治、荆山湖行洪堤退建、龙子湖泵站、灌区续建配套、世界银行贷款重点平原洼地治理、南水北调洪泽湖蓄水位抬高影响处理等工程加快实施,超额完成年度目标任务。

中型樵子涧水库和小型淝山水库除险加固工程全面完成。实施农村安全饮水工程,解决17.95万农村人口饮水安全问题。做好大中型水库移民后期扶持工作,及时、足额地将137万元直补资金发放到2837名移民手中。

完成《蚌埠市水利发展“十二五”规划》和《蚌埠市水资源综合规划》编制工作,谋划重大水利建设项目43个,总投资约361.2亿元。重点包括:城市饮用水水源地安全保障建设、淮干一般堤防加固达标、行洪区调整与建设、龙子湖水环境综合治理与生态修复、中小河流及洼地治理、怀洪新河灌区、淮水北调等工程,可行性研究报告均编制完成,并上报待批。

开展农田水利基本建设,新增有效灌溉面积0.3万hm^2,改善灌溉面积1.66万hm^2,改善除涝面积2.75万hm^2,建设旱涝保收田0.7万hm^2,建设节水灌溉面积0.3万hm^2,改善防洪面积0.7万hm^2。

完善各类防汛抗旱预案,制定12处在建破堤、破坝工程的度汛方案。建立市、县、乡三级防汛岗位责任制,落实各重点工程、重点部位的防汛行政负责人、技术负责人和抢险队伍,实现防汛组织的系统化和网络化。举办全市防汛抢险应急分队及乡镇长防汛知识培训班,开展实地抢险指挥系统演练和“淮防3号”抗洪抢险演练。备足防汛物资。

加强地下水资源管理,惩治非法开采地下水行为。开展淮河河道非法采砂专项整治活动,维护河势稳定,保障行洪畅通。做好河道堤防、水库、涵闸等国有水利工程的管理工作,加强业务培训,严格管理操作规程,各类水利工程正常运行,发挥排涝抗旱效益。全年共完成38项重大涉河涉水项目的审查审批,水行政行为更加规范化,办事效率不断提高。

市水利局荣获“安徽省治淮骨干工程建设先进集体”、“全省绿化模范单位”、“全市农村经济工作先进集体”称号,荣获全省农田水利基本建设竞赛“江淮杯”金奖、全省水利发展年度目标考核“优秀”等次及市水利发展年度目标考核“优秀”等次。

【隔子沟整治工程开工】 11月23日,北淝河下游洼地隔子沟整治工程开工建设,标志着本市新一轮治淮建设启动,进入实施阶段。该工程位于固镇县境内,是本市境内淮河流域平原洼地治理利用世行贷款建设首个开工的子项目。该工程批复除涝标准为五年一遇,自排五至十年一遇,防洪标准为十年一遇。工程建设主要内容为:疏浚河道长约10km,拆除重建隔子沟闸,拆除重建和加固桥梁4座。主要工程量包括土方开挖84.95万m^3,土方回填2.7万m^3,砼及钢筋砼1700m^3,砌石2500m^3,钢闸门两扇、手电两用启闭机两台等。工程投资2000余万元,总工期6个月。

【八里沟治理工程竣工】 八里沟治理工程是淮干治理补充项目。工程批复总投资4647万元,主要建设八里沟西堤和八里沟排涝泵站。2009年8月5日开工,2010年8月28日竣工。八里沟发源于蚌埠西南秦集镇三尖塘,下游经八里桥向东北敞口入淮,全长8.35km,汇水面积23km^2,其地势南高北低,涂山路以南地面高程一般高于23.0m,基本不存在防洪问题;涂山路以北地势低洼,最低地面高程约为17.0m;八里沟以西约有1.5km^2处于设计洪水位以下,主要为丰原集团厂区。八里沟西堤和八里沟排涝泵站建成后,将彻底解决该片洼地防洪除涝问题,为市区西部的城市建设和工农业发展提供可靠的安全保障。

【樵子涧水库除险加固工程竣工】 樵子涧水库位于淮河下游五河县朱顶镇境内,水库控制流域面积39.7km^2,总库容2480万m^3,是本市唯一一座具有防洪、灌溉、养殖等综合利用功能的中型水库。根据省政府办公厅印发《安徽省病险水库除险加固实施方案》,樵子涧水库加固除险工程批复总投资3430万元,2009年2月11日开工,2010年11月23日竣工。

【市水利局领导人员】

党委书记、局长:朱琳

党委副书记、纪委书记:陈冠军

副局长:吴平

党委委员、副局长:杨金玉

党委委员、副局长:杨林海

党委委员、总工程师:冉凡荣

党委委员:王绪斌

(丁敬专)

阜阳市

【概况】 水利基本建设与管理。完成中央第四批新增水利投资项目建设任务;全面完成沙颍河近期治理、汾泉河十三座建筑物除险加固等治淮骨干工程和2007年灾后重建工程的遗留尾工;行蓄洪区安全建设2004至2006年度工程完成投资1.3亿元,该工程于12月竣工验收;推进治淮新三项工程建设,争取投资4亿元的淮河流域洼地治理外资项目和投资1.2亿元的中小河流治理项目,各项工作正在推进中。

水利项目前期工作。编制完成全市“十二五”水土保持规划;完成芦桥大沟洼地综合治理工程项目建议书、王家坝抗洪博物馆工程实施方案、颍左阜阳闸至北京路桥段堤防改建工程项目建议书等文件编制上报工作;完成颍泉区柳河、临泉县涎河和界南河、颍上县柳沟及太和县万福沟等工程初设文件审批;完成阜阳市中小河流治理实施方案编制工作,积极开展新项目上报争取工作;完成重点平原洼地治理外资项目初设审查审批工作,部分项目已开工实施;着手编制泵站更新改造规划,扎实做好水闸除险加固、沿淮行蓄洪区及干支流洼地移民迁建工程、大中型灌区续建配套与节水改造工程等项目的前期工作;做好第一次全国水利普查前期工作,成立领导组织,按时完成培训任务。

防汛抗旱。受上游河南省和本市降雨影响,淮河和沙颍河分别在7月份和9月份发生超警戒水位洪水,部分地区出现严重内涝。8月中下旬全市出现伏旱,10月开始,全市发生严重的秋冬连旱。针对严峻形势,市委、市政府超前谋划,科学防控,精心实施,有序应对,实现洪涝无大灾、受旱作物及时浇灌的目标。最大限度减少洪涝和干旱损失,2010年阜阳市防办被评为全省先进市级防办。

水行政执法。结合“3·22”世界水日暨“中国水周”、“五五”普法等时机,广泛开展水法规宣传活动;加强执法队伍建设,不断提高水政队伍的整体素质;与局直有关单位签订行政执法委托书,建立权责明确、行为规范、监督有效、保障有力的行政执法体制;开展行政执法案卷评查工作,落实各项监督检查措施,确保执法行为合法、规范;以整治违法取水、拒交水规费、非法采砂、河道设障为执法重点,经常组织开展专项、执法行动,查处水事违法案件,控制非法采砂的势头。

水资源管理。完成《阜阳市水资源公报》编制工作,基本完成《阜阳市水功能区划》编制,推进《阜阳市水资源综合规划》编制工作;申报投资1990.08万元的阜阳市水资源管理实时监测项目,项目可行性研究报告已通过省水利厅审查并上报水利部;开展全市水资源管理工作自查,对自查中发现的问题进行及时整改;对本辖区范围内中小河流排污口进行调查摸底,造册登记,并编制完成全市水资源管理简明手册。位居省水利厅组织的水资源管理工作考评第二名。

水利工程管理。抓好水管单位自身建设,健全规章制度,落实工作目标责任,推进内部管理;加强水利工程日常管理,确保工程安全运行;强化汛期检查工作,切实保证防洪工程安全度汛;做好堤防维护和管理设施建设;严格建设项目审批,规范行政许可。严格监管前期所批涉河项目建设,有效加强河道及水利工程的管理和保护。

农田水利基本建设。截止2月底,完成土方2647.8万m^3,投入工日337万个,出动机械26.25万台班,投入各类资金57246万元,其中群众自筹6571万元,加固堤防148km,疏竣河道165km,清淤沟渠2328km,新打机电井1718眼,新增配套机电井1596眼。新增除涝面积2万亩,新增有效灌溉面积5万亩,发展节水灌溉面积2万亩、建设旱涝保收农田2万亩。

水土保持。加强水土保持预防监督管理能力建设,做好水土保持预防监督工作,市及各县市区每年都制定工作意见和实施方案,并有效地实施,水土保持方案编报率达100%。;对市辖范围内的开发建设项目进行专项执法检查至少3次;做好开发建设项目水土保持设施补偿费的征收和使用工作,确保专款专用。

【雨水情及灾情】 1.雨水情。7月15日~23日8时,王家坝以上平均雨量183mm,较常年同期偏多42%;沙颍河阜阳以上平均雨量128mm,较常年同期偏多70%;本市降雨量115mm,较常年同期偏多80%。7月17日零时30分王家坝水位从21.78m开始起涨。19日5时超过警戒水位27.50m。21日20时,洪峰水位达28.45m、超警戒水位0.95m,相应流量4280m^3/s。9月6日14时到7日14时,中北部地区及沙颍河河南省上游普降暴雨、大暴雨,局部地区降特大暴雨,界首市代桥296.5mm、王集268.7mm,太和县赵庙369.3mm、关集330.3mm,颍泉区闻集339.6mm、苏屯275.1mm。受此影响,沙颍河水位迅速上涨,9月9日18时界首站最高水位37.25m,超过警戒水位0.75m,9月8日20时30分阜阳闸达到警戒水位30.00m,10日9时30分最高水位31.18m,超过警戒水位1.18m;茨淮新河茨河铺闸于10日9时30分开闸分洪,最大分洪流量590m^3/s。

2.灾情。据统计,界首、太和、颍泉和临泉4个县市区58个乡镇受灾,农作物受灾面积11万hm^2、成灾3.8万hm^2、绝收1.09万hm^2,受灾人口127.51万人、紧急转移安置2701人、被水围困2.1万人,倒塌房屋1237间,直接经济损失2.0986亿元,其中农林牧渔损失1.7565亿元、水利设施直接经济损失0.1997亿元。

【旱情及灾情】 1.伏旱。7月下旬至8月下旬,无有效降雨,气温持续偏高,蒸发量较大,土壤墒情持续下降,在地作物出现旱情,局部旱情严重。7月23日全市作物最大受旱面积约9.86万hm^2,占播种面积53万hm^2的18.75%。

2.秋冬旱。9月下旬至12月下旬,本市无有效降雨,90余日内,全市累计降雨量7mm~15mm,不到往年同期降雨量的85%,全市小麦最大受旱面积达33.5万hm^2,占播种面积751万hm^2的65.78%。

【重点工程】 淮河流域重点平原洼地治理工程。外资项目分别是八里河洼地、焦岗湖洼地和西淝河下游洼地。主要建设内容是疏浚河道、加固堤防,新建、重建、扩建、维修加固涵闸、泵站等建筑物,总投资40664.13万元(其中工程投资28817.25万元,征地拆迁投资11826.88万元;省以上投资33211.15万元,市县配套投资7432.98万元)。项目分别位于颍上县和颍东区,建设内容及投资分别为:颍东区河道疏浚18.72km、干沟和撇洪沟疏浚13.63km、涵闸2座、桥梁1座。总投资5383.44万元(其中省以上投资44378.96万元,市县配套1004.48万元);颍上县堤防加固25.66km、河道疏浚19.62km、干沟和撇洪沟疏浚61km、涵闸25座、泵站3座、桥梁29座,总投资35260.69万元(其中省以上28832.19万元,市县配套6428.5万元)。工程施工总工期45个月,跨5个年度,即从2010年10月动工,到2014年6月完成。部分工程已开工建设。

中小河流治理工程。列入治理试点项目的河流有5条,分别为太和县万福沟、临泉县涎河、临泉县界南河、颍泉区柳河、颍上县柳沟,估算工程投资1.26亿元。太和县、临泉县、颍泉区、颍上县已分别成立中小河流治理工程项目法人。临泉县涎河、颍泉区柳河、颍上县柳沟已开工建设。

行蓄洪区安全建设工程竣工验收。2004—2006年度工程位于颍上县邱家湖、唐垛湖、南润段和阜南县蒙洼4个行蓄洪区内。共批复投资15820万元,下达计划15820万元,实际到位资金13043万元,交付资产12892.87万元,未完工程233.82万元。实际完成新建庄台护坡55座,新建及配套深水井眼131眼(2004年新建深水井及配套50眼,2005年度工程新建深水井71眼,颍上新建深水井及配套11眼),撤退道路3条。2010年12月21—22日完成竣工验收。

【农村饮水安全工程】 年度目标任务是解决45万农村人口的饮水安全问题。7月,《关于调整2010年农村饮水安全工程目标任务的通知》(民生办〔2010〕21号),将本年度建设任务调整31.31万人。省发改委、水利厅、财政厅分两批共下达本市工程投资计划14565万元,其中中央预算内投资10661万元,省级及省级以下地方配套3904万元,计划建集中供水工程75处。截至10月底,工程已全部完成。2010年,市水务局被市政府授予“2010年全市民生工程组织实施工作贡献奖”荣誉称号。

【市水务局领导人员】

党组书记、局长:张义民

党组成员、副局长:杨洪顺

党组成员、副局长:徐生德

党组成员、副局长:秦秀华

党组成员、总工程师:范保平

党组成员、纪检组长:陈为民

【县市区水务局主要领导】

颍州区水务局局长:李春友

颍州区水务局书记:董安平

颍泉区水务局书记:周伟兴

颍泉区水务局副局长:常勇(主持工作)

颍东区水务局局长:程金学

颍上县水务局局长:胡波

太和县水务局局长:李悦其

临泉县水务局局长:孙传德

界首市水务局局长:褚德全

阜南县水务局局长:许和贵

(徐高升)

淮南市

【概况】 2010年,按照市委、市政府的统一部署和“五水”建设新思路,淮南市水利局坚定不移地打造“四个水利”,全面推进各项工作,连续五年获得全省水利发展目标考核优秀单位称号,连续两年荣获市目标考核“优秀”等次。

水利前期工作。架河、港河、焦岗湖重点平原洼地治理世行贷款项目已获批准实施,总投资近3亿元。西淝河、高塘湖沿淮洼地应急工程项目,可研报告已经水利部审查并转报国家发改委待批。董峰湖行洪区调整与改造项目,可研报告已报水利部水规总院审查。上、下六坊行洪区废弃项目及汤渔湖行洪区调整改造项目的可研正在编制中。

水利重点工程。投资9.33亿元的石姚段、洛河洼行洪区退建加固工程主体工程基本完成。禹王泵站主体工程已完工,主汛前试运行成功,具备灌排条件,完成投资4720万元。泥河泵站应急维修一期工程已完工,3#、4#机组调试、通水成功。全年共完成省下达本市禹王泵站、饮水工程、中小河流治理、小水库除险加固工程投资计划2亿元。

防汛抗旱。市水利局立足于防大汛、抗大灾,实现责任落实到位、汛前检查到位、隐患处理到位、预案修订到位、物资队伍准备到位、通讯保障到位“六个到位”,26项隐患全部处理,扎实做好防汛各项准备工作,防汛抗旱工作取得显著成效。

民生水利工程。共解决11.65万人的农村饮水安全问题。在全省率先出台《淮南市农村饮水安全工程运行管理办法》,做到建管并重,从根本上破解了饮水安全工程运行管理难题。汛前完成黄山水库除险加固工程,标志着列入省民生工程的本市2007-2009年度10座小水库除险加固工程全面完成。

水资源管理。编制发布《淮南市2009年水资源公报》。大别山水量分配方案首次将本市纳入大别山水源供应范围,这是本市水资源配置上的历史性突破。

河道采砂管。全市共打击非法采砂船只160艘,完成第一批14户申请设置堆砂场的测量工作。7月20日晚,中央电视台二套经济半小时节目播出《淮河非法采砂威胁防汛安全》,详细介绍淮南河道采砂管理工作成功经验。雅虎、新浪等多家网络媒体进行了转载报道。

【石姚段、洛河洼行洪区退建加固工程顺利完工】 石姚段、洛河洼行洪区堤防退建加固工程是淮河干流上中游河道整治及堤防加固工程补充项目中的两个单项工程,2009年3月国家水利部正式批复实施,批复退建堤防16.5km,最大退距1000m,退出面积10.3km^2归还河道,退堤后保留的面积约30km^2;筑新堤15.9km,加固老堤6.5km;总投资9.33亿元。主体工程已完工,堤防绿化工程顺利完成,共栽植树木66410棵,计600亩。

【在全省率先出台淮南市农村安全饮水管理办法】 印发《淮南市农村饮水安全工程运行管理办法(试行)》,在全省率先出台农村饮水安全工程运行管理办法,建立全市农村饮水安全工程运行修护专项资金,市、县两级财政每年投入近千万元资金(平均受益区群众每人每年近30元),从根本上破解饮水安全工程的运行管理难题。建立工程运行维护专项资金,确保工程有人管、有人修。实行基本水费制度,确保工程有人用、用得起。同时,将农村饮水安全工程运行率纳入全市民生工程单项考核内容,真正做到建管并重,确保工程充分发挥效益。中国水利报、安徽日报均作专题报道,省水利厅也将此办法印发全省各市进行推广。

【首次获得大别山优质水源"用水户口"】 2007年市水利局编制《淮南市引大别山优质水源工程实施方案》。2010年初,省水利厅编制的《我省中西部重点区域及淠史杭灌区水量分配方案》,将本市山南新区纳入大别山优质水源分配范围,并报省政府批准实施。本市成功取得大别山优质水源的水权配额,正常年份将有1亿 m^3 的优质大别山水供给山南新区。这是本市水资源配置上的历史性突破,从根本上解决山南新区城市居民用水水源问题。

【禹王排涝站更新改造工程完工并投入运行】 禹王排涝站担负着焦岗湖等洼地的排涝任务,是本市两个流域跨市的排涝站之一。2009年12月4日,禹王排涝站更新改造工程开工建设,该工程是国家大型泵站更新改造项目禹王泵站更新改造工程(总投资9214万元)的骨干工程,工程投资2000余万元,对该站四台机组的水泵、电机、电气设备等全面进行更新改造。5月31日,该站4台机组全部完成设备安装调试,并一次性试运行成功。

【泥河站应急维修一期工程顺利完工】 泥河泵站是泥河治理中一处流域跨市的大型排涝枢纽工程。省、市水利部门共同筹资对该站进行了应急维修。一期工程对四台机组中3#和4#机组电机和水泵进行更新维修,总投资320万元,工程于2009年12月开工,2010年5月13日3#安装调试完毕,6月19日4#机组安装调试完毕,并进行空载试运行和带负荷调试试运行,经现场检测,各项技术参数正常。标志着泥河泵站应急维修一期工程全面完成。

【新中国治淮60周年纪念活动隆重举行】 开展全市治淮60周年征文活动。在《淮南日报》和水利信息网站上选登优秀文章和摄影作品;在《淮南日报》上开辟专栏,刊登市委、市政府主要领导的署名文章。在电视台播放专题片并进行字幕宣传;发行新中国治淮60周年纪念邮册;10月14举办纪念新中国治淮60周年庆典活动。

【市水利局领导人员】

局党组书记、局长:王寅生
局党组成员、副局长:朱秀岭
局党组成员、副局长:段述成
局党组成员、副局长:朱志福
副调研员:李光远

【县区水利部门主要领导】

凤台县水利局局长:
宋效良
凤台县水利局党委书记:
童涛
潘集区水利局局长:
苗应庆
潘集区水利局支部书记:
聂敬宇
大通区农林水利局局长:
王秀平
大通区农林水利局支部书记、副局长:
常军
田家庵区农林水利局局长:
张宁
田家庵区农林水利局支部书记:
范维标
谢家集区农林水利局局长:
程跃华
谢家集区农林水利局支部书记:
杨好维
八公山区农林水利局局长:
徐国富
八公山区农林水利支部书记:
陈再青
毛集实验区水务局局长:
邸允乐

(韩笑贤)

滁州市

【概况】 2010年7月和9月,滁河流域迎来两次流域性强降雨过程。滁河、清流河、各支流以及各大、中、小型水库水位迅涨。市防指先后进行7次调度商会,采取打开汊河集闸全部14孔闸门、襄河口闸、乌江闸、三汊湾闸;命令沙河集、城西水库蓄洪等措施,降低滁河水位,确保洪水安全过境。两库累计拦蓄洪水1.1亿 m^3,通过分洪等措施减少干流洪量2.4亿 m^3,有效降低滁河洪峰水位0.89m,减少滁河超警戒水位52h,最大限度减轻灾害损失。

10月至12月,受前期无雨天气和持续晴热高温影响,土壤缺墒严重,在地越冬农作物普遍受旱,最大受旱面积14.28万 hm^2。市委、市政府及时下拨120万元抗旱保苗经费支持抗旱保苗工作。市防指适时下派督查组检查、指导各地开展抗旱保苗工作。水库、泵站等水利工程满负荷运行,以最短时间将受旱作物浇灌一遍。受12月中旬一次降雨过程影响,全市旱情得到有效缓解。

在建水利基建项目有28座中型水库除险加固工程、滁河应急加固工程99个、蓄滞洪区安全建设、洼地治理、大型灌区续建配套与节水改造等。全年完成小型水库除险加固工程52座,完成

57.84万人农村人口饮水安全工程建设任务。完成水利基本建设投资10.22亿元。

实行严格的水资源管理工作。配合省水利厅完成淮河滁州段禁止采砂工作,完成沙河集、红石沟水库,清流河禁止采砂工作。

完成沂湖闸、洋湖闸、沂龙闸、小关闸四座水闸安全鉴定工作。完成鹿塘、新集、南店、解放四座水库大坝安全鉴定工作。

贯彻执行取水许可制度,加强取水许可监督管理工作,推进水资源论证工作。全市新办理取水许可的建设项目都开展水资源论证,作为取水许可依据,水资源论证率达100%。

【防汛抗旱】 7月上中旬强降雨。7月10日,滁河流域发生汛期以来第一次全流域性强降雨。9日8时—13日8时,滁河汊河集闸以上流域降雨112mm~201mm,滁州市城区降雨191.8mm,全椒县城降雨200.8mm。12日8时至13日8时滁河流域一天降雨50mm~151mm,南谯区曹家坝站最大一小时降雨量达45mm,乌衣、曹家坝等15个站日雨量超过100mm。

清流河、滁河及各支流水位迅涨。清流河滁州水文站19小时,水位上涨4.79m。滁河襄河口水文站从8.38m起涨,洪锋水位13.07m,涨幅4.69m,超警戒水位2.07m。沙河集水库库内水位自11日20时36.70m起涨,14日10时水位涨至37.63m,超汛限水位0.63m,最大入库流量440m³/s。

市防指及时进行研究会商。命令汊河集闸立即打开全部14孔闸门,减少滁河襄汊段槽蓄;协调省防指立即打开襄河口闸,雍高滁河襄汊段水位,加速河水流速,同时预腾襄河口闸上槽蓄。7月12日12时,市防指再次研究会商。命令城西水库、沙河集水库开闸泄洪,增加水库防洪库容,迎战入库洪锋,发挥滞洪错锋最大效益。同时要求两库逐步加大泄洪流量,发出预警信息,多种方式通知下游县、区,确保水库泄洪安全。随着雨量的逐步加大,清流河流域6小时径流入库、入河基本经验公式的时间已到。两库集水面积内产流逐步入库,清流河汇水区间内洪水逐步归槽。12日18时,市防指再度会商下发调度令。城西水库立即关闭闸门,沙河集水库将下泄流量减少一半,蓄洪避锋。13日凌晨3时,清流河水位涨至12.94m后缓慢回落,确保清流河堤防无较大险情。滁河干流控制性工程管理单位较多,为充分发挥工程作用。市防指对各工程采取预开、抢开和催开的方式,确保滁河洪水畅通。7月8日经请求省防指打开襄河口闸。12日17时,乌江闸上水位高于长江水位,市防指再度商请省防办立即打开乌江闸分泄滁河洪水。13日凌晨,按照滁河防洪调度的有关规定,市防指协调省防办商请江苏省防办立即开闸泄洪。同时,江苏省红山窑、朱家山、划子河口等分洪道节制闸也相继打开,滁河洪水快速入江。13日后,滁河水位、清流河水位都进入下降通道。按照《安徽省大型和重点中型水库汛期调度运用计划》规定,城西水库、沙河集水库再度泄洪,将滞蓄洪水排泄出库。至14日12时,清流河滁州站水位已降至10.76m,已低于设防水位1.74m;城市及清流河沿岸圩区内涝已基本排出,城西、沙河集水库水位已基本降至汛限水位,防洪库容充足,防汛工作取得阶段性胜利。

抗击9月上旬台风。受热带风暴“狮子山”影响,9月2日0:00至9月3日0:00,全市普降暴雨、大暴雨和特大暴雨。暴雨中心,全椒县赵店水库24小时降雨量达296mm。全市100mm以上雨区,主要集中在滁河流域上游全椒县以及淮河凤阳县两个乡镇。9月1日12时至9月3日2时,襄河口闸上水位由8.74m涨至13.63m,超警戒水位2.63m。主要支流襄河、大小马厂河水位也快速上涨,沿河部分地区积涝严重。

2日,市防指立即命令汊河集闸打开全部14孔闸门,预泄滁河洪水。同时商请省防指打开襄河口闸,敞泄滁河襄河口闸上来水。2日晚,市防指商请省防指和驷马山工程管理处开闸分洪。22:40分,驷马山工程管理处打开5孔闸门,分洪流量由140m³/s,并迅速提高到340m³/s。期间,市防指根据城西、沙河集两库水位低于汛限水位时机,确定多滞区间来水,分担滁河防洪压力。由于科学调度,襄河口闸上和汊河集闸上水位最大水位差超过4m,滁河洪水快速下泄。

暴雨致使全椒县大面积受灾。最高峰时有17个村民组被水围困。9月2日,全椒县出动冲锋舟解救两名被水围困的养鸭人。针对强降雨可能引发的次生灾害,及时启动救灾应急预案,危害点全面排查,转移人员近千人。

抗旱情况。10月1日至12月8日,全市累计降雨27.9mm,与常年同期相比少7~8成,10月份降雨24.4mm,比常年同期少7成以上,11月份至年底,累计降雨3.5mm,同期相比少8~9成。据全市18个土壤墒情监测站和22个人工墒情站监测数据统计:土深10cm处土壤相对含水量在33.2%~57.4%,大部分地区土壤含水量偏少,根据干旱评估标准判断全市大部分地区为中度干旱,明光、天长部分地区重度干旱。全市在地作物面积39.8万hm²,最大受旱面积14.28万hm²。

11月下旬以后,市防指数次

会商,确定抗旱措施。保证滁河汊河闸闸上水位在7.0m以上,沿淮湖泊按照正常蓄水位的上限控制,合理控制大型水库蓄水。要求各地按照“先外水、后内水,先河流、后湖泊,先人饮、后灌溉”的方针,加强现有水源调度。凤阳县所有国营泵站、中型水库全部开机提水、开闸放水。门台电灌站自11月15日起,累计开机580台时,提水290万m^3,霸王城电灌站12月2日起,累计开机328.7台时,提水106.5万m^3。明光市自10月底起,国有抗旱机电灌溉站李沟、戴巷、涧东等及部分乡镇集体小电站共开机2250台时,开机提水约400万m^3,太平闸、苏拐闸和杨洼电站提闸放水约140万m^3,石坝水库、分水岭水库放水超过20万m^3,其它小水库、塘坝及从河道、涧湾提放水近500万m^3。定远县炉桥电灌站自12月2日起,一、二级站全面开机抗旱,累计开机175台时,提水140万m^3。为确保城市供水安全,全年累计从沙河集水库向城西水库调水3600万m^3。

【学习实践活动】 抓好课题调研和“十二五”规划编制工作;开展“转变作风抓落实”主题实践活动;发放征求意见函、网上问卷调查,多渠道寻求加快水利发展之策;市局党组多次召开中心组专题理论学习会,广泛征求意见,落实具体措施,确保各项工作完成;编制本市“十二五”水利发展规划,明晰未来五年、十年的工作目标和实现目标的对应项目。

【依法行政】 以“世界水日”、水法宣传为契机,在主流媒体开辟宣传专版,在局办公楼布置宣传专栏,向群众散发水法和节约用水等方面的宣传单近400份、印有节水标识的环保袋2000条;利用手机短信向社会各界发送宣传标语近5000条;全面清理2009年12月31日前市政府及发布涉及本部门的规范性文件;完善各项制度,规范执法行为,开展水行政执法队伍教育管理,坚决查处涉及水事违法行为,优化水行政执法环境;办结各类审批项目6件,起草滁州市《关于进一步加快全市水利建设和改革的实施意见》,经市政府批准已出台;开展《安徽省湖泊保护规定》立法调研工作;对人大邓元松等代表提出的《关于取缔清流河流域黄砂开采的议案》进行调研、答复;规范和监督水行政执法,惩处水事违法行为。全市63人取得行政执法资格;有序开展河道采砂规划编制工作;加强对淮河河道采砂的管理工作,落实地方人民政府行政首长负责制。督促凤阳县和明光市严格落实禁采令,加强采砂船舶集中停泊点的管理,加大巡查力度,始终坚持依法惩治非法采砂行为。

【项目前期工作】 《滁河防洪治理近期工程可行性研究报告》和《淮河入江水道高邮湖大堤整治工程可研报告》均已报至国家发改委待批。组织安排列入全国重点地区中小河流近期治理项目,编制完成襄河、板桥河、涧溪河、来河、南沙河、清流河、石坝河、小溪河8条河流近期治理初设文件编制,其中全椒襄河治理工程已实施。完成未列入国家病险水库除险加固规划的12座中型水库安全鉴定和初步设计编制工作。完成沂湖闸、洋湖闸、沂龙闸、小关闸四座水闸安全鉴定工作。组织编制一批水利储备项目。

【基本建设】 在建项目有28座中型水库除险加固工程、农村饮水安全工程、滁河应急加固工程、治淮项目、洪泽湖抬高蓄水位影响处理工程、洼地治理项目、大型灌区续建配套与节水改造等,总投资10.22亿元。25座中央扩大内需的中型水库除险加固工程项目(占全省55座大中型水库的45%),主体工程完工,竣工验收工作全面展开。2004、2005年度花园湖行蓄洪区安全建设、淮河行蓄洪区2004年度安全建设工程潘村洼行洪区里陈路工程、2007年灾后重建等工程以及2006年度花园湖行蓄洪区安全建设全部验收并投入使用。年底前完成凤阳县大青郢、明光市罗后冲、来安县小李庄等小流域水保项目的竣工验收。

【市重点工程】 组织完成2009年的18.45万人、42处农村饮水安全工程竣工验收。完成2010年度25.5万人农村饮水安全工程建设任务。年度项目投资12642万元,建设49处工程。省政府对本市政府的考核任务基本完成。提前一年完成省政府确定的目标任务,截至年底项目工程全部完成。

25座在建中型水库加固工程主体完成。完成2009年22座重点小(1)型水库及48座小(2)型水库建设管理及竣工验收。完成2010年计划的52座小(2)型水库的安全评估、初步设计等前期工作,年前完成工程主体。2010年度新一轮53座国家规划重点小型水库已完成招投标工作。

滁城西南撇洪沟工程。完成下穿京沪铁路涵洞改建工程,铁路以东2km河道整治等工程,完成投资2260万元,进入验收阶段。

【工程管理】 按期开展水库观测整编资料互审评比。本市屯仓、城西、沙河集、釜山等9座水库获得省厅水库管理先进单位,其中屯仓水库工作获得全省水文观测一等奖;本着“属地管理,分级负责,谁主管,谁负责"的原则,加强暑期学生在水库等水域游泳安全管理工作。联合相关部门联手执法,在交通要道等处设置警示标牌,分片安排管理禁游,取得较好效果;黄栗树水库通过省二级水库单位省考核验收工作。加强女山湖闸、燃灯寺水库达标建设工作;依据法律、法规和技术规范完成明光路跨线桥、滁定路供水管道过城西水库溢洪道方案等21项水利工程管理范围内建设项目许可或答复,对所有的涉河建设审批项目加强施工期管理,初步建立起涉河建设项目工程审批制度。

【水资源管理】 严格贯彻执行取水许可制度,加强取水许可监督管理工作,积极推进水资源论证工作,水资源论证率达100%。做好滁州市第三、四自来水厂水资源论证工作,论证报告编制工作已完成。加强水功能区监督管理,组织实施《滁州市城市饮用水安全保障规划》。强化入河排污口清理整顿和监测管理工作。建立并规范入河排污口设置审查制度;建立重点水域入河排污口登记制度;协调有关部门,共同加强入河排污口监督管理;加强入河排污口的日常监督检查。根据"大滁城"建设指挥部第51次指挥长会议部署以及环"大滁城"建设对供水水源规划的要求,以滁水办〔2010〕188号文请示启动《环"大滁城"城市群供水水源规划》编制工作。

【市水利局领导人员】

党组书记、局长:朱金沂

党组成员、副局长:欧兵

党组成员、副局长:朱飞龙

党组成员、副局长:沈登乐

党组成员、纪检组长:李兰生

党组成员、工会主任:任桂凤

总工程师:陈宏伟

【县区水利局主要领导】

明光市水务局党组副书记、局长李世清

天长市水利局党组书记、局长李永标

来安县水利局党组书记、局长周绍林

全椒县水利局党组成员、副局长:陈继龙

定远县水务渔业局党组书记、局长:范泽斌

凤阳县水务局党组书记、局长:王从武

琅琊区农委党组书记、主任:聂勇

南谯区水利局局长、党组副书记:郑田生

(杨帆)

六安市

【概况】 2010年,六安市年共争取水利投资5.99亿元,完成投资4.85亿元(中央投资2.59亿元、省级投资0.90亿元)。淮河畅通工程进展顺利,争取2010年城东湖行蓄洪区安全建设、河口保庄圩、淮河行蓄洪区及淮干滩区居民迁建工程3个项目,治淮工程完成投资1.27亿元。中小河流治理始创佳绩,重点实施舒城县丰乐河、霍邱县沿岗河治理工程。行蓄洪区安全建设、大型排涝泵站更新改造、六安市城市防洪工程和淠史杭灌区节水改造进度较快,达到省厅要求的序时进度。龙潭、大井、花果、蝎子山、水门塘五座中型水库全部完成,主体工程投入使用验收。7座中型水库除险加固主体工程全部完成,通过投入使用验收。

全面落实防汛抗旱行政首长负责制,做到责任制落实到位、预案方案修订完善到位、汛前检查整改到位、险工隐患处理到位、防汛物资队伍准备到位、通讯和信息保障到位。加强应急管理,全面完成汛前准备各项工作。7月份,连续发生多次强降雨,造成全市8个县区128个乡镇131万人受灾,直接经济损失8.22亿元。针对汛情,水利局主动参谋,做好技术服务,转战淠河总干渠、金安区双河镇、史河总干渠三个主战场,指导相关县区组织抢险,把突发性灾害损失减小到最低限度。

组建市水政监察支队,配备专兼职执法人员15名,筹集100万元配备了执法装备。执法人员严格执法程序,持证上岗、亮证执法。开展河道采砂专项治理,配合省厅开展淮河采砂治理专项行动,对淮河非法采砂进行有效治理。

加大水法规宣传力度,推进水权分配与行业用水定额管理,配合做好水量分配方案,实行总量控制。完成市级水功能区规划编制,并通过省水利厅组织专家评审,启动市级水资源综合规划编制工作。完成全市267个用水单位的换证工作,审批9个项目取水许可。组织有关单位对六大水库库区水质保护进行专题调研。出台《六安市水利工程建设管理办法》。加强招投标管理,建设项目全部进行招投标,纪检、监察部门派员全程参加。成立六安市设计变更工程计量签证小组,规范现场管理,做到三个安全。加强资金管理,修订完善各项财务管理制度,加强资金使用监督,落实"收支两本账",实行专款专用。开展工程建设领域突出问题专项治理,保障资金安全。

实施金水致富工程,修订完善市县级农田水利建设规划,出台《关于进一步完善"一事一议"财政奖补促进小型农田水利建设实施意见》,加强农田水利建设。全年投入5.01亿元,修复水毁工程3669处,完成土石方2871万

m^3,占计划82%。新增旱涝保收面积0.73万hm^2,新增节水灌溉面积0.5万hm^2,改善灌溉面积42.4万hm^2,改造中低产田0.6万hm^2。

完成农村饮水安全工程投资11234万元,兴建76处集中供水工程,解决23.8万农村人口饮水安全问题。及时开展工程验收,抓好工程建后管理,确保工程建得成、管得住、长受益。完成省计划39座小型病险水库主体工程建设,国家重点28座小型水库全面开工。验收国家计划内的中型和重点小型水库12座以及2009年省计划内的小型水库33座。

开展六大水库水质综合调研,强化水土保持预防监督、综合治理、集中连片、规模治理,启动水土保持科技示范基地、生态清洁型小流域治理、生态修复、综合治理示范项目等建设试点,新增治理水土流失面积105km^2,实施生态修复面积80km^2。

完成金寨县、霍山县、金安区、舒城县、裕安区、叶集试验区等6个县区的水管体制改革,并通过市级验收。已经改革的县区人员经费全部落实到位,维修经费到位率在80%以上。

"水利规划年"活动取得实效。落实水利规划年活动经费,完成市水利发展"十二五"规划、市水功能区规划,完成城市防洪规划(修订)、市中型灌区规划、市中型泵站更新改造规划、淠河河道采砂规划、皖江城市带水利专业规划等8个专项规划。重点争取农村饮水安全、病险小型水库、河口保庄圩、汲河、沿岗河等中小河流治理、行蓄洪区安全建设、农田水利建设重点县、灌区续建配套与节水改造等21个项目,总投资超过5.99亿元。

治淮60周年系列纪念活动隆重召开。"十一五"期间,完成治淮投资55亿元,建成临淮岗洪水控制、白莲崖水库工程、行蓄洪安全建设工程、洼地治理、移民迁建等五大类61个单项工程。10月14日,六安市政府在霍邱县隆重举办治淮60周年系列纪念活动,同时举行《新中国治淮60周年》特种邮票首发式,水利部、淮委、省水利厅、市委、市人大、市政府、市政协及市治淮领导组成员单位参加。

"万名干部进镇村"活动深入基层。抽调700多人次配合省厅工作组深入8个县区的17个乡镇35个行政村,展开调研。

水利普查扎实开展。启动并完成六安市第一次水利普查前期准备阶段的各项任务。编制六安市水利普查专项经费预算,预算金额181万元。组织全市80人次参加国家、省级培训,选聘普查员2401人,普查指导员705人,筹备开展县级培训。

防洪抗旱信息平台初步建立。投入391.4万元用于六安市防汛信息化建设,包括防汛抗旱异地视频会商系统、水利地理信息系统、PDA终端通讯系统、防汛电子沙盘系统及城区防汛远程监测系统等,初步建成集防汛抗旱、城区重点工程监测等于一体的防汛信息化体系。建成防汛信息群发平台,把市、县(区)、乡(镇)、村各级防汛行政、技术责任的手机号码输入信息发布系统,及时将防汛信息发布到有关人群。

丰乐河治理工程成为全省中小河流示范工程。作为首批列入《全国重点中小河流近期治理规划》的丰乐河治理工程,一期工程批复总投资2470万元,2010年4月1日开工,主要建设内容为堤防加固约5.1km和5座穿堤建筑物加固,主体工程建设已经完成,且进度快质量高,成为全国中小河流治理现场会观摩点和全省中小河流示范工程,水利部、财政部追加投资840万元。

开展河道堤防专项整治活动。查清境内共有违章树木33438亩,违章续建和搭建54964m^2,非法采砂304户。已清除违章房屋和搭建10171m^2,违章种植3676.96亩,铲平违章堆砂5716m^2,拆毁非法采砂设备247台套,整治活动取得初步成效。

【市水利局领导人员】

局党委书记、局长、治淮指挥部常务副指挥:张国利

局党委委员、副局长:魏普庆

局党委委员、副局长:桑立良

局党委委员、副局长:徐静

局党委委员、纪检委书记:王江亭

总工程师:钟庆华

【县区水利局主要领导】

寿县水务局局长:张千

霍邱县水务局局长:顾胜祥

舒城县水利局局长:王祥余

霍山县水务局局长:刘和文

金寨县水利局局长:曾宪书

金安区水利局局长:王焕成

裕安区水利局局长:王存德

叶集试验区水利局局长:蔡德毅

(*方君*)

马鞍山市

【概况】 2010年,按照"稳粮保供给、增收惠民生、改革促统筹、强基增后劲"的要求,扎实开展农田水利基本建设,水利工程防灾减灾能力不断增强。全市累计投入水利建设资金1.99亿元,完成土石方440.4万m^3,占省下达任务的146.8%,共修复水毁工程114处、加固堤防31.2km、疏浚河道51km、清淤渠道74.3km、清淤整修塘坝187处、加固水库5座、新修防渗渠道51km、更新改造泵站12座。通过兴修,新增和改

善灌溉面积0.44万hm^2,改善防洪面积0.88万hm^2,改善除涝面积0.1万hm^2,改造中低产田面积0.4万hm^2,新增节水灌溉面积0.14万hm^2,治理水土流失面积7.25km^2。

汛期,市区降雨672.1mm,当涂县降雨755.5mm。梅雨期间降雨200mm,比历年同期平均降水偏少约3成。5月26日,长江马鞍山站水位达到8.0m设防水位线。6月中旬起,江河水位迅速上涨。7月8日以后,全市出现多次强降雨过程,7月14日,长江马鞍山站水位突破10.0m警戒水位线。至此,全市遭受外水和内涝的双重压力,防汛形势严峻。汛期,长江马鞍山站超警戒水位线7d,当涂县太平口站超警戒水位线43d。至8月份,江河水位开始逐渐回落。整个汛期,全市共发生各类险情19处,损毁各类水利工程92处。农作物受灾面积4.7千hm^2,成灾面积1.33千hm^2,绝收面积0.27千hm^2,因灾减产粮食1.84万t,经济作物损失235.2万元。有15个乡镇3.23万人受灾,转移人口217人,倒塌房屋26间,未出现人员伤亡。因灾直接经济损失3967万元,其中水利设施直接经济损失2507万元。全市共投入抗洪抢险资金436万元,投入抢险人数1760人次,运输设备330班次,机械设备225台班,抗灾用电480万度,防汛物资消耗折算资金62.2万元。

水利部门坚持"以人为本、以防为主、以急为先"的原则,科学合理调度,积极有效防控,全力排查险情,确保全市未破一圩、未垮一库,最大限度地减轻洪涝灾害损失,防洪减灾经济效益达1.1亿元。主要做法:一是落实防汛工作责任制。二是组织开展防汛安全检查。细化安全度汛措施,制定度汛预案和应对突发险情的处理措施。三是落实防汛抢险队伍、物资。四是修订完善各类预案,加强了预案的动态管理。五是抓好防汛基础工作。建立全市防汛系统通讯网络,制作完成全市防洪工程数据及相关资料汇编,防汛骨干网、异地视频会商系统运行畅通,有效保障全市防汛抗旱工作顺利进行。

市局全面梳理本市相关水利规划,完成《马鞍山市"十二五"水利发展思路报告》及《全市"十二五"水利发展规划》编制工作。按计划推进全市小型农田水利工程规划、万亩以上圩口防洪规划修订工作;编制完成开发区南部泵站工程初步设计、水阳江下游(当涂境内)防洪治理应急工程可研、军民圩排涝站更新改造工程可研和初设、襄城河上游堤防除险加固工程可研,完成江心洲左缘码口段(2010年)崩岸应急处理工程设计和彭太圩崩岸应急治理工程设计的批复;委托芜湖水文局编制完成本市水功能区划,委托安徽省江河水文水利工程设计院编制完成本市"十二五"水土保持规划等。

【市水利局机构、职能、人员】

马鞍山市水利局(以下简称市局)首次成立于1983年,1987年并入市农经委,设立水利办公室。2002年2月,经市编委批准再次设立水利局,为市政府组成部门。市局设办公室(财务科)、水政水资源科(水利管理科)、计划建设科、农村水利科(水土保持科)4个内设机构,核定行政编制16名。2010年在编16人,其中处级干部8人。市局下设市河道管理处、市水利工程质量监督站、市机电排灌管理站、市防汛抗旱指挥部办公室、市水利规划办公室5个事业单位,在编35人。

【江心洲洲头保护】 长江干流马鞍山段江心洲头治理工程位于长江马鞍山河段江心洲左汊左缘上段,其守护范围:起点为江心洲至乌江水道航道整治工程江心洲段护岸工程末端,终点为马鞍山长江大桥桥址处护岸起点,护岸长度5.38km。主要建设内容为水上混凝土预制锁块护坡和水下抛石护脚,水上护坡和水下抛石间通过干码块石衔接。主要工程量为:水下抛石60万m^3,水上砼护坡1.12万m^3,干码石2.09万m^3,总投资8950.89万元,原计划分三个年度枯水季节实施完成。第一年度工程于2010年1月开工,当年汛前完成,完成投资3675万元,守护长度2100m。因在第一年度施工中,现场多次发生崩岸,随将后两个年度的工程一并安排在第二年度实施。第二年度工程于2010年11月下旬开工,守护长度3280m,计划投资5276万元。工程于2011年4月全面完工。

【慈湖河中游整治前期工作】

慈湖河发源于市区东南部丘陵区的老脉岘,全长约26km,流域面积124.8km^2。以东环路为界,上游段属丘陵区,中下游为平原圩区,河道长各13km,两岸筑有堤防,是城市防洪堤圈的组成部分。2009年,完成上游段河道清淤、驳岸及部分水土保持工程。2010年,根据市政府第55次、第67次常务会议决定,慈湖河中游段综合整治采用BT方式进行融资建设,主要任务是东环路~林里路6.7km长河道治理、堤防加固、排涝泵站、水质改善、生态景观等,市局具体实施项目的BT招标和建设监管工作。先后编制完成慈湖河中段综合整治规划设计方案和可行性研究报告。新修编的整治方案7月2日通过市人大常委会审定。可行性研究报告于10月8日获得评估报告,估算项目总投资为12.5亿元,其中,工程建设投资7.9亿元,征地拆迁投资4.6亿元。10月13日通过市政府第67次常务会议审定，并于10月23日发布招标公告，但由于在规定的招标截止时间内，没有达到法定的3家招标人，此项目BT招标先后两次流标，经市政府批准后，调整为采取竞争性谈判的方式确定中标人。与此同时，市局积极做好整治范围内的土地征迁工作，到2010年底，花山区完成迁坟134座，完成364.09亩土地补偿费审核工作，完成127户大户丈量任务，拆迁120户。金家庄区完成应征土地266.39亩土地补偿费审核工作，完成86.216亩应征菜地分户测量和青苗补偿费核算，丈量450户农户和10户企业，登记迁坟700多座，累计拆除房屋300余户。市局会同市有关单位局完成市二十中学老校区的拆迁补偿工作。全年分别向花山区、金家庄区和市教育局拨付6000万元、7000万元和2500万元，共计1.5亿元的土地征迁款。

【市水利局领导人员】

党组书记、局长:吴昭旭

党组成员、副局长:黄华荪

党组成员、副局长:伍先平

党组成员、纪检组长:聂庆武

党组成员、副调研员:朱远照

党组成员、副调研员:邵繁

党组成员、副调研员:唐传圣

【县水利局主要领导】

当涂县水利局局长:吴贤品

当涂县水利局党组书记:邢华秋

(周拥军)

巢湖市

【概况】 2010年，在建水利基建项目共计8类46项工程。全年累计下达投资计划约9.38亿元，完成投入资金约8.97亿元，占总计划的96%。年度在建的4座中型水库除险加固工程全部完工，完成投资计划9351万元;2009年在建的10座小(一)型水库除险加固工程于2010年汛后开工，主体部分均已完工;2010年度新一轮水库除险加固项目共16座，批复总投资4750万元，立项招标等前期工作均已完成，并相继开工建设;3座大型泵站技改工程累计下达资金约2.06亿元，共完成投资约2.01亿元，占计划投资的98%;3片大型灌区续建配套工程累计完成下达投资计划3060万元;和县隐驾尖排涝站，累积下达投资计划700万元，已全面完成建设任务;白茆灌区水利血防工程项目基本完工，累计完成下达投资计划1588万元;列入2010年治理计划并开工建设的得胜河、无为县永安河，累计完成投资1450万元，占投资计划的22%。各项工程进度稳定有序，全面完成年度建设任务。

防汛抗旱。2月中旬下发《关于认真做好全市防汛抗旱准备工作的通知》，印发《2010年全市防汛抗旱工作意见》，春节后开始督促检查各地汛前准备工作。3月初召开全市防办主任会议，4月底召开全市防汛抗旱工作会议，全面动员防汛工作。利用春节过后江水较低时机，全面开启各大通江水闸，加速巢湖底水外排，历时两个月，累计外排巢湖底水34亿m^3，下降巢湖水位至8.43m，稳定内河水位在8.0m左右。为有效迎汛奠定基础;及时调整防汛抗旱分工安排，并在《巢湖日报》上公示;组织开展全面督查，及时下发督察通报，对13处存在重点问题的工程限期整改，严格保障防汛抗旱硬件设施基础安全;全面修订《巢湖市防汛抗旱应急预案》和《巢湖市防御台风应急预案》，督促各县区在完善防汛抗旱总预案，修订完善城镇防汛抗旱工作预案、防台风和山洪泥石流应急预案、江心洲和外滩圩防汛抢险应急预案等，并于汛前及时发布。先后19次组织市、县两级防指以巡堤查险、水上救援、人员转移、应急抢险为主要内容的防汛预案演练，参加演练、培训人员达3800人次;全年共筹资200万元，经过13项招标，顺利完成防汛抗旱异地会商、水库动态监管、闸站远程监视、防汛指挥地理信息系统和工程沙盘等建设任务，并于汛期成功调试运行。提高防汛抗旱工作效率，稳步推进防办信息化指挥系统建设。

7月初，西河流域及全境连续发生强降雨，裕溪河、得胜河、兆河、滁河等六条主要河流和巢湖先后达到并超过警戒水位，永安河两次超保证水位。同时，受长江中上游强降水影响，巢湖境内长江水位全面超警戒线，致使江水托顶，外压内涨，且持续时间长，防汛形势严峻。市委市政府加强领导，科学调度、主动避险，把握有利时机，实时调度通江水闸和大中型泵站，抢排洪水，削减洪峰，为抗洪抢险赢得宝贵时间;同时组织5个督查指导组，抽调10名技术干部，分赴各县区指导督查，积极组织协调5万多名干群投入抗洪一线，奋战一个多月，确保全市千亩以上圩口无一溃破、308座水库安全度汛，人民财产安全得到保障。

水管体制改革。坚持把“人员经费”和“工程维修养护经费”纳入市县(区)财政预算，“两费”到位率均达100%，工程维护得到保障。扎实推进巢湖市水利水电建筑安装公司转企改制，组建市水利水电建设有限公司，实现经营体制和管理模式新转变。水利工程管理力度加大，重点加强对堤防、大坝、渠道和水闸等重点水工程管理与监控，确保水工设施安全运行，全年所有水利工程设施运行正常,未发生一起事故,强化水利工程目标管理,全市水管单位积极开展水利工程目标管理考核工作,努力争创省级水管单位。含山县长山水库已通过省厅考核验收,等级待定。全市共获得省一级水管单位2个,省二级水管单位2个、三级水管单位3个。水利多种经营广泛开展,水管单位充分利用现有资源和技术、设备优势,大力发展水利经济,开展经营创收活动。全系统年创收达7000多万元,稳固提高单位的经济实力,切实增强单位的发展后劲。

农田水利基本建设。8月下旬,各县区迅速制定水毁修复方案,完善水利规划,落实工程任务。全面部署农田水利兴修工作,分解落实3500万 m^3 兴修指导性土方任务。市委、市政府两次召开农建工作现场会,强化行政推动,加强一线指导。各地广泛筹资筹劳,各级财政投入充足,加大"一事一议"财政奖补力度,全年农建资金充裕,仅县级财政投入资金就达2.3亿元,占全市农建总投入的25%。市水务局开展三次督查活动,并印发督查通报,全面推动兴修工作。截止元月4日,全市共筹集各类兴修资金9.19亿多元,开工各类工程3115处,完成土方4100万 m^3,超额17%完成年度兴修任务,位列全省第一方阵。

农村水利建设。截止12月15日,全面完成省水利厅实际下达27万人安全饮用水目标任务和计划投资1.27亿元。并做好已建工程竣工验收准备;截止12月24日,45座小水库除险加固工程全面开工,计划2011年汛前主体工程全部完工。在全省年度考评中,农村饮水安全工程、水库除险加固工程均进入全省第一方阵。

水土保持工作。组织各县区编制《水土保持"十二五"规划》,共开展各级水保执法检查82次,督促编报小型开发建设项目水土保持方案4项,审批水土保持方案3项,有效遏制人为水土流失不断扩大的势头。率先在含山县和居巢区试点开展水保"两费"征收工作,共计征收房地产业水保补偿费50万元。重点实施了庐江县罗昌河流域治理国债项目的建设管理,该工程系2009年新增中央预算内投资项目,计划投资200万元,其中中央预算内投资100万元,地方配套100万元,主要建设内容为坡改梯、营造经济林、疏林补植、封禁治理、生产道路、截(排)水沟、沉砂凼等水保工程,3月底全部完工。结合"水法宣传月"活动契机,广泛开展水保宣传,与县、区水务部门深入一线,采取多种形式向开发建设单位、居住林区、丘岗区的群众宣传水土保持法律、法规,树立水保理念,强化水土保持意识。

【水政执法】 市水务局督促居巢区水务局并联合滁州市水务局,依法惩处滁河河道非法采砂行为,有效遏制滁河非采活动。拆除巢湖城防大堤和无为襄安等多处涉河违章建筑;配合长江委、省水利厅,积极开展统一清江行动(即"梅花"行动)和长江干流涉河船舶专项整治与执法行动,对辖区内所有涉砂船舶进行登记造册,全面清理整治各类涉砂船舶,规范采砂行为,基本摸清全市境内涉砂船舶状况。全年共执行长江采砂巡查633次,抓获非法采砂船舶57条,拆除20条;积极规范采砂程序,并配合做好马鞍山长江公路大桥工程性采砂申报工作;完成2009年度水行政执法年报工作,及时上报2010年度长江采砂月报表等日常管理工作;市水务部门组织部分水政监察员进行执法水平培训和测试,积极参加执法资格考试及换证工作。

【水资源管理】 并结合"世界水日"、"中国水周"和省"水法宣传月"活动,围绕水利部"清洁用水,健康世界"、"严格水资源管理,保障可持续发展"的宣传主题,市水务局主要负责人接受《巢湖日报》社记者专访;设立水法规宣传咨询台,散发宣传资料5000多份,现场为市民答疑;3月22日–27日在市电视台连续播放水利部《水、人、法》电视宣传系列片,多渠道宣传水资源保护意识。先后对无为县滨江新城供水工程和巢湖云海镁业镁合金项目供水工程等新建取水项目,按要求进行水资源论证和评审;配合省水利厅完成《全省水资源管理手册》(巢湖部分)的编制任务;对全市取水许可、水资源费征收管理使用情况和水资源管理工作进行专项检查,针对检查发现的问题进行整改,督促有关取水企业补充水资源论证;认真谋划和做好《巢湖市水功能区划》和《巢湖市节水型社会建设十二五规划》编制的各项准备工作;编制、发布《巢湖水资源公报》;对所有取水户进行年审,下达年度取水计划;对各县区取水许可项目进行审查,指导各县区水务局进一步规范取水许可,并及时完成2009年度水资源管理和水务管理年报工作。

【重大活动】 稳妥推进巢湖市水利水电建筑安装公司转企改制。巢湖市水安公司原为巢湖市水务局直属经营性事业单位,按照产权清晰、权责明确、政企分开、科学管理的要求,坚持勇于创新、公开透明、规范操作、以人为本的原则,历时两年多,于2010年底完成该公司转企改制,新建市水利水电建设有限公司,实现经营体制和管理模式的全新转变,完成国有资本的退出和国有职工身份的置换,按照规定保障231名职工和31位遗嘱的后期安置,为推进行业改革积累宝贵经验。

扎实做好万名干部进镇村活动。市水务局全力配合省水利厅“万名干部进镇村”活动,共选派干部和技术人员600人次进驻乡镇村组,开展走访座谈、考察调研、组织培训等活动。

【市水务局领导人员】

党组书记、局长:张劲松
党组成员、副局长:刘义权
党组成员、副局长:朱卫国
党组成员、副局长:林冬生
党组成员、副局长:单开进
总工程师:罗仕宏
党组成员、副调研员:李昌义

【县区水务局主要领导】

无为县水务局局长:陈明发
庐江县水务局局长:张登义
含山县水务局局长:赵广安
和县水务局局长:夏善堂
居巢区水务局局长:周修斌

(许昱)

芜湖市

【概况】 防洪减灾。市防指及早安排,抓紧做好防汛准备工作,多次派出检查组,特别针对险工险段、水库除险加固和在建水利工程等进行抽查。对检查和督查中发现的73处度汛隐患,督促县区限期整改到位。编制了“全市防御特大洪水预案”,修订完善小水库、防山洪泥石流、防台风等应急预案。组建了抢险应急预备车队,临时装卸队伍,建立防汛物资“代储”制度,确保防汛物资能够及时调运。举办全市防汛抗旱知识培训班,组织开展17场次3100多人参加的防汛抢险演练;主汛期,对全市每座小水库聘用一名安全监督员,调整充实防汛抢险队伍,购置抢险物资器材,确保全市城乡安全度汛。7月,本市接连遭遇两轮集中强降雨侵袭,累计降雨量为历史同期的2~3倍。7月15日长江芜湖高潮水位达11.52m,超过警戒水位0.32m,为近十年来长江最高水位。市防指科学调度、果断决策,各级各有关部门积极配合,广大干群全力以赴投入抗洪抢险,及时发现并排除各种险情和隐患,确保了农田涝水及时排出和全市在册圩口安全度汛。

农田水利基本建设。针对本市多年形成的排灌沟渠和湖塘清淤不彻底、堵塞严重、排水不畅、水环境恶化的状况,市委、市政府决定,从2010年开始,五年内完成全市农村主要沟渠湖塘清淤疏浚,并下发《关于农村沟渠湖塘清淤疏浚工作实施意见》,各县区及时制定了五年清淤规划和2010年清淤工作计划。市财政除安排4000万元水毁修复经费外,还安排660万元开展水利兴修和沟渠湖塘清淤竞赛评比,安排250万元购置150台清淤机械分发到各县区。到12月底,全市共投入资金约2.05亿元,累计投入各种机械3.6万台班,开工各类工程777处,兴修干渠22.6km、支渠24.5km,疏浚河道14.2km,清淤沟渠249.6km,扩挖、整治当家塘331口,累计完成土石方912万m^3。全市新增和改善有效灌溉面积0.14万亩、除涝面积0.54万hm^2,改善防洪面积2万hm^2。2009年12月13日至14日,省政府在本市芜湖县召开全省农田水利基本建设现场会,省委常委、副省长赵树丛对本市沟渠湖塘清淤疏浚工作给予高度评价。

农村安全饮水。2010年度目标任务调整为13.85万人,到10月底,全部完成(含农村学校1.38万人)农村饮水安全工程建设目标任务,完成投资6599万元。另外,会同市发改委、财政局、监察局对2005-2009年项目完成情况和2010年项目开展情况进行督查;会同市民生办对2007-2009年民生工程“回头看”活动进行自查;协同省水利厅进行抽查;配合市审计局完成2009年度农村饮水安全工程专项审计工作。“十一五”期间,全市共解决农村48.24万人饮水安全问题,完成投资约2.08亿元。

编制完成全市涵闸斗门除险加固规划。年初,按照中小型涵闸斗门除险加固工程规划编制大纲,制定工作计划,编写培训教材,制定有关调查表格。并对全市范围内的涵闸斗门全面开展调查,调配技术骨干参与编制工作。至年底,全市涵闸斗门除险加固规划编制完成。

争取国家和省专项资金8970万元。共争取国家投资和省专项资金8970万元,(中小河流治理1160万元(中央650万元,省级510万元),农村安全饮水4880万元(中央3959万元,省级921万元),水库除险加固1930万元(中央450万元,省级1480万元),小型农田水利1000万元(中央800万元,省级200万元)。

水政水资源管理。以“水法宣传月”活动为契机,通过电视台和广播电台在黄金时段播出系列涉水专题宣传节目、播出滚动字幕,通过短信发布宣传信息30万条;结合参与全省水利系统万名干部下镇村活动和市“江淮普法行”活动,制作宣传展板、印制宣传册、设置咨询台现场解答等,大力宣传和讲解涉水法律法规和政策,努力在社会营造良好的依法治水环境。紧紧围绕“开发利用、用水效率、水功能区限制纳污”水资源管理三条红线,认真执行取水许可与有偿使用两项制度。完善本市取水在线监控系统,市直管取水户全部实现在线监控。按月监测主要江河湖泊与供水水源地水资源质量状况,按季监测市区入河排污口水质及排污量。制定和完善《市水务局规范行政处罚自由裁量权工作实施方案》、《市水务局水行政审批项目办理工作规定》等规范性文件,成立市水务局水行政处罚案件审查委员会。推行最严格的水资源管理制度,推进节水型社会建设,完成300万元水资源费征收任务。加大对水事违法案件的查处力度。共清理河道150km,清理砂堆(场)及各类障碍设施100余处,清除拦鱼网110处6万余m²,清除水泥和竹木杆2万余根,清除树障4万余棵。

制定《芜湖市地表水域保护办法》,编制《芜湖市水功能区划》。通过水面控制率指标和"占补平衡、先补后占、等量等效"的原则,从根本上遏制水域减少的局面。

长江采砂管理。严格执行《长江河道采砂管理条例》,坚持日常巡查与集中惩治相结合、水惩陆治相结合等措施,保持对非法偷采者高压严惩态势。联合公安、省长江河道采砂管理执法大队开展集中行动18次,销毁、拆除各类非法采砂设备205台套,抓获非法采砂船只19条,其中移交有关单位处罚11条。此外,投资近二百万元,新添一艘执法船;对砂点经营户进行集中整治,统一到划定的砂场依法经营,禁止砂石经营单位和个人销售非法采取的黄砂。

水利科技。132人次参加省市各类技术培训和专业技术学历提高班。会同芜湖水文局联合完成的水利科技项目"水文自动测报系统"。《长江芜湖东梁山河段强崩岸治理新技术研究》获省科技三等奖。完成全市水位站、雨量站等防汛抗旱预测预报系统。完成长江、青弋江、漳河等有关流域重要站点实时水情自动测报系统建设。

深入开展创先争优活动。从6月开始,在全局党员中开展以"创建先进基层党组织、争做优秀共产党员"为主要内容的创先争优活动。局党总支下设四个党支部,在职党员50人。

8月,完成《芜湖市"十二五"水利发展规划》征求意见稿和有关专项规划报告;10月底完成《芜湖市"十二五"水利发展规划》,并报市发改委和省水利厅。

【完成病险水库除险加固6座】 列入省计划的繁昌县梅冲、三里湾、上将、大信冲和南陵县岱冲水库5座小(二)型水库和列入国家计划的石垅冲小(一)型水库除险加固工程于6月底全部完成。工程内容包括:大坝坝身加培加固、坝体防渗处理和放水涵改造、溢洪道护砌、新建水库管理设施等,总投资1132万元。11月全部完成验收工作。至此,本市第一轮43座水库除险加固任务全部完成。

【大型泵站建设】 汪溪坝泵站、保大圩泵站、林都圩泵站、城北圩泵站工程建设按计划已经全部完工。为推进工程验收进度,市水务局加强督促,把验收工作纳入对县区考核的重要内容,并限期完成。除林都圩泵站未完成单位工程验收外,其他泵站全部完成单位工程验收。此外,全市完成泵站更新改造5座10台套,装机容量1030kW,改善排灌效益4.23万亩,完成技改投资412万元。

【完成扁担河排涝疏浚一期工程建设】 扁担河排涝疏浚一期工程,自永安桥泵站至王拐,全长4.2km。主要工程内容为:疏浚河道、新建一座配套涵闸等,工程于年底前按项目批复内容全部完工,并通过验收。共完成土方253万m³,钢筋砼挡墙及砼护坡约2.3万m³,生态砼护坡约3.6万m²,完成投资6900万元。

【完成龙窝湖排涝泵站主体工程】 龙窝湖综合整治泵站工程包括龙窝湖排涝一站改造工程(总装机容量1650kW)、新建龙窝湖排涝站工程(总装机容量5000kW)等,工程总投资5512.86万元。至年底,土方开挖、穿堤箱涵、泵室、前池、大堤回填、主副厂房和机电安装等主体工程全面完成。

【中小河流综合整治工程】 1月,省水利厅以"皖水基函〔2010〕52号"文对繁昌县峨溪河繁阳段防洪工程初步设计进行批复,3月开工建设。工程批复概算投资2550万元(中央专项资金1530万元,省级资金510万元,市县配套510万元),工程建设内容:疏浚西门河1.87km,加固或新建防洪墙7.775km。至年底,工程全面完成,完成工程量:土方41.24万m³、石方1.19万m³、砼9388m³,完成投资2550万元。

【建成外龙窝湖水利血防综合整治工程】 外龙窝湖水利血防综合整治工程主要包括:新建总长4358m蓄水堤、蓄水调节控制闸、溢流坝和防护工程等。批复概算总投资6627.86万元。由于工程涉及堤线长,地质状况差,施工受长江水位影响大。4月20日因受汛期影响除预制分部外全线停工。汛后长江水位下降后,于11月1日及时复工建设,至年底,路基、节制闸、溢流坝和插板桩全面完成,整治工程基本建成。

【建成青弋江、水阳江流域芜湖段水利血防工程】 青弋江、水阳江流域芜湖段水利血防项目初步设计于2009年底获批复，批复总投资约1.09亿元，工程分别位于芜湖县、南陵县、弋江区、镜湖区。工程主要内容包括：堤防加培及硬化护坡、抛石护岸、填筑外防螺平台，设置沉螺池等。至年底，工程全面完工，共完成砼15.31万m^3，石方12.82万m^3，土方285.25万m^3。

【青弋江分洪道工程】 10月21日，工程可研报告正式通过水利部审查，并向国家发改委转报青弋江分洪道工程可研报告审查同意意见书。工程环境影响评价通过水利部预审；移民安置规划大纲经省政府、水利部联合批复；项目用地通过国土资源部用地预审批复。12月1日国家发改委委托中水北方规划勘测设计有限公司对该项目可研报告进行评估。6月18日，根据市政府第88号专题会议纪要和市青弋江分洪道前期工作领导小组青前办【2010】1号文，青弋江分洪道项目征地拆迁工作于6月份正式启动。9月初，市水务局召开专题会议，按照工程可研设计方案，界定相关工程拆迁范围，并提供工程范围界限图。

【市水务局职能、机构】 芜湖市水务局是主管全市水行政工作的市人民政府组成部门，设置市防汛抗旱指挥部办公室。内设办公室、水利科、水政科和纪检组(监察室)。局直属单位包括：芜湖市河道管理局(芜湖市长江河道黄砂管理局)、规划技术室及排灌管理站(防汛抗旱器材站)3个二级机构。职工人数97人(行政在编16人，超编4人。全额拨款事业编制77人)。

【市水务局领导人员】

党组书记、局长：刘家林

党组成员、副局长：夏传文

党组成员、副局长：王爱清

党组成员、纪检组长：李道清

总工程师：崔巍巍

【县区水利部门主要领导】

芜湖县水务局局长：朱景木

繁昌县水务局局长：张茂才

南陵县水务局局长：钱佑庭

鸠江区农水局局长：王世霞

弋江区农水局局长：王自保(2010年3月31任职)

三山区水务局局长：章新阳(2010年1月任副局长主持工作；10月任局长)

镜湖区农水局局长：高鑫

(余述晏)

宣城市

【概况】 2010年，扎实做好防汛抗灾工作，稳步推进民生水利工程建设，规范水政水资源管理，积极推行各项水利改革，水利工作取得新成绩。病险水库除险加固、农村安全饮水在省水利民生工程考核中分列第一、第二，获全省“2010年度水利发展目标考核优秀单位”、“2010年全市民生工程组织实施工作优秀奖”、“2010年宣城市防汛抗洪先进集体”等表彰，市农建办获省农田水利基本建设“江淮杯”优秀组织奖，市防办获“2010年宣城市抗洪抢险先进集体”和“2010年安徽省先进防办”称号。

开展“十二五”水利发展规划编制工作，编制完成《宣城市重点地区中小河流近期治理规划》、《宣城市小(1)型病险水库除险加固规划(2010～2013年)》、《宣城市小(2)型病险水库除险加固规划(2010～2015年)》、《宣城市中小型泵站更新改造规划报告》、《宣城市大中型病险水闸除险加固专项规划报告》、《宣城市抗旱规划》及《宣城市农田水利建设规划》等，水阳江下游近期防洪治理工程可研阶段的前期工作构件均获相关部委批复，该项目可研报告已上报国家发改委待批。

城市防洪城东联圩除险加固工程自2006年本市逐年对城东联圩进行除险加固，至2009年底已累计投入5400万元，完成7.8km除险加固达标任务。2010年度除险加固工程，总投资8029万元，计划分两年实施。一期工程计划投入4000万，加固达标堤防7km，防渗处理城防2.7km，工程于10月29日开工建设，截至12月底已完成投资3010万元。

农田水利基本建设。2010年，本市遭遇1999年以来最大的洪涝灾害。市政府印发《2010～2011年度宣城市农田水利基本建设工作意见》，各地共投入各类水利兴修资金5.7亿多元，投入劳动工日145万个，出动机械台班17万个，完成土石方1023万m^3，修复水毁水利工程868余处。汛后各地及时修复水毁灾毁重点水利工程，并针对防汛防洪薄弱环节，早部署、早启动2011年度农田水利基本建设，截至12月底，共完成投入5.95亿元，完成土石方1102.4万m^3，投入工日97.59万个，出动机械台班24.39万，修复水毁工程1619处，加固堤防54.68km，疏浚河道52.77km，新增蓄水能力191.4万m^3，新增节水能力280.83万m^3。郎溪县、宣州区分获省农田水利基本建设“江淮杯”竞赛银奖和铜奖。

对全市河道采砂进行专项治理整顿，共取缔非法采砂场19处，停采整顿砂场1处，惩治非法采砂行为40余次，查扣和击毁非法采砂船只14艘、设备36台(套)，清除尾弃碎石渣土超过64.2万m^3，刑事拘留2人，罚款

21.6万元。

开展系列水法规宣传活动。对全市水资源费征收情况进行全面调查,规范省、市、县三级水行政主管部门征收机制。组织两个建设工程项目《水资源论证报告》专家审查会,并对《水资源论证报告书(报批稿)》进行批复,召开6个涉河项目防洪评价报告审查会,批复5项涉河工程建设方案、1项涉河工程施工方案。

严格开发建设项目水土保持方案审批手续,加大对开发建设项目造成水土流失的治理力度,推进市、县开发建设项目水土保持"三权"、"一案"、"三同时"工作进程;组织、参加宣城市国投电厂一期工程水土保持方案验收、合肥至福州铁路等工程水土保持方案审查,完成2007、2008年度水保项目实施及验收工作,完成2009年度国债水保工程的实施。结合小流域综合治理国债项目及其他涉农项目,完成治理水土流失面积50km^2。

【水利民生工程】 列入国家和省除险加固规划的221座中小型水库已完成192座,其中155座通过验收,完成国家计划内第一批中小型水库除险加固任务。其中2010年计划的41座小型水库全部开工建设,累计完成投资5144万元,占总计划投资的60%。已完成的水库除险加固工程可年增蓄水约1亿m^3。继广德卢村水库被水利部批准成为第七批国家级水利风景区后,郎溪天子门水库获批准为第十批国家级水利风景区,至此,宣城市已有3座水库被批准为国家级水利风景区;农村饮水安全工程完成15.11万人的计划任务,完成98处工程建设和7456万元投资,实际受益人口达20.87万人,农村安全饮水人口覆盖率增长6.3%。开展全市农村饮水安全工程"回头看"活动,完成农村饮水安全管理信息系统数据采集工作。积极探索工程长久效益发挥体制机制,制定《宣城市农村饮水工程运行管理办法》,规范全市农村饮水工程管理工作;宣州区水阳江干流宣城段水利血防项目总投资6296万元,一期工程基本完工,二期工程进展顺利,截至年底共完成投资5650万元,占计划投资的89.7%。

【防汛抗旱】 3月和7月,本市连续遭遇暴雨袭击。7月,水阳江、青弋江流域遭遇近十年来最高暴雨洪水,全线超设防水位,水阳江干流新河庄站、南漪湖南姥嘴站超警戒水位时间分别长达20天、13天,水阳江中下游和南漪湖周边重点圩口防汛形势严峻,宣州区宝圩、石马圩和郎溪县永宁圩连续出现管涌、坝体渗漏、漫顶等重大险情。市防指适时启动《宣城市防汛抗旱应急预案》Ⅲ级响应,突出做好水库、圩堤、山洪和地质灾害等重点部位的安全防范,连续组织7次专项督查,指导各地做好重点圩口、地质灾害点和水库防汛工作。科学调度重点防洪工程,发挥水利工程防洪减灾效益。5月下旬,市防指超前调度,关闭马山埠闸拦外河水倒灌。汛期两次联合调度南漪湖控制工程马山埠闸和双桥闸,两次降雨共调蓄洪水7.26亿m^3,将新河庄水位较好地控制在12.50m左右,减轻水阳江中下游防洪压力,确保宣州区、郎溪县千亩圩口无一溃破。调度港口湾水库控制发电流量,拦蓄洪水、削减洪峰,港口湾水库共拦蓄洪水1亿m^3,降低水阳江干流水位,减轻宁国、宣城城区防洪压力。受徽水河强降雨、陈村水库下泄流量加大叠加影响,泾县县城防洪一度吃紧,市防指协调省防办调度陈村水库暂停发电5小时错峰,最大限度发挥青弋江灌区溪口闸、黄村闸调控作用,确保泾县县城防洪安全。全市共投入巡堤查险抢险人数12万人次,投入防汛抢险资金2000余万元,有效处理各类险情1200多处,确保全市344座大中小型水库和千亩以上圩堤安全度汛,成功实现"千亩以上圩口无一溃破、各类水库无一出现重大险情、地质灾害隐患点无一人员伤亡"的目标,最大限度地减轻洪涝灾害损失。

5月下旬,市防指组织相关单位和部门的14支防汛抢险专业代表队共350参加打桩抢险、抢筑子埂、开沟导渗三项竞赛内容和抛绳救援演示。各县市区、各乡镇分级组建防汛抢险应急队伍,开展培训演练活动,市、县两级共开展多种形式的防汛抢险演练活动19场次,共2800人参加。全市共落实防汛民工12万人,专业防汛抢险队伍47支3500人。

【灌区续建项目】 青弋江灌区续建配套项目完成投资约1.03亿元。其中,本市2010年最大的单项水利建设项目——溪口枢纽除险加固工程开工建设,总投资7798万元,工程分两期实施,计划工期2年。一期工程于10月18日开工建设,主要建设内容为"总干渠进水闸除险加固、扩孔新建3孔泄洪闸、青左支渠进水闸拆除重建",截至12月底,已完成投资1570万元,占下达投资计划的91%。

【中小河流治理】 编报的78个治理项目估算总投资20.59亿元中8个建设项目被列入《全国重点地区中小河流近期治理建设规划》(2009-2015年);其中,4个建设项目被列为国家重点中小河流治理规划试点项目,规划总投资9890万元。绩溪县、宣州区、旌德县3个项目省厅已下达投资计划7018万元。绩溪县扬之河瀛洲段防洪工程已完工,宣州区双桥河、旌德县徽水河三溪段河道治理工程进展顺利。其余5个列入国家规划的建设项目正在抓紧编制初步设计。

【市水务局领导人员】

党组书记、局长:李家传
市政协副主席、副局长:宦朝东
党组成员、副局长:李中明
党组成员、副局长:夏建平
党组成员:汪建明
党组成员、总工程师:汪忠华
党组成员、纪检组长、监察室主任:李长华
党组成员、副调研员:张斌
党组成员:张天武

【县、区水务局主要领导】

宣州区水务局局长:朱跃明
郎溪县水务局局长:陈明华
广德县水务局局长:陈兴松
宁国市水务局局长:王伟
泾县水务局局长:李建群
绩溪县水务局局长:汪起辉
旌德县水务局局长:汪光如

(项立华)

铜陵市

【概况】 铜陵市水务局成立于2008年6月,主要负责水利、供水、污水处理行业管理。局机关内设3个科室,局属6个事业单位,现有32人。

2010年,铜陵市水务局围绕"加快城乡水务一体化发展,服务幸福铜陵建设"的目标,扎实推进水务项目前期工作,不断加强水务基础设施建设,抢抓机遇上项目和加强在建工程管理并重,坚持防汛抗旱并举,强化水利工程管理与行业文明建设、依法管理同步,树立全面、协调、可持续发展的治水理念,全面提升水务服务经济社会发展的综合能力。

汛期,铜陵市遭受近10年来最大的洪涝灾害袭击。长江铜陵段最高水位14.09m(7月15日),超过警戒水位0.09m(14.00m)。境内5—9月份累计降雨822.5mm;其中7月5日、11日发生两次集中强降雨过程,至14日累计降雨328.1mm,25座水库溢洪。全市共发生严重险情35处(段),其中江河堤防发生严重管涌、渗漏等险情26处;47座水库有2座发生险情;42座尾矿库中有1座出险坝脚冒砂险情;发生山体滑坡、地面塌陷等地质灾害6处,漫淹圩口2个。针对汛期外洪内涝的双重考验,市防指科学决策,及时做出安排和部署,根据汛情、雨情启动防汛应急预案,于7月14日启动防汛应急预案Ⅱ级响应,水务部门加强水库防守督察,科学合理调度水利工程,全市排涝泵站适时开机排涝,及时补充抢险物资和设备,洲滩圩区建立流动器材库,干群上堤巡堤查险排险,其中上堤干部840人,抢险突击队4959人,民工6595人,全力投入抗洪救灾工作,最大程度地减小洪涝灾害的影响和损失。10月份以后,市防指加强水库、塘坝的蓄水保水,强化水源统一调度和管理,科学引水灌溉,改善土壤墒情,秋种农作物未发生明显旱情。

农田水利基本建设。突出抓好水毁工程修复、农田水利综合治理、中小河流治理等工作重点。截止3月,全市投入工日175万个,累计出动机械台班1.3万次,完成土石方264万m^3,占下达指导性计划任务110%,其中完成土方225万m^3,石方38.2万m^3,混凝土8000m^3。多渠道投资7218万元用于农田水利建设,其中市县(区)财政投资5288万元,乡镇及群众自筹资金1930万元。修复水毁工程309处,新增防渗渠道15km,清淤河道215km,加固水库2座,维修塘坝40处,新增蓄水能力35万m^3,达到新增灌溉面积6000亩,新增除涝面积10000亩,新增旱涝保收面积5500亩,实施狮子山区西湖镇节水增效项目,治理水土流失面积15km^2,超额完成市下达的指导性计划任务。

加强水行政执法和水资源管理工作。7月,铜陵正式被水利部确定为全国第四批节水型社会建设试点市,根据节水型试点市的要求,积极制定具体的建设规划,全面推进节水型社会建设。促进依法行政,实现执法工作的法制化和规范化。加大对饮用水源地的监管力度,杜绝饮用水源地的排污行为,严格执行入河排污口设置论证制度。水利规费征收工作再上新台阶。利用"世界水日"、"中国水周",加强水法律法规宣传,切实提高居民的水资源保护和节水意识。加强江砂禁采监管,打击非法采砂行为,保持禁采秩序始终处在可控状态,维护河道提防工程安全。及时查处水工程管理范围内的违章行为,调处水事纠纷,维护正常水事秩序。全面推进水土保持监督管理能力县建设,水土保持预防监督不断加强,重点建设项目水土保持方案编制、审批和措施监管工作步入正轨。

城乡供水能力达到48.75万t/日,其中城市供水企业首创水务公司供水能力22.5万t/日,2010年供水量达4210万t,水质综合合格率超过99%,出厂水平均浊度0.35NTU。

城市污水处理得到长足发展,污水日处理能力达14万t。其中,新民污水处理厂日处理污水10万t,西湖污水处理厂日处理污水4万t。

市水务局荣获2010年度全省"水利改革创新奖",荣获全省农田水利基本建设第十五届“江淮杯”竞赛评比铜杯奖,获全省民生水利工程考核第一名。

【水库除险加固】 完成10座水库的除险加固工程,其中列入国家计划的小(一)型水库2座;省计划小(二)型水库8座,工程总投资2451万元,其中中央投资450万元,省级投资580万元,自筹1421万元。2009年10月水库陆续开工建设,2010年5月,10座水库除险加固工程全面完工,9月全部顺利通过竣工验收。

列入国家计划的小(一)型水库除险加固工程1座,即铜陵县长冲水库。集水面积3.72km^2,总库容112.6万m^3,项目总投资558.61万元,其中省级补助315万元,市财政配套146.17万元,县区自筹97.44万元。该水库于12月全面开工建设,预计2011年4月底完成建设任务。

【农村河道清淤工程】 根据市人大常委会《关于对严重影响排灌的河道和主要干沟渠进行清淤治理的决议》和市政府《铜陵市农村河道清淤疏浚工程实施意见》文件精神,自2008年开始,用5年时间完成全市农村河道清淤工程500km。2009年7月,市委、市政府及市人大决定用3年时间提前完成河道清淤工程,即在2008年已完成工程量的基础上,再用两年时间完成全部工程。2009-2010年度完成农村河道清淤185.586km,总投资1855.86万元。2010年8月,市政府出台《关于加强农村河道长效管理工作意见》(铜政[2010]52号),确定全市从2011年1月1日起,落实农村河道管理主体、管理制度、人员和经费等长效机制,充分发挥农村河道的综合效益。2010-2011年度全市计划农村河道清淤215km,其中铜陵县168.822km、郊区33km、狮子山区13km,12月初全面开工建设。

【长江铜陵河段综合治理项目前期工作】 2009年6月,《长江铜陵河段南夹江汊道综合治理研究报告》通过专家审查,顺利转入可研报告编制阶段。8月可研阶段工作合同签订。2010年元月,完成环境影响评价公众参与意见调查,3月,开展该工程对铜陵淡水豚国家级自然保护区生态影响专题评价,并通过专家评审,经省环保厅上报国家环保部。12月17日,省水利厅主持召开长江铜陵河段综合治理工程可研报告技术论证会,就治理方案达成共识,为争取投资和尽早实施创造有利条件。

【重点水利工程建设】 长江铜陵河段崩岸治理工程。长江铜陵段重点崩岸治理工程护岸总长11km,总投资1.4亿元。其中灰河口元宝洲段5km,安平圩中复兴段4km,胥坝圩南江段2km。2010年3月9日,灰河口段正式开工建设,汛前主体工程完工。安平圩中复兴段、胥坝圩南江段于11月20日同时开工建设。

大型泵站更新改造工程。全面完成西联圩钟仓站、工商殿泵站和青霞路泵站三座大型排涝泵站更新改造工程。西联圩钟仓站总装机3000kW,设计流量32m^3/s,批复总投资2600万元。建设内容主要包括排涝进水闸、前池、泵房、压力汇水箱、排涝控制段及穿堤出水涵洞等。汛前该泵站主体工程完工并正式发挥效益。工商殿站总装机1250kW,设计流量12.4m^3/s,批复总投资996万元(中央预算内投资498万元、地方配套498万元)。泵房主体工程4月底完工,2010年汛期正式发挥效益。青霞路泵站总装机110kW,设计流量1.2m^3/s,工程总投资146万元。12月份工程已经全面完工。

【市水务局领导人员】
党组书记、局长:查日华
党组成员、副局长:方海
党组成员、副局长:周根东

【县区水利部门主要领导】
铜陵县水利局局长:许长森
郊区农林水利局局长:潘百宁
狮子山区农委主任:余维国

(汪春燕)

池州市

【概况】 2010年,完成投资约4.15亿元。其中:农村饮水安全工程完成水利投资5936万元、重点小水库除险加固工程完成8306万元、列入省计划的小水库除险加固工程完成7000万元、泵站技改工程完成4965万元、中小河流治理工程完成8300万元、大板水库完成1189万元,其它涉水项目完成5760万元。

1.完成大板水库除险加固工程建设任务。东至县大板水库批复投资3444.48万元,其中中央投资2055万元,省级投资688万元,市县自筹701.48万元。根据计划安排,水库除险加固工程分两期实施,一期为大坝加固和放水隧洞加固工程,二期为溢洪道加固工程和附属设施。工程于2008年9月25日开工,2010年完成投资1189万元,年底前完成全部工程建设任务,累计完成工程量土方11.63万m^3,石方2.77万m^3,砼5938.01m^3,钢筋制安191.2t。

2.完成石台秋浦河防洪治理主体工程建设任务。省发改委批复该工程投资计划4500万元,其中新增中央投资1500万元,地方配套资金3000万元,已完成投资

4800万元和主体工程建设任务。秋浦河平天湖治理工程计划投资1500万元,其中新增中央投资500万元,地方配套资金1000万元,市政府经请示省发改委,将该项投资计划用于实施秋浦河出口赵圩段河道治理和平天湖白沙圩堤防加固两个子项目,省水利厅初设批复概算总投资分别为997万元和862万元,年内完成建设任务。

3.完成大同圩、秋江圩、七里湖圩等泵站技改工程建设。贵池区的大同圩泵站、秋江圩泵站和东至县的七里湖泵站列入国家投资计划,概算总投资约1.7亿元,总装机20410kW。贵池区大同圩泵站更新改造工程总投资5525万元,其中中央预算内投资2760万元,省财政专项1106万元,地方配套1659万元。该项目2009年下半年动工,2010年完成投资1517万元,累计完成投资5383万元,于5月底前全部投入使用。贵池区秋江圩泵站工程共分幸福、秋浦、建国、新河、木闸和新河坝6个排区,工程总投资6329万元,其中中央投资3125万元,省投资1265万元,自筹1899万元。设计拆除重建4座泵站,1座拆除重建涵箱工程,总装机6090kW。该项目2009年下半年开工,2010年完成投资1903万元,累计完成投资6329万元,4月底前完成所有工程建设内容并投入使用。东至七里湖泵站更新改造工程批复计划5145万元(其中国家专项资金2570万元),主要工程内容是七里湖站、老虎岗老站、香山站拆除重建,改造总装机7300kW。香山站、七里湖站主体工程年内完成。老虎岗泵站于2009年9月开工,2010年完成投资1545万元,累计完成投资5100万元,主体工程已完工。

4.完成水系贯通升船机主体工程建设。齐山、清溪升船机是沟通平天湖、齐山湖、清溪河三大水系旅游通道重要节点工程之一,工程主要作用是机械提升游船,实现河湖间通行。两座升船机土建工程主要有上游引航道、上游渡槽、承船室、下渡槽、下游引航道组成。齐山升船机兼顾防洪,升船机承船室左侧建有溢流堰、泄洪闸等水工建筑物。承船室采用整体式钢筋混凝土"U"型结构,两侧墙采用空厢结构,总长度31.8m,承船室有效宽度8.8m,承船室上、下游分别建有上、下游渡槽和导航段。承船厢为金属结构,厢室长30m,船厢最大宽度8.6m,厢内有效通航净宽7.08m。机电控制系统供电采用双回路双电源供电,升船机运行采用PLC监控系统。该项工程在国内水利工程建设中尚属首创。两座升船机总投资5760万元,工程于2010年2月6日开工,年底前,完成两座升船机全部建设任务,并进行试运行。

【农村水利】 1.完成了农村饮水安全工程建设任务。编制《池州市农村饮水安全工程"十二五"规划》,规划解决62.48万人农村人口饮水安全问题;开展《池州市2010-2013年农村饮水安全工程规划》复查工作,确定本市仍然存在的农村饮水不安全人数、范围及问题的类型;对2005-2010年农村饮水安全工程进行全面总结,完成2009年以前实施的农村饮水安全工程项目验收工作;组织开展水利民生工程"回头看"工作,形成自查报告上报省水利厅和市民生办。2010年省政府与市政府签订的民生工程责任书,确定本市2010年解决12.78万农村人口饮水安全工程目标任务,其中2009年度已组织实施6.69万人,另有6.09万人的实施方案已于2010年4月底批复,2010年5月全面开工建设。年底前完成全部工程年度建设任务,完成总投资5936万元。

2.完成2009年在建的50座小水库除险加固主体工程建设任务。开工建设57座小水库除险加固工程。2009年列入省计划的31座小(二)型水库全部工程建设任务年底已完成,完成投资2500万元;2009年实施的19座重点小水库,总投资13474万元(中央投资4350万元、省级投资1770万元、市县自筹投资7354万元),年底前完成全部工程施工任务,完成投资7354万元。

计划新开工的53座小(二)型水库,汛前相继完成水库大坝安全评估和初步设计工作,从9月起全面开工建设;另外2010年争取安排新一轮小(一)型水库4座,中央投资每座450万元,其余自筹,年内全部开工建设,已完成投资952万元;小型水库除险加固工程本年累计开工57座,超额完成年度目标任务。

3.完成青阳县小型农田建设补助项目建设任务。补助项目包括陵阳和蓉城镇的姚圩两个项目区。建设内容为衬砌灌溉渠道、排灌结合沟渠护砌、排水沟护砌、排水沟开挖、维修加固挡水坝、整修加固大山塘、新建机耕路、机耕桥、沟渠穿路涵分水闸、护岸。姚圩项目区建设包括:姚圩电排站更新改造(55*2kW机组)、姚圩北闸加固和分桥北闸加固。两项工程总投资525万元,其中:中央财政补助资金200万元、省级财政补助资金100万元、县级财政补助100万元、受益群众自筹125万元。该项目于2010年10月18日省水利厅、财政厅皖水农〔2010〕387号文件批复,11月15日在青阳县完成招投标工作,11月25日正式开工建设,年内完成全部建设任务。

【防汛抗旱】 4月下旬,组织检查组对全市防汛责任制落实、水利在建工程、山洪灾害应急预案编制工作情况等汛前准备工作进行重点检查，完成《池州市2010年汛前检查报告》，对检查中发现的问题，提出处理意见。5月初召开全市防汛工作会议。落实407座中小水库及水电站防汛行政责任人、防汛指挥调度权限、汛期调度运用计划和防洪抢险应急预案的“四项制度建设”。及时审查批复2座中型水库和11座重要小(一)型水库汛期控制运用计划、在建工程度汛方案；对市防汛抗旱应急服务支队组成人员进行调整。各级防汛抢险队伍完成人员登记造册，储备必要的防汛抢险器材，并进行业务培训。5月中旬至6月初，市、县各级防汛抢险专业队、民工队与军分区、武警、消防、国土、水利等单位和当地群众4000多人，先后进行5次多种形式的培训和演练，6月6日，在《池州日报》上公布市级领导分工及74处重要防洪工程防汛责任人名单。对15个万亩圩口、2座中型水库和池州城区、黄湓闸等19个重点防洪工程实行由19个市直单位联系防汛工作。市防指办在主汛期对防汛值班情况进行6次抽查。加强防汛抗旱信息收集、分析、上报、宣传报道工作，编发简报20期、上报相关信息30条。实行小型水库汛期值班检查记录卡制度；创新“点对点”调度方法，在“7.8”洪灾中取得实效。2010年7月中下旬境内遭遇长江洪水、局部山区特大洪水、升金湖等湖区、圩区洪涝三重袭击，长江水位7月18日最高15.30m，为1999年以来最高水位，超警戒0.30m。7月8—16日，境内普降特大暴雨，过程降雨最大的梅村站达688mm，为当年全省之最、池州有气象记录以来最大值。升金湖黄湓河口发生超历史的17.50m高水位，下游黄湓闸上水位也达16.57m，超警戒水位1.57m；平天湖最高水位为7月13日13.37m，超警戒0.37m，为1999年以来最高。针对复杂汛情，市防汛指挥部超前谋划，科学调度水利工程，水库调节洪水6500万m^3，闸站排洪排涝2.3亿m^3，全市上下，军民团结，奋勇抗洪，取得人员无伤亡、5000亩以上圩口无溃破、水库江堤城防无大险情的重大胜利。

【水行政执法】 开展以江砂禁采执法为重点的水行政执法活动，对所辖江段集中进行清江50多次，拆除小型吸砂设备145台套；在主汛期前及时开展全市河道堤防专项执法检查，对危害河道行洪安全的行为深入现场进行督查。全年共查处水事违法案件(不含长江河道采砂)15件，调解水事纠纷8起，维护水事活动正常秩序。

结合“世界水日”、“中国水周”和省水法宣传月，全面部署2010年全市“水法宣传月”活动，在池州电视台黄金播放时间连续一个月播出水法宣传字幕；水务局主要负责人在池州日报发表署名文章；在市水务局、水管单位办公场所悬挂120多条水法宣传标语；在贵池区桃园小区联合举办法律进社区活动；12.4全国法制日期间，走上街头设置水法宣传台，散发水法规宣传册。

对市人大、政协二届五次会议40余件部署要求主办、协办的建议和政协提案，依照规范程序按时将办理结果报送市政府、市人大、市政协、主办单位及代表本人，受到市政府办、市人大、市政府的肯定。

积极服务境内的济祁高速池州长江大桥及其连接线秋浦河特大桥、池州迎宾大道九华河特大桥、池州江口港区铁路专用线丰收圩特大桥工程及马衙河特大桥工程，并且做好包括池州市贵池区乌沙船舶工业园三个船舶基地(中远船舶基地、安徽金朝造船基地、瑞洋船舶修造基地)、池州江口水厂、池州大渡口经济开发区(石台工业园区)供水工程等16项重点工程涉水事务的报批及审批工作，为池州重点工程顺利开工建设做出积极贡献。参与池州境内长江岸线开发利用、规划审查工作，并提出一些建设性意见。组织审查池州市贵池区内河采砂规划，在全省率先完成了内河采砂规划编制工作。

【水资源管理】 全市共审验取水户1058户，取水量12.7亿m^3；结合取水许可证年审，检查城区取水户计量安装设施，并责令及时修复问题计量设施；加大对城区取水户及受委托单位取水许可监管工作，检查取水许可户的循环装置、节水设施、管网情况及退水情况，督促搬迁新址的取水户及时上报取水许可有关登记资料。组织编制池州市水功能区划；对铜陵有色池州铅锌矿有限公司、石台大岳岭水电站、大渡口经济开发区供水工程进行水资源论证。

规范农村自来水企业运营管理。召开村镇供水工作座谈会，依据《池州市村镇供水管理暂行办法》明晰各部门职责；对村镇供水企业供水安全进行管理分类监督村镇供水管理工作。制定《池州市村镇供水安全管理分类及年检办法》，对全市70个村镇供水企业进行安全管理分类。根据分类结果，市水务局、卫生局、环保局联合对贵池区、东至县、石台县、青阳县、九华山等县区的供水企业安全管理分类工作进行督查，并现场考核打分，现场反馈整改意见。以市政协二届五次会议王增祥委员提出的“切实保障农村生活饮用水安全”提案为契机，推进县区村镇供水管理，各县区水务局积极申请成立村镇供水管理机构,其中东至县和贵池区年底前已获批准;各县区根据《池州市村镇供水管理暂行办法》加大村镇供水的监督管理。加强农村饮水安全项目管理信息系统建设,各县区已进行录入系统建设。讨论通过《池州市村镇供水管理联席会议制度》,为村镇供水的齐抓共管建立沟通合作平台。办理五次涉及村镇供水市长热线,针对所反映的情况,都作详细答复。

【水工程管理】 严格实行工程管理"四制";坚持工程质量"一票否决",层层落实工程质量责任制,实行工程质量终身负责制。对在建的水库除险加固、泵站技改、水利血防、水电站等40多个工程项目进行质量和安全生产监督;及时办理质量监督手续,对工程项目划分进行核定,督促各参建单位建立健全质量保证体系和安全保障体系,规范各参建单位的质量管理行为,促进质量标准强制性条文落实执行,及时检查地基处理、重点隐蔽工程、关键工序、分部工程质量检查验收情况;对25座小(一)型水库除险加固工程和石台新华电站工程投入使用进行验收,并出具工程质量评定报告;开展在建水利工程质量专项检查,督促参建单位及时整改、落实到位被查出的质量问题。及时筹集与拨付水利建设资金,保证工程建设用款。资金管理做到与工程建设的决策权、执行权和监督权既适度分离、相互制约,又相互协商、互相配合。对大板水库除险加固等工程进行竣工验收审计。

对局属有关单位签订"2010年度安全生产目标管理责任书"。对储运站、城防处以及在建工程的建设进行9次安全检查,推进"三项活动"的顺利开展。2010年安全生产整体形势良好,水利职工、水利在建工程及水利设施未发生重大安全事故。

【水利前期工作】 完成"十二五"水利发展规划编制工作。编制《皖江城市带承接产业转移池州市集中区水系控制性规划》、完成《平天湖防洪工程可行性研究报告》和初步设计工作。开展联丰圩、广丰圩大中型泵站技改前期工作,拟新建改建泵站9处总装机1.18万kW,投资1.3亿元。编制《池州市中小河流治理规划》并经市政府批准实施,《规划》对全市流域面积在200km^{2}以上中小河流实施河道拓宽、清淤疏竣,堤岸护砌加固,清除违章建筑,水土保持等工程措施,治理重点项目81个,防洪保护县城5处、乡镇36个、人口101万人、农田19万hm^2。编制《池州市水毁水利设施灾后恢复重建规划》,重点项目11个,总投资6.48亿元。编制《池州市新增小型水库除险加固规划》,拟用三年时间对四岭等13座小(一)型水库进行除险加固,工程总投资6500多万元。完成《秋浦河支流白洋河出口治理一期工程初步设计》、《青通河治理一期工程初步设计》、《九华河柯村段防洪治理工程初步设计》、尧渡河防洪等灾后重建项目初步设计、马衙等4座新一轮重点小型水库除险加固工程初步设计。完成2009—2020年农田水利规划。组织编制贵池梅街、石台黄溢河水利血防工程可研报告。

【重大活动】 10月20日全国中小河流现场会参观池州市清溪河综合治理工程和绣春河河道整治工程。水利部副部长矫勇、副省长赵树丛、水利部计划司司长周学文、省水利厅厅长纪冰、副厅长蔡建平及池州市党、政主要负责人参加现场会。

【水利简况】 1.自然地理及行政。池州市位于安徽省西南部,东南紧依黄山山脉与九华山山脉结合地带,北西濒临长江。辖贵池区、东至县、石台县、青阳县和九华山风景区管委会。全市土地总面积8271.7km^2,其中湖泊面积323.1km^2,圩区面积1169.2km^2,丘陵区面积1525.0km^2,山区面积5229.1km^2,长江外滩25.3km^2。全市总人口为159.9万人,耕地面积8.1万hm^2。

2.江、河、湖泊。长江干流自西南向东北流经本市162km,大通站(梅埂)多年平均径流量9000亿m^3,平均流量29100m^3/s。最大流量发生在1954年8月,为92600m^3/s,最小流量发生在1979年1月,为4620m^3/s。

境内十大河流均为长江流域,其中直接入江的河流6条,流入青弋江的3条,流入鄱阳湖的1条。7条主要河流(龙泉、尧渡、黄湓、秋浦、白洋、九华、大通)集水面积7389km^2,占本市总面积的88.3%。除龙泉河流入江西鄱阳湖外,其余均流入长江。

3.水利工程。主要为江河湖堤防、涵闸、机电排灌站、水库、水电站和塘坝、塥堰等。保护面积100亩以上的堤防171处,总长569km,保护耕地5.8万hm^2,人口78万人,其中:万亩以上圩口15处,千亩至万亩圩口63处,百亩至千亩圩口93处,保护耕地总面积分别为4.3万hm^2、1.2万hm^2、0.27万hm^2。最大圩口为秋江圩,保护人口15.4万人、耕地1.3万hm^2。另外,尚有外滩小圩23处,堤长40.5km,保护人口1.1万人、耕地面积100hm^2。沿江万亩以上圩口12座,干支堤防总长182.59km,保护耕地4万hm^2,保护人口64万人。涵闸186座,其中长江干支堤防涵闸56座(大型1座:东流新闸;中型2座:黄湓闸、下清溪闸;小型53座),其它堤防涵闸130座。固定机电排灌站943处,装机1517台82618kW,排灌面积约7.07hm²。圩区排涝标准一般为7—10年一遇,池州市区和县城排涝标准为10—20年一遇,有效排灌面积达80%。中小型水库377座,总库容2.72亿m³,兴利库容1.76亿m³,灌溉面积2.3万hm²。其中中型水库3座,总库容5971万m³,兴利库容3794万m³,灌溉面积0.8万hm²。1976年以前建成的水库333座,占现有水库总数的88%。另有塘坝26553处,有效蓄水量超过1.37亿m³。全市河流水能资源理论蕴藏量为14.33万kW,其中可开发利用量6.28万kW。已建小水电站52处,装机115台3.6万kW,占可开发利用的57%,年发电量9636万度。装机容量最大的发电站为牛桥水库发电站,装机2台3200kW。

【市水务局机构、人员】 市水务局内设办公室(政策法规科)、水资源管理科、计划基建科、水利管理科(水土保持办公室)、水利经济科、人事教育科等6个职能科室。行政机关人员23名。其中:局长1名,副局长4名(其中1名副局长兼市防汛抗旱指挥部办公室主任),总工程师1名,副调研员2名;科级干部及机关办事人员10名。机关后勤行政管理服务人员6名。

局直属单位有:池州防汛抗旱指挥部办公室(参公单位),池州长江河道管理处(长江河道采砂管理局),池州市水利工程质量监督站,池州水利勘察设计院,池州村镇供水管理办公室,池州水政监察支队,池州机电排灌管理站,城市防洪管理处,黄溢闸管理所,池州水电工程公司。

【市水务局领导人员】

党组书记局长:左玉生

防办主任副局长:郝方清

副局长:孙光敏

纪检组长、副局长:刘希富

副局长:彭文季

总工程师:陈新春

【县区水务局主要领导】

贵池区水务局局长:鲍晓龙

东至县水务局局长:朱德义

石台县水务局局长:曹文华

青阳县水务局局长:鲁来源

九华山农村工作局局长:马生福

(刘传根)

安庆市

【概况】 2010年,争取水利基建投资80631万元,完成水利基建投资超过5.08亿元。开展农田水利基本建设,累计投入工日56.7万个,出动机械台班27.6万个,完成土石方3553万m³,达计划数的111%,完成投资10.84亿元,创历史新高;累计修复水毁工程12152处,加高加固堤防342km,改造泵站75座,疏浚河道239km,清淤沟渠1093km,治理水土流失面积107km²,建设村镇供水工程220处,新增蓄水能力552万m³,解决农村饮水不安全人口25.6万人。加强重大水利前期工作,下浒山水库项目获国家发改委批准,(发改农经〔2010〕2577号),原则同意下浒山水库工程项目建议书,按照2008年11月价格水平,工程总投资暂定为59812万元。《太湖县安乐河、冶溪河、店前河、南阳河编制采砂规划》作为安庆市第一个采砂规划通过审查。启动可研报告及灌区工程等前期工作;编制完成《安庆市"十二五"水利发展规划》(初稿)、《华阳河蓄滞洪区安全建设规划》、《枞阳县陈瑶湖、白荡湖流域综合规划》、《宿松县二郎河防洪规划》、《大观区海口镇防洪规划》、《安庆市小(1)型病险水库除险加固规划》、《全市中小河流治理规划》、《大沙河、泥塘沟等主要河流的灾后重建实施方案》;完成红旗水库灌区、钓鱼台水库灌区节水改造项目可研上报;启动安庆市防洪规划(修编)、太湖县城防洪规划、沿江圩垸整治方案编制工作。开展水法宣传活动,提高社会群众水法意识。开展水资源管理工作,完成《水资源状况评价和公报》、《安庆市水功能区划》编报和《桐城市新渡镇范岗镇供水工程水资源论证报告书》、《岳西县城供水工程水资源论证报告书》审批工作。依法开展水利执法,查处水事案件187起,调处水事纠纷25件。加强河道采砂监管,在合法有序开发江、河砂石资源的同时,对非法采砂保持严惩态势;汛期组织全市内河"禁采"新闻督查,取得较好效果。开展河道工程修建维护管理费征收标工作,市本级依法征收水利规费1302万元。加强水土保持执法监督,对六潜高速公路岳潜段、安庆港华天然气利用、川气东送等工程水土保持工作执行情况进行检查。投入防汛抗洪,成功防御7·8暴雨和7·13特大暴雨,市防汛抗旱指挥部办公室被授予"全国防汛抗旱先进集体"荣誉称号,市水利局、市防汛抗旱指挥部办公室获"全市防汛抗洪先进集体"表彰。配合省水利厅开展"干部进镇村活动"。开展党风廉政建设,召开全系统党风廉政建设工作会议,组织干部职工到九成监狱接受警示教育。开展水文化建设,组织职工新春联欢、乒乓球锦标赛、职工子女暑期夏令营活动和职工参观考察活动。

【重点水利基建】 争取水利基建投资80631万元(含2009年

结转投资18986万元),其中,病险水库除险加固工程28452万元,农村饮水安全投资计划12316万元,中小河流治理14270万元,江河治理(6个灾后重建项目)14280万元,沿江排涝泵站新建及更新改造、水利血防、水土保持、灌区续建配套与节水改造等其它工程投资11313亿元。至2010年12月底,完成投资50807万元,占总投资的63%。

水库除险加固工程,花凉亭水库除险加固工程完成蓄水安全鉴定及主体工程投入使用验收;8座中型水库除险加固工程中,桐城境主庙、太湖方洲、宿松钓鱼台、潜山红旗4座通过竣工验收,桐城牯牛背和潜山长春、枞阳马鞍山、怀宁观音洞完成投入使用验收;30座重点小型水库除险加固工程亦完成投入使用验收;2010年实施的9座新一轮重点小型水库除险加固中7座已开工建设。

农村饮水安全工程,完工214处,解决年度25.6万农村人口饮水安全问题;对2009年度49.4万农村人口饮水安全工程项目进行市级验收。

灾后重建工程,共实施桐城市大沙河流域治理、怀宁县高河大河河道综合治理、怀宁县泥塘沟治理、望江县泥塘沟治理、太湖县长河治理及宿松县北浴河治理等6个项目。

灌区节水改造工程,花凉亭灌区北干8+050~12+500、12+500~16+500、总干刘湾岭段3个除险加固工程及麻塘湖水库灌区节水改造项目已开工建设。

水土保持综合治理工程,项目涉及桐城市、怀宁、潜山、岳西、宿松及宜秀等6个县(市)区,均已招标,部分项目已完工。

水利血防工程,怀宁县白洋湖圩水利血防工程基本完工。

【中小河流治理工程】 实施的中小河流治理工程有6项,批准概算14270万元,其中:中央10450万元,省级1910万元,地方自筹1910万元。

枞阳县长河上段防洪工程。总投资2570万元(中央2056万元,省级257万元,自筹257万元),工程分两期进行,一期工程主要内容为防洪墙加固工程,即防洪墙迎水侧现浇30㎝厚防渗钢筋混凝土结构并将墙顶加高至17.85m高程,与浆砌石墙锚固,墙顶加设仿汉白玉栏杆;拆除11.0~15.0m高程原砌石护坡,用于抛石,从8.0~15.0m高程新做干砌石护坡;外河侧深槽(从8.0m设计枯水位以下至深泓)进行抛石固脚;老防洪墙上5座道口闸拆除重建,配置钢闸门;7座穿墙排污涵出口拆除重建。工程于3月16日开工。二期工程主要内容即莲花湖泵站建设:长河左堤长江路段外侧,在14.0m高程位置设12.0m宽平台,平台及以上设砼预制框格(框格内种植草皮)进行护砌,平台脚以下至设计枯水位(8.0m)以上干砌块石护坡,外河侧深槽局部抛石固脚;拆除莲花湖闸,与莲花湖站合并重建,总装机396kW。10月18日开工。

宿松县二郎河孚玉镇防洪工程。批复概算总投资2430万元(中央1944万元,省级243万元,自筹243万元)。建设内容为:105国道桥~赵畈新堤和赵畈新堤段2615m堤防达标、迎水侧砼护坡、堤身锥探灌浆及堤顶砼防汛公路,内堤脚抛石护岸600m,堤对岸切滩350m,堤后填塘和管理设施等。工程于3月开工。

望江县泥塘沟河上段防洪工程。批复概算总投资2550万元(中央2040万元,省级255万元,自筹255万元)。实施的主要内容有:10+500~15+800段河道清障,左岸五联圩5.3km堤防达标并新建砼防汛道路,五联圩大坝新坝渡槽(10+500)至杨湖电站(14+280)3.78km锥探灌浆,右岸6.925km堤防达标加固,4座涵闸、9座泵站拆建或加固,拆建跨河交通桥1座、新建跨河人行桥1座、高排沟机耕桥4座。工程于12月22日开工。

安庆市二石河及石门湖水系宜秀区农场圩段河道治理工程。概算投资2400万元(中央1440万元,省级480万元,自筹480万元),土方46万m^3、石方14万m^3。于2010年11月26日开工。

桐城市大沙河人形河段郑圩防洪工程。概算投资2430万元(其中:中央1458万元,省级486万元,自筹486万元),全长3km,主要工程内容为护坡、护岸、堤顶防汛道路、2座穿堤涵闸等。工程于10月1日开工。

潜山县潜水左岸六公堤上段堤防加固工程。总投资1890万元(中央1512万元,省级189万元,配套189万元)。该工程本期加固堤防3km,主要建设内容为:堤身加培与块石护岸3km,5m宽防汛公路3.5km。工程于10月16日开工。

【回良玉副总理视察安庆防汛抗洪工作】 17日下午,中共中央政治局委员、国务院副总理、国家防汛抗旱总指挥部总指挥回良玉深入安庆市检查指导防汛抗灾工作,省委书记张宝顺、省长王三运、水利部部长陈雷、国务院副秘书长丁学东,省委常委、副省长赵树丛,省委常委、秘书长詹夏来,省军区司令员许伟少将,市委书记朱读稳,市长肖超英陪同。回良玉赶赴怀宁县雷埠乡泥塘沟河石牌段,改乘冲锋舟,登上西大堤,实地察看了管涌险情抢险情况。

【暴雨洪灾及抗灾行动】 7月8日至13日,全市出现大范围、持续性强降雨,累计降雨量超过250mm的有74个站点,其中超过500mm的有11个站点,累计雨量最大值出现在安庆站为652mm;安庆站连续6天累计雨量为60年气象历史记录之最,占到年均雨量的近1/2。外洪内涝“两面夹击”。汛期,本市长江干流长时间处于高水位,其中超设防水位40多天,特别是两度超警戒水位达28天。受长江水位居高顶托的影响,由于缺乏大型对江排涝站的制约,沿江湖泊遭遇强降雨之后,水位迅猛上涨,形成“关门淹”的局面,内河内湖堤防险情不断。灾情险情频频发生。7月8日暴雨,泥塘沟河水位暴涨,怀宁县、望江县沿河圩口全线告急,多处出现塌方、渗漏、跌窝、漫顶等重大险情。7月10日,大沙河桐城段八处溃破;沿江湖泊普遍超安全水位。7月13日凌晨5时到17时,安庆市区日降雨量达301mm,超百年一遇,大面积积水,交通几近瘫痪,五个居民小区进水,花亭小区积水最深达3m。据统计,全市受灾人口337万人,受灾农作物面积19.94万hm^2,直接经济损失36.6亿元,其中,水利设施直接经济损失6.37亿元。

组织协调。水利、气象、水文、防汛等部门会商联动,市防指及时发布防汛预警2次,启动应急响应3次,工程调度令25个,发出防御强降雨和突发汛情通知17个。汛前,市防指全面署防汛抗旱准备工作,作出防汛责任分工安排,市级领导干部分别深入责任区域,摸排情况,督促指导。检查组深入各地,对查出的264处主要险工险段和隐患工程及时处理;对病险水库除险加固等在建工程,适时下达建设和防汛目标任务书,实行一库一策,科学制定计划。

防汛保障。全市安排防汛经费1000多万元,及时补充防汛物资,储备抢险设备,调查登记防汛车辆船只。市、两县级组建防汛抢险、防汛抗旱队伍21支1818人,落实防汛民工21万多人,建立乡级防汛抗旱应急队伍,普遍建立村级防汛抗旱机动抢险队;开展各类防汛演42场。加强防汛工程调度措施技术研究,完善工程调度办法,编印防汛手册,加强水利信息化建设,全市水利地理信息综合应用系统和岳西县防御山洪预警系统发挥了重要作用。基本形成以总体预案为核心、专项预案为补充、单项方案为基础的应急预案体系。全市各级各部门服从大局,主动参与,全力配合。防汛资金下拨及时,查、核、救灾工作认真到位,防汛抢险、救灾运输保障畅通,确保防汛电力供给、灾区防疫和医疗救助,灾后生产自救开展迅速,新闻宣传、发布预警信息迅捷,市场供应保障有力等。全力抢险救灾,最大限度地减少灾害损失。

【十一五水利建设成就】 水利基础设施建设。共投入水利建设资金31.2亿元,较十五期间的19亿元增加64%,其中水利基建投资17.75亿元,较十五期间的16.9亿元增加10.9%,农田水利及小水电资金13.45亿元,较十五期间增加了6.4倍。相继实施3个县城市防洪,2条中小河流治理,1座大型、8座中型、183座小型病险水库除险加固,111.3万人饮水安全,1座泵站新建、3座泵站更新,1座大型、2座中型灌区改造,43座小水电站,以及平垸行洪、水利血防等工程。

水利前期工作。完成皖河流域综合规划,枞阳县陈瑶湖、白荡湖流域综合规划、宿松县二郎河防洪规划、宿松县城及安庆市北部新城防洪规划,中小河流治理规划,抗旱规划、安庆市东部新区水系规划,大中型水闸除险加固规划;完成中、小型水库安全鉴定、大中型泵站安全鉴定;完成下浒山水库、麻塘湖水库灌区、红旗水库灌区、水利血防等项目可行性研究报告,为“十二五”期间积极争取国家投资,加快水利基础设施建设打下良好基础。

水利信息化建设。建成安庆市防汛抗旱指挥中心信息系统,市县两级的视频会议系统,安庆水利工程远程视频监控系统(一期),皖河、破罡闸水雨情自动测报系统,开发市水利局网络协同办公系统,防汛PDA综合应用系统,市水利地理信息综合应用系统,对水利信息网站进行改版。岳西县建成山洪灾害防治监测预警系统。

生态水利建设。累计治理水土流失面积超过400km^2,水土流失面积从上世纪90年代初5530km^2下降到现在的3725km^2;潜山、岳西、太湖三县被水利部和财政部批准为国家水土保持重点县。划定水功能区,开展供水源地保护工作;开展入河排污口的调查,设置水质监测点,定期发布水质建成公报,初步建立水污染监测体系。

【灾后反思】 针对大沙河桐城段连续两年发生溃破的情况,起草《桐城大沙河流域治理工作思路》,提出实施大沙河流域综合治理,尽快开工建设大沙河控制性工程——下浒山水库等对策;针对东部新城区排涝工程管理体制不顺问题,形成《广济圩排涝工程调研报告》,提出理顺管理体制、保障排涝经费、制定调度运用办法等具体措施;针对水利工程严重水毁的实际情况,市防指科学编制《安庆市水毁水利工程修复工作方案》,按照“先生活、后生产,先简单、后标准,先重点、后一般”的原则,对影响防洪、排涝、人饮及灌溉安全的三类重点水毁工程优先进行应急修复。

【岳西、太湖、潜山三县通过“十一五”水电农村电气化达标验收】 11月25—26日,岳西、太湖、潜山三县通过“十一五”水电农村电气化达标验收。

达标年,岳西县已建成水电站141处,总装机113540kW,年发电量3.76亿kWh,在建水电站2处7500kW;拥有110kV变电站1处容量90000kVA,35kV变电站10处91200kVA,10kV配电台区1246个共136783kVA,拥有110kV输电线路12.18km,35kV输电线路216.76km,10kV配电线路1488.46km,0.4kV线路2181km。

达标年,太湖县已建成水电站50处,总装机66746kW,年发电量1.96亿kWh;拥有110kV变电站2处容量121500kVA,110kV线路55km;35kV变电站12处79900kVA,35kV输电线路126.58km;10kV配电台区1772个共144270kVA,10kV配电线路1428km;0.4kV线路7088km。

达标年,潜山县已建成水电站63处,总装机49673kW,年发电量1.3亿kWh;拥有220kV变电站1处,容量50000kVA;110kV变电站1处容量81500kVA,110kV线路89km;35kV变电站8处80700kVA,拥有35kV输电线路120km;10kV配电台区1968个共220000kVA,10kV配电线路1732km。

【市水利局领导人员】

局党组书记、局长,市防汛办主任:王建国

局党组副书记、副局长,调研员:唐正根

局党组成员、副局长:查学年

局党组成员、副局长、机关党委书记:吴增龙

局党组成员、副局长:陈晓阳

局党组成员、副局长:王高林

局党组成员、纪检组长:李虹

局党组成员、市防汛办专职副主任:周进

局党组成员、总工程师:周应虎(1月由副总工升任)

【县(市)区水利局主要领导】

迎江区水利局局长:汪辉明

大观区水利局局长:龚少平

宜秀区水利局局长:王磊

宜秀区水利局党组书记:苏德蓉(3月从区大桥办事处副书记升任)

桐城市水利局局长:张文胜

桐城市水利局党组书记:阮子海

枞阳县水利局局长:黄志斌

枞阳县水利局党组书记:周世久

怀宁县水利局局长:朱黄杰

怀宁县水利局党组书记:许喜华

潜山县水利局局长:胡国节

潜山县水利局党组书记:邵竹山

岳西县水利局局长:王英淼

太湖县水利局局长:袁敏慧

太湖县水利局党组书记:范良琦(7月由县委党校常务副校长调任)

望江县水利局局长:聂华(2月调任县农委书记)

望江县水利局局长:刘宝元(2月由县水利局党组书记改任局长)

望江县水利局党组书记:吴大兆(2月由县人社局党组书记调任)

宿松县党组书记、水利局局长:沈金明

(唐正根 王宏志)

黄山市

【概况】 1.民生工程。新建饮水工程169处,全部完工,工程总投资3375万元,投资完成率100%。解决6.8万人饮水安全任务。全市饮水安全覆盖率在全省率先达到100%,首个通过省水利厅2008-2009年度农村饮水安全民生工程验收。

列入2009年度除险加固计划的30座小型水库,已全部开工建设,2010年9月竣工验收。列入2010年度除险加固计划的29座小型水库,于2010年1月、4月、8月分别完成安全评估及复核,初步设计及审批,施工图设计、施工图审查及工程招投标工作,9月初已全部开工建设。

2.农田水利基本建设。共完成土石方500.3万m^3,占计划的112%,投入大中型机械7.04万台班,累计投入各种资金达2.29亿元,水利兴修工程4831处,新建灌溉机井1000眼,修复水毁工程1688处,新增恢复灌溉面积0.71万亩,改善灌溉面积3.21万亩,新增旱涝保收面积1.82万亩,新增节水灌溉面积0.71万亩,改造机电灌站50座,新建蓄水池500个。

3.中小河流治理及其它农村水利。中小河流治理祁门大洪水和歙县杨之河两项工程开工建设。开展全市“十一五”水电农村电气化县验收工作,年底前完成达标验收。水利血防、民办公助、河道清淤等面上工程同步开展。完成90km^{2}水土流失综合治理,完成投资1000万元。国家计划5座重点小型水库中流源、郎口、佛子岭3座水库已完成竣工验收,丰乐二坝完成竣工验收,新丰水库完成单位工程投入使用验收。

4.工程管理。着重抓建设与运行管理,严格执行“四制”,加强安全生产工作,确保无质量和安全事故。先后印发《关于加强水利水电重点项目水土保持工作的通知》、《黄山市县(区)级农村饮水安全应急预案(试用)》;组织各区县对500-2500kW电站进行分类管理,做好农村水电站安全管理;建立水利工程施工安全生产

监管体系,确保工程进度和安全;市和区县水利部门开展农村饮水安全、病险水库除险加固工程建设管理培训会。各地生产一些典型和亮点,如:徽州区财政每年为每座小(一)型水库安排2000元管护经费,为每座小(二)型水库安排1000元管护经费;休宁县制定《农村饮水安全工程年度验收办法》,县政府将工程年度验收考评结果计入对各乡镇民生考核的总分;歙县水利局实行"查、挂、奖"推进农村饮水安全项目建设;徽州区采用地埋式蓄水池、消毒水和管道水双流注池方式等措施,提高水质安全度;歙县北岸供水工程建水质化验室;祁门县建立水利工程现场安全生产措施审查备案制。深化水利工程管理体制改革,着力落实"两费",人员经费100%到位,维修养护经费也得到各级财政支持。

5. 防汛抗旱。及时组织调整、充实市及各区县、各乡镇、各重点水利工程防汛责任人和联系方式;突出病险水库、水电站、屋顶当家塘等重点开展检查,并落实责任人、紧急措施和抢险物质;汛前通过兴修对蓄水工程进行维护,各地结合实际组织开展防汛抢险演练,提高实战能力;组织各区县编制山洪灾害防治方案,屯溪区、休宁县、祁门县3个区县的方案已通过省级评审,并争取到国家投资,对市级防汛信息化系统进行改造,增加音视频矩阵,将原先的宽带线路调整为光纤专线,提高声音、图像的传输质量,增强系统的稳定性;汛前调试预警预报等信息化设备,发布雨水情等信息;汛中通过水利工程调度调控洪水,研究防范对策;汛后及时开展查灾、核灾,编制完成《2010年水利灾后重建应急工程实施方案》和《水毁水利工程修复总体方案》并向上级汇报,争取防汛救灾工作经费,省下达本市200万度农业抗灾用电指标,下达应急度汛资金300万元,特大防汛经费200多万元。8月份干旱时期,各灌区及时开闸放水,丰乐、东方红灌区累计放水灌溉1720万 m^3,灌溉农田1.03万 hm^2 次,万安坝灌区开展渠道清淤和渠系恢复,积极引水灌溉。

6. 规划编制与项目争取。新安江延伸段湖边至花山段河道防洪治理项目新争取到中央预算内投资计划2000万元,该项目投资计划已累计下达9020万元,其中中央预算内投资3600万元;有8座水库被列入新一轮国家规划内小型病险水库除险加固工程,已争取到中央专项补助资金1350万元;屯溪区、休宁县、祁门县山洪灾害防治非工程措施建设实施方案通过省级审查,新争取到国家第一批投资计划;黟县农业综合开发东方红水库中型灌区节水配套改造项目实施计划获水利部、国家农业综合开发办公室联合批复,争取到中央财政资金990万元、地方财政资金495万元;歙县被省水利厅列入全省小农水专项县,补助资金300万元;争取到蓝水河、龙船滩2个以电代燃生态保护项目和1个农网改造项目,中央预算内投资410万元。七是争取到应急度汛项目300多万元,特大防汛经费200多万元。

《十二五水利发展规划》编制完成。制定《黄山市"十二五"水利发展规划编制工作方案》;形成《黄山市"十二五"水利发展规划思路报告》和《黄山市"十二五"水利发展规划编制大纲目录》,部署开展15个专题的"十一五"水利发展规划评估、"十二五"分项规划编制;围绕现代国际旅游城市建设和"四区建设"的要求,确定项目谋划的重点方向,初步确定四类四十八大项计123个项目作为"十二五"水利发展规划的项目支撑。

7. 水利执法与水资源管理。健全水利执法机构,规范执法行为,持证上岗,亮证执法,共查处水事案件60件。实行最严格的水资源管理制度,牢牢把握三条"红线",办理取水许可证240个,新取水单位均做到编制水资源论证报告书。严格执行水工程管理,强化河道管理。规范审批涉河涉水建设项目近50件,整治非法采砂户50余户,开展河道采砂专项整治工作,主要交通干线和主要旅游干线采砂点基本得到整治或取缔。加强水土保持预防监督工作,共审查开发建设项目水土保持方案62个。继续推进节水型社会建设,编制完成"十二五"节水规划。

8. 行业自身建设。先后共办理人大建议、政协提案、政风行风热线、市长热线、市民热线、民生热线、信访件共计35件。提高行政审批服务效率,明确行政审批岗位职责,建立行政审批责任追究制度,政务中心水利窗口设立首席代表。建立网上办公制度,扩大联系群众、接受监督的渠道。聘请政风行风监督员,广泛听取社会各界特别是基层群众的批评意见及工作建议;开展科级干部廉政谈话和百题知识测试活动;举办局科以上干部、局属单位班子成员参加的《廉政准则》辅导讲座;启动廉政风险防范机制建设工作;履行"三重一大"制度,自觉接受监督;开展水利工程建设领域突出问题专项治理活动,市水利局负责建设的水利项目排查率和抽查率达100%,区县负责建设的水利项目抽查率达20%;积极联动省厅开展了"万名干部进镇村"活动;开展干部职工教育培训工作,组织开展《信访条例》学习测试,组织干部职工参加全国水土保持监测网络和信息系统培训班、赴其他地市学习考察有关防汛应急处置、饮水安全工程建设和后续管理等工作。开展"水利科普"活动,扩大科技交流。财务管理、保密档案、信息宣传、志书编纂等其他工作也取得好成绩。

【市水务局职能、机构】 取消已由国务院、省政府、市政府公布取消的行政审批事项;取消指导全市水利行业综合经营工作的职责;加强水资源节约、保护和合理配置,保障城乡供水安全,促进水资源的可持续利用。加强防汛抗旱工作,减轻水旱灾害损失。

市水利局设5个内设机构:办公室、水政水资源科、规划基建科、水利水保科、财务科。局机关行政编制14名(含机关离退休人员的服务管理工作、机关工勤人员使用的行政编制)。其中:局长1名,副局长3名,总工程师1名;科级领导职数5名。

【其他事项】 水资源保护与水污染的职责分工。市水利局对水资源保护负责,市环境保护局对水环境质量和水污染防治负责。两部门要加强协调与配合,建立协商机制,定期通报水资源保护与水污染防治有关情况,协商解决有关重大问题。

河道采砂管理的职责分工。市水利局对河道采砂影响防洪安全、河势稳定、堤防安全负责,市国土资源局对保障河道内砂石资源合理开发利用负责,市交通运输局对河道采砂影响通航安全负责。由市水利局牵头,会同市国土资源局、市交通运输局等部门,负责河道采砂监督管理工作,统一编制河道采砂规划和计划。河道采砂的水上执法监管,要充分发挥交通运输部门执法机构的作用。

【重点工程建设】 1.新安江综合开发水利工程。2008年12月31日,黄山市加快建设国际旅游城市的标志性工程、"十大工程"首要项目——新安江延伸综合开发工程正式开工建设。市水利局在此项工程中承建湖边水利枢纽、花山坝工程和湖边至花山段河道治理工程两个项目。

湖边水利枢纽、花山坝总投资2.69亿元。湖边水利枢纽由230m长钢坝闸、140客位升船机、6000kW水电站组成,工程建成后将实现老街至花山迷窟的通航,中心城区将形成7100亩景观水面,为新安江延伸综合开发工程的全面实施奠定基础。花山坝由拦水坝、冲排水泵站组成,拦水坝坝型为橡胶坝,按照三级建筑物,25年一遇洪水标准设计。湖边至花山段河道治理工程是对湖边水利枢纽至花山坝之间长6.75 km的河道进行拓宽疏浚,同时进行两岸的防洪护岸和堤防建设。截至年底,湖边水利枢纽、花山坝工程累计完成建安投资约2.37亿元。过船设施控制室框架结构已施工完成,上下闸门、检修闸门安装已完成。升船机提升系统、制动系统等机械设备已基本安装就位;钢坝闸土建及闸门、液压启闭、电气设备安装基本完成,完成第一阶段蓄水调试;水电站主厂房下部土建主体工程施工完成,上、下游引水渠及附属建筑物基本施工完成。水电站厂房钢结构开始动工。花山坝拦河坝启闭设施、橡胶坝及充排水设备已安装完成;控制房主体结构施工完成;花山坝配电工程已完工,供电公司正在进行供电线路及设备检测。

湖边至花山段河道治理工程完成建安投资约4500万元。一级堤岸已完成交地部分的主体工程建设任务,新建一级堤岸总长约11.3km,新建穿堤涵3座。二级堤施工单位对已交地范围内堤线进行施工,完成约5km堤岸主体建设。

【市水利局领导人员】

局党组书记、局长:汪欣

局党组成员、调研员、副局长:叶伍华

局党组成员、副局长:方国义

局党组成员、副局长:吴惠英

局党组成员、副局长:李胜利

局党组成员、副调研员:嵇南

局党组成员、局总工程师:汪智星

【县、区水利部门主要领导】

屯溪区水利局局长:江宏

徽州区水利局局长:李德胜

黄山区水利局局长:胡新龙

歙县水利局局长:曹健

祁门县水利局局长:陈新乐

休宁县水务局局长:李辉明

黟县水利局局长:王松林

(程小草)

安庆市花凉亭灌区管理局

【概况】 安庆市花凉亭灌区总控制面积1195.9km^2,设计灌溉面积7.05万hm^2,国家大(二)型灌区。2010年,安庆市花凉亭灌区管理局根据气候等因素,6月3日开始供水灌溉,9月30日结束,历时119天。渠首进水闸引进水量5.9亿m^3,灌溉供水量1.52亿m^3,保证了灌区4.74万hm^{2}耕地适时灌溉,完成年度农业灌溉任务。

年度计费供水量5440.9411万m^3,灌区管理局应收收费121.877万元(太湖82万元,宿松7.0389万元,望江32.8381万元),年度实收水费112万元(含以前年度水费)。

5月12日,在灌区管理局召开花凉亭灌区管委会主任(扩大)会议,部署全年灌溉工作。管理局与局属四所三站签订安全生产目标责任书,全年无安全责任事故。编制完成《安庆市花凉灌区“十二五”规划》。

完成年度工程维修项目。工程管理业绩突出,渠首管理所把目标定位为“渠道标准化,设备灵活化,养护日常化,技术专业化”;毕岭管理所实行岗位责任制,渠道分片分段包干到人,明确责任,分工协作,做到事有人问,闸段有人看管。

7月8日,集岭管理所管理的太怀干渠新仓渠段境内普降暴雨,渠道出现险情,管理人员及时报告,调度安居龙泄洪闸、王家桥计量闸,抢险人员及时到达出险现场组织抢险,损失降低至最小值,获得当地政府和群众肯定,水毁工程临时维修工程等及时保质保量完成。

汪元管理所定期和不定期对渠道与建筑物进行检查,管理局采用查看巡查记录,听取管理人员汇报,现场察看,电话询问,走访沿渠群众,不定期抽查等方式,加强对工程管理人员监督。

积极组织职工参加安庆市水利局春节文艺演出、太湖县红歌赛、乒乓球比赛等文体活动。

党建工作扎实开展,局党组坚持一月一次学习制度,落实“三会一课”制度,确保党员集中教育的次数与到会率符合规定要求。2010年党总支推荐2名入党积极分子参加太湖县直工委第十八期培训班,3人列为发展对象,吸收4名同志为中共预备党员。

年末正式职工136人,比年初139人减少3人。

【多种经营】 用灌溉余水和弃水发电,局属三座水电站发电量创新高,渠首水电站发电248.55万kWh,双庙湖水电站发电309.3万kWh,集岭水电站发电796.25万kWh,累计发电1354.1万kWh,毛收入433.3万元,同比上涨7.12%;集岭水电站发电量破记录,渠首水电站对1#、2#水轮发电机组解体大修,每台机组发电出力由355kW提高至405kW,年增发电量31万kWh。

12月,举办为期半个月小水电专业知识、操作技能及各站应急预案演练为主要内容的培训班,运行人员达到“三熟”(即:熟悉设备、系统的基本原理;熟悉操作和事故处理;熟悉本岗位的规程和制度)、“三能”(即:能正确进行操作和分析运行状况;能及时发现故障和排除故障;能掌握一般的维修技能)要求。

局属禹信水利水电建安公司积极开拓市场,承建工程,年度自营项目两个,对外投标共计108个标段,中标19个项目,年签订合同总额2532.27万元,同比上涨165.79%,预计利润75万元。

新老城房屋及店面年租金计收入752487元,同比涨幅近11%,其中老城房屋租金131367元,同比上涨27.3%,新城房屋及店面租金621120元,同比提租7.8%。

【续建配套与节水改造】 完成2011年度可行性研究报告,已上报省发改委、水利厅组织审查。完成花凉亭灌区信息化管理系统实施方案上报工作,并通过安徽省水利厅组织的审查。委托安庆市水利水电规划设计院编制完成花凉亭灌区太怀干渠5+030~18+000段、太宿干渠15+100~20+100段及北干渠4+000~7+500段初步设计,上报后,获得安徽省发改委组织审查及批复。

争取到续建配套与节水改造下达计划投资4250万元,其中:中央预算内投资3400万元,地方配套850万元。完成花凉亭灌区太怀干渠5+030~18+000段等五个标段的招投标工作。

根据国家发改委下达的第二批计划,正进行太宿干渠桩号15+100~20+100段除险加固工程、北干渠桩号4+000~8+050段除险加固工程、花凉亭灌区信息化管理系统工程三个项目招标前期准备工作。

完成2009年度在建工程扫尾工作。太怀干渠桩号5+030~18+000段等五个标段正在施工。

年度各项目共完成投资2488.94万元,其中中央投资2067.94万元,地方配套资金421万元,完成工程量土方4.7万m^3,石方1.07万m^3,砼及钢筋砼1.87万m^3。

总干渠双庙湖渡槽等六座建筑物工程、姑塘支渠除险加固工程、太宿干渠桩号0+000~10+000除险加固工程等三个单项工程获得完工验收。

【水政工作】 按市政府批准的《划定安庆市花凉亭灌区水工程管理范围和保护范围的意见》,2009年埋设320根界桩,2010年按质按量预制400根界桩,界桩埋设工作在进行。依法治水工作开展的扎实有效,全年查处6起水事违法违规行为,遏制了人为侵害渠道工程行为,保证了灌区工程灌溉、施工、水利兴修和工程管理等各项工作顺利开展。

【灌区管理局负责人】

局党组书记、局长:艾应顺
局党组副书记、副局长:陈成林
局党组成员、副局长:徐曹松
局党组成员、副局长:杨胜平
局党组成员、总工程师:曹胜辉

(操立新　杨继光)

大事记

DA SHI JI

2010年度安徽水利大事记

1月

5日,水利部治淮工程执法监察工作交流会在省淠史杭管理总局召开。水利部党组成员、纪检组长董力出席会议并讲话,水利部淮委党组书记、主任钱敏,厅党组书记、厅长纪冰出席会议并致辞。

8日,省水利厅召开水利工程建设领域突出问题专项治理工作领导小组办公室主任座谈会。厅党组成员、副厅长方志宏主持会议,厅党组成员、纪检组长高玉宝讲话。

21日,全省水利工作会议在芜湖市召开。省委常委、副省长赵树丛强调,水利工作要紧紧围绕五大战略目标,全力以赴,加快发展,努力为保持全省经济社会又好又快发展、加速安徽崛起提供坚强的水利基础保障。省长助理邵国荷、省政府副秘书长程中才出席会议。厅党组书记、厅长纪冰作题为《全力推进水利科学发展为安徽加速崛起提供支撑和保障》的工作报告。厅领导蔡建平、方志宏、高玉宝、张肖、金问荣,厅副巡视员陈道敏参加会议。

26日,省水利厅召开向沈浩同志学习辅导报告会。厅党组书记、厅长纪冰作辅导报告。厅党组成员、副厅长张肖主持会议,厅副巡视员陈道敏参加会议。

2月

2日,省水利厅召开全厅总结表彰大会。厅党组书记、厅长纪冰强调,要加快水利可持续发展步伐,为加速实现崛起、构建和谐安徽提供水利基础设施保障。厅领导蔡建平、方志宏、张肖、金问荣参加会议。

8日,省委书记王金山对全省水利工作作出重要批示:水利工作非常重要,水利厅工作十分出色。水有利有害,搞得好全是利,搞不好全是害,无论是利是害,都关系民生;水既是生产资料,也是生活资料,无论是生产还是生活,也都关系民生。近些年来,安徽省水利建设有很大发展,在改善生产生活条件上做出了重要贡献,谨表祝贺和敬意。望再接再厉,强力推进建设,不断改善管理,为可持续发展做出新贡献!

26日,省水利厅在繁昌县召开全省水资源管理工作会议。厅党组成员、总工程师金问荣出席会议并讲话,厅副总工程师黄新生主持会议。

3月

1日,省水利厅召开全省水利系统"万名干部进镇村"活动动员大会。厅党组书记、厅长纪冰出席会议并讲话,副厅长蔡建平主持会议,厅党组成员、副厅长方志宏宣读活动实施方案。厅领导高玉宝、张肖、金问荣参加会议。

是日,全省防办主任会议在合肥召开。省防指副总指挥、省水利厅厅长纪冰出席会议并讲话,省防指副秘书长、省水利厅副厅长张效武主持会议。

4日,省委副书记王明方在《安徽信息·省水利厅学习沈浩精神开展"万名干部进镇村"活动》上批示:水利厅组织开展水利干部深入基层学沈浩活动颇有意义。要通过活动深入领会沈浩精神,切实以沈浩为榜样,帮助农村解决更多事关群众生产生活的水利问题。

11—12日,省水利厅召开全省水利工程质量监督工作会议暨水利工程质量管理专业委员会年会。厅党组成员、副厅长方志宏出席会议并讲话。

22日,省水利厅与合肥市在省人大会议中心召开新闻通气会,纪念第十八届"世界水日"和第二十三届"中国水周",启动第二十届"安徽省水法宣传月"活动。省人大常委、农工委主任桂梅生主持会议,省人大常委会副主任朱先发出席会议并讲话,厅党组书记、厅长纪冰通报全省水利发展情况。省政府法制办副主任陈爱军,厅领导张效武、金问荣参加会议。

24—26日,水利部部长陈雷来安徽检查指导水利工作,先后到蚌埠、淮南、滁州、合肥等地考察水利工程建设、饮水安全工程和水环境治理等工作。省委书记王金山会见陈雷,省长王三运陪同考察并主持汇报会,省政协主席杨多良,省委常委、副省长赵树丛,省委常委、省委秘书长詹夏来及省政府秘书长梁卫国,厅党组书记、厅长纪冰参加会见或陪同考察。

29日,全省水利系统党风廉政建设工作会议在蚌埠市召开。厅党组书记、厅长纪冰出席会议并讲话,厅党组成员、纪检组长高玉宝作工作报告。

4月

2日,全省水文工作会议在合肥召开,厅党组成员、副厅长张效武出席会议并讲话。

9日,中共中央政治局常委、国务院总理温家宝实地察看荆山湖行洪区和蚌埠闸枢纽工程,听取安徽省治淮工作汇报。他指出,要认真总结治淮工作经验,在现有基础上研究制定新规划,统筹兼顾、标本兼治、综合治理,使沿淮地区人民安居、乐业、增收,使淮河成为一条无害的河流,成为一条清澈的河流。厅党组书记、厅长纪冰汇报安徽省14项治淮骨干工程建设和下一步治淮工作安排。

13—14日,省水利厅在广德

县召开全省水利工程建设和管理工作会议。厅党组书记、厅长纪冰出席会议并讲话,厅党组成员、副厅长方志宏作工作报告。

15日,滨湖水利科技基地开工奠基仪式在合肥举行。合肥市委副书记、市长吴存荣,合肥市委常委、滨湖建设指挥部指挥杜平太,厅领导纪冰、蔡建平、方志宏、张效武、张肖、金问荣参加开工仪式并为基地奠基。

是日,省水利厅召开全厅2010年度安全生产工作会议。厅党组书记、厅长纪冰出席会议并讲话,厅党组成员、副厅长方志宏作工作报告。

20日,省政府召开全省防汛抗旱工作会议。省委常委、副省长赵树丛强调,认真落实温家宝总理在安徽省视察时的重要讲话精神,进一步强化政治责任,确保防洪安全,确保供水安全,确保人民群众生命安全,确保打赢打好防汛抗旱攻坚战。厅领导纪冰、张效武、高玉宝、金问荣、陈道敏参加会议。

26—30日,水利部淮委总工程师顾洪率检查组,来安徽省检查专项规划内病险水库除险加固工作。厅党组成员、副厅长方志宏陪同检查。

27—28日,全省水利规划计划工作会议在黄山市召开。厅党组书记、厅长纪冰出席会议并讲话,副厅长蔡建平作工作报告,厅副总工程师黄新生主持会议。

28—29日,水利部太湖局副局长吴浩云率太湖防汛抗旱检查组,来安徽省检查指导防汛抗旱准备工作。厅党组成员、副厅长张效武陪同检查。

30日,省水土保持学会召开第四次会员代表大会。省政府副秘书长、省水土保持学会三届理事长程中才,省水利厅副厅长蔡建平等参加会议。

5月

6日,省防指召开全省水库安全度汛视频会议,省防指副总指挥、厅党组书记、厅长纪冰布置安徽省水库安全度汛工作。

6日,省防指在舒城县举办全省防汛抗旱指挥长培训班。厅党组成员、副厅长张效武出席开班仪式,厅副总工程师葛贻华主持培训班。全省79位市、县(市、区)防汛抗旱指挥长接受培训。

是日,省水利厅召开防汛抗旱综合办公室工作会议。厅党组书记、厅长纪冰主持会议并讲话,厅党组成员、副厅长张效武宣读《关于成立省水利厅2010年防汛抗旱综合办公室的通知》。

8日,省政府2009年度目标管理考核结果揭晓,在省政府对43个省直部门的目标管理考核中,省水利厅位居第9名,受到省政府通报表彰。

10—11日,水利部副部长鄂竟平率国家防总检查组,检查安徽省长江流域防汛抗旱准备工作。省委常委、副省长赵树丛主持召开安徽省长江防汛抗旱准备工作汇报会。水利部长江委主任蔡其华出席安庆市长江防汛抗旱准备工作汇报会。省长助理邵国荷,厅领导纪冰、张效武陪同检查。

11日,淠史杭灌区2010年管理工作会议召开。厅党组成员、副厅长张肖出席会议并讲话。

12日,国家防总召开全国防汛抗旱电视电话会暨国家防汛抗旱总指挥部全体会议。会后,省长助理邵国荷就安徽省防汛抗旱工作提出具体要求,要求迅速传达贯彻国家防总会议精神,完善各项防御措施。

14—15日,国家发改委副主任杜鹰率国家防总检查组,检查安徽省防汛抗旱准备工作。省长王三运陪同检查,副省长倪发科汇报安徽省淮河防汛抗旱准备工作。省政府秘书长梁卫国、省长助理邵国荷,厅党组书记、厅长纪冰陪同检查。

14日,全省水土保持工作会议在潜山县召开。副厅长蔡建平出席会议并讲话,厅副总工程师葛贻华主持会议。

18日,淮河蚌埠复线船闸通航典礼在蚌埠闸新办公区举行。省长助理邵国荷、水利部淮委主任钱敏、省政府副秘书长程中才,厅党组书记、厅长纪冰出席典礼。厅副总工程师黄新生主持典礼。

19日,副省长花建慧在合肥检查防汛工作,查看水库溢洪道、泄洪涵洞等设施及巢湖沿岸生态环境综合治理工程。厅党组成员、副厅长张肖陪同检查。

20日,省政府以皖政〔2010〕28号文印发《安徽省小型水库安全运行管理办法》。

是日,省水利厅举办厅直单位纪检监察工作培训班,厅党组成员、纪检组长高玉宝主持开班仪式并讲话。

23日,水利部和省政府共同主持召开长江无为大堤加固工程(非隐蔽工程)竣工验收会议。省委常委、副省长赵树丛出席会议并讲话,水利部总工程师汪洪出席会议。副厅长蔡建平,厅党组成员、副厅长方志宏参加竣工验收。

31日,省水利厅召开创先争优活动动员大会。厅党组书记、厅长纪冰出席会议并作动员报告,厅党组成员、纪检组长高玉宝主持会议。厅领导方志宏、张效武、金问荣参加会议。

6月

9日,省委书记张宝顺到省防汛抗旱指挥部听取有关情况汇报,研究部署当前防汛工作。他强调,要加强防范,全力以赴做好防汛工作准备,确保全省安全度汛,确保人民生命财产安全。省委常委、副省长赵树丛主持汇报会,省委常委、省委秘书长詹夏来,厅领导纪冰、高玉宝、张效武、张肖、金问荣,厅副巡视员陈道敏参加会议。

9—11 日,省长王三运到阜阳、亳州和淮北市,检查指导防汛工作。省委常委、副省长赵树丛,省政府秘书长梁卫国,厅领导纪冰、方志宏分别陪同检查。

10—12 日,全国大型灌区建设与管理专题调研会在安徽省淠史杭灌区召开,水利部党组副书记、副部长鄂竟平出席会议。省委常委、副省长赵树丛在合肥会见鄂竟平,省长助理邵国荷,厅领导纪冰、张肖陪同调研。

13 日,厅社会治安综合治理领导小组会议召开。厅党组成员、副厅长张肖出席会议并讲话。

18 日,全省长江河道采砂管理工作会议在芜湖市召开。厅党组书记、厅长纪冰出席会议并讲话,厅党组成员、副厅长张效武作工作报告。

23 日,省水利厅举行《廉政准则》学习辅导报告会。省纪委副书记仲兆宁作专题辅导报告,厅党组书记、厅长纪冰主持报告会。

是日,省政府召开全省水利普查领导小组第一次会议,宣布成立全省水利普查领导小组及其办公室。省委常委、副省长赵树丛,省政府副秘书长程中才、全省水利普查领导小组各成员单位主要负责人参加会议。厅党组书记、厅长纪冰汇报普查工作进展情况。

26—27 日,省长王三运到安庆、池州等地,检查指导长江防汛工作。王三运强调,各级各部门要牢固树立防大汛、抗大灾思想,全力做好防汛工作,确保人民群众生命财产安全。省委常委、副省长赵树丛,省政府秘书长梁卫国,厅党组书记、厅长纪冰参加检查,厅党组成员、副厅长张效武参加汇报会。

24—25 日,省长助理邵国荷赴六安、阜阳、淮南等地检查防汛工作。厅党组成员、总工程师金问荣陪同检查。

28—29 日,水利部长江委主任蔡其华率检查组赴铜陵、池州市检查指导防汛工作。省委常委、副省长赵树丛在池州市会见检查组一行。厅党组书记、厅长纪冰,副厅长蔡建平等陪同检查。

29 日,水利部党组书记、部长陈雷在《安徽省水利系统“万名干部进镇村”调研活动调研报告》上批示:请各位部领导阅,请各有关司局认真研究分析,拿出有针对性、可操作性强的对策措施。各省级水利厅局都要学习安徽的经验,有的放矢地进行调研,为地方党委、政府当好参谋助手。

7月

8 日,省政府召开全省防汛工作紧急电视电话会议。省长王三运强调,打好防汛抢险救灾硬仗,确保人民群众生命财产安全。副省长赵树丛主持会议,省长助理邵国荷、省防指成员单位负责同志在主会场参加会议。

是日,省防指决定自 8 日 22 时起启动《安徽省防汛抗旱应急预案》Ⅲ级响应。

9—10 日,省委常委、副省长赵树丛赴池州市贵池区、殷汇镇等防汛现场,检查指导防汛抗灾工作。他要求,进一步落实责任,强化措施,突出重点,确保度汛安全,确保人民群众生命财产安全。厅领导蔡建平、金问荣陪同检查。

12 日,省水利厅组织召开全厅防汛抗洪工作通报会。厅党组书记、厅长纪冰主持会议并讲话,厅领导方志宏、张效武,厅副巡视员陈道敏,厅副总工程师葛贻华、李开杰参加会议。

是日,省委常委、副省长赵树丛赴桐城市大沙河柏年段决口抢险现场及庐江县西河大堤、东大圩等防汛现场,检查指导防汛抗灾工作。他要求紧急行动起来,进一步落实责任,强化措施,突出重点,全力以赴打好防汛抗洪抢险硬仗。厅党组成员、总工程师金问荣陪同检查。

13 日,省委书记张宝顺赴安庆市检查指导防汛抗洪工作,看望慰问部队官兵、民兵预备役人员和部分受灾群众。他强调,一定要把人民群众生命安全放在首位,全力以赴,严防死守,坚决打赢抗洪抢险这场硬仗。省委常委、省委秘书长詹夏来,厅党组书记、厅长纪冰陪同检查。

14 日,鉴于严重的汛情,省防指决定自 7 月 14 日零时起,将自 7 月 8 日 22 时起启动的《安徽省防汛抗旱应急预案》Ⅲ级响应升级为Ⅱ级响应。

是日,省委书记张宝顺赴池州市检查指导抗洪抢险工作,看望部队官兵和部分转移安置的受灾群众。他强调,要始终保持高度警惕,发扬连续作战精神,再接再厉,众志成城,坚决打赢防汛抗洪这场硬仗。省委常委、省委秘书长詹夏来,厅党组书记、厅长纪冰等陪同检查。

是日,省人大常委会代理主任任海深在《全省水利系统“万名干部进镇村”调研活动调研报告》上批示:省水利厅组织全省水利系统“万名干部进村镇”调研活动,充分体现了厅领导班子求真务实的思想素质、深入扎实的工作作风和有的放矢的科学态度,值得机关全体同志学习。

15 日,省防指召开省防指成员会议。省长王三运强调,贯彻落实党中央、国务院对防洪救灾的部署要求,采取更加有力有效措施,毫不松懈地抓好防汛抗洪救灾各项工作,确保人民群众生命安全。省委常委、副省长赵树丛主持会议。

厅领导纪冰、方志宏、张效武、张肖、金问荣参加会议。

17日,省委副书记王明方赴阜阳市检查指导防汛工作。他强调,要立足防大汛、抗大洪、救大灾,周密部署,精心准备,全力以赴落实好各项防汛抗洪措施,确保人民群众生命安全,千方百计减少灾害损失。厅党组成员、副厅长方志宏陪同检查。

17—18日,中共中央政治局委员、国务院副总理回良玉赴安庆、蚌埠等地实地察看汛情灾情和抗洪抢险情况。厅领导纪冰、金问荣陪同检查。

18日,省长王三运赴阜阳市检查淮河防汛工作,他强调,防汛责任要再明确再督查,措施要再强化再落实,全力做好淮河防汛工作,确保人民群众生命财产安全。省委常委、副省长赵树丛,省政府秘书长梁卫国,厅党组书记、厅长纪冰陪同检查。

20—21日,省委常委、副省长赵树丛赴铜陵市安平圩等防汛现场,检查指导防汛抗灾工作。厅党组书记、厅长纪冰陪同检查。

21日,省长王三运到省防指,研究部署防汛抗洪救灾工作。他强调,要牢固树立打持久战的思想,保持连续作战的状态,毫不松懈地抓好防汛抗洪救灾工作。省委常委、副省长赵树丛,省政府秘书长梁卫国陪同。厅领导纪冰、张肖、金问荣参加会议。

23日,省人大常委会副主任朱先发赴安庆市察看灾情,检查指导防汛抗洪工作。他强调,要贯彻实施防洪法律法规,依法做好防汛抗洪救灾工作,确保人民群众生命安全,确保安全度汛。厅党组成员、副厅长张肖陪同检查。

24日,中共中央政治局常委、国务院总理温家宝在安徽检查指导淮河防汛抗洪工作。他指出,淮河流域防汛抗洪进入关键阶段,沿淮各级党委、政府和有关部门要立足于防大汛、抗大洪、抢大险,充分做好各项准备,做到有备无患,努力夺取防汛抗洪工作的胜利。

30日,省水利厅召开全厅年中工作会议。厅党组书记、厅长纪冰强调,要进一步认清形势、盯紧目标、找准差距、强化措施、主动作为、狠抓落实,不断开创全省水利工作新局面。厅领导蔡建平、方志宏、高玉宝、张效武、张肖、金问荣,厅副巡视员陈道敏和厅副总工程师黄新生、葛贻华、李开杰参加会议。

8月

3日,省防指决定从16时起,解除省防汛应急预案Ⅱ级响应。

9日,省委常委、副省长赵树丛率队前往水利部,汇报安徽省防汛抗洪、灾后重建及新一轮治淮等工作。水利部副部长矫勇会见赵树丛一行,听取厅党组书记、厅长纪冰关于防汛抗洪、水毁修复、灾后重建、新一轮治淮等工作情况汇报。省政府副秘书长程中才,厅领导蔡建平、张效武等参加汇报会。

17日,厅党组书记、厅长纪冰主持召开服务支持皖北三市七县专题会,研究部署加大对三市七县服务支持的具体措施。副厅长蔡建平参加会议。

21日,省十一届人大常委会第二十次会议审议通过《安徽省水文条例》,自2011年1月1日起施行。

26日,全省病险水库除险加固暨中小河流治理工作电视电话会召开。省委常委、副省长赵树丛强调,要进一步明确目标,落实责任,确保如期完成全省病险水库除险加固及中小河流治理任务。厅党组书记、厅长纪冰通报病险水库除险加固和中小河流治理工作情况,厅领导方志宏、金问荣参加会议。

9月

2日,省委常委、副省长赵树丛主持召开紧急会商会,研究部署强降雨防范工作。他强调,要强化监测,主动预警,有效预防"狮子山"台风带来的强降雨,确保人民群众生命财产安全。厅领导纪冰、蔡建平、张效武、金问荣参加会商会。

是日,省委任命黄发友同志为省纪律检查委员会派驻省水利厅纪律检查组组长、省水利厅党组成员。

7日,省防指决定自7日18时起,对淮河以北各地,启动《安徽省防汛抗旱应急预案》Ⅲ级响应。

10日,为做好10号台风"莫兰蒂"防御工作,省防指决定自16时起,对淮河以南地区启动《安徽省防台风工作应急预案》及《安徽省防汛抗旱应急预案》Ⅲ级响应。

13日,省防指决定从16时起,解除省淮河以北防汛应急预案Ⅲ级响应和淮河以南防汛防台风应急预案Ⅲ级响应。

28日,共青团省水利厅直属机关第六次团员代表大会在合肥召开。厅领导纪冰、黄发友出席会议并讲话。

10月

14—15日,国务院水利普查领导小组办公室副主任吴强率调研组,来安徽省调研水利普查工作开展情况。副厅长蔡建平陪同调研。

20—21日,水利部、财政部在合肥召开全国中小河流治理工作会议,贯彻落实国务院专题会议精神,研究部署下一步中小河流治理工作。财政部副部长张少春、水利部副部长矫勇,省委常委、副省长赵树丛出席会议并讲话。厅领导纪冰、蔡建平、张效武、张肖、金问荣参加会议。

25日,省水利厅召开全省农田水利基本建设动员暨“万名干部进镇村”活动总结视频会议,总结“万名干部进镇村”活动,部署农田水利建设。厅党组书记、厅长纪冰出席会议并讲话。厅领导方志宏、张肖、黄发友及副总工程师葛贻华、李开杰参加会议。

28日,五河泵站工程正式开工,标志着安徽省新一轮治淮建设拉开帷幕。省委常委、副省长赵树丛宣布工程开工。厅党组书记、厅长纪冰出席典礼并讲话,副厅长蔡建平主持开工典礼。

11月

4日,省第一次全国水利普查领导小组办公室召开会议,总结前一阶段安徽省水利普查工作,研究部署下一步工作。副厅长蔡建平出席会议并讲话。

8日,省水利厅召开全省病险水库除险加固工程建设推进会,通报水库除险加固工程建设进展情况,研究部署下一步工作。厅党组成员、副厅长方志宏出席会议并讲话。

9日,长江流域防汛抗旱工作会议在合肥召开。长江防总常务副总指挥、长江水利委员会党组书记、主任蔡其华出席会议并讲话。省长助理邵国荷致辞,厅领导蔡建平、张效武参加会议。

18日,省水利厅召开全省中小河流治理项目建设推进会,通报中小河流治理建设进展情况,研究部署下一步工作。厅党组成员、副厅长方志宏出席会议并讲话。

19日,省水利厅召开大型灌区续建配套与节水改造工程建设座谈会,通报灌区续建配套与节水改造工程建设情况,研究部署下一步工作。厅党组成员、副厅长张肖出席会议并讲话。

20日,省水利学会九届二次理事会在合肥召开。省水利学会理事长、厅党组书记、厅长纪冰出席会议并讲话。省水利学会副理事长、厅党组成员、副厅长方志宏,省水利学会副理事长、厅党组成员、副厅长张效武,省水利学会常务副理事长、厅党组成员、厅总工程师金问荣参加会议。

23日,蚌埠市北淝河下游隔子沟整治工程正式开工,标志着安徽省世行贷款淮河流域重点平原洼地治理工程拉开帷幕。副厅长蔡建平出席开工典礼。

12月

1日,省防汛抗旱指挥部向受旱地区各市防汛抗旱指挥部、省防指有关成员单位发出命令,决定启动《安徽省抗旱预案》Ⅱ级响应。

2日,全省治淮工作会议在合肥召开。水利部副部长矫勇应邀出席会议并讲话。省长王三运全面部署新一轮治淮任务,省委副书记王明方主持会议,省委常委、副省长赵树丛宣读表彰通报。省委常委、省委秘书长詹夏来,省人大常委会副主任朱先发,省政协副主席方兆本,省政府秘书长梁卫国,以及厅领导纪冰、方志宏、张效武、张肖、黄发友、金问荣参加会议。

13—14日,全省农田水利基本建设现场会在芜湖县召开。省委常委、副省长赵树丛要求,迅速掀起水利兴修高潮,全力以赴抓好农田水利基本建设。厅领导纪冰、张肖参加会议。

16日,省水利厅召开党风廉政建设责任制落实情况汇报会,厅党组成员、纪检组长黄发友主持会议并讲话。

21日,安徽水利先进实用技术推介会在芜湖举行,推介会由水利部科技推广中心和省水利厅联合举办。厅党组成员、总工程师金问荣出席会议并讲话。

(赵梅)

统计资料

TONGJI ZILIAO

2010 年安徽省灌溉面积统计表

单位:$10^3 hm^2$

分区	合计	有效灌溉面积	林地灌溉面积	园地灌溉面积	其他灌溉面积	有效实灌面积	旱涝保收面积
安徽	3554.21	3519.78	9.39	22.96	2.08	3029.30	2623.27
淮河流域	2200.04	2171.99	4.67	21.98	1.40	1765.37	1501.75
长江流域	1316.94	1311.14	4.55	0.81	0.44	1227.95	1095.09
东南诸河流域	37.23	36.65	0.17	0.17	0.24	35.98	26.43
合肥市	245.28	244.95	0.23	0.10		236.68	170.04
芜湖市	90.69	87.62	2.94	0.13		86.72	79.68
蚌埠市	204.76	204.76				180.57	174.80
淮南市	104.38	103.73	0.27	0.33	0.05	95.29	86.20
马鞍山市	52.23	52.23				52.23	48.97
淮北市	148.00	140.73	1.82	5.05	0.40	114.40	67.30
铜陵市	25.96	25.96				20.36	19.61
安庆市	257.47	257.09		0.38		234.87	216.05
黄山市	43.91	43.33	0.17	0.17	0.24	41.41	29.48
滁州市	359.10	355.54	3.56			222.10	277.62
阜阳市	370.18	370.18				329.69	230.89
宿州市	384.83	369.16		15.67		212.53	223.28
巢湖市	308.61	308.61				299.31	254.98
六安市	382.39	382.39				346.37	319.12
亳州市	310.05	310.05				303.59	204.78
池州市	83.47	83.47				81.81	76.35
宣城市	148.21	148.09	0.12			140.21	124.10
省直	34.69	31.89	0.28	1.13	1.39	31.16	20.02

2010年安徽省除涝面积统计表(一)

单位:10^3hm^2

分区	易涝耕地面积	累计除涝面积				本年减少除涝面积
		合计	3—5年一遇	5—10年一遇	10年及以上一遇	
安徽	2435.00	2269.05	938.34	1239.75	90.96	0.57
淮河流域	1889.93	1730.42	816.91	846.66	66.85	0.10
长江流域	544.08	537.64	120.56	392.97	24.11	0.47
东南诸河流域	0.99	0.99	0.87	0.12		
合肥市	26.90	20.59	9.30	8.57	2.72	
芜湖市	61.14	61.14	9.79	48.35	3.00	
蚌埠市	262.15	224.13	35.68	173.69	14.76	
淮南市	50.19	41.99	21.04	20.95		
马鞍山市	47.20	47.20	2.00	37.19	8.01	
淮北市	132.07	131.88	129.15	2.73		
铜陵市	13.16	13.16	5.59	7.57		
安庆市	110.09	109.14	36.01	68.88	4.26	0.47
黄山市	1.39	1.39	1.27	0.12		
滁州市	62.67	59.66	16.42	42.67	0.57	
阜阳市	449.42	430.36	153.20	266.06	11.10	
宿州市	432.61	359.33	226.47	132.86		
巢湖市	162.81	159.92	22.58	134.11	3.23	
六安市	87.66	75.24	52.50	22.74		
亳州市	421.51	420.88	188.27	194.69	37.92	0.10
池州市	47.31	47.15	15.36	31.79		
宣城市	35.85	35.73	5.22	30.51		
省直	30.87	30.16	8.49	16.27	5.40	

2010 年安徽省除涝面积统计表(二)　　单位:10^3hm^2

分区	本年新增除涝面积				当年发生涝灾面积	当年排涝减灾面积	涝灾直接经济损失(万元)
	合计	3—5 年一遇	5—10 年一遇	10 年及以上一遇			
安徽	18.24	11.48	4.60	2.21	277.74	128.63	104619.70
淮河流域	14.10	9.54	2.61	1.95	173.10	48.52	37199.00
长江流域	4.14	1.94	1.99	0.26	104.64	80.11	67420.70
东南诸河流域							
合肥市	1.16	0.33	0.21	0.62	2.32	2.32	2000.00
芜湖市							
蚌埠市	2.00		0.67	1.33	12.46	11.06	3135.00
淮南市							
马鞍山市	0.35		0.35				
淮北市	6.06	6.06		5.90	5.90	286.00	
铜陵市							
安庆市	0.67	0.42	0.24	0.01	9.03	5.47	805.00
黄山市							
滁州市	0.67		0.67		31.86	23.46	8250.40
阜阳市	1.34	0.50	0.84		126.15	20.04	20986.00
宿州市	1.99	1.59	0.40		10.67	2.00	9437.00
巢湖市	0.37	0.17			40.09	19.12	14125.00
六安市	0.86	0.86					
亳州市	0.20	0.20					
池州市	2.48	1.35	1.13		0.20	0.20	0.30
宣城市					23.36	23.36	44595.00
省直	0.09		0.09	0.25	15.70	15.70	1000.00

2010年安徽省堤防情况统计表 长度:km;人口:万人;耕地:10^3hm^2

分区	全部堤防总长度	全部堤防保护人口	全部堤防保护耕地	上年堤防总长度	累计达标堤防长度	上年度累计达标堤防长度
安徽	20456.37	3300.42	2341.48	20376.64	7216.45	6942.20
淮河流域	8575.03	2072.67	1753.03	8540.23	3020.20	2868.91
长江流域	10515.02	1200.35	577.89	10493.02	4087.37	3986.34
东南诸河流域	1366.32	27.40	10.55	1343.39	108.88	86.95
合肥市	552.70	71.93	23.91	517.90	125.40	107.90
芜湖市	1295.03	177.67	60.14	1295.03	439.00	438.00
蚌埠市	1050.34	331.39	268.74	1050.34	440.60	315.31
淮南市	723.45	208.56	103.22	723.45	307.67	307.67
马鞍山市	466.00	97.44	49.84	466.00	66.65	66.65
淮北市	632.50	153.49	95.40	632.50	486.33	486.33
铜陵市	244.93	39.77	18.71	244.93	78.93	78.93
安庆市	2464.89	287.80	154.84	2464.89	744.00	744.00
黄山市	1133.45	31.52	11.92	1110.95	233.85	212.35
滁州市	969.00	76.68	70.46	969.00	614.55	590.72
阜阳市	1437.00	489.67	348.76	1437.00	513.50	513.50
宿州市	2693.26	387.00	362.86	2693.26	334.24	328.44
巢湖市	2895.87	285.05	102.91	2895.87	1783.60	1735.10
六安市	844.00	200.98	205.61	844.00	126.40	114.60
亳州市	620.53	294.90	332.53	620.53	344.73	344.73
池州市	724.00	75.87	48.73	710.00	163.70	163.70
宣城市	1290.57	79.30	53.57	1282.14	254.13	235.10
省直	418.85	11.40	29.32	418.85	159.17	159.17

2010 年安徽省水闸工程统计表

单位:座

分区	总座数	按过流量大小分			按作用分				本年新增水闸数	本年减少水闸数
		大型	中型	小型	分洪闸	节制闸	排水闸	引水闸		
安 徽	2403	61	348	1994	276	895	1037	195	14	
淮河流域	1638	46	245	1347	131	628	797	82	8	
长江流域	748	13	98	637	142	254	240	112	2	
东南诸河流域	17	2	5	10	3	13		1	4	
合肥市	84		20	64	65	12	1	6		
芜湖市	46		2	44	4	3	38	1		
蚌埠市	180	9	17	154	4	22	143	11		
淮南市	85		10	75	8	9	50	18		
马鞍山市	14		3	11		11	2	1		
淮北市	88	1	11	76	29	21	29	9		
铜陵市	40		1	39	7	11	22			
安庆市	164	1	13	150	5	77	46	36		
黄山市	23	5	7	11	4	18		1	4	
滁州市	32	5	9	18	5	13	10	4		
阜阳市	433	8	42	383	4	155	272	2		
宿州市	280	7	79	194	7	205	62	6	2	
巢湖市	130	2	17	111	13	19	65	33	2	
六安市	236	3	38	195	36	88	85	27		
亳州市	312	4	36	272	20	135	138	19	6	
池州市	64	1	2	61	17	31	15	1		
宣城市	91	5	6	80	25	9	37	20		
省直	101	10	35	56	23	56	22			

2010年安徽省机电井情况统计表 装机容量:10^3kW;供水能力:10^4m^3

分区	机电井眼数	已配套机电井眼数	已建成配套机电井装机容量	已建成配套机电井年设计供水能力	已建成配套机电井年实际供水能力	本年实际供水能力新增	本年实际供水能力减少
安 徽	197369	133268	1589.20	174168.03	134781.83	7437.16	2327.36
淮河流域	194240	131066	1580.65	172008.08	132934.72	7426.16	2281.50
长江流域	1791	1405	7.10	1441.95	1261.11	11.00	5.86
东南诸河流域	1338	797	1.45	718.00	586.00		40.00
合肥市	3	3	0.10	27.00	27.00		
芜湖市							
蚌埠市	19788	18432	153.90	25580.00	18627.00	663.00	16.00
淮南市	474	424	1.71	502.00	321.00	3.00	
马鞍山市							
淮北市	21221	19263	184.57	3015.57	2612.64	62.39	
铜陵市	9	9	0.12				
安庆市	1	1	0.02				
黄山市	1606	1065	3.35	1151.00	919.00		40.00
滁州市	295	218	555.71	1204.94	529.04	90.00	
阜阳市	34348	20621	170.59	34665.27	31187.77	2615.51	2064.50
宿州市	56820	46019	313.08	70231.30	44278.39	1821.26	
巢湖市	601	590	2.04	117.45	87.11		5.86
六安市	296	122	1.36	2530.00	1538.00		
亳州市	60007	25255	187.32	33926.00	33437.88	2161.00	201.00
池州市	15	15	0.08	18.00	18.00		
宣城市	702	404	2.80	729.50	729.00	1.00	
省直	1183	827	12.45	470.00	470.00	20.00	

2010年安徽省排灌机械保有量统计表

装机容量:10^3kW

分区	排灌装机容量	灌溉机电井			固定机电排灌站		流动机装机容量	喷滴灌装机容量
		机电井眼数	已配套机电井眼数	配套机电井装机容量	处数	装机容量		
安 徽	4751.46	195457	131793	1008.07	15809	1680.59	1940.47	122.34
淮河流域	3376.48	193610	130347	1000.81	8780	748.67	1508.02	118.97
长江流域	1328.47	1036	721	5.81	6638.2	923.60	395.73	3.34
东南诸河流域	46.51	811	725	1.45	391	8.31	36.72	0.03
合肥市	267.25	3	3	0.10	927	145.61	121.22	0.33
芜湖市	97.15				466	84.50	12.65	
蚌埠市	307.06	19475	18119	150.97	777	120.59	32.43	3.07
淮南市	150.75	462	412	1.63	1180	112.52	31.67	4.93
马鞍山市	117.84				426	56.65	61.19	
淮北市	286.69	21221	19263	174.62	119	14.75	60.71	36.61
铜陵市	40.36	9	9	0.12	193	24.11	16.13	
安庆市	232.46	1	1	0.02	1176	145.91	86.53	
黄山市	48.03	1079	993	3.35	416	8.52	36.13	0.03
滁州市	249.04	7	7	0.05	1000	201.92	46.72	0.35
阜阳市	662.44	34149	20398	166.78	1909	113.89	351.02	30.75
宿州市	647.34	56820	46019	307.01	783	41.37	276.76	22.19
巢湖市	333.23	38	36	0.79	1281	266.03	63.96	2.45
六安市	198.47	296	122	1.36	628	101.91	93.99	1.21
亳州市	769.24	59997	25180	185.94	2592	64.83	504.10	14.37
池州市	163.18	15		0.08	953	80.49	82.61	
宣城市	107.33	702	404	2.80	696	45.30	59.17	0.06
省直	73.60	1183	827	12.45	287	51.68	3.48	5.99

2010年安徽省节水灌溉面积统计表

单位:$10^3 hm^2$

分区	本年节水灌溉面积	喷灌面积	微灌面积	低压管灌面积	渠道防渗面积	其他工程节水面积
安 徽	815.77	83.76	8.11	68.82	511.13	143.94
淮河流域	647.60	79.90	7.53	66.25	379.91	114.01
长江流域	162.84	3.80	0.58	2.57	126.43	29.45
东南诸河流域	5.33	0.06			4.79	0.48
合肥市	48.83	0.16	0.01		37.74	10.92
芜湖市	8.71			0.40	8.31	
蚌埠市	39.81	5.66		2.28	20.15	11.72
淮南市	49.06	1.90		1.00	32.40	13.76
马鞍山市	5.97				5.97	
淮北市	45.46	17.87	3.88	5.02	17.23	1.46
铜陵市	5.17			0.39	3.95	0.83
安庆市	16.81	0.80		0.12	13.74	2.15
黄山市	8.00	0.06	0.14		7.27	0.53
滁州市	24.58	0.50			20.49	3.59
阜阳市	80.02	16.68	0.26	8.68	14.66	39.74
宿州市	114.10	17.48	2.93	40.37	21.32	32.00
巢湖市	31.42	0.25	0.38	0.33	13.56	16.90
六安市	267.66	0.21			267.45	
亳州市	40.32	11.96	0.12	8.90	9.42	9.92
池州市	3.90	0.05	0.05	1.33	2.18	0.29
宣城市	10.27	0.06			10.08	0.13
省直	15.68	10.12	0.34		5.22	

2010年安徽省农村饮水安全情况统计表

单位:万人

分区	年末农村饮水安全达标人口	只达到基本安全人口	上年末农村饮水安全达标人口	本年饮水安全达标人口新增	本年饮水安全达标人口减少
安徽	4591.21	1841.56	4304.88	296.73	10.40
淮河流域	2835.99	1099.93	2664.72	171.27	
长江流域	1656.24	685.42	1545.13	119.96	8.85
东南诸河流域	98.98	56.22	95.03	5.50	1.55
合肥市	220.13	30.00	203.82	17.51	1.20
芜湖市	142.95		133.21	13.85	4.11
蚌埠市	234.00	84.85	216.05	17.95	
淮南市	133.24	33.86	121.59	11.65	
马鞍山市	69.99	5.72	70.53		0.54
淮北市	118.34	60.43	104.98	13.36	
铜陵市	30.52	25.23	30.52		
安庆市	405.28	260.23	382.68	25.60	3.00
黄山市	112.83	51.37	107.57	6.81	1.55
滁州市	320.71	280.37	295.21	25.50	
阜阳市	748.14	245.08	716.83	31.31	
宿州市	465.53	69.23	442.53	23.00	
巢湖市	314.61	82.99	287.61	27.00	
六安市	516.46	300.08	492.66	23.80	
亳州市	396.25	141.20	364.75	31.50	
池州市	130.82	68.23	118.04	12.78	
宣城市	223.85	99.05	208.74	15.11	
省直	7.57	3.65	7.57		

2010 年安徽省农村饮水安全工程建设统计表 人口:万人;能力、水量:10^4m^3

分区	已建饮水工程年设计供水能力	已建饮水工程年实际供水能力	饮水工程全年供水量	已建饮水工程供水人口	自来水供水人口
安 徽	107536.36	85441.06	58908.66	2631.89	1583.15
淮河流域	48805.24	38899.10	24825.55	1168.85	722.98
长江流域	56496.82	44740.36	32535.51	1370.82	798.86
东南诸河流域	2234.30	1801.60	1547.60	92.22	61.31
合肥市	5529.77	4569.66	2560.96	167.00	74.80
芜湖市	4885.80	3222.15	2801.00	111.01	106.18
蚌埠市	5432.38	4654.38	3253.38	87.45	68.15
淮南市	1253.19	1253.19	1248.19	59.70	10.60
马鞍山市	3636.80	3636.80	2547.80	69.99	69.99
淮北市	1965.90	1254.30	1070.40	94.12	94.12
铜陵市				32.52	18.24
安庆市	11051.50	8509.00	5584.00	344.02	138.37
黄山市	2777.30	2091.60	1832.60	108.32	85.40
滁州市	9575.50	6661.50	2940.00	210.85	92.43
阜阳市	3465.26	3453.58	2845.17	125.58	117.28
宿州市	9372.80	8024.64	5448.68	186.78	114.87
巢湖市	13695.75	10873.75	6596.75	243.08	182.24
六安市	15374.50	11914.80	8961.48	434.11	162.57
亳州市	4166.72	3554.72	2305.26	113.10	103.52
池州市	3461.50	3025.00	1030.00	44.03	34.88
宣城市	11566.70	8462.00	7643.00	194.41	103.69
省直	325.00	280.00	240.00	5.82	5.82

2010 年安徽省已建蓄水工程供水能力情况统计表　　单位:$10^4 m^3$

分区	已建成蓄水工程年设计供水能力					已建成蓄水工程年实际供水能力				
	合计	大型水库	中型水库	小型水库	塘坝	合计	大型水库	中型水库	小型水库	塘坝
安徽	2187328.55	1151161	336976	271117.65	428105.8	1974302.5	1040489	311993.4	235788.15	386063.85
淮河流域	1079899.3	659780	104370	128559.2	187222	1023092	647080	97392	113360.15	165291.75
长江流域	1054151.45	491381	203726	133799.45	225245	917727.5	393409	198019.4	115995	210304.1
东南诸河流域	53277.8		28880	8759	15638.8	33483		16582	6433	10468
合肥市	126283	28781	23862	30624	43016	111844	20589	23122	28767	39366
芜湖市	28935			2970	25965	27698			2370	25328
蚌埠市	5149.3		1150	1000.3	2999	3843		950	953	1940
淮南市	2597			1995	602	2329			1747	582
马鞍山市	4761.5			1206.5	3555	4552.5			1205.5	3347
淮北市	3318.5			2900	418.5	3015		1500	1150	365
铜陵市	4320			1700	2620	4320			1700	2620
安庆市	355507.05	154780	138802	17695.05	44230	304611.4	115600	136795.4	15804	36412
黄山市	62834.8		31980	11626	19228.8	41353		19682	8049	13622
滁州市	210927	19500	84748	44900	61779	199614	13220	81671	41108	63615
阜阳市	9063				9063	8207				8207
宿州市	6478.5		2100	3651	727.5	4046		940	2481.25	624.75
巢湖市	51834.9		5660	14936.9	31238	44126.8		4842	11749	27535.8
六安市	968743	706400	33234	94440.9	134700	927130	693700	29595	85412.9	118454
亳州市										
池州市	35295		1930	20720	12645	26445		1930	14820	9695
宣城市	310679	241700	13510	20542	34927	260637.8	197380	10966	18271.5	34020.3
省直	602			210	392	530			200	330

2010年安徽省已建蓄水工程情况统计表

单位:$10^4 m^3$

分区	已建成蓄水工程数量					已建成蓄水工程总库容				
	合计	大型水库	中型水库	小型水库	塘坝	合计	大型水库	中型水库	小型水库	塘坝
安徽	828489	13	105	4700	823671	2830100.76	1818193	317748	273159.56	420999
淮河流域	279617	5	61	2022	277529	1469820.31	1033458	176456	102300.01	157605.5
长江流域	518357	8	42	2491	515816	1332744.93	784735	130449	163818.83	253741.7
东南诸河流域	30515		2	187	30326	27535.52		10843	7040.72	9651.8
合肥市	107565	2	20	524	107019	169508.27	43300	42835	38215.57	45157.7
芜湖市	29300			81	29219	16026.36			3829.36	12197
蚌埠市	1626		1	43	1582	7102.3		2480	1404.8	3217.5
淮南市	998			26	972	4626.1			2655.1	1971
马鞍山市	14589			33	14556	6449.33			1085.33	5364
淮北市	15		1	4	10	1497.4		1150	190.6	156
铜陵市	8470			40	8430	4976.2			1669.2	3307
安庆市	149879	1	10	518	149350	368813.73	239805	36128	27760.73	65120
黄山市	26950		3	231	26716	37277.48		13843	10574.68	12859.8
滁州市	111488	2	46	1008	110432	374530	48430	160126	83300	82674
阜阳市	15768				15768	15209				15209
宿州市	1180		1	82	1097	8383.89		2815	4056.89	1512
巢湖市	75849		8	313	75528	67504.4		11881	23581.4	32042
六安市	181130	6	8	1092	180024	1280943.9	1123758	27032	33901.9	96252
亳州市										
池州市	21730		2	375	21353	38916.73		3595	21184.33	14137
宣城市	81887	2	5	325	81555	427917.67	362900	15863	19609.67	29545
省直	65			5	60	418			140	278

2010年安徽省水土流失治理面积统计表

面积:10^3hm^2

分区	原有水土流失面积	本年新增水土流失面积	本年水土流失治理面积达到		本年水土流失治理面积新增		本年水土流失治理面积减少	本年封育保护面积达到	
			合计	小流域治理面积	合计	小流域治理面积新增		合计	本年封育保护面积新增
安徽	3437.90	3.80	2136.08	932.22	33.97	22.09	0.20	127.62	3.79
淮河流域	776.96	0.23	454.45	223.55	8.49	7.30		3.92	1.60
长江流域	2214.41	3.37	1429.34	637.56	22.08	12.99		80.14	1.49
东南诸河流域	446.53	0.20	252.29	71.11	3.40	1.80	0.20	43.56	0.70
合肥市	57.17	0.10	19.60	0.49	0.55	0.10			
芜湖市	58.93	1.94	47.33	3.26	4.00	2.40			
蚌埠市	13.60		7.50	1.00					
淮南市	19.08		13.84		0.10				
马鞍山市	10.07	0.25	9.91	9.71	0.25	0.03		0.20	
淮北市	22.38	0.13	15.45	2.13	0.34				
铜陵市	26.51	0.50	5.53		0.50	0.25			
安庆市	788.95		464.02	136.17	7.07	5.08		18.70	
黄山市	514.01	0.20	301.76	104.48	3.70	2.80	0.20	12.32	0.20
滁州市	249.94		201.33	10.18	1.11	0.68			
阜阳市									
宿州市	107.96		44.89	1.89	0.10				
巢湖市	193.13	0.50	183.93	114.19	1.00	0.30		30.78	0.10
六安市	544.23		329.55	236.67	7.75	7.75		3.92	1.60
亳州市									
池州市	394.91	0.03	275.65	229.18	2.50	2.50		7.42	
宣城市	437.03	0.15	215.79	82.87	5.00	0.20		54.28	1.89
省直									

2010年安徽省万亩以上灌区统计表(一)

分区	设计灌溉面积达到万亩处数	有效灌溉面积达到万亩处数				
		合计	50万亩以上	30万~50万亩	5万~30万亩	1万~5万亩
安 徽	429	359	9	3	37	310
淮河流域	243	182	4	2	24	152
长江流域	183	174	5	1	12	156
东南诸河流域	3	3			1	2
合肥市	21	21		1	3	17
芜湖市	7	7			2	5
蚌埠市	66	49				49
淮南市	26	26	1		5	20
马鞍山市	4	4				4
淮北市						
铜陵市	7	5			2	3
安庆市	40	38	1		2	35
黄山市	4	4			1	3
滁州市	71	71	1	1	13	56
阜阳市	21	18			2	16
宿州市	31	7		1		6
巢湖市	61	61			2	59
六安市	4	4			3	1
亳州市	19	2				2
池州市	11	6				6
宣城市	10	10	1		2	7
省直	26	26	5			21

2010年安徽省万亩以上灌区统计表(二)

单位:10^3hm^2

分区	灌区设计灌溉面积	灌区有效灌溉面积				
		合计	50万亩以上	30万~50万亩	5万~30万亩	1万~5万亩
安 徽	2511.56	1858.12	1168.23	67.76	197.53	424.60
淮河流域	1511.68	1175.10	785.97	43.76	125.56	219.81
长江流域	987.46	672.42	382.26	24.00	65.30	200.86
东南诸河流域	12.42	10.60			6.67	3.93
合肥市	84.52	72.01		24.00	22.33	25.68
芜湖市	17.97	17.75			13.00	4.75
蚌埠市	108.91	66.22				66.22
淮南市	108.35	84.64	36.67		22.09	25.88
马鞍山市	8.06	7.53				7.53
淮北市						
铜陵市	9.40	7.04			4.80	2.24
安庆市	171.68	130.97	58.67		18.86	53.44
黄山市	13.35	11.35			6.67	4.68
滁州市	270.82	188.54	36.07	22.66	62.33	67.48
阜阳市	155.60	54.49			10.40	44.09
宿州市	71.06	26.60		21.10		5.50
巢湖市	104.00	80.62			9.11	71.51
六安市	24.10	19.64			18.74	0.90
亳州市	21.50	1.40				1.40
池州市	14.56	6.88				6.88
宣城市	124.23	69.14	48.52		9.20	11.42
省直	1203.45	1013.30	988.30			25.00

2010年安徽省水利工程年供水能力统计表(一)

单位:$10^4 m^3$

分区	已建水利工程年设计供水能力				
	合计	蓄水工程	引水工程	取水泵站	配套机电井
安 徽	4624018.52	2188908.55	458957.65	1801984.29	174168.03
淮河流域	2127967.67	1079899.30	110092.00	765968.29	172008.08
长江流域	2422993.05	1055731.45	336678.65	1029141.00	1441.95
东南诸河流域	73057.80	53277.80	12187.00	6875.00	718.00
合肥市	207159.00	126283.00	27031.00	53818.00	27.00
芜湖市	80005.00	28935.00	30000.00	21070.00	
蚌埠市	247283.30	5149.30		216554.00	25580.00
淮南市	258404.10	2597.00	150.00	255155.10	502.00
马鞍山市	57050.50	4761.50	42247.00	10042.00	
淮北市	10134.33	3318.50	3000.00	800.26	3015.57
铜陵市	4320.00	4320.00			
安庆市	473553.70	355507.05	49610.65	68436.00	
黄山市	91537.80	62834.80	18932.00	8620.00	1151.00
滁州市	308494.94	210927.00	13805.00	82558.00	1204.94
阜阳市	105228.97	9063.00	91.00	61409.70	34665.27
宿州市	161801.93	6478.50	15246.00	69846.13	70231.30
巢湖市	197475.35	51834.90	51857.00	93666.00	117.45
六安市	1081823.00	968743.00	86500.00	24050.00	2530.00
亳州市	97623.10			63697.10	33926.00
池州市	45623.00	36875.00	4650.00	4080.00	18.00
宣城市	367370.50	310679.00	31528.00	24434.00	729.50
省直	829130.00	602.00	84310.00	743748.00	470.00

2010年安徽省水利工程年供水能力统计表(二)

单位:$10^4 m^3$

分区	已建水利工程年实际供水能力				
	合计	蓄水工程	引水工程	取水泵站	配套机电井
安徽	3751798.63	1975352.50	369839.80	1271824.50	134781.83
淮河流域	1813948.22	1023092.00	81871.00	576050.50	132934.72
长江流域	1888546.41	918777.50	278518.80	689989.00	1261.11
东南诸河流域	49304.00	33483.00	9450.00	5785.00	586.00
合肥市	185315.00	111844.00	24956.00	48488.00	27.00
芜湖市	70708.00	27698.00	28000.00	15010.00	
蚌埠市	139148.00	3843.00		116678.00	18627.00
淮南市	227971.10	2329.00	75.00	225246.10	321.00
马鞍山市	56841.50	4552.50	42247.00	10042.00	
淮北市	9112.64	3015.00	2700.00	785.00	2612.64
铜陵市	4320.00	4320.00			
安庆市	378086.40	304611.40	21880.00	51595.00	
黄山市	63825.00	41353.00	14695.00	6858.00	919.00
滁州市	279285.04	199614.00	6320.00	72822.00	529.04
阜阳市	85053.47	8207.00	91.00	45567.70	31187.77
宿州市	111871.99	4046.00	15193.00	48354.60	44278.39
巢湖市	165535.91	44126.80	42795.00	78527.00	87.11
六安市	1008195.00	927130.00	61212.00	18315.00	1538.00
亳州市	87914.98			54477.10	33437.88
池州市	34605.00	27495.00	4212.00	2880.00	18.00
宣城市	305653.60	260637.80	27803.80	16483.00	729.00
省直	538356.00	530.00	77660.00	459696.00	470.00

2010年安徽省水利工程实际供水量统计表(乡村生活)

单位:$10^4 m^3$

分区	合计	蓄水工程	引水工程	取水泵站	机电井工程
安徽	46574.12	21836.50	10862.59	4159.50	9715.53
淮河流域	23178.97	13276.00	300.00	65.00	9537.97
长江流域	21532.15	8119.50	9310.59	3934.50	167.56
东南诸河流域	1863.00	441.00	1252.00	160.00	10.00
合肥市	2718.00	1678.00	1040.00		
芜湖市	2670.00		2600.00	70.00	
蚌埠市	470.00	8.00		5.00	457.00
淮南市	13.00				13.00
马鞍山市	1244.00	230.00	1014.00		
淮北市	166.54		150.00		16.54
铜陵市	0.00				
安庆市	2282.33	2201.00	57.33	24.00	
黄山市	3823.00	365.00	3288.00	160.00	10.00
滁州市	1041.30	758.00			283.30
阜阳市	3620.21				3620.21
宿州市	4162.92	20.00		60.00	4082.92
巢湖市	7282.82	2113.50	1735.26	3371.50	62.56
六安市	12640.00	12490.00	150.00		
亳州市	979.00				979.00
池州市	62.00		62.00		
宣城市	3279.00	1973.00	766.00	469.00	71.00
省直	120.00				120.00

2010 年安徽省水利工程实际供水量统计表(一)

单位:$10^4 m^3$

分区	按工程类型分				
	合计	蓄水工程	引水工程	取水泵站	机电井
安 徽	1842149.02	1064740.90	244140.76	434250.70	99016.66
淮河流域	964892.16	550085.00	65413.00	252042.00	97352.16
长江流域	842287.86	492008.90	171838.76	177244.70	1195.50
东南诸河流域	34969.00	22647.00	6889.00	4964.00	469.00
合肥市	120850.00	86126.00	19668.00	15030.00	26.00
芜湖市	68328.00	26948.00	28000.00	13380.00	
蚌埠市	68043.00	2491.00		52213.00	13339.00
淮南市	79391.40	2209.00	75.00	76839.10	268.30
马鞍山市	46880.00	3737.00	34982.00	8161.00	
淮北市	4494.51	415.00	2400.00	635.00	1044.51
铜陵市	4060.00	4060.00			
安庆市	209185.00	161042.00	21600.00	26543.00	
黄山市	45616.00	29653.00	9994.00	5139.00	830.00
滁州市	100962.70	80816.00	360.00	19491.00	295.70
阜阳市	56948.53	106.00	91.00	35596.80	21154.73
宿州市	43810.92	865.00	100.00	13266.00	29579.92
巢湖市	121018.16	37135.20	22575.76	61230.70	76.50
六安市	596346.00	519216.00	61152.00	15978.00	
亳州市	70811.10			39557.10	31254.00
池州市	31423.00	25270.00	3476.00	2666.00	11.00
宣城市	124561.70	84161.70	23832.00	15881.00	687.00
省直	49419.00	490.00	15835.00	32644.00	450.00

2010年安徽省水利工程实际供水量统计表(二)

单位:$10^4 m^3$

分区	合计	灌溉供水	工业生产	城镇生活	乡村生活	生态环境	其他
安 徽	1842149.02	1542194.83	78532.16	65505.63	46574.12	4834.00	104508.18
淮河流域	964892.16	912372.21	19342.90	9717.50	23178.97	100.00	180.48
长江流域	842287.86	603492.62	58425.26	54014.13	21532.15	4699.00	100124.70
东南诸河流域	34969.00	26330.00	764.00	1774.00	1863.00	35.00	4203.00
合肥市	120850.00	74759.00	18076.00	20672.00	2718.00	2080.00	2545.00
芜湖市	68328.00	55238.00	7120.00	2700.00	2670.00	600.00	0.00
蚌埠市	68043.00	63689.00	2828.00	1031.00	470.00	0.00	25.00
淮南市	79391.40	74414.40	4950.00	14.00	13.00	0.00	0.00
马鞍山市	46880.00	43162.00	485.00	1869.00	1244.00	120.00	0.00
淮北市	4494.41	3531.79	449.90	210.70	166.54	0.00	135.48
铜陵市	4060.00	4060.00	0.00	0.00	0.00	0.00	0.00
安庆市	209185.00	104800.00	2146.00	2176.67	2282.33	1400.00	96380.00
黄山市	45616.00	32568.00	1157.00	2533.00	3823.00	235.00	5300.00
滁州市	100962.70	90729.40	1891.00	7301.00	1041.30	0.00	0.00
阜阳市	56948.53	52181.52	500.00	646.80	3620.21	0.00	0.00
宿州市	43810.92	35143.00	2732.00	1773.00	4162.92	0.00	0.00
巢湖市	121018.16	95209.62	9359.26	8867.46	7282.82	299.00	0.00
六安市	596346.00	571624.00	7370.00	4592.00	12640.00	100.00	20.00
亳州市	70811.10	69102.10	0.00	730.00	979.00	0.00	0.00
池州市	31423.00	30639.00	0.00	722.00	62.00	0.00	0.00
宣城市	124561.70	92900.00	19023.00	9257.00	3279.00	0.00	102.70
省直	49419.00	48444.00	445.00	410.00	120.00	0.00	0.00

2010年安徽省水利工程实际供水量统计表(农业灌溉)　　单位:$10^4 m^3$

分区	合计	蓄水工程	引水工程	取排水泵站	机电井工程
安徽	1542194.83	846487.60	211543.60	403927.60	80236.03
淮河流域	912372.21	525648.00	62620.00	245154.00	78950.21
长江流域	603492.62	304141.60	143783.60	154650.60	916.82
东南诸河流域	26330.00	16698.00	5140.00	4123.00	369.00
合肥市	74759.00	45195.00	15428.00	14110.00	26.00
芜湖市	55238.00	22948.00	19700.00	12590.00	
蚌埠市	63689.00	2461.00		51007.00	10221.00
淮南市	74414.40	2209.00	75.00	71875.10	255.30
马鞍山市	43162.00	3482.00	31690.00	7990.00	
淮北市	3531.79	395.00	1700.00	635.00	801.79
铜陵市	4060.00	4060.00			
安庆市	104800.00	59108.00	20500.00	25192.00	
黄山市	32568.00	21450.00	6127.00	4261.00	730.00
滁州市	90729.40	70866.00	360.00	19491.00	12.40
阜阳市	52181.52	106.00	91.00	35596.80	16387.72
宿州市	35143.00	845.00		13206.00	21092.00
巢湖市	95209.62	30709.60	17619.60	46879.60	0.82
六安市	571624.00	496635.00	59324.00	15665.00	
亳州市	69102.10			39252.10	29850.00
池州市	30639.00	24650.00	3312.00	2666.00	11.00
宣城市	92900.00	60928.00	20387.00	11067.00	518.00
省直	48444.00	440.00	15230.00	32444.00	330.00

2010 年安徽省水利工程实际供水量统计表(工业) 单位:$10^4 m^3$

分区	合计	蓄水工程	引水工程	取水泵站	机电井
安徽	78532.16	44584.20	13294.50	15250.60	5402.86
淮河流域	19342.90	6621.60	1501.00	5930.00	5290.30
长江流域	58425.26	37477.60	11671.50	9175.60	100.56
东南诸河流域	764.00	485.00	122.00	145.00	12.00
合肥市	18076.00	14886.00	2850.00	340.00	
芜湖市	7120.00	2000.00	5000.00	120.00	
蚌埠市	2828.00	10.00		690.00	2128.00
淮南市	4950.00			4950.00	
马鞍山市	485.00		485.00		
淮北市	449.90	9.60	410.00		30.30
铜陵市	0.00				
安庆市	2146.00	1399.00	100.00	647.00	
黄山市	1157.00	950.00	50.00	145.00	12.00
滁州市	1891.00	1891.00			
阜阳市	500.00				500.00
宿州市	2732.00		100.00		2632.00
巢湖市	9359.26	2268.60	1366.50	5720.60	3.56
六安市	7370.00	6224.00	876.00	270.00	
亳州市	0.00				
池州市	0.00				
宣城市	19023.00	14926.00	1732.00	2268.00	97.00
省直	445.00	20.00	325.00	100.00	

2010年安徽省水利工程实际供水量统计表(城镇生活)

单位:$10^4 m^3$

分区	合计	蓄水工程	机电井工程	取排水泵站	引水工程
安 徽	65505.63	44992.90	3646.66	9317.00	7549.07
淮河流域	9717.50	4469.40	3558.10	888.00	802.00
长江流域	54014.13	39708.50	10.56	7918.00	6377.07
东南诸河流域	1774.00	815.00	78.00	511.00	370.00
合肥市	20672.00	20322.00			350.00
芜湖市	2700.00	2000.00		400.00	300.00
蚌埠市	1031.00	2.00	523.00	506.00	
淮南市	14.00			14.00	
马鞍山市	1869.00			171.00	1698.00
淮北市	210.70	10.40	190.30		10.00
铜陵市	0.00				
安庆市	2176.67	1054.00		180.00	942.67
黄山市	2533.00	1583.00	78.00	548.00	324.00
滁州市	7301.00	7301.00			
阜阳市	646.80		646.80		
宿州市	1773.00		1773.00		
巢湖市	8867.46	1951.50	9.56	5053.00	1853.40
六安市	4592.00	3807.00		43.00	742.00
亳州市	730.00		425.00	305.00	
池州市	722.00	620.00			102.00
宣城市	9257.00	6312.00	1.00	1997.00	947.00
省直	410.00	30.00		100.00	280.00

2010年安徽省水利工程实际供水量统计表(生态环境)

单位:$10^4 m^3$

分区	合计	蓄水工程	引水工程	取水泵站	机电井工程
安徽	4834.00	3072.00	751.00	1011.00	
淮河流域	100.00	50.00	50.00		
长江流域	4699.00	3017.00	696.00	986.00	
东南诸河流域	35.00	5.00	5.00	25.00	
合肥市	2080.00	2000.00		80.00	
芜湖市	600.00		400.00	200.00	
蚌埠市	0.00				
淮南市	0.00				
马鞍山市	120.00	25.00	95.00		
淮北市	0.00				
铜陵市	0.00				
安庆市	1400.00	900.00		500.00	
黄山市	235.00	5.00	205.00	25.00	
滁州市	0.00				
阜阳市	0.00				
宿州市	0.00				
巢湖市	299.00	92.00	1.00	206.00	
六安市	100.00	50.00	50.00		
亳州市	0.00				
池州市	0.00				
宣城市	0.00				
省直	0.00				

附 录

FU LU

2010年安徽省水利厅领导人员名单

党组书记、厅长:纪冰

副厅长:蔡建平

党组成员、副厅长:方志宏

党组成员、纪检组长:高玉宝(2010年9月退休)

党组成员、副厅长:张效武

党组成员、副厅长:张肖

党组成员、纪检组长:黄发友(2010年9月任职)

党组成员、总工程师:金问荣

副巡视员:陈道敏

2010年安徽省水利厅机关处室负责人员名单

办公室

主任:龙斌

副主任:何平

副主任:夏热轩

政策法规处

处长:周银平

副处长:刘莉(女)

规划计划处

处长:王军

副处长:黄灵敏

副处长:朱友法

水资源处

处长:王家先

副处长:王德胜

基本建设处

处长:王荣喜

副处长:赵会香(女)

副处长:余兵

水利管理处

处长:朱雪冰

副处长:肖承宏

农村水利处

处长:韦金保

副处长:丁必然

副处长:王凤云

水土保持处

处长:徐鑫龙

副处长:朱庆敏

财务处

处长:黄松旭

副处长:童忠珑

副处长:孙向阳

科技处

处长:刘海声(女)

副处长:丁先

人事处

处长:张正友

副处长:周光明

省防汛抗旱指挥部办公室

常务副主任:徐维国(正处)

副主任:叶成林

副主任:欧岩峰

副主任:蔡正中

离退休工作处

处长:李加胜(2010年10月改任调研员)

处长:张永法(2010年10月任职)

机关党委

专职副书记:徐文炎

监察室

纪检组副组长、监察室主任:刘同扁

2010年安徽省水利厅直属单位负责人员名单

省水利志编辑室

主任:李建军(2010年12月改任调研员)

主任:陈继田(2010年12月任职)

副主任:晋知华(2010年5月任职)

省水利工程质量监督中心站

主任:郭炜(女)

副主任:钱建辉

省水利规划办公室

主任:许晓彤(女)

副主任:邱玉怀

省水利厅机关服务中心

主任:汪和平(2010年4月任职)

副主任:蔡洪

副主任:张鸣

省农村饮水管理总站

主任:孙玉明

副主任:黄金沪(2010年4月改任调研员)

副主任:陈可(女)

副主任:吴明(2010年5月任职)

省水利水电基本建设管理局

分党组书记、局长:徐业平(副厅)

副局长:王永乐(正处)

副局长:傅云光(正处)

副局长:贾金权(正处)

副局长、调研员:石庆尧(正处)(2010年2月免副局长职务)

省水文局(省水土保持监测总站)

党组书记、局长:徐建平(女)(副厅)

副局长:王保旺(正处)

副局长:汪俊飞(正处)

副局长:浦慎远

总工程师:胡余忠

省机电排灌总站

总支书记、主任:王荣雪(2010年4月免职)
总支书记、主任:储成流(2010年4月任职)
副主任:杨永生(2010年4月免职)
副主任:程堂顺
副主任:朱健(2010年12月任职)
总工程师:朱华明

省水利水电职业技术学院(省水利职工中专、省水利干部学校)

党委书记:张焱(副厅)
党委副书记、院长:李兴旺(副厅)
副院长:孙敬华(正处)
副院长:储成流(正处,2010年4月免职)
副院长:张敏(正处,2010年4月,任副院长,免纪委书记职务)
纪委书记:万会林(正处,2010年4月,任纪委书记,免干校校长职务)
干校校长:王荣雪(正处,2010年4月任职)
干校副校长:王强

省水利科学研究院(省水利工程质量检测中心)

党委副书记、院长:崔德密
党委书记、副院长:吴太平(2010年2月退休)
党委书记、纪委书记、副院长:
张建国(2010年8月任纪委书记)
副院长:虞邦义
总工程师:王友贞

省淠史杭灌区管理总局

党委副书记、局长:赵以国
党委副书记、副局长:王成生(2010年4月免副局长职务,2010年10月免党委副书记职务,改任调研员)
党委副书记、纪委书记:张智安(2010年4月免党委副书记职务,2010年8月免纪委书记职务,改任调研员)
副局长:马奕旺(2010年4月免职)
副局长:王伟
副局长:瞿大界(2010年4月,任副局长,免总工程师职务)
副局长:王同如(2010年4月任职)

省龙河口水库管理处

党委书记:夏雨
党委副书记、主任:史志刚
副主任:吴寿宝
总工程师:李成斌

省茨淮新河工程管理局

党委书记:姜洪(2010年12月免党委书记职务)
党委副书记、局长:董爱军
副局长:戴成
副局长:陈乃庚
副局长:朱效福

省淮河河道管理局

党委书记、局长:张峰(2010年5月任党委书记)
党委副书记、副局长、总工程师:魏现玉(2010年7月任党委副书记)
副局长:吴永林
纪委书记、副局长:杨健

省怀洪新河河道管理局

党委书记:崔建安
党委副书记、局长:顾乃刚
总工程师:赵胜发

省临淮岗洪水控制工程管理局

党委书记:刘宝光
党委副书记、局长:马奕旺(2010年4月任职)
副局长:李君廷
副局长:何双友

省驷马山引江工程管理处

党委副书记、主任:陈继田(2010年12月免职)
党委副书记、主任:杨月明(2010年12月任职)
党委副书记、副主任:钱拥(2010年12月免职)
副主任:雍家树
副主任、总工程师:何效平

省长江河道管理局(省长江河道采砂管理局)

党委书记:韩修言
党委副书记、局长:周建春(2010年1月任局长)
副局长:倪明
副局长:杨月明(2010年12月免职)
副局长:徐建辉
副局长:谢文靖
总工程师:刘东风
纪委书记:钱拥(2010年12月任职)

省佛子岭水库管理处(省白莲崖水库管理处)

党委书记、主任:於华平
纪委书记、副主任:解中朗
副主任:汪孟春
副主任:陈丛林
副主任:朱兆成

省梅山水库管理处

党委书记、副主任:滕静(2010年5月免职)
党委书记、副主任:周正旭(2010年5月任职)
党委副书记、主任:刘家海(2010年5月改任调研员)
副主任:陈卫东
总工程师:陈维舟
纪委书记:廖荣军

省响洪甸水库管理处

党委副书记、主任:周正旭(2010年5月免职)
党委书记、副主任:滕静(2010年5月任职)
副主任:季松群
副主任:胡剑波

省水利水电勘测设计院

院长:程观富
党委书记、副院长:王力理
党委副书记、纪委书记、副院长:

戴永法
副院长:张本静
副院长:朱青
副院长:陈景富
总工程师:江永强

(人事处　邓文彦提供)

表彰奖励

国家防汛抗旱总指挥部、人力资源和社会保障部、解放军总政治部联合表彰的全国防汛抗旱先进集体和先进个人名单

一、先进集体

安徽省池州市水务局
安徽省安庆市防汛抗旱指挥部办公室
安徽省防汛抗旱指挥部办公室

二、先进个人

赵广安　安徽省巢湖市含山县水务局局长
许晓亚　安徽省六安市机电排灌分站管理员
汪朝霞　安徽省安庆市水文水资源局水情通信科科长
郜玉梅　安徽省宣城市防汛抗旱指挥部办公室副主任
叶成林　安徽省防汛抗旱指挥部办公室副主任

(人社部发〔2010〕90号)

水利部办公厅表扬的全国水利信访工作先进集体和先进个人名单

一、先进集体

安徽省六安市金安区水利局

二、先进个人

安徽省水利厅办公室调研员
李家胜

(办人事〔2010〕403号)

安徽省人民政府关于表彰的治淮骨干工程建设先进集体和先进个名单

一、先进集体(40个)

阜阳市颍泉区水务局
阜南县水务局
颍上县水务局
界首市水务局
霍邱县人民政府
霍山县水务局
六安市裕安区水利局
六安市财政局经济建设科
蚌埠市水利局
怀远县水利局
五河县防汛抗旱指挥部办公室(治淮办公室)
蚌埠市江河水利工程建设有限责任公司
涡阳县水务局
亳州市谯城区水务局
宿州市水利水电建筑安装公司
泗县水利局
长丰县水务局
淮南市水利局
凤台县水利局
淮北市水利工程质量监督站
濉溪县水务局
滁州市水利勘测设计院
天长市水利局
淮河水利委员会建设与管理处
淮河水利委员会治淮工程建设管理局
中水淮河规划设计研究有限公司规划二处
淮河水利水电开发总公司
省寿西湖农场
省发展改革委农村经济处
省国土资源厅规划处
省财政厅经济建设处
省审计厅固定资产投资审计处
省治淮工作领导小组办公室
省水利厅基本建设处
省水利水电勘测设计院白莲崖水库工程设计项目组安徽水利开发股份有限公司何巷闸项目部
省水利水电基本建设管理局
安徽水安建设集团股份有限公司
荆山湖进洪闸项目部中国水电十三局东淝闸项目部
省水利物资股份有限公司

二、劳动模范(先进工作者)(20人)

刘琮　阜阳市治理淮河办公室
曹传胜　阜阳市水利规划设计院
鲍家章　六安市水利局
张锡山　霍邱县水务局
鞠少民　蚌埠市治淮指挥部办公室
徐建　五河县水利局
韩健　蒙城县水务局
李胜亚　宿州市水利水电建筑勘测设计院
朱秀岭　淮南市治淮重点工程建设管理局
王从武　凤阳县水务局
许光凤(女)　明光市水务局
李玉强　淮河水利委员会规划计划处
陈彪　中水淮河规划设计研究有限公司
陈继先　省发展改革委
唐兵　省财政厅
朱正普　省水利厅
张正友　省水利厅
许敬发　省怀洪新河河道管理局
严寒柏　省水利水电基建局
刘福田　省水利水电勘测设计院

三、先进个人(70人)

郝亚君　阜阳市水务局计划科
张讲德　阜阳市颍东区水务局设计室
周刚　太和县水务局
陈敏(女)　临泉县水务局规划办
叶相臣　阜阳市颍州区水务局工程股
项永峰　六安市治淮指挥部办公室
闻庆东　霍邱县临淮岗乡政府
赵兴武　六安市裕安区政府
高玉生　六安市金安区水利局
程晋伟　金寨县水利局
黄守华　固镇县水务局
张领　蚌埠市监察局
郝文韬　蚌埠市财政局
刘波　蚌埠市发展改革委
孙荔(女)　蚌埠市水利局
尹文刚　蚌埠市龙子湖区交通运输和水务管理局
孙同军　亳州市水务局

刘万标　亳州市河道管理局
欧亚东　宿州市财政局
马兆宇　宿州市埇桥区水利局
陈鹏　灵璧县水利局
万家树　合肥市防汛抗旱指挥部办公室
尹良文　长丰县水务局
罗明强　淮南市水利规划设计院
虞吉新　淮南市大通区人民政府
刘峰　淮南市潘集区水利局
王雪松　淮北市水务局
毛胜军　淮北市烈山区农水局
高士凯　天长市水利局
刘训林　定远县水务渔业局
张光宇　凤阳县水务局
刘志刚　明光市水务局
王永雷　淮河水利委员会建设管理局
吴金屏(女)　中水淮河规划设计研究有限公司
付强　淮河水利委员会技术研究中心
刘建　淮河水利委员会建设管理局
章武伟　淮河水利委员会建设管理局
程林　淮河水利水电开发总公司
吴姓　省农垦事业管理局
张明福　省现代农业工程设计研究院
周辉　省委办公厅
阳传炉　省政府办公厅
徐作勇　省委宣传部
周学锋　省监察厅
李林(女)　省发展改革委
赵黎明　省国土资源厅
王树平　省公安厅
万卫国　省财政厅
张有祝　省建设工程招标投标办公室
沈梅(女)　省交通运输厅
袁伟　省农委
李滨　省造林经营总站
张有权　省审计厅
陈海东　省巢湖淮河水环境保护办公室
黄新生　省水利厅
黄灵敏　省水利厅
储涛　省水利厅
钱建辉　省水利工程质量监督中心站
邱玉怀　省水利规划办公室
杨苏扬　省水利水电勘测设计院
侯祥林　安徽白莲崖水库开发有限责任公司
王华东　省治淮工程建设纪检监察组
周志强　省水利水电基建局
单文昌　省水利水电工程建设监理中心
赵海林　省淮河河道管理局
王怀元　凤台县淮河河道管理局
叶礼宏　省水安建设集团股份有限公司
虞邦义　省水利科学研究院
黄祚继　省大禹工程建设监理咨询有限公司
谷永生　省水利志编辑室

(皖政秘〔2010〕377号)

(人事处　何超提供)

2010年《江淮水利科技》文摘

【淮河鲁台子站径流统计规律性分析】　分析鲁台子站1950—2008年年平均流量系列线性趋势,认为年平均流量大体上有逐年减少的趋势。参照淮河流域第二次水资源评价中鲁台子站1980—2000年各月径流量还原成果,将径流量化为年平均流量,进行实测值与还原值的相关计算,认为计算结果显示出两者呈同频率性。用1980—2008年的年平均流量系列计算线性趋势,认为自1980年以来的径流减少趋势,较之于1950—2008年的长系列趋势大为减缓。通过对1980—2008年的实测系列与还原系列进行频率计算,发现在特大水年份,两者的径流量相差不多。随着频率的增大,两者的差异愈来愈大,到了特小水年份,实测径流量有可能接近于零。

(金光炎　第1期)

【淮河蚌埠闸至老子山段一维水动力数学模型研制及应用】　采用2001年和2008年实测地形资料,建立淮河中游蚌埠闸到老子山段的一维水动力数学模型,用实测洪水资料率定河道糙率,并用2003年和2008年实测洪水资料验证,认为其率定和验证结果与实测资料吻合较好,可以为本段河道泄流能力分析提供计算平台。应用该模型计算淮河中游蚌埠闸以下现状河道,在设计水位条件下的滩槽泄流能力。结果表明,浮山以下河道滩槽泄流能力低于浮山以上河道。分析人工采砂对河道泄流能力的影响,提出合理规划河道采砂的建议。

(贲鹏　倪晋　第2期)

【淮北市河流水质数学模型数值解法】　根据淮北市河流的实际情况,建立淮北市主要河流一维水质模型。选取萧濉新河2009年丰水期水质实测资料对模型进行率定检验,认为计算模拟值与实测值相差误差在合理的范围内,应用一维模型拟合效果较好。以萧濉新河和闸河为例,计算河流在不同设计保证率下的纳污能力,以列表方式给出了相应计算结果。

(董相如　西汝泽　李炳蔚　第3期)

【GPS控制网投影变形处理方法】　以四川省松潘县岷江川主寺段河道整治工程为例,介绍了在投影带边缘和高海拔地区的工程测量中,用改变投影带中心位置和地球曲率半径等手段,消除高斯投影和高程投影变形,建立适宜于工程建设地点地形和地理特征的GPS控制网的方法和过程。认为此方法简便可行，效果明显。

(郑东升　第3期)

【淮河中游输沙特性分析】 根据1950—2007年淮河中游干支流主要测站实测水文资料，分析中游河段的水沙特性，结果表明中游泥沙主要来源于淮北支流和淮干上游。近60年来，中游含沙量与输沙量呈逐年代减少趋势。根据1985—2005年的同步资料，采用输沙率差法分析淮河中游沿程冲淤规律，结果表明王家坝—鲁台子、小柳巷—中渡段表现为淤积，鲁台子—吴家渡、吴家渡—小柳巷段表现为冲刷。分析河道冲淤与来流的关系，结果表明河道淤积或冲刷强度较大的流量范围都集中在各段河道漫滩前后。分析了河道冲淤与行蓄洪区启用的关系。根据1993—1997年和2008年淮河中游干流主要测站的床沙和悬沙颗粒级配资料，建立了水流挟沙能力公式。

(倪晋　第4期)

【广德县水利工程移民后扶持机制建设】 介绍了水库移民后扶项目实施的基本情况、采取的主要措施、实施的基本经验以及所取得的成效。并建议：继续加大基础设施的投入，不搞重复建设；加强乡镇水利站所队伍建设；建立健全管护制度，克服重建轻管的不良倾向。

(许曼　第5期)

【三峡工程蓄水以来安徽长江河势变化及崩岸情况】 介绍了长江安徽段水文泥沙特点，概述了河势新变化和崩岸发展情况。认为三峡工程蓄水运行以来，长江安徽段主汛期流量明显减少，枯水季流量有所增加；来水含沙量大幅度减少，清水下泄明显。河道主流左右摆动幅度较大，汊道分流分沙比变化明显，洲滩槽冲淤频繁。河岸崩塌范围扩大。提出河势控制及崩岸治理措施：稳定长江两岸岸线，重点守护新崩岸段，加固已护岸工程段，确保长江干堤防洪工程安全；加固重点河势控制工程，确保重点河段河势稳定；开展江心洲守护工作，稳定河势，改善民生。

(刘东风　第5期)

【安徽省实施最严格水资源管理制度】 阐述了最严格水资源管理制度的内涵，分析了安徽省实施最严格水资源管理制度面临的形势和问题。提出做好实施最严格水资源管理制度准备，保障经济社会可持续发展，必须把握重点、主攻难点、狠抓关键。要进一步转变思想观念，集中精力摸清"家底"，高度重视规划研究，探索实践"三条红线"(水资源管理红线、水资源开发利用红线、用水效率控制红线)控制管理方法，研究建立指标考核体系，加快建设监管体系，扎实做好水资源管理法律法规体系建设等工作。

(金问荣　第6期)

【基于常规三轴仪测定水泥土渗透系数方法研究】 在总结现有不同材料渗透系数测定方法的基础上，结合水泥土中水泥水化物的特性，提出采用常规三轴仪进行水泥土渗透试验的新方法。认为该方法不仅能有效解决试样侧壁止水问题，且能获得较高渗透坡降。该测试方法对其他复合固化土材料的渗透系数测试具有借鉴意义。

(宋新江　第6期)

(张文培摘编)

2010年《安徽水利水电职业技术学院学报》文摘

【合肥市水土保持区划及治理方略】 随着经济的高速发展和人口的增长，自然资源开采、水土资源保护不当，导致水旱灾害频发，水土流失日趋严重，产生的环境问题已经严重威胁到国民经济和社会的可持续发展。文章依据卫星遥感普查资料，结合实地查勘，在充分认识合肥市水土流失现状、危害和成因的基础上，提出合肥市水土保持区划及综合防治措施，希望能为合肥市及类似地区开展水土流失治理工作起到一定的借鉴作用。

(李金冰　曹成　夏小林
第1期)

【仿真软件在PLC系统设计中的应用】 PLC作为现代工业自动化三大支柱之首，已广泛应用在各种生产自动化控制系统中，现代企业迫切需要大量的该专业技术人才。在这种形势下，PLC技术已成为各职业院校相关专业均要开设的一门专业课。但目前在高职院校的PLC教学中普遍存在实训设备有限，实践课时少等问题。所以引进仿真教学对于提高学生创新思维能力和了解系统开发是大有好处的。文章介绍利用S7—200仿真软件，在仿真的环境中模拟PLC的工作状态，检验程序的正确性，不仅解决了高职院校在PLC教学中存在的实验实训设备不足等实际问题，而且还解决了学生在课后自行设计简单系统的验证问题。通过PLC仿真教学，巩固了课堂中所学的PLC理论知识，培养了创新思维能力和系统开发能力。

(何强　第1期)

【软弱土地基上建筑物的抗倾覆稳定性分析】 建筑物发生倾覆事故的情况在我国工程建设史上是少有的,但实实在在的发生了。文章结合一些建筑物发生倾覆的事实,分析了倾覆荷载组成,基底荷载分布及倾覆计算点的选取等问题,提出它们在软弱土地基中的选取方法。分析软弱土地基刚度不均匀变化引起建筑物不均匀沉降,从而导致建筑物倾覆的过程。阐明在设计施工中须重视地基土类别及地下环境可能的发生的变化,以期为防治建筑物发生倾覆提供参考。

(张杨 王国体 第2期)

【深基坑支护结构可靠度的探讨】 基坑工程是集岩土工程、结构工程、监测技术、施工技术于一体的系统工程,技术复杂,实践性、综合性强,又是提高工程质量、减少工程事故的重点。目前,在深基坑设计中仍然采用原来的安全系数法来评价基坑的稳定,即以结构的抗力R与荷载S作为稳定系数来评价基坑支护的稳定性。这种方法的精度不高,可能造成材料的浪费或存在较大的事故隐患,文章指出了传统方法评价基坑稳定性的不足,将可靠性分析引入到基坑工程设计中,并探讨了提高深基坑支护结构设计可靠度的新概念。

(胡琳 王国体 王辉 第2期)

【将重负荷地区10kV配电系统升压为20kV电压等级可行性的探讨】 我国城乡电网基本采用5个电压等级的电压模式(220/110/35/10/0.4kV),10kV电压等级为中间电压等级由于负荷需求及负荷密度越来越大,10kV电压等级已不再适宜于国民经济的发展。密层次的电压等级使网架结构变的重叠和复杂,导致较高的投资和电能损失,不便于操作和维修。文章介绍了中压配电网现状,指出存在问题,从设备、技术、经济等方面分析了重负荷地区采用20kV电压等级的可行性及优点。

(曹冬梅 第2期)

【某教学楼抗震检测与鉴定】 现有建筑相当一部分未考虑抗震设防,有些虽然考虑了抗震,但不能满足现在相应的设防要求,必须经过抗震鉴定和加固后方可安全使用。既有建筑物的抗震鉴定分为两级,一级鉴定以宏观控制和构造鉴定为主进行综合评价;第二级鉴定以抗震验算为主结合构造形式进行综合评价。文章介绍了某砌体结构房屋校舍的质量检测内容,并依据有关资料和规程,对房屋进行抗震鉴定。

(梅冬生 肖亚明 周伟 第3期)

【边坡上桩基水平受力特性分析】 目前对于桩的水平荷载研究较多,大多都假设桩置于水平地面上。边坡对桩的水平承载力的发挥有一定削弱作用,其作用不容忽视。文对土质边坡坡顶的刚性桩的水平荷载特性进行了三维有限元模拟,研究在水平力作用下,桩体变形特征及承载力,并和相同土质条件下,刚性桩水平受力特性进行比较。分析结果表明对于砂性土,用MC模型确定破坏标准,用DP模型描述塑性特性,其三维有限元分析结果是可靠的。

(王鉴 陈卫兵 黄福明 黄东 第3期)

【合肥滨湖新区地质生态环境简析】 合肥滨湖新区的规划区域位于巢湖水的北面,新区一旦建成,如果对城市污水、废物没处理好,将很有可能进一步污染巢湖。因此处理好建设与巢湖生态的关系至关重要。文章分析滨湖建设对该地区和巢湖生态环境的影响,并提出相关防御及治理措施。

(朱艳 王捷 谢永沛 第3期)

【基于ADAMS软件的机械动力学建模过程分析】 ADAMS软件是专业的机械动力学软件,使用交互式图形环境和部件库、约束库、力库建立三维机械机构参数化模型,并通过对其动力性能的仿真分析和比较来研究理论模型的正确性及在此基础上进行机构的优化设计。文章针对机械动力学问题,基于ADAMS软件再现了数值计算模型的建模与仿真计算过程,实现了对理想理论模型理论解的补充验证,并进行了误差原因分析。

(汤萍 余承辉 第4期)

【基于位移控制的混凝土框架结构的Pushover破坏分析】 Pushover分析,即静力弹塑性分析,被认为是基于性能抗震设计的重要方法之一,通过Pushover分析,可以了解整个结构中每个构件的内力和承载力的关系以及各构件承载力之间的相互关系,以便检查是否符合“强柱弱梁”或“强剪弱弯”,并找出结构的薄弱点。文介绍了Pushover分析的基本原理以及在SAP2000软件中的计算步骤,运用Pushover分析方法评估了柱丧失承载力后钢筋混凝土框架结构的承载能力,并与完整结构的结果做了对比,从中得出一些有参考意义的结论。

(吕程 第4期)

【屋面初期雨水处理问题的探讨】 国内外学者对雨水径流的研究表明,屋面初期雨水径流的水质较差因此,对屋面初期雨水的处理是雨水利用工程的技术关键。通过对目前国内屋面雨水收集系统中常用的屋面初期雨水处理方式和屋面初期雨水量的确定方法对比分析,结果发现:雨水利用系统中的屋面初期雨水处理式受当地的经济、环境条件限制,没有相应明确的判别标准和准则。其次,屋面初期雨水量的确定多从水量角度进行估算,从水质角度计算屋面初期雨水量的模型还不成熟,难以达到雨水收集系统优化的目的。

(刘少华　左其亭　王圆欣
孙方坤　第4期)
(《安徽水利水电职业技术
学院学报》编辑部摘编)

索　引

说　明

1. 本索引采用主题分析法编制，按索引条目第一字汉语拼音顺序排列，同音字按声调排列，声调相同按下一字音序排列。

2. 标引词后的阿拉伯数字表示内容所在页的页码。分3栏编排的，a、b、c分别代表左、中、右栏位置；分2栏编排的，a、b分别代表左、右栏位置；通栏编排的只注页码。

3. 本年鉴的“大事记”、“统计资料”、“附录”未作索引。